市民の司法は実現したか

司法改革の全体像

土屋美明

花伝社

市民の司法は実現したか――司法改革の全体像――◆もくじ

第三章　改革の到達点（二〇〇三年十月から二〇〇四年九月まで）……265

第四部　司法改革の評価と課題……329

写真提供――共同通信社

はじめに

政府の司法制度改革審議会が二十一世紀の司法の在り方について審議を始めたのは一九九九年七月二十七日、私が共同通信社で司法関係を中心に論説、コラム、企画を担当するようになってから十カ月ほど過ぎたところだった。司法制度改革とは言うけれども、かつてロッキード事件の公判が進行中の一九八〇年ごろ、東京の司法記者会に四年半所属し、裁判と検察を担当した経験からすると、正直なところ、どれほどのことができるのか、半信半疑だったのが実情だ。「法曹三者」と呼ばれる最高裁判所、法務省（検察庁）、日本弁護士連合会で構成された〝法曹ムラ〟は、共通の利害で結ばれた一枚岩のように外部からは見え、その団結は固くて、改革などはまるで他人事のようだった。政財界から改革の掛け声だけは聞こえてくるものの、ほとんど期待はしていなかったと言う方が正確だ。

改革審は計六十三回の審議と三回の集中審議を行ったが、そのうち仕事の関係で行けなかった一回と非公開の集中審議だけを除き、毎回の討議を別室でモニターテレビを通して傍聴した。審議開始から約一年が過ぎたころ、法曹三者の中からも改革の実現に向けた動きが表面化し、「ひょっとすると新しい何かが生まれる」という気がしてきた。終戦直後以来、半世紀ぶりの大改革が現実化するかもしれない、そのような予感がした。そこで結果がどうであれ、記録を残しておくつもりで、二〇〇〇年十一月から毎月一回、「市民の司法へ　二十一世紀の設計図」というタイトルの連載一ページ特集を始めた。タイトルの「市民の司法へ」には、司法が少しでも市井の庶民にとって身近な存在になり、本当に力強い味方になってほしいという個人的な願いを込めた。

本書に収録した連載一ページ特集「市民の司法へ」のシリーズは二〇〇四年九月までの間に断続的に三回、それぞれ一年間続けた。「二十一世紀の設計図」というサブタイトルを付けた連載は二〇〇一年十月までで、司法制度改革審議会の審議状況がその内容だ。「新立法の道程」は二〇〇二年七月から二〇〇三年六月まで、司法制度改革推進本部で新制度の骨格ができていく過程を追った。「改革の到達点」と題したシリーズは二〇〇三年十月から二〇〇四年九月まで、次々に成立していく諸法案を探った。司法改革の全過程を同時進行ドキュメントの形でフォローしたのは、このシリーズしか見当たらないと思う。

「二十一世紀の設計図」を連載中の二〇〇一年六月、改革審が意見書を政府に提出した。この時期はいわば〝司法改革の胎動期〟だったと思える。在るべき司法の設計図が描かれていくのを眼前に見ながら、制度づくりに一定の方向性が見えてきたところで、そのテーマを取り上げていった。眼前に進行する司法改革の姿をスケッチした記事なので、詳細な改革の全貌を紹介しきれてはいないが、その時期の焦点がどこにあったのかは理解していただけると思う。

意見書の内容は直ちに実行に移された。司法制度改革推進法が二〇〇一年十一月に成立し、それに基づいて翌十二月、小泉純一郎首相を本部長とする司法制度改革推進本部が発足した。本部の中には、改革を目指す主要なテーマごとに計十の検討会（後に知的財産関係が増え十一に）が設けられ、具体的な法案の内容について討議が進められた。私も、重大事件の刑事裁判に国民が参加する新制度の設計を行う「裁判員制度・刑事検討会」と、資力がない被疑者にも公費で弁護士をつける新制度を導入する「公的弁護制度検討会」という二つの検討会の委員として、法案作りに関係することになった。各検討会の委員の中に現役の報道関係者は他にはおらず、法律の専門家ではない身にとっては、考えてもいなかった大変な事態になった。

すべての検討会に顔を出し、推進本部の顧問会議をすべて傍聴したが、そのうち、立法過程の展開がある程度予測可能なように見えてきた。読者に伝えたい思いが募り、新法案の内容が見え次第、すぐ記事化することにし、「新立法の道程」をスタートさせた。今回の制度づくりには改革審意見書の枠組みという大前提があったが、法案作りが進む一方、現行制度の運用で解決できる問題は最高裁、法務省、日弁連などが次々に実施に移していった。その動きは、「隣接法律関係職種」と呼ばれる司法書士、弁理士、税理士、社会保険労務士、土地家屋調査士、行政書士なども巻き込み、いわば法律関係職種全体の構造改革という様相を呈していった。

一連のシリーズの仕上げに当たる「改革の到達点」は、十一の検討会で大方の合意が得られ、法案として具体化していった内容を中心に、改革の収穫期に入った主要なテーマを順次、取り上げた。これから新制度を利用することになる市民のために役立つような情報の提供を心掛けた。連載をしている間に新しい法案が次々と成立していったが、これらの動きを追い掛け、記事化するタイミングは、早すぎれば関係者が取材を拒み、遅すぎればニュースとは言いにくくなる微妙なものがあった。連載終了の時点では、当事者の合意による弁護士報酬の「敗訴者負担制度」を導入する問題と、司法修習生への給費制を貸与制に切り替える法案などが国会で決着を見ていなかった。本書で、その結末も含めて全体像を提示できたのは幸いだ。

これらのシリーズは最初から計画的に連載したわけではないので、内容に重複があるし、統一も取れてはいない。しかし、それも当時の流動的な論議の状況を反映しているからであり、ご容赦を願いたい。執筆時の私自身の感覚、周辺の人々の雰囲気、受け止め方などを大事にしたいので、本書に収録するに当たり、手直しは誤りなど最小限にとどめた。

半世紀前に行われた政府の臨時司法制度調査会による改革の際は、メディアによるまとまった記録はほとんど残されていない。重大な新制度がどのような討議の経過を経て、どのような政治的力学の影響下で成立していったのか、今ではもはや簡単にはうかがう術がない。私も法務省の図書館などに残る古い記録をひもとき、さらに、数少なくなった関係者を訪ねて、当時の事情についてご教示を受けるほかなかった。

今回の司法改革は当初の予想をはるかに超え、法科大学院の創設など司法の基盤そのものに変革を迫る大規模な具体的成果として結実した。不十分な面はあるが、現段階では評価に値する実りをもたらしたのではないかと考えている。その経緯と結末を五十年後、百年後の人が振り返ろうとしたとき、どのような理由で、何がどう改められたのか、どのような論議があったのか、などを簡単に知ることができるようにしておきたい。

本書では、新制度の概要を第一部に、その背景を第二部に、連載は第三部に、この改革に対する私の評価と課題の指摘は第四部に記した。これらの内容は、ジャーナリストの目に映った記録と、あれこれ考えた末の意見にしかすぎないが、法律の専門家ではない者が書いたからこそ、一般の人々が司法改革の全容を把握するには便利な資料になるのではないかと思う。これを踏み台にして、学生、社会人など多くの方々が、将来の司法の在り方について考えを深めていただけたら幸いだ。

二〇〇五年　春

土屋美明

第一部　実現した司法改革

司法制度改革審議会　市民参加の「裁判員制度」導入に向け、取りまとめの審議を行った司法制度改革審議会の第55回会議＝2001年4月10日、東京・虎ノ門

第一章　改革の全体像

第一．司法制度改革の理念と成果

一．司法制度改革とは

（一）三つの柱

司法制度改革審議会が二〇〇一年六月十二日に公表した意見書は冒頭で、司法制度改革の根本的な課題は「法の精神、法の支配がこの国の血肉と化し、『この国のかたち』となるために、一体何をなさなければならないのか」「日本国憲法のよって立つ個人の尊重（憲法第一三条）と国民主権（同前文、第一条）が真の意味において実現されるために何が必要とされているか」を明らかにすることにある、と述べている。そして、今回の司法制度改革は、政治改革、行政改革などの「諸々の改革を憲法のよって立つ基本理念の一つである『法の支配』の下に有機的に結び合わせようとするものであり、まさに『この国のかたち』の再構築に関わる一連の諸改革の『最後のかなめ』として位置付けられる」としている。

意見書は「この国のかたち」という言葉を繰り返すことによって、司法制度改革が新たな国家づくりに邁進するのを目的とする改革であることを鮮明に打ち出した。二十一世紀の社会で司法に期待される役割について意見書は「法の支配の理念に基づき、すべての当事者を対等の地位に置き、公平な第三者が適正かつ透明な手続により公正な法的ルール・原理に基づいて判断を示す司法部門が、政治部門と並んで、『公共性の空間』を支える柱とならなければならない」と述べている。政治・社会構造の再編が司法の強化を不可避の課題として求めているとする認識が、その根底にある。

その「二十一世紀の司法制度の姿」を描く中で、意見書は「司法制度改革の三つの柱」を示した。第一は「国民の期待に応える司法制度の構築（制度的基盤の整備）」、第二は「司法制度を支える法曹の在り方（人的基盤の拡充）」、第三は「国民的基盤の確立（国民の司法参加）」だ。つまり現行制度の不都合な点は改善して、その基盤を整備するのが第一の目的であり、次に、「法曹」と呼ばれる裁判官、検察官、弁護士の質を高め、数も増やして、人的な基盤を広げるのが第二の目的。そして第三に、多くの国民に参加してもらい、司法の基盤を国民の中に広げて盤石なものにするのが最終的な目的ということになる。逆に読めば、これまでの司法には多くの制度面での欠点があり、法曹の数が少なくて、しっかりした国民的な基盤を持っていないという基本認識に立っているといえるだろう。

（二）司法制度改革推進法

この三本柱に照らし、今回の司法改革ではどの程度、その目的が達成され、どのような成果があったといえるのか、まず概略を見てみよう。改革審の意見書を具体化するための司法制度改革推進法が二〇〇一年十二月から施行され、この法律に基づいて政府内に置かれた司法制度改革推進本部（本部長・小泉純一郎首相）が三年の設置期限を終えて二〇〇四年十一月三十日で解散するまで、同本部と中央省庁が国会に提出し、成立した法案は計二十四本を数えた。本部解散後の同年十二月に入って成立した裁判所法一部改正を含めれば計二十五本になる。その担当別に内訳を見ると、本部が十七本、法務省が四本、内閣官房、経済産業省、文部科学省、厚生労働省が各一本となる。まさに中央省庁が横断的に取り組んだ大改革だった。

二、改革の成果

（一）成立した主な法律

今回の司法制度改革で成立した関連法律の政府担当部門、成立時期、その主な内容を列挙してみよう。司法制度改革推進本部は「本部」と略記した。

①司法制度改革推進法（平成十三年法律第一一九号）
・内閣官房。二〇〇一年十一月六日成立、同年十二月一日施行。
・司法制度改革推進計画の策定、司法制度改革推進本部の設置。
②弁理士法の一部を改正する法律（平成十四年法律第二五号）
・経済産業省。二〇〇二年四月十一日成立、二〇〇三年一月一日施行。
・弁理士に特定侵害訴訟の訴訟代理権付与。
③司法書士法及び土地家屋調査士法の一部を改正する法律（平成十四年法律第三三号）
・法務省。二〇〇二年四月二十四日成立、二〇〇三年四月一日施行。
・司法書士に簡易裁判所の訴訟代理権付与。
④学校教育法の一部を改正する法律案（平成十四年法律第一一八号）
・文部科学省。二〇〇二年十一月二十二日成立、二〇〇三年四月一日施行。
・専門職大学院制度の創設。
⑤法科大学院の教育と司法試験等との連携等に関する法律（平成十四年法律第一三九号）

・本部。二〇〇二年十一月二十九日成立、二〇〇三年四月一日施行。
・法科大学院の適格認定。
⑥司法試験法及び裁判所法の一部を改正する法律（平成十四年法律第一三八号）
・本部。二〇〇二年十一月二十九日成立、二〇〇四年一月一日施行。
・新しい司法試験の実施、受験資格、司法修習期間の一年への短縮。
⑦法科大学院への裁判官及び検察官その他の一般職の国家公務員の派遣に関する法律（平成十五年法律第四〇号）
・本部。二〇〇三年四月二十五日成立、二〇〇四年四月一日施行。
・法科大学院への裁判官、検察官らの派遣。
⑧裁判の迅速化に関する法律（平成十五年法律第一〇七号）
・本部。二〇〇三年七月九日成立、二〇〇三年七月十六日施行。
・第一審の裁判を原則二年以内に終局。
⑨民事訴訟法等の一部を改正する法律（平成十五年法律第一〇八号）
・法務省。二〇〇三年七月九日成立、二〇〇四年四月一日施行。
・計画審理の推進、専門委員制度の創設、特許訴訟などの専属管轄化。
⑩人事訴訟法（平成十五年法律第一〇九号）
・法務省。二〇〇三年七月九日成立、二〇〇四年四月一日施行。
・人事訴訟の家庭裁判所への一本化。
⑪司法制度改革のための裁判所法等の一部を改正する法律（平成十五年法律第一二八号）

・本部。二〇〇三年七月十八日成立、二〇〇四年四月一日施行。
・簡易裁判所の管轄拡大、民事調停官と家事調停官の創設、弁護士の綱紀懲戒手続きの整備。
⑫担保物権及び民事執行制度の改善のための民法等の一部を改正する法律（平成十五年法律百三十四号）
・法務省。二〇〇三年七月二十五日成立、二〇〇四年四月一日施行。
・民事執行制度の強化。
⑬仲裁法（平成十五年法律第一三八号）
・本部。二〇〇三年七月二十五日成立、二〇〇四年三月一日施行。
・仲裁法制の整備。
⑭弁護士法の一部を改正する法律（平成十六年法律第九号）
・本部。二〇〇四年三月三十一日成立、二〇〇四年四月一日施行。
・弁護士資格の特例の見直し。
⑮労働審判法（平成十六年法律第四五号）
・本部。二〇〇四年四月二十八日成立、二〇〇四年五月十二日の公布から二年以内に施行。
・個別労働紛争に労使参加の「労働審判制度」を導入。
⑯刑事訴訟法等の一部を改正する法律（平成十六年法律第六二号）
・本部。二〇〇四年五月二十一日成立、二〇〇四年五月二十八日の公布から一年六カ月以内に施行。
・刑事裁判の充実と迅速化、被疑者への国選弁護人制度の導入、検察審査会の一定の議決により起訴される制度の導入。
⑰裁判員の参加する刑事裁判に関する法律（平成十六年法律第六三号）

・本部。二〇〇四年五月二十一日成立、二〇〇四年五月二十八日の公布から五年以内に施行。
・重大事件の刑事裁判に一般の国民が裁判員として参加し、裁判官とともに審理、判決する「裁判員制度」の導入。

⑱総合法律支援法（平成十六年法律第七四号）
・本部。二〇〇四年五月二十六日成立、二〇〇四年六月二日に公布、施行。
・国民が全国どこでも法的トラブルの解決に必要な情報、サービスの提供を受けられる「日本司法支援センター」の設立。

⑲行政事件訴訟法の一部を改正する法律（平成十六年法律第八四号）
・本部。二〇〇四年六月二日成立、二〇〇五年四月一日施行。
・国民の権利と利益のより実効的な救済方法の整備。

⑳知的財産高等裁判所設置法（平成十六年法律第一一九号）
・本部。二〇〇四年六月十一日成立、二〇〇五年四月一日施行。
・特許権などの知的財産関係事件を専門的に扱う「知的財産高等裁判所」の創設。

㉑裁判所法等の一部を改正する法律（平成十六年法律第一二〇号）
・本部。二〇〇四年六月十一日成立、二〇〇五年四月一日施行。
・知的財産関係訴訟の手続きの整備。

㉒判事補及び検事の弁護士職務経験に関する法律（平成十六年法律第一二一号）
・本部。二〇〇四年六月十一日成立、二〇〇五年四月一日施行。
・判事補、検事が弁護士の職務を経験する制度の整備。

㉓労働組合法の一部を改正する法律（平成十六年法律第一四〇号）
・厚生労働省。二〇〇四年十一月十日成立、二〇〇五年一月一日施行。
・労働委員会が行う不当労働行為審査の迅速・的確化を図る審査手続きなどの整備。
㉔裁判外紛争解決手続きの利用の促進に関する法律（平成十六年法律第一五一号）
・本部。二〇〇四年十一月十九日成立、二〇〇四年十二月一日の公布から二年六カ月以内に施行。
・民間事業者が行う裁判外紛争解決手続き（ＡＤＲ）について法務大臣の認証制度を導入。
㉕裁判所法の一部を改正する法律（平成十六年法律第一六三号）
・本部。二〇〇四年十二月三日成立、二〇一〇年十一月一日施行。
・司法修習生への給費制を貸与制に切り替える制度の導入。

しかし、これらの法案は、一本の法律にまとめられていても、内容は多岐にわたるものが多く、すぐにはなかなか理解しにくい。例えば、「司法制度改革のための裁判所法等の一部を改正する法律」の内容は大別すると五つに分かれている。簡易裁判所が担当する民事訴訟事件の価額を百四十万円に引き上げる「裁判所法等の一部改正」、民事訴訟の手数料を引き下げる「民事訴訟費用等に関する法律の一部改正」、弁護士から選任された民事調停官・家事調停官が調停手続きを主宰する制度を設ける「民事調停法と家事審判法等の一部改正」、弁護士会を縛っていた弁護士の報酬規定を会則から削除するなど弁護士の業務を根本から見直す「弁護士法の一部改正」、弁護士と外国法事務弁護士との提携・協働を進める「外国弁護士による法律事務の取扱いに関する特別措置法の一部改正」だ。

たった一本の法律でも、これだけの内容が混在している。それを一つの法律ごとに見ていっても、司法改革の全体像は浮かんでこない。本書では、このように、いくつかの法律にまたがっている内容をテーマごとに解きほぐし、まとめて要点を説明していく。

(二) 裁判迅速化法

成立した法案はいずれも現行制度を根本から変える大型の法案で、従来の常識からすると、成立までに五、六年はかかっても不思議はなかった。司法制度改革の全体の流れを監視する役割を担っていた推進本部の顧問会議は二〇〇四年十一月十二日、最後の第十八回会議を開いたが、その席で座長の佐藤幸治・近畿大法科大学院院長（京大名誉教授）は「よくぞ、ここまでたどり着いたというのが正直な気持ちです。今まで、日本の司法は高嶺の花のように国民から遠いところにあったが、全体としてすばらしいものになった」と、感慨深げに話した。佐藤座長は司法制度改革審議会の会長でもあり、今回の改革の立役者ともいえる存在だったので、その思いはひとしおだったに違いない。

成立した法律の中で、象徴的なのは「裁判の迅速化に関する法律」、いわゆる裁判迅速化法かもしれない。第一審の訴訟手続きを「二年以内のできるだけ短い期間内」（第二条）に終局させるなど裁判所での手続き全体について一層の迅速化を図り、国民の期待に応える司法制度を実現するのが目的だ。裁判の迅速化は、訴訟手続き等の整備、法曹人口の大幅な増加、裁判所と検察庁の人的体制の充実、弁護士の体制の整備等により行われるが、当事者の正当な権利利益が害されないよう、手続きが公正かつ適正に実施されることが確保されなければならない。最高裁判所は裁判の迅速化に必要な事項を明らかにするため、裁判の迅速化について総合的かつ多角的な検証を行い、その結果を、二年ごとに、国民に明らかにするため公表する。

すべての裁判で一審判決を二年以内に行うことは、実は大変難しい。裁判は生きものなので長期化せざるを得ないこともあり、数値目標を掲げることには法曹内部に反対が強かった。それまでも、長すぎる裁判を解消する努力は裁判所部内で続けられ、事件処理の平均期間を見ると、第一審の判決までに、地裁の事件が一九九二年に民事では平均十・九カ月、刑事では三・四カ月かかっていたのが、十年後の二〇〇一年には民事では平均八・五カ月、刑事では三・三カ月に短縮されていた。その方向をさらに推し進めようと裁判迅速化法案が構想され、推進本部長の小泉首相は、新聞に投稿された川柳「思い出の事件を裁く最高裁」をスローガンとして気に入ったのか、再三引用して、長期裁判の解決を求めた。改革の成果を国民に説明するときに、二年以内と区切ることは分かりやすい意味があった。

(三) 唯一の廃案

今回の司法改革で廃案になった法案が、たった一つだけある。弁護士報酬の敗訴者負担制度を導入しようとした「民事訴訟費用等に関する法律の一部を改正する法律案」だ。法案では、民事訴訟を起こした原告と、訴えられて被告とが、あらかじめ負けた方が相手方の弁護士の報酬も支払うことで合意し、裁判所でそのことを記した書面を作成したときには、敗訴者負担とすることもできるとされていた。

しかし、このような当事者同士の合意制に基づく敗訴者負担であっても、いったん導入されると、例えば金銭貸借の場合、そのことを事前に契約のひな型に書き込んでおいて、それにサインしなければ融資しないというような運用がされる恐れがあるなどとして野党側の反対が強かった。特に、消費者訴訟や公害訴訟、労働訴訟など社会的弱者が起こす訴訟は、敗訴者負担となると負けた場合の経費が大きすぎ、事実上、提訴そのものがしにくくなりかねないなどとして、市民団体から強い批判も出されていた。私は、ほとんどの司法改革関連法案には基本的に賛成の立場を取ってきたが、敗訴者負担制度だけは賛成しかねた。廃案もやむを得ないと考えている。

第二　立法作業の特徴

（一）三年の期限

推進本部の法案作りには、これまでとは違う大きな特徴があった。大急ぎの改革だったということだ。従来は、六法とよばれるような最も基本的な法律を改正したり、それに匹敵する大型法案を作ったりするときには、まず法務大臣から法制審議会に諮問をするのが通例だった。法制審の答申を受けた後、法務省などの関係省庁が答申内容を踏まえて法案を作り、それを内閣法制局に提出して審査を受ける。審査にパスすると初めて国会に提出されるという段取りだ。

しかし今回の司法改革は、三年の期限付きという制約があるため、従来とは全く違う手続きが採られた。司法制度改革推進本部の中に主要なテーマ別に十一の検討会が設けられ、それぞれ十一人の委員が述べる意見を参考に、事務局が並行して法案の内容固めを行った。法案が政府与党の調整で提出されるまでが、政治の主舞台であるという形が、日本政治の型としてできてしまっているのはよくないという意見もあるだろう。しかし、期限付きで大型の立法作業を進めるには異例の方法もやむを得なかったというべきだ。立法過程が全くの秘密であれば大問題だが、今回の司法改革は、限られた条件の中で、かなり透明化を図る努力が行われたと思う。

（二）検討会

検討会としては、労働訴訟の在り方を見直す「労働検討会」、裁判などの司法制度を活用する方策を探る「司法アクセス検討会」、調停などの裁判外紛争解決手続き（ＡＤＲ）を法制化する「ＡＤＲ検討会」、国際商取引などで使われる仲裁を利用しやすくする「仲裁検討会」、行政の行為に不満なときに住民が起こす行政訴訟の制度を見直す「行政訴訟検討会」、国民参加の刑事裁判を設計し、併せて刑事訴訟手続きも改正する「裁判員制度・刑事検討会」、国費による弁護制度を公判段階から被疑者段階に拡大する「公的弁護制度検討会」、外国の弁護士と日本の弁護士が協力して事業ができる道を探る「国際化検討会」、法曹を育てる法科大学院などの制度設計をする「法曹養成検討会」、法曹を関係の諸制度や新しい時代にふさわしいものにする「法曹制度検討会」、特許権など知的財産権をめぐる訴訟を企業などの使い勝手の良いものに変える「知的財産訴訟検討会」という十一の検討会がつくられた。

しかし、新しい法律によってできあがった制度の中には、これらのうち複数の検討会にまたがって論議されたものも多い。私は「裁判員制度・刑事検討会」と「公的弁護制度検討会」の委員を引き受けたが、例えば、公的弁護制度検討会が論議の対象とした公的弁護制度は、司法アクセス検討会の司法ネットづくりの論議と重なり合い、結果的には、どちらの検討会の討議内容も、「総合法律支援法」が定める日本司法支援センターの業務として取り込まれることになった。

(三)　関係者の意見調整

検討会の委員の中には、法学者のほか裁判官、検察官、弁護士ら実務家や日本経済団体連合会、日本労働総同盟ら民間団体関係者が含まれ、それぞれ、背後にある団体の意見も踏まえて述べるため、検討会を舞台として自然と司法関係者の意見調整が進められる結果になった。また自民党の司法制度調査会（会長・保岡興治元法相）など、各党が弁護士の委員らを中心とした組織で新制度の内容を詳細に吟味した。例えば、国民が裁判員となって刑事裁判に参加する「裁判員制度」については、自民、公明両党がプロジェクトチーム（与党ＰＴ）をつくって、推進本部の作業と並行して法案の内容を固めたのも大きな特徴だった。

検討会で方向性が打ち出されると、事務局がそれを条文化し、まとまったところで内閣法制局の審査を受け、さらに自民、公明両党だけでなく民主党など各野党へも事務局が事前に説明をしてから、政府案として国会に提出された。裁判員制度では、与党ＰＴの段階で、事務局が想定していた「裁判官三人と裁判員六人」で構成する裁判体のほかに、被告が罪を認めている事件では「裁判官一人に裁判員四人」の裁判体でも審理できるとする重要な修正が加えられるなどし、それが法案として実現していった。

このような態勢がとられた結果、わずか三年間の設置期間内に、大型法案の立案から国会通過までを終えてしまうという大事業が可能になった。ある程度、事前に与野党の了解が得られているので、国会の審議は比較的速やかに行われた。もちろん法案の細部の修正や、実施に当たって具体的な要請を盛り込んだ付帯決議は、さまざまな場面で数多くあったが、新制度の根幹にかかわるような重大な修正は多くの場合、事前に済まされ、国会審議の段階ではそれほど多くはなかったのも、特徴的だった。全体としては、国民を代表する幅広い国会議員の賛同を得た改革だったといえるのではないだろうか。

第三　評価と意義

（一）人材養成とセット

今回の司法改革は、単なる現行法制度の改善にはとどまらず、新しい制度づくりの試みと、司法の未来を担っていく人材養成の試みとがセットになった改革だったことが、極めて重要だ。この方向が深く根付けば、新たに生まれてくる高い質を備えた多数の法曹が市民の身近な助言者、解決者として活動することになるだろう。それは、これまで市民にあまり意識されたことのない、法に従って物事を動かしていく「法の支配」という考え方を社会に定着させ、将来の日本社会の在り方を変えていくことになるかもしれない重大な意義が認められる。

（二）目玉の三制度

その観点からすると、今回の司法改革の目玉は次の三つの新制度に集約できるように思われる。

一つは、法律家を目指す人々に専門職大学院の高等教育を施し、豊かな人間性を備えた、質量ともに十分な法曹の養成を行う法科大学院の創設だ。これは、改革審の三本柱の一つ「人的基盤の拡充」に即した施策といえる。

二つ目は、独立行政法人型の「日本司法支援センター」を設立し、国が関与する形で、全国に幅広い司法サービスを提供する「司法ネット」だ。これは、三本柱の「国民の期待に応える司法」の実現策にほかならない。

三つ目は、無作為抽出（くじ）で選ばれた国民が「裁判員」として本格的に刑事裁判に参加する「裁判員制度」だ。司法参加は国民の法的な経験を豊かにし、自ら紛争解決に当たる意識と能力を高め、民主的な社会を育てていくことにつながる。それは、司法改革の三本柱の一つである「国民的基盤の確立」を具体化する試みだといえるだろう。

以下、これら三つの新制度から始めて、今回の司法改革の全体像を紹介していきたい。もちろん、新制度の中には、個別的労働事件の審理に労使の代表が参加する「労働審判制度」のような注目すべき制度があり、これらを決して過小評価しているのではない。ただ、まず司法の基盤づくりにかかわる大型の新制度から紹介していった方が全体の中身を理解しやすいと思うからにすぎない。

第二章　注目の三制度

第一．法科大学院

一．創設の理念

（一）法曹人口の拡大

法曹になるには、国が行う司法試験に合格し、その後、最高裁の司法研修所で法律家となるための一年半の専門的な司法修習を受けて、修了試験（二回試験と呼ばれる）に合格しなければならない。修習終了直後に裁判官になろうとすると、裁判所法四三条が「判事補は司法修習生の修習を終えたものの中からこれを任命する」と定めている通り、まず、単独では裁判ができない「判事補」として最高裁に採用されることが必要になる。判事補は、言ってみれば判事見習いのような立場にあり、十年の経験を経た後でないと「判事」には任命されない。判事には十年の任期があり、再任されることができる仕組みで、このような、判事補として採用し、判事に任命していく制度は「キャリア・システム」と呼ばれている。検察官の場合は、法務省に検事として採用され、検事長、検事総長へと昇進する。弁護士は、入会しようとする全国各地の弁護士会を通じて日本弁護士連合会の名簿に登録されなければ弁護士活動ができない（弁護士法八条）とされている。

このような仕組みになっているので、司法試験の合格者をどの程度の人数に設定するかが、司法の規模を決めることになる。司法試験合格者は一九四九年以降二百人台だったのが、六四年から五百人前後に増やされ、その時期が九〇年まで続いた。しかし企業活動が活発化すると法的サービスへの需要も高まり、このような「小さな司法」に対する批判が強まって、九一年には六百人台に、さらに九三年からは七百人台へと引き上げられた。それでも、法曹人口の増加を求める声は強く、九八年には八百人台、九九年には遂に千人の大台に達した。二〇〇四年度の受験者は四万三千三百六十七人、最終合格者は千四百八十三人で合格率は三・四二%だった。合格者は急増しているものの、それでも相変わらずの〝狭き門〟だ。

日本の法曹人口は二〇〇四年で見ると、裁判官定員は三千百九十一人、検察官定員は二千四百四人、弁護士登録者数は二万二百四十人。日弁連の弁護士白書二〇〇四年版によると、法曹一人当たりの国民の数を、二〇〇三年の外国の数字と比べると、日本は五千九十五人であるのに対して米国二百七十二人、英国五百二十五人、ドイツ五百六十人、フランス千四百四十八人と、どの国を見ても日本よりも三倍以上少ない。政府は、司法試験の合格者を二〇一〇年には約三千人に増員、法曹人口を二〇一八年には約五万人へと、フランス並みの規模にまで増やす計画だ。そのために必要な手段として選択されたのが、法科大学院の創設だった。

(二) 文科省の認可

法曹の質を落とさずに、必要な量まで増やすには、現在行われている一発勝負の司法試験では十分ではないというのが、改革審意見書の考え方だった。米国のロースクールでは、医学、物理学、工学、経済学など法学以外の専門的知識を身に付けた大学卒業生を対象として、法律家になるための教育が施されている。二〇〇〇年十月にカリフォルニア大学バークレー校のロースクールを見学したとき、校長に相当するディーンが理学博士の学位を持つ環境法の専門家だったことに驚かされた。日本では、著名な法律家が理科系の学位を持っていることなど、ほとんど考えられないことだからだ。法律家がさまざまな専門的バックグラウンドを持って活動を始めると、日本のように法学だけしか知らないようでは、国境を越えた法的な紛争に、太刀打ちできなくなる。

これに対処するには、高度専門職業人を養成する「専門職大学院」で法律実務の初歩的段階まで踏み込んだ高度な教育を行い、知的財産権や環境法などの新しい法分野にも対応できる専門的知識を持った人材を育てるのが最善と考えられた。専門大学院制度は一九九九年に創設されたが、司法改革を背景として、プロセスとしての法曹養成制度をつくる必要性が強調されたことから、法科大学院をはじめとする専門職大学院制度が二〇〇三年度に発足した。「学校教育法の一部を改正する法律」は「大学院のうち、学術の理論及び応用を教授研究し、高度の専門性が求められる職業を担うための深い学識及び卓越した能力を培うことを目的とするものは、専門職大学院とする」とし、「専門職大学院の課程を修了した者に対し文部科学大臣の定める学位」を与えると定めており、法科大学院修了生には「法務博士」の学位が与えられる。米国のロースクールのように法科大学院で教育するならば、社会人などを集めて、年間三千人の新法曹を送り出すことも可能になる。期待を乗せた船出だった。

二．法曹養成制度のポイント

（一）法曹養成の中核的機関

法科大学院に関する主な法律には「法科大学院関連三法」と呼ばれる「法科大学院の教育と司法試験等との連携等に関する法律」、「司法試験法および裁判所法の一部を改正する法律」、「学校教育法の一部を改正する法律」という三つの法律があるが、その具体的な内容の概略は後回しにして、まず制度のポイントを記しておこう。ポイントは四点あると考える。

①法科大学院を法曹養成の「中核的機関」と位置付けたこと。これは制度設計上、極めて重要な点であり、法

曹養成の中心的役割を担うのは、従来の大学法学部でもなければ、司法研修所でもないという意味合いがある。
②政府が財政上の措置を講じることを明記したこと。つまり法科大学院は国立大学や私立大学などが自分の資金でつくるのではなく、国が国家的な制度として設けることが財政的な裏付けを持って表明されている。
③法科大学院が適法に運営され、期待通りの成果を挙げているかどうか、についてチェックする「第三者評価機関」を定めたこと。国家が関与し、国民の税金を投じる以上、中立的な機関が客観的に評価する仕組みを設けるのは当然だ。米国にもロースクールに対して厳しい目を光らせる第三者機関があり、その〝採点〟はロースクールの社会的な評価を決定付け、劣悪な教育をしているロースクールは廃校に追い込まれるなどの機能を果たしている。
④予備試験の制度を設けることにしたこと。法科大学院に進むには学費などの負担が大きいことから、経済的な理由で進学できない人にも、新司法試験の受験資格を与える道が残された。これが予備試験であり、合格するには法科大学院終了と同程度の力量が求められる。
以上の四点について、少し詳しく述べていこう。

(二) 七十四校の教育内容

まず「法科大学院の教育と司法試験等との連携等に関する法律」（法科大学院基本法）は、法科大学院の教育と司法試験、司法修習との有機的連携、法曹の法科大学院教育への参画等について「国の責務」を規定した。法科大学院設置基準の制定・改廃、法科大学院についての評価を行う者の認証・認証の取り消しなどについて、法務大臣は文部科学大臣に対し必要な意見を述べることができる。また法務大臣は特に必要があると認めるときは、文部科学大臣に対し法科大学院について必要な措置を講ずることを求めることができるなどとされている。

二〇〇四年四月、文部科学省の認可を受けて全国で法科大学院が六十八校開校した。入学した学生は社会人からの転身者を含め約五千八百人を数えた。さらに二〇〇四年十一月、文部科学省の大学設置・学校法人審議会は、申請が出ていた六校の新設を認めるよう文部科学大臣に答申した。これで法科大学院は計七十四校、総入学定員は五千九百二十五人になる。

新しい法曹の養成に向けて、法科大学院では理科系の大学卒業者ら法学未習者は三年、法学部卒の既習者は二年のコースが設けられている。二年コースに進んだ学生は二〇〇六年から実施される新しい司法試験に挑戦し、合格すれば二〇〇八年に司法研修所を修了、法曹としての活動を始めることになる。

（三）プロセス重視の教育

法科大学院での教育は、日々の学習を積み重ねた「プロセス重視の教育」になる。司法試験に合格するための技術だけを詰め込むのではなく、新時代の法律家にふさわしい豊かな人間性と専門知識を身に着けさせるのが主眼だ。従来の法学部で主流になっている大講堂での講義中心ではなく、教授と学生との対話方式で深く問題を掘り下げていく「ソクラティック・メソッド」が採用され、判例研究などのケースメソッド方式で一クラス三十人程度の少人数教育が実施されている。最低限必要な専任教員の数は十二人。専任教員一人当たりの学生の数は十五人以下とされている。

法律専門科目は公法系科目（憲法、行政法に関する分野の科目）、民事系科目（民法、商法、民事訴訟法に関する分野の科目）、刑事系科目（刑法、刑事訴訟法に関する分野の科目）の三つの系統に大別されるが、展開・先端科目として独占禁止法、知的財産法、国際取引法、民事再生法、会社更生法、証券取引法、環境法などが教授されている。これまで司法研修所で最初に行われていた民事裁判や刑事裁判の実務に関する裁判実務集合研修の一部の内容も取り込まれた。

カリキュラムは弁護士ら実務家教員による実務科目に特色があり、米国のロースクールで行われている、法律相談所を開設して実際の法律実務を弁護士とともに体験する「リーガル・クリニック」や、実際の法廷そっくりな模擬法廷を造って、現実の事件に近い「模擬裁判」をするなどの授業が始まっている。

（四）実務家教員

文科省の設置基準によると、専任教員の二〇％以上は弁護士ら実務経験者でなければならない。実務家教員となるには五年以上の経験が必要で、実務家教員のうち少なくとも三分の一は常勤の教員とされている。このため「法科大学院への裁判官および検察官その他の一般職の国家公務員の派遣に関する法律」が作られ、教員は法学者だけではなく、裁判官、検察官、弁護士の実務家からも採用できるようになった。

また「法科大学院の教育と司法試験等との連携等に関する法律」は裁判官、検察官その他の一般職の国家公務員が法科大学院で教授、助教授その他の教員としての業務を行うための派遣に関し必要な事項についても定めた。法科大学院設置者は、裁判官については最高裁判所、検察官等については法務省などの任命権者に派遣を要請することができ、派遣される裁判官は法科大学院から報酬等の支払いを受けないものの、裁判官としての給与は減額されないことになった。検察官等の任命権者は検察官等が法科大学院設置者から受ける報酬等について相当額が確保されるよう努めなければならないとされている。

派遣の期間は三年を超えることはできないが、五年を超えない範囲内で延長は可能だ。二〇〇四年版の弁護士白書によると、弁護士の実務家教員は六十八校で三百六十人に上り、非常勤講師を含めると弁護士は約六百人を数える。

三．第三者評価機関

（一）文科省の認証

法科大学院修了者には新司法試験の受験資格が与えられることもあり、その教育の質と社会の信頼を確保することが重要になる。この法律は、大学は「教育研究等の総合的な状況について、政令で定める期間ごとに、文部科学大臣の認証を受けた者（以下「認証評価機関」という）による評価（以下「認証評価」という）を受けるものとする。ただし認証評価機関が存在しない場合その他特別の事由がある場合であって、文部科学大臣の定める措置を講じているときは、この限りでない」と定め、この認証評価機関による認証評価は、専門職大学院の教育課程、教員組織その他教育研究活動の状況についても同様だとしている。

認証評価機関は文部科学大臣から、認証評価を適確かつ円滑に行うのに必要な経理的基礎を有する法人であるか、その定める評価基準と評価方法が適確かどうか、公正かつ適確な認証評価をするために必要な体制が整備されているか、認証評価の結果に対して大学からの意見の申し立ての機会を与えているか、などについて認証を受ける必要がある。

(二) チェック機能

認証を受けた第三者評価機関は、認証評価の結果を大学に通知するとともに、これを公表し、文部科学大臣に報告しなければならない。もし評価機関が虚偽の報告などをしたときは、文部科学大臣は評価機関に改善勧告、変更命令を出し、それによっても改善されないときは、認証を取り消すことができる。法科大学院には五年に一度、評価機関による認証評価を受けることが義務づけられている。第三者機関によって法曹養成の中核的機関としての水準を満たしているかどうか、常にチェックが行われ、認証取り消しなどの厳しい措置がとられることにより、一定の質が確保され、各法科大学院が主体的に教育上の創意工夫に取り組むことが期待できる仕組みになっている。

このような基準に基づいて、二〇〇四年八月、わが国初の法科大学院認証評価機関として「日弁連法務研究財団」が正式に認証され、続いて「大学基準協会」も認証されて、それぞれ活動を始めた。また独立行政法人の「大学評価・学位授与機構」なども文部科学省に申請をしており、将来的には複数の第三者評価機関が活動する見通しだ。

四．新しい司法試験

（一）法科大学院との連携

現在の司法試験は、大学を卒業していなくても受験できる一発試験方式だが、二〇〇六年から新しい司法試験が実施され、法科大学院の教育を踏まえた内容に変更される。「司法試験法及び裁判所法の一部を改正する法律」などによると、司法試験は、法科大学院での法曹養成教育と司法修習との有機的連携の下に行い、解答選択式の短答式試験と筆記式の論文式試験を同時期に実施するとされている。

短答式試験は公法系科目（憲法と行政法）、民事系科目（民法、商法、民事訴訟法）、刑事系科目（刑法、刑事訴訟法）で行われ、論文式試験は公法系科目、民事系科目、刑事系科目のほかに選択科目（労働法、知的財産法など）一科目となる。

受験資格は法科大学院修了者と予備試験合格者に認められ、最初の受験から五年間に三回までという受験回数の制限がある。

（二）予備試験

経済的な事情などから法科大学院へ通えない人などのために、法科大学院修了者と同等の学識、能力、法律実務の基礎的素養があるかどうかを判定する予備試験が設けられる。予備試験は憲法、行政法、民法、商法、民事訴訟法、刑法、刑事訴訟法、一般教養の八科目について選択肢から解答を選ぶ短答式のほか、これら法律科目の論文式、口述の各試験が行われる。
新司法試験とともに、二〇一〇年までは現行の司法試験も並行して実施されるが、その後は廃止になる。予備試験の実施は現行司法試験廃止後の二〇一一年からだ。

五．司法修習

(一) 期間の短縮

司法試験の合格者は裁判官、検事、弁護士になるために、最高裁の司法研修所で一年半の研修を受ける。司法修習生は準公務員とされ、法律を学ぶほか、裁判所、検察庁、弁護士事務所で実習し、進路を決める。修了試験や修習中の成績が基準に達しなければ「合格留保」「不合格」として修了が認められず、不合格だと自ら修習生を辞めるか、罷免され、法曹資格は得られない。合格留保の場合は追試が受けられるが、それにも落ちれば不合格となる。

今回の司法改革では、法科大学院の教育に従来、司法研修所が実施していた前期研修の一部が取り込まれるなどしたことから、修習期間の短縮が検討された。その結果、「司法試験法及び裁判所法の一部を改正する法律」は、司法修習生の修習期間を、少なくとも一年間に短縮するとした。

(二) 新しい司法修習

新しい司法修習の内容や司法研修所の管理運営に関する重要事項は、二〇〇三年三月、最高裁に設置された法曹三者と学識経験者による諮問機関である「司法修習委員会」が検討し、そこで決まった方針は、最高裁に答申され、司法研修所と全国五十カ所の司法修習生指導担当者協議会などでの議論を経て、具体化されていくことになった。司法修習委員会がまとめた「新しい司法修習」の姿は「事情聴取をはじめとする事実調査の能力、複雑な事実の中から法的に重要な事実を選び出して構成する法的分析能力、錯綜する証拠から的確に事実を認定する能力、法的問題について分かりやすく説得的に表現する能力の養成に重点を置くことが相当」とされている。

そして現役の裁判官、検察官、弁護士の個別的な指導を受けながら実際の事件の処理を体験的に学ぶ分野別修習を行う。この分野別修習は弁護修習、検察修習、民事裁判修習、刑事裁判修習の四つに分け、それぞれ二カ月間の計八カ月が想定されている。その後、司法修習生の関心に基づいて選択型実務修習に入り、基本的に弁護士事務所をホームグラウンドとして分野別修習では体験できなかった分野の実務修習を二カ月間行う。最後に全員が埼玉県和光市の司法研修所に集まり、クラス別に指導教官から民事弁護、刑事弁護、検察、民事裁判、刑事裁判の基本五科目を中心とした授業を受けるなどの集合研修が二カ月行われる見通しだ。

ただ、新司法試験への移行期間内には、現行司法試験で合格する人もいるので、移行期間内の現行試験合格者向けの司法修習課程を置くことにし、修習期間は前期集合修習二カ月、実務修習一年、後期集合修習二カ月の計一年四カ月になるとみられる。

(三) 給費制の廃止

司法修習生には国が一人当たり年間三百万円程度の給与を支給している。司法修習生には修習専念義務があり、生活の不安なしに修習できる環境を保障しようという趣旨だ。しかし、給費制と呼ばれるこの制度には、経済界などから「国家資格の取得は自己費用で行うのが原則であり、法曹だけを特別扱いする理由はない」などとする強い批判が出されていた。成立した「裁判所法の一部を改正する法律」は給費制を廃止し、代わりに、司法修習生に国が修習資金（司法修習生がその修習に専念することを確保するための資金）を貸与する制度を導入することとした。給費制の貸与制への切り替えで、二〇一〇年十一月一日から施行される。

この法律によると、最高裁判所は司法修習生の申請を受けて、修習のために通常必要な期間として最高裁が定める期間、無利息で修習資金を貸与する。修習資金の額と返還期限は最高裁が定めるが、修習資金の貸与を受けた者が災害、傷病などのやむを得ない理由で返還困難になったときは、返還期限を猶予することができる。

第二　裁判員制度

一　刑事司法への国民参加

（一）陪審制度と参審制度

世界各国には、国民が刑事裁判の手続きに参加する制度を行っている国が約八十カ国ある。米大陸諸国、西欧諸国、英連邦諸国などだ。国民参加を実施していないのは、中国から文化的・歴史的な影響を受けてきた東アジアの国々、中近東諸国などイスラム教文化圏の国々、東欧の旧共産圏諸国、アフリカ諸国などで、どちらも地域的・文化的に固まっている傾向が見られる。国民参加を行っている国々の刑事裁判の仕組みは、それぞれ工夫が凝らされ、わずかずつ異なっているが、大きくみれば、「陪審制度」と「参審制度」とに分けられる。

陪審制度は、一般の国民から選ばれた陪審員が証拠に基づいて事実関係を審理し、被告人が「有罪」か「無罪」を評決、有罪の場合は職業裁判官が量刑の判断をする。これに対して参審制度は、国民と裁判官が一緒に、有罪か無罪かの判断も、量刑の判断も行う点に違いがある。つまり参審制は、陪審員が裁判官から独立して評決をする陪審制とは異なり、参審員と裁判官が終始一体となって裁判に当たる点に大きな違いがある。米国、英国、オーストラリア、ブラジル、メキシコなど米州機構や英連邦には陪審制度を採用している国々が多く、欧州にはドイツ、フランス、スウェーデン、デンマーク、イタリアなど参審制の国々が多い。

実際には、これら各国の国民参加の裁判がどのように違うのか、私が見聞した限りで、簡単に主な国のスケッチをし、日本の裁判員制度を考える手掛かりを提供しておきたい。

(二) 米国の陪審裁判

米国の陪審制度は、俳優ヘンリー・フォンダの演じる陪審員が他の陪審員(Juror)を説得して、殺人容疑の若者を無罪に導く映画「一二人の怒れる男」や、ポール・ニューマン主演の映画「評決」など、法廷を舞台にした名作で日本にもおなじみだ。国民参加というと、まず陪審裁判を思い浮かべる人が多いだろう。

私は二〇〇〇年十月に米国のサンフランシスコで陪審裁判の様子を見学した。米国は連邦制の国だから、司法制度も州によって違うが、カリフォルニア州では陪審員は米国の市民権を持ち、同州内に住居を持つ十八歳以上の人の中から、自動車の運転免許証の登録者名簿などを基に、事件ごとに無作為抽出(くじ)によって選ばれる。刑事事件の陪審では、警察官は陪審員を免除されるが、そのほかに特別な陪審義務の免除事由は法律には定められていないようだった。公判開始前に法廷で裁判官から被告人との関係の有無などについて質問を受け、検察官、弁護人が同意した人が陪審員に選任されていった。カリフォルニア州で傍聴した法廷は陪審員の数は十二人だったが、それだけの人数の確保が難しい州は減らすところもある。ただし連邦最高裁の判例では、陪審員の数が五人以下では、その地域の民意を反映した裁判とはいえず、憲法違反とされている。

法廷は正面の席に裁判官一人。向かって右側に二段に組まれた陪審員席がある。公判は検察官と弁護人がそれぞれ主張を展開し、裁判官と陪審員はそれを聞いて判断するという「当事者主義」の訴訟手続きが採用されている。

公判が始まって驚いたのは、検察官が起訴状の朗読を終えた直後に、冒頭陳述でいきなり鉄棒を取り出し、床を鉄棒で殴りつけて「このようにして被告人は被害者を殺害したのです」と実演を始めたことだった。まだ証拠調べは行われていないので、鉄棒を凶器と決め付けた実演が可能とは予想外だった。証拠の文書などもスライドで次々と上映されていく。陪審員に事件の概要を印象づけようとする意図が明らかな冒頭陳述だった。

審理が終わると、陪審員は別室で評議をし、被告人が有罪か無罪かを評決する。有罪とするには全員一致の結論が必要とされている。陪審団の評決に従った判決なので、判決文に理由はつかず、無罪の判決に対して控訴はできない。

(三) ドイツの参審裁判

二〇〇三年五月にドイツのフランクフルト地裁大刑事部で参審裁判を傍聴した。有名なメッツラー銀行のオーナーの息子が誘拐されて殺され、身代金百万ユーロ（約一億三千万円）が奪われた事件だった。審理は四月に始まったばかりだったが、毎週一、二回の早いペースで進み、七月には無期自由刑の判決が言い渡された。ドイツは死刑廃止国だから、これは最高刑の判決だ。

ドイツでは軽い罪は区裁判所（Amtsgericht）、刑期四年以上の重い罪は地方裁判所（Landgericht）で審理される。区裁は裁判官一人に参審員二人。地裁でも大半の事件は裁判官一人と参審員二人の小刑事部が扱うが、特に重大な事件は裁判官三人と参審員二人の大刑事部が審理する。参審員は、有権者名簿から各政党が議席数に応じた人数を推薦し、適任者が選ばれる。ドイツは国会議員選挙の投票率が九〇％を超えるほど高いため、政党の議席数には国民の意識が比例して反映されるとみられている。参審員は二十五歳以上。任期は四年で、この間に何件もの事件を担当する。

フランクフルト地裁の大刑事部では、法廷の正面に三人の裁判官。その両脇に一人ずつ市民の参審員が並んでいた。向かって右側は検察官。左側が被告と弁護人の席だ。証人らへの質問は裁判官が行うなど、裁判官主体の「職権主義」による訴訟手続きが採られている。ただ、捜査段階の調書などは証拠にできず、公判での証言と証拠物だけに基づいて審理されることや、捜査当局が集めた証拠は全部、事前に裁判所と弁護側に渡されていることなどが、日本の裁判とは大いに異なるところだ。

参審員は裁判官と基本的には同じ権限を持っており、事実認定だけでなく、法律判断も担当する。有罪の判決をするには三分の二以上の多数決が必要とされている。過半数では裁判官三人だけの賛成で判決ができてしまうので、そうならないように三分の二以上の要件を決め、参審員に事実上、〝拒否権〟を認めた形になっている。

フランクフルト地裁の所長にインタビューすると、「旧東ドイツ地域で裁判官が不足し、旧西ドイツ地域から補充されているので、全体的に裁判官が足りず、ここの大刑事部でも八〇％の事件は裁判官を二人に減らしている。メッラー事件は重大な事件なので例外的に三人になった」と解説してくれた。裁判官二人の体制は東西ドイツ統合の時期の臨時措置なのだという。ドイツではかつて裁判官三人に参審員六人だった時期があるが、その後、財政負担を軽減する目的で人数が削減されている。

(四) フランスの参審裁判

フランスのパリ重罪院 (Cour d'assises de Paris) へ刑事裁判を見に行ったのは二〇〇四年十一月だった。ノートルダム寺院のすぐ近く、シテ島の一角に重罪院があった。殺人など無期の懲役・禁固、十年から三十年の有期懲役・禁固の罪に該当する凶悪犯罪を裁く刑事事件専門の裁判所だ。フランスは死刑廃止国なので、これは最高刑を決める裁判所ということになる。フランスでは犯罪は重罪、軽罪、違警罪の三つに分類され、それぞれ裁く裁判所が異なっている。重罪にも例外はあり、反逆罪やスパイ事件などの治安に対する重罪、テロ目的の重罪、麻薬取引の重罪は別に裁判官だけの特別重罪院が裁き、さらに大統領による大反逆罪などは高等法院が管轄する。パリ重罪院は、日本の最高裁に相当する破棄院と一緒に、古い石造りの宮殿に入っていた。

重罪院の裁判は職業裁判官三人と国民九人の参審制度で行われる。かつてはフランスも英米両国と同じ陪審制度だったので、この九人は今でも〝Juré（陪審員）〟と呼ばれている。陪審員は二十三歳以上。二週間前後にわたる公判の開廷期ごとに、重罪院から一定の人数の参審員候補者が呼び出しを受け、出向いた初日の朝、その中から、担当する事件がくじで決まる。参審員候補者は開廷期に一人数件の裁判に参加するという。

フランスには「予審制度」という特有の手続きがある。予審判事と呼ばれる裁判官が警察などを指揮して捜査をさせ、証拠を吟味した結果、起訴するのが相当だと判断したときに、裁判所への公判請求手続きが採られる。重罪院の審理は日本の控訴審のような感じで、実際に公判を担当する裁判長も、検察官も高等裁判所クラスの司法官が充てられている。

すべての証拠は裁判長が事前に目を通しており、職権主義が徹底している。公判での被告人質問などは裁判長がほとんど行った。公判は二日目に始まり、三日目には判決という連日開廷、集中審理の法廷がほぼ全部。傍聴した事件は判決言い渡しが午後十時ごろだったが、書記官の話では、言い渡しが翌日午前一時ということもあるという。陪審員の都合を考えると、深夜でも、その日のうちに判決をするのが望ましいと考えられているようだった。有罪判決には十二人のうち八人以上の賛成という特別多数決が必要だ。

（五）スウェーデンの参審裁判

スウェーデンのストックホルムに刑事裁判を見に行ったのは二〇〇二年二月だった。スウェーデンでは、「出版の自由」や「表現の自由」に関係する事件に限り、市民から選ばれた九人の「陪審員」と三人の裁判官が犯罪事実の有無を判断する「陪審制度」が採られているが、陪審の裁判は年に何件もない。スウェーデンは実質的に「参審制度」の国といえ、似通った国民性、進行中の司法改革の状況などを考えると、日本にとって制度づくりに一番参考になるのではないかと感じた。参審員は十八歳以上が条件だ。

一審の地裁は裁判官一人に参審員三人、二審の高裁は三人の裁判官に四人の参審員で法廷を構成するのが原則だが、事件の重大さによっては地裁、高裁ともさらに裁判官一人、参審員一人の追加もできる。ただし六カ月を超えない拘禁や罰金の事件は職業裁判官一人でも審理できる。

訴訟手続きには、法廷陳述だけが原則的に証拠となる「口頭主義」が徹底されている。公判前に十分な準備手続きを行っておくことが重視され、弁護人は捜査官が容疑者を取り調べるのに立ち会う権利がある。捜査書類は起訴とともに裁判所へ提出され、裁判官はそれに目を通した上で、公判を始めていた。判決は裁判官と参審員の単純多数決で決める。意見が割れたときは被告に有利な方が採用される。

興味深かったのは判決文で、言い渡しから原則として二週間以内に、裁判官が作成して当事者に交付する。主文のほかに証拠の評価、証言の要約、参審員の反対意見などが記載され、どのような判断によって判決が下されたのかが分かるようになっていた。

二　裁判員法の基本構造

（一）日本型参審制度

「裁判員制度」は、無作為抽出で選ばれた国民が「裁判員」になって、重大事件の刑事裁判に参加する新しい国民参加の裁判だ。「裁判員の参加する刑事裁判に関する法律」（裁判員法）などの関連法が二〇〇四年五月に通常国会で成立、現在のように裁判官だけで判決するのではなく、裁判員が裁判官と一緒に、被告は有罪か無罪か、有罪ならばどの程度の刑にすべきかを判断し、判決することになった。同法の成立から五年後の二〇〇九年五月までに開始するとされている。

日本の裁判員制度は、各国で行われている陪審制、参審制の良いところとみられる点を取り込んだ独特のものだが、国民から選ばれた裁判員が裁判官と一緒に審理し、量刑の評決権も持つ点では参審制型の一種であり、日本型参審制度ともいえるだろう。裁判員法の主な骨組みを以下にまとめてみよう。

（二）対象事件

裁判員が参加するのは原則的に①死刑または無期の懲役・禁固に当たる罪②裁判所法によって三人の裁判官で裁判するべきだとされている「法定合議事件」であって故意の犯罪行為により被害者を死亡させた罪――という二種類の重大事件の裁判に限られる。これ以外の罪は今まで通り裁判官が担当するので、裁判官三人による、残りの類型の法定合議事件裁判もあれば、単独裁判官によるこれらより軽い罪の裁判も行われる。具体的に言うと、人を殺した場合（殺人罪）、人にけがをさせて死なせた場合（傷害致死罪）、強盗が人を死亡させたり人にけがをさせたりした場合（強盗致死傷罪）、強盗が女性を強姦した場合（強盗強姦罪）、人に暴行脅迫を加えてわいせつな行為をし、死なせたりけがをさせたりした場合（強制わいせつ致死傷罪）、ひどく酒に酔った状態で自動車を運転し人をひいて死なせた場合（危険運転致死罪）、人が住んでいる家に火をつけた場合（現住建造物等放火罪）、身代金を取る目的で人を誘拐した場合（身代金目的誘拐罪）、紙幣や硬貨を偽造した場合（通貨偽造罪）、偽造された紙幣や硬貨を使った場合（偽造通貨行使罪）、覚せい剤を使った場合（覚せい剤取締法違反）、麻薬や向精神薬を使った場合（麻薬及び向精神薬取締法違反）、子どもに食べ物をやらずに放置して死なせた場合（保護責任者遺棄等致死罪）などだ。

二〇〇三年の統計によると、対象事件は全国で計三千八十九件あった。最も多いのは強盗致傷罪で八百十件。次いで殺人罪の七百六十八件、現住建造物等放火罪の三百三十七件、強姦致死傷罪の二百九十九件、傷害致死罪の二百六十一件、強盗致死罪の百三十三件、強制わいせつ致死傷罪の百三十二件の順に三けたの数字を記録した。強盗強姦罪八十八件、麻薬特例法違反六十四件、危険運転致死罪五十五件、偽造通貨行使罪四十八件も多く、実際の裁判では、これらの事件の審理を経験する裁判員が多くなるだろう。

しかし裁判員裁判に該当する事件であっても、裁判員やその親族等に加害行為が行われる恐れがあるような事件については、例外的に、裁判官だけの合議体で取り扱うことができるとされている。このような対象事件からの除外は、危害が及ぶ危険性の高いテロ行為、暴力団などの組織犯罪等が想定されている。

（三）合議体の構成

裁判員制度が実施されるのは一審、つまり全国の地方裁判所とその主な支部の刑事裁判だけだ。裁判員の参加する合議体は「裁判官三人と裁判員六人」で法廷を構成するのが原則とされている。

しかし、「裁判官一人に裁判員四人」の法廷もあり、第一回公判期日前の準備手続き（公判前整理手続き）を主宰した裁判所は、準備手続きの結果、被告人が公訴事実を認めている場合、当事者に異議がなく、かつ、事件の内容等を考慮して適当と認めるときは、裁判所の判断によって〝小さな法廷〟で取り扱うことができる。

この〝小さな法廷〟は、司法制度改革推進本部が作成した当初の法律案にはなかったが、最終的な与党案の合意づくりの過程で急浮上し、二〇〇四年一月の与党合意に盛り込まれた。合議体の構成について二〇〇三年十二月の時点で、自民党は「裁判官三人に裁判員四人」、公明党は「裁判官二人に裁判員七人」としており、この溝はなかなか埋まらなかった。それに加えて野党第一党の民主党は「裁判官一人に裁判員十人」の「考え方」を発表するなど、さまざまな意見が飛び交っていた。結局、裁判官の数は三人よりも減らし、裁判員の数は四人よりも増やすべきだという意見への配慮から採用された政治的な決断だったと見るほかはない。

裁判員が急病になった場合などに備えて、裁判所は「補充裁判員」を置くことができる。補充裁判員も法廷に入って審理に立ち会う。

（四）裁判員の資格

裁判員は「衆議院議員の選挙権を有する者」の中から選ばれる。二十歳以上であればよく、裁判員に選ばれたら、基本的には引き受けるのが前提とされている。

しかし裁判員法には、裁判員から除外される事由がいろいろと定められている。まず中学卒業と同程度の学識がない人、心身の故障で裁判員ができない人、禁固以上の犯罪歴がある人は「欠格事由」に該当する。

「就職禁止事由」も設けられ、国会議員、閣僚、知事、市町村長、国や地方自治体の幹部職員などは就任できない。立法、行政、司法の三権分立を尊重する立場に立つと、立法権や行政権の行使に深く関わっているこれらの人々が、司法権に関係することは望ましくないという理由だ。また裁判官、検察官、弁護士、司法書士、警察官など司法関係者、自衛官らも就職禁止になった。この制度は素人を参加させることに意味があるので、法律の専門家は除くのだと説明されている。

被告と被害者の親族、同居人、雇い人らは「不適格事由」に当たり、外される。裁判所が不公平な裁判をするおそれがあると判断した者、検察側や弁護側から、選任は望ましくないとして「理由を示さない不選任請求」をされた者は、裁判員となることができない。「理由を示さない不選任請求」は、検察側と弁護側が、「裁判官三人と裁判員六人」の合議体の場合はそれぞれ四人まで、「裁判官一人と裁判員四人」の合議体の場合はそれぞれ三人までできる。

また七十歳以上の高齢者、地方議会の議員（開会中に限る）、学生、五年以内に裁判員をした人、一年以内に裁判員候補者として出頭した人、親族の介護・養育をしなければならない人、自分で事業を処理しないと著しい損害を受ける人、親族の冠婚葬祭がある人などは辞退の申し立てができ、裁判官が認めれば、辞退できる。

裁判員は、公判期日への出頭義務等の義務を負う。義務違反があったりするなど一定の場合には解任される。

（五）不利益取り扱いの禁止

裁判員は無給のボランティアではなく、日当、旅費、宿泊費が支払われる。裁判所へ行く途中に交通事故に遭った場合などの損害も補償される。会社員などの労働者が裁判員の職務を行うために休暇を取ったことなどを理由として、事業主は解雇などの不利益な取り扱いをしてはならないとされている。こうした不利益取り扱いの禁止は裁判員、補充裁判員だけではなく、裁判員に選ばれる前の候補者や既に裁判員、補充裁判員の仕事を終えた人にも適用される。

三．裁判員裁判の基本的な流れ

（一）質問手続き

それでは裁判員は、どのようにして選ばれるのだろうか。各市区町村の選挙管理委員会は一年毎に、衆院議員の選挙人名簿を基として、無作為抽出（くじ）で、基本となる名簿を作成する。各地裁はその中から事件ごとに裁判員候補者を再びくじで選び出す。

候補者には「被告と親族関係があるかどうか」などを尋ねる質問票が送られる。候補者は回答を記入して返送し、指定された「質問手続き」の当日、裁判所へ行って欠格理由の有無などについて裁判官、検察官、弁護士の質問に答え、適任者が選ばれる。候補者が質問票に虚偽の事実を記載したり、裁判所の選任手続きでの質問に虚偽の陳述をしたりすると、五十万円以下の罰金に処される。また、正当な理由なしに欠席すると、十万円以下の過料に処される。

法廷に呼び出しを受ける候補者は、実際に裁判を行う裁判員と補充裁判員の数の五倍程度とみられている。候補者からの選出の仕方は、国によって、まず全員について資格の有無や辞退理由などを質問し、不適格者をのぞいた上で、くじを引く方式と、最初にくじを引いてしまって、当たった人から資格の有無などを調べていく方式という二通りがあるようだ。司法関係者の協議では、まだ裁判員裁判ではどうするか決まってはいないが、今のところ後者が有力のようだ。

(二) 公判審理

国民の負担を考慮し、短期間で充実した審理ができるよう、捜査から裁判までの刑事訴訟手続き全体が見直された。公判を開く前に事件の争点や証拠を整理する「公判前整理手続き」が設けられたのが一例だ。裁判員が参加する裁判は、素人にも分かりやすい新しい手続きでなければならないから、第一回公判期日前に整理手続きを必ず行うものとされている。検察側と弁護側が互いに証拠を開示し、主張を明らかにし合った上で、裁判官が証人採用や審理日程を決め、審理の見込み日数も明らかにすることになる

地裁は十分な準備の後、初めて裁判員に呼び出しを掛ける。ほぼ連日、法廷を開いて集中的に審理し、証拠調べも素人に分かりやすいよう、争点中心に行う。これらの刑事訴訟手続きの変更部分は極めて幅広いが、二〇〇五年十一月までに施行される刑事訴訟法の主な改正点については別に後述する。

審理が終わると、裁判官と裁判員が非公開の「評議」に入り、結論を取りまとめる。裁判員には評議に出席するだけでなく、意見を述べる義務もある。裁判官は裁判員に分かりやすいように整理をし、裁判員が発言する機会を十分に設けるなど、裁判員が職責を果たせるように配慮しなければならない。

(三) 評決

裁判官と裁判員は対等の権限を持つが、適用する法令が憲法違反かどうかなど、法令の解釈と訴訟手続きに関する法律判断は、裁判官の過半数の意見によって決められ、裁判員は関与しない。有罪ならどのくらいの刑になるかも、裁判官が法律や裁判例に基づいて説明する。

被告人が有罪か無罪かの決定と有罪の場合の量刑の判断は、裁判官と裁判員の合議体の過半数で決定する。全員が対等の一票を行使するが、裁判官と裁判員のそれぞれ一人以上が賛成していなければならない。つまり裁判員だけの過半数では決められない仕組みになっている。

これは、裁判員制度という国民参加の刑事裁判に対して憲法論上、無用な批判を招かないようにする配慮でもある。立法化の過程では、「憲法が保障しているのは職業裁判官による裁判であって、国民参加は想定されていない」という趣旨の反対論があったし、また「刑事裁判が職業裁判官の手を完全に離れてしまうと恣意的な判断が行われて被告人の法的な権利が損なわれる恐れがある」などという懸念も示されていた。もし判決を裁判員だけの過半数で決められるとしたら、これらの批判が「裁判員制度は憲法違反」という主張となって示される可能性があるからだ。裁判員だけの過半数では決められないのであれば、これらの批判は回避できる。

判決書は裁判官が書く。裁判員が参加した事件も、裁判官だけで審理した事件と基本的に同じ判決文とされているが、実際には、評議の際に現在のように詳細な事実認定などをしていくことは難しいと考えられており、判決理由は今よりもかなり簡潔な記述になると予想される。現在の判決書は、裁判官が膨大な証拠を論点別に整理し、綿密な討議をしてから書いている。緻密で詳細な判決書は世界でも例がなく、日本特有の「精密司法」の極致とすら言われている。しかし米国の陪審裁判では判決理由はなく、ドイツ、フランスの参審裁判でも判決理由はほとんど書かれていない。スウェーデンではかなり詳細な判決理由の記述があるが、それでも日本の判決文とは比べものにならないほど簡略だ。裁判員制度施行後の判決文は大きく様変わりすることだろう。

判決の言い渡しには裁判員も立ち会うこととされているが、裁判員が出頭していない場合でも、言い渡しは有効とされる。判決に不服ならば、現在と同じように高等裁判所へ控訴でき、高裁では裁判官だけで控訴理由の有無などについて判断する。

（四）裁判員の負担

実際に裁判員候補者として裁判所に呼ばれるのが何人に一人になるかを試算してみよう。裁判員裁判の対象事件は二〇〇三年に全国で三千八十九件起きているが、最近はやや増加傾向にあるので、対象事件は年間三千百件程度と推定するのが妥当だろう。裁判員候補者として裁判所に呼ばれるのは、事件ごとに必要な裁判員、補充裁判員の五倍程度とみられ、すべての事件で裁判員六人、補充裁判員三人が選ばれると仮定すれば、裁判員候補者はその合計九人の五倍の四十五人になる。年間を通してみると、全国で裁判所に呼ばれる人は、その三千百倍の約十三万九千五百人になる見通しだ。衆院選の有権者総数が二〇〇四年には約一億二百五十万人だったから、これは、その約七百三十五分の一。つまり毎年七百三十五人に一人が裁判所に呼ばれる計算になる。一人の人が、裁判員候補者となる資格を得る二十歳から、辞退が認められる七十歳までの五十年間、裁判員候補者になる可能性があるとすれば、一生のうちに呼ばれるのは、その五十分の一に当たる十四人から十五人に一人ということになる。

実際に裁判員、補充裁判員となって法廷に出る人はその五倍だから七十人から七十五人に一人程度という計算だ。しかし七十歳まで裁判員をできる人は全員ではあり得ないし、裁判官一人に裁判員四人の小さな法廷も使われるから、裁判員、補充裁判員に当たる可能性はもっと小さくなる。この計算は不確定要素が多くて正確ではないが、実際には国民の十四人に一人程度が裁判所へ呼ばれ、七十人に一人程度が実際に裁判員、補充裁判員として裁判に当たることになるとみるのが妥当だろう。

よく「何日ぐらい裁判所へ通うのか」と聞かれるが、対象事件の約七〇％は被告がほとんど争わず、三回ほどの開廷で終わっている。そのことから推測すると、大半の事件では裁判員が三日程度、裁判所へ行けばすむはずだと考えられる。しかしオウム真理教の裁判など審理が二年を超えている事件も年に約二百件ある。そういう長い裁判をどうするか。手続きを工夫するか、それとも裁判員の加わる裁判から外してしまうか、選択肢はいろいろあり、司法関係者の検討が続いている。

四．裁判員制度をめぐる留意点

（一）請託罪などの処罰

裁判員や補充裁判員に、有利な裁判をしてもらおうと働き掛けるなど、その職務に関して請託をした者は、請託罪で二年以下の懲役か二十万円以下の罰金に処される。裁判の公正をゆがめる不正な行為だからだ。審理に影響を及ぼす目的で事実の認定、刑の量定などの裁判員として行う判断について、意見を述べたり、情報を提供したりした者も同様に処罰される。

現職の裁判員・補充裁判員のほか、既に裁判員・補充裁判員の仕事を終えた人やそれらの人たちの親族に面会、文書送付、電話など「いかなる方法によってするかを問わず」、担当の事件に関して威迫する行為をしたら、それも二年以下の懲役か二十万円以下の罰金になる。まだ裁判員候補者にすぎない人とその親族に威迫行為を働いても同様だ。裁判員や予備裁判員が安心して裁判に専念できなければ、公正な裁判は期待できないからだ。

（二）裁判員等の守秘義務

裁判員と補充裁判員には①評議の経過②各裁判官と各裁判員が述べた意見③何対何で決まったかなど意見の多少の数――という「評議の秘密」を守る義務がある。これらの秘密や関係者のプライバシーなど「職務上知り得た秘密」を漏らせば秘密漏示罪が適用され、六カ月以下の懲役か五十万円以下の罰金になる。

守秘義務は裁判員を終えた後も続き、各人の意見の中身と多少の数を明らかにしたり、財産上の利益を得る目的で評議の経過について話したりすると、六月以下の懲役か五十万円以下の罰金になる。

（三）裁判員等の保護措置

裁判員法は第五章として「裁判員等の保護のための措置」という一章を置き、三つの措置を定めている。これも、裁判員が不安を覚えたり、危害に曝されたりすることなく、安心して職務を果たせるための欠かせない条件だ。

既に述べた通り、裁判員の職務を行うために休暇を取った者に不利益な取り扱いをすることを禁じたのが一つ。しかし、この違反には罰則はない。

二つ目は、個人情報の保護。何人も裁判員、補充裁判員、裁判員候補者、裁判員候補予定者の「氏名、住所その他の個人を特定するに足りる情報を公にしてはならない」とされている。過去にこれらの職を務めた人についても「個人を特定するに足りる情報」は公にしてはならないが、本人が公表に同意している場合は構わないとされている。検察官、弁護人、被告人らが正当な理由なしに裁判員候補者の氏名などを外部に漏らすと一年以下の懲役か五十万円以下の罰金になる。

三つ目は「裁判員等に対する接触の規制」だ。現職の裁判員、補充裁判員に担当事件に関して接触することは、何人であってもしてはならない。既にその職を終えた裁判員、補充裁判員に対しても、事件関係者のプライバシーなど「職務上知り得た秘密を知る目的で」接触することは禁じられている。この違反にも罰則はない

(四) メディアとの関係

個人情報の保護、接触の禁止、守秘義務、罰則などについては、推進本部の「裁判員制度・刑事検討会」で、事件・事故をめぐる新聞、テレビなどの取材、報道の在り方との関係で論議された。裁判員らに取材が殺到する「集団的過熱取材」が行われたのでは裁判員らが公正な判断を下せなくなる恐れがあるし、警察に逮捕された容疑者らを裁判の前に既に犯人視するような報道が無制限になされたのでは、裁判の前に裁判員が被告に対して予断や偏見を持ってしまい、公正な裁判が害されるというのだ。裁判員制度が実施される際、メディアの問題は再浮上する可能性があるので、ここで簡単に経緯などをまとめておきたい。

推進本部の事務局が作成した当初案には個人情報の保護、接触の禁止、守秘義務などとともに、その違反に対する罰則も記され、さらに「裁判の公正を妨げる行為の禁止」という項目の中で「報道機関は、事件に関する報

道を行うに当たっては、裁判員、補充裁判員または裁判員候補者に事件に関する偏見を生ぜしめないように配慮しなければならない」とする「偏見報道」の禁止規定が盛り込まれていた。

日本新聞協会は二〇〇三年九月、「裁判員制度の取材・報道指針」を提出し、このような懸念に対しては「自主ルール」を作って自ら対応するとの立場に立ち、①裁判員と補充裁判員の個人情報は原則として裁判終了までは報道を控える②裁判員が選任されてから一審判決が言い渡されるまで原則として裁判員らへの直接取材や取材の働き掛けは行わない③裁判員をめぐる取材・報道の問題が全報道機関に及ぶ場合は原則として事件を管轄する地裁とその地域の記者クラブが協議して対応を決める④「裁判の公正を妨げる行為の禁止」は、表現の自由や適正手続きを定めた憲法の精神に触れる疑いがあり、全面削除を求める――という四点を言明した。特に偏見報道の禁止は「たとえ訓示規程であっても実質的に事件・裁判に関する報道を規制するものになりかねない上、何をもって偏見とするのかも明確でなく、恣意的な運用を導く恐れの強い規定」だと反対した。日本民間放送連盟、日本雑誌協会も同旨の意見だった。

こうした主張を受け、自民、公明両党のプロジェクトチーム（与党ＰＴ）は二〇〇四年一月、裁判員への接触禁止は罰則のない訓示規定とすることやメディアについては自主規制に任せることなどを決めた。罰則付きのメディア規制は見送られ、それが政府提出の法案になった。

（五）国会での修正と付帯決議

裁判員法の制定経過を振り返ると、特筆すべきなのは国会での政府案の修正と付帯決議だといえるだろう。国会での主な修正は①裁判員等の守秘義務②保釈の取り消し事由③見直し条項の追加④施行に向けた環境整備の明記――だった。

まず裁判員等の守秘義務は最終的には、前記のような規定とされたが、国会の審議で重要な修正が加えられている。政府案は守秘義務が任務終了後も一生続き、その違反は一年以下の懲役か五十万円以下の罰金としていた。しかし「これでは刑事裁判に対する国民の検証を困難にする」などの批判があり、二点にわたって修正された。一つは、任務終了後に評議の経過を漏らす行為に懲役刑は科さず、罰金刑だけに軽減したことだ。ただし営利目的がある場合は懲役刑もあるとされている。二つ目は、懲役刑を「一年以下」から「六カ月以下」に軽くしたことだ。政府案が一年以下だった根拠は、国家公務員の守秘義務違反が一年以下であることとバランスを取ったためだが、国民負担の軽減という観点から野党側の反対が強かった。

また被告人の保釈が取り消される場合として「裁判員や補充裁判員に面会などの方法で接触すると疑うに足りる相当な理由があるとき」とされていたのが、「接触したとき」と既遂の場合だけに変更された。

さらに付則に、国民がより容易に裁判員として裁判に参加することができるよう、国は「必要な環境の整備に努めなければならない」と書き込まれたこと、裁判員制度は「施行後三年」を経過したときに全体の見直しをし、その結果に基づいて「所要の措置」を取るという条項が追加されたことも重要な修正だった。

裁判員法の可決に当たり、衆議院法務委員会は二〇〇四年四月、政府と最高裁判所に「政令または最高裁判所規則で裁判員制度の細目を定め、また、実際に裁判員制度を施行するに当たっては、例えば、守秘義務の範囲の明確化や裁判員に分かりやすい立証・説明等の工夫等、円滑で、制度の趣旨が十二分に活かされる運用となるよう、国会における論議を十分に踏まえること」などについて「格段の配慮」を求める付帯決議をした。また参議院法務委員会も同年五月、「新たな証拠開示や公判の連日的開廷のために被告人の防御権に十分配慮すること」「開示証拠の目的外使用の禁止条項の運用に当たっては、裁判公開の原則、被告人の防御権にも十分配慮すること」という付帯決議をしている。いずれも大変重要な付帯決議だ。

五．新しい刑事手続き

（一）公判前整理手続き

「刑事訴訟法等の一部を改正する法律」によって、現行の刑事訴訟手続きは大きく変わる。この改正法は二〇〇五年十一月までに施行されるが、将来の裁判員制度を視野に入れた捜査や審理の見直しという性格が色濃くにじんでいる。そこで、新しい刑事手続きについても、ここで触れておくことにする。

改正刑訴法の主な狙いは「刑事裁判の充実・迅速化」にある。改正のポイントは五つあるが、最も重要なのは、裁判所が主宰する「公判前整理手続き」が創設されたことだ。今後の刑事裁判が、争点中心の、メリハリのきいた明解な審理に変われるかどうかは、ほとんど、この「公判前整理手続き」がうまく行われるかどうかにかかっていると言っても過言ではない。この手続きは、第一回公判を開く前に十分な争点整理を行い、明確な審理計画を立てることができるように行われる。「充実した公判の審理を継続的、計画的かつ迅速に行う」(三一六条の二)のが目的とされている。検察官と被告人・弁護人は、公判で述べる予定の主張を明らかにして証拠調べの請求を行い、裁判所は事件の争点を確認し、公判で取り調べる証拠を決定する。公判前整理手続きの終了後に新たな証拠調べの請求を行うことは制限される。被告人にとっては、重大な判断を求められることなので、この手続きは弁護人がついていなければ行ってはならないとされている。被告人に弁護人がいないときは裁判所が職権でつけなければならない。これは、後に述べる「公的弁護制度」と関係してくる点だ。

第二のポイントは、証拠開示の拡充と開示ルールの明確化だ。公判前整理手続きで検察官は被告人側に検察官請求証拠を開示するほか、証拠開示の関係で二つのことを行う。その一つは、検察官請求証拠の証明力を判断するために重要な一定類型の証拠を開示することだ。証拠物、被告人の供述録取書、証人予定者の供述録取書、鑑定書、取り調べ状況の記録書などが例示されている。次は、被告人側の主張に関連する証拠について、検察側も手持ち証拠の開示の必要性と開示した場合の弊害の有無、程度等を勘案して開示することだ。証拠開示が必要かどうかに争いがある場合には、裁判所が裁定し、決定で証拠の開示を命令することができる。また、弁護士側も請求予定の証拠を開示し、証明予定の事実と法律上の主張を明らかにしなければならない。これによって、証拠開示の範囲は現在よりもかなり広がり、裁判員が公判に呼ばれたときには、検察側と弁護側の主張も相当、整理されて明確になっているはずだと期待されている。公判が始まった後も、「期日間整理手続き」が設けられ、事件の争点、証拠の整理を目的に開くことができる。

この手続きに付された事件では、弁護側に証明すべき事実や法律上の主張があるときは、検察官の冒頭陳述に続いて、冒頭陳述をしなければならない。この後、裁判所は公判前整理手続きの結果を明らかにしなければならず、これによって裁判員は両当事者の主張などを最初に知ることができる。

（二）公判審理の変化

第三は、連日的開廷の確保だ。現在は月一回の開廷が普通で、特別な事件でも月三、四回の開廷が限度といわれる。刑事事件は準備に時間がかかる上、依頼者からの報酬も安く、事件を引き受けた弁護士は弁護に専念しにくい事情があり、このような慣行が生まれている。しかし改正刑訴法は公判を「できる限り連日開廷し、継続して審理」すべきだとしている（二八一条の六）。事情によっては何日か空けて開廷することもできるが、それは、あくまで例外とされている。裁判員は仕事を休むなどして出向いてくるのだから、集中的に審理をして、裁判員の負担を軽くするとともに、理解し易い審理にする必要があるからだ。裁判迅速化法で二年以内の終局が決められたことも関係している。

第四は、「直接主義・口頭主義の実質化」だ。「犯罪の証明」に欠くことができない証人が、公判では取り調べ当時と違った証言をする恐れがあるとき、第一回公判期日前に限って、検察官が証人尋問を請求できる要件が緩和された。必要な証人調べは裁判が始まる前に済ませておくことも可能になり、公判証言の信用性をめぐる争いに解決の道がつけやすくなる。

裁判所の訴訟指揮権も強化された。裁判所は重複尋問や事件と無関係な尋問などを制限することができ、従わないときは、検察官の場合は指揮監督者に、弁護士の場合は弁護士会か日本弁護士連合会に「適当な処置」をとるように請求できることになった。検察内部での処分、弁護士会での綱紀・懲戒処分などが想定されている。また裁判所は、出頭命令や在廷命令に従わなかった弁護人らに過料の制裁を科すことなどもできるようになった。

これらの規定ができたのは、裁判員に来てもらっているのに、勝手気ままな思い付きのような尋問などをされては、皆が迷惑するからだ。今の裁判は立証対象が広過ぎ、長時間かけて細か過ぎる証人尋問、被告人質問が行われている。検察官面前調書が「信用すべき特別の情況」（三二一条）があるときは証拠能力が認められることから、自白の任意性、信用性をめぐって詳細な尋問が続けられることとも関係していそうだ。しかし、このような訴訟構造をそのままにしておいて、訴訟指揮の実効性を担保することが果たして刑事裁判の充実・迅速化にどこまで資することになるのか。当事者の処分とリンクさせることが有効な手段なのか。それは弁護活動への不当な干渉にはなりはしないか。いろいろと考えさせられる方策ではある。

(三) 即決裁判手続き

第五は、法定刑の軽い一定の事件について被疑者の同意があるときは、簡易な方法で証拠調べをし、原則として即日判決を言い渡す「即決裁判手続き」の創設だ。この手続きは、検察官が、起訴しようとする事件について事案が明白で軽微であり、証拠調べが速やかに終わると見込まれるときなどに、起訴と同時に書面で申し立てる。ただし死刑、無期もしくは短期一年以上の懲役・禁固に相当する事件には適用できない。実刑を科すことはできず、また、判決の後に、罪となるべき事実に誤認があることを理由とする控訴はできない。この場合も、被告人にとっては慎重な判断が必要なことから、同意の確認には弁護人がついていなければならず、資力がない場合には裁判所が国選弁護人を選任する。

六. 検察審査会

（一）二段階議決

同じ国民参加の刑事司法制度として機能している「検察審査会」の制度も、裁判員制度創設と絡んで罰則などが見直されたので、ここで言及しておきたい。国民から無作為抽出で選ばれた十一人の検察審査員が、検察官が起訴しなかったことは適切であったかどうかを判断する検察審査会の在り方も「裁判員制度・刑事検討会」で論議され、それを踏まえて法案がまとまった。「刑事訴訟法等の一部を改正する法律」には、検察審査会法の一部改正も織り込まれている。

検察審査会制度の大きな変更点は、起訴すべきだとする議決に対する「法的拘束力の付与」だ。検察審査会の議決には①検察官の不起訴処分が妥当だとする「不起訴相当」②不起訴処分は考え直すべきだとして検事正に再捜査を求める「不起訴不当」③直ちに起訴すべきだとする「起訴相当」――の三種類がある。しかし改正前の法律では、どの議決にも検察官に対する拘束力はなく、再捜査の結果、再び不起訴処分が行われても、申立人には打つ手はなかった。しかし今回の改正で、検察審査会が「起訴相当」の議決をした後、検察官が再考をしても不起訴処分を維持したとき、検察審査会は再審査を行い、担当検察官の意見を聴いた上で再び、起訴すべきだという議決（起訴議決）をすることができる。ただし起訴担当の議決と起訴議決には審査員八人以上の賛成が必要だ。起訴議決には検察官による起訴と同じ法的拘束力が与えられた。裁判所から指定された弁護士が議決に従って公訴を提起し、公判を担当する。二段階案は、慎重な結論を求める立場から、主に法務省などから提案されたが、検討会では煩雑に過ぎるとの反対論もあった。

（二）審査補助員

審査を充実させるための措置として、弁護士の審査補助員を置く制度が創設された。検察官の不起訴処分はどのような法律判断に基づいて行われたかについての説明、過去の処分例や判例はどうなっているかの調査などを担当し、検察審査員らの法律に関する専門的な知見を補うのが目的とされている。裁判所が弁護士の中から委嘱する。特に再審査は、審査補助員を委嘱した上で行わなければならないとされている。これは起訴議決に法的拘束力を与えるための前提条件として、法律家の目でチェックするのが望ましいと考えられたからだ。

（三）審査員の守秘義務

検察審査員には裁判員と似た守秘義務がある。改正前の法律では会議の模様、各員の意見、その多数の数という三つの秘密を外部に漏らせば、一万円以下の罰金とされている。三つの秘密を新聞その他の出版物に掲載したときは、編集人、発行人、著作者、発行者を二万円以下の罰金に処するとされていた。

それが今回の法改正では、裁判員の場合と同じように、評議の経過、各審査員の意見、その多少の数、その他の職務上知り得た秘密を漏らすと、六カ月以下の懲役か五十万円以下の罰金になった。これまでは罰金しかなかった刑罰が、懲役刑にまで引き上げられたことには、私をはじめ裁判員制度・刑事検討会の委員の中で、かなりの反対があった。いくら裁判員の守秘義務とのバランスを取るといっても、検察審査会制度が行われた過去半世紀の間に、処罰された例は皆無だったのだから、刑罰を引き上げる理由はなかったと考えている。

第三　司法ネット

一．総合法律支援法

（一）日本司法支援センター

「裁判所から刑事事件の国選弁護人を推薦するよう求めるファクスが入る。職員は、名簿に登録された契約弁護士の携帯電話を鳴らし、内容を伝える。常勤弁護士は民事事件の法律扶助の相談にのっている。地域の人たちがトラブル解決を求めてやって来て忙しい」

財団法人法律扶助協会の機関紙「法律扶助だより」八六号（二〇〇四年十一月）に「日本司法支援センターへの提言――公的刑事弁護を中心に」と題して、「あと二年もたつと、すべての都道府県に置かれた日本司法支援センターで、このようなシーンが見られるようになるだろう」と、期待を込めて想像図を描いてみた。想像シーンとしては、さらに「別の常勤弁護士は裁判員裁判の公判に出掛ける準備をしている」と付け加えたかったが、少し先走りすぎる感じがして削除した。実際には、センターが刑事専門弁護士を育て、裁判員制度を支える人材のプール組織として機能してほしいという念願も私にはある。

独立行政法人型の司法法人「日本司法支援センター」を基盤として、すべての都道府県に司法ネットを張り巡らし、幅広い司法サービスの提供を目指す「総合法律支援法」が二〇〇四年五月に成立し、新しい司法サービスの具体像が明確になってきた。二〇〇六年四、五月ごろ、センターは設立され、同年十月ころから、全国で業務を始める。この寄稿では「一般市民、特に社会的弱者に対して必ずしも温かい顔を見せてはこなかった日本の司法が、この法律を契機に、血の通った温かい司法へと変わってほしいと願わずにはいられない」と続けたが、その思いは今も変わらない。

総合法律支援法は、民事事件か刑事事件かを問わず、広く全国で法による紛争解決に必要な情報、サービスの提供が受けられる社会の実現を目指している。同法第一条は目的として「裁判その他の法による紛争の解決のための制度の利用をより容易にするとともに弁護士及び弁護士法人その他の隣接法律専門職者（弁護士及び弁護士法人以外の者であって、法律により他人の法律事務を取り扱うことを業とすることができる者をいう）のサービスをより身近に受けられるようにするための総合的な支援（以下「総合法律支援」という）の実施及び体制の整備に関し、その基本理念、国等の責務その他の基本となる事項を定めるとともに、その中核となる日本司法支援センターの組織及び運営について定め、もってより自由かつ公正な社会の形成に資することを目的とする」と記している。

（二）独立行政法人型

日本司法支援センターは、総合法律支援体制の中核となる運営主体として、独立行政法人の枠組みに従いながらも、司法の特質を考慮し、最高裁判所が設立・運営に関与する新たなタイプの法人として設立される。役員として理事長、監事の他に理事が置かれ、理事長は法務大臣が最高裁判所の意見を聴いた上で任命する。しかし理事長と理事には、現職の裁判官、検察官や任命前二年間に裁判官、検察官であった者は就任できない。いわゆる司法官僚の支配、天下り先などという批判を招かないようにするためだ。政府、地方公共団体の職員にも役員の資格はない。

重要なのは「審査委員会」である。審査委員会は、業務の運営に関し、特に弁護士等の職務の特性に配慮して判断する必要がある事項について審議するとされている。センターの業務は、時には公判で検察側と激しく対立することもある刑事事件の国選弁護人関係事務も扱うなど、高度の中立性が求められるから、そのような事項は中立的な審査委員会の判断にゆだねることとした。審査委員会は、法曹三者（裁判官、検察官、弁護士）のほか相当数の有識者で構成され、契約弁護士等の契約違反に対する措置等については、審査委員会の議決を経ることが必要とされる。

センターと弁護活動などの契約を結んだ契約弁護士らの「職務の独立性」が明記されたのも重要だ。契約弁護士等は、支援センターが取り扱わせた事務について、独立してその職務を行うとされている。これによって、刑事事件の弁護活動の独立性が保証され、法務省など国側の関与が排除される仕組みになった。支援センターは「法律事務取扱規程」を定めるが、この規程には、契約弁護士らによる法律事務の取り扱いについて、その基準に関する事項が盛り込まれる。契約弁護士らが、規定に従った適切な弁護活動をしたかどうかなどは、この規定を基準に審査委員会が判断することになる。

センターは独立行政法人の仕組みに準じるとされているため、基本的に独立行政法人通則法などの適用を受け、中期計画等を立てなければならない。法務大臣が、一定の期間内にセンターが達成すべき業務運営に関する目標（中期目標）を定めてセンターに指示、センターはこれを受けて、中期目標を達成するための計画（中期計画）を作成し、法務大臣の認可を受ける必要がある。法務大臣は中期目標期間の終了時に、組織と業務の全般にわたって検討し、その結果に基づいて所要の措置を講ずる。中期目標の策定、中期計画の認可、中期目標期間終了時の検討、業務方法書の認可などに当たっては、最高裁判所の意見を聴くものとされている。財務、会計も独立行政法人に準じ、事業年度ごとに財務諸表を作成して法務大臣に提出し、その承認を受けなければならない。

（三）業務運営

日本司法支援センターは①裁判その他の紛争解決制度を市民が有効に利用できるように協力する相談窓口（相談の受付、弁護士や隣接法律専門職者などに関する情報提供、関係機関等への振り分け業務等）②資力がない国民と在留外国人の民事法律扶助事業③刑事事件の被疑者・被告人に付ける国選弁護の態勢整備（「公的弁護制度」と呼ばれる、国選弁護人の選任と報酬支払いなどの事務）④ゼロワン地域と呼ばれる、弁護士がゼロだったり一人だったりする司法過疎地域の法律事務対策⑤犯罪被害者支援⑥関係機関等との連携の確保強化――などの業務を掲げている。このほか国、地方公共団体、公益法人その他の営利を目的としない法人等の委託を受けて法律サービスの提供なども行うとされている。

法律相談で強調されているのは、情報提供の充実強化だ。裁判をはじめ、法による紛争解決制度を有効に利用できるようにする情報などのほか、弁護士、隣接法律専門職者等の業務に関する情報等が提供される態勢を充実強化することが求められている。市民の相談を受ける窓口業務の役割が重要だ。

民事法律扶助事業は現在、「法律扶助協会」が民事法律扶助法に基づく国の補助金約四十億円（二〇〇四年度）を受けながら、日本弁護士連合会などの協力で運営している。センターの発足に伴い、法律扶助協会は発展的に解散し、その業務などはセンターへ引き継がれる見通しだ。総合法律支援法は、資力の乏しい者にも民事裁判などの手続きの利用をより容易にする民事法律扶助事業が公共性の高いものであることを指摘して「その適切な整備および発展が図られなければならない」としている。

犯罪被害者らの援助態勢の充実も国として取り組む大きな仕事だ。総合法律支援法は、被害者らが刑事手続きに適切に関与するとともに、その受けた損害・苦痛の回復・軽減を図るための制度など被害者の援助に関する制度を十分に利用することのできる態勢の充実が図られなければならない、としている。また、国、地方公共団体、日本弁護士連合会、隣接法律専門職者団体、調停など「裁判外紛争解決手続き（ＡＤＲ）」による紛争解決を行う者、犯罪被害者らの援助を行う団体、高齢者または障害者の援助を行う団体などの連携の確保、強化が図られなければならない、とされている。

（四）事務所の全国展開

この法律には、国が基本理念にのっとり、総合法律支援の実施と体制の整備に関する施策を総合的に策定、実施する責務があることがうたわれた。法務省には総合法律支援準備室が設置され、二〇〇四年十二月、全都道府県の地方準備会委員長を集めた全国会議を開くなどして、準備作業に入った。

日本司法支援センターは、主たる事務所のほか、地域の実情、業務の効率性その他の事情を勘案して必要な地に、事務所を置くことができる。準備室の構想によると、中央に本部、全国の地方裁判所所在地と大きな地裁支部のある所に支部の事務所を置いて活動することになりそうだ。総合法律支援法では「地域での業務運営に当たり、協議会の開催などによって、広く利用者その他の関係者の意見を聴いて参考とし、当該地域の実情に応じた運営に努めなければならない」とされている。地域の実情を重視する制度設計になっていることに注意が必要だ。

センターについて知っておいてほしい大事な点は、全国各地に支部ができるからといって、それは、各地の地方自治体などが既に行っている法律相談事業などに取って代わるものではないということだ。むしろ、既に自治体や諸団体が実施している事業に協力し、より良い市民サービスを提供できるように、側面から援助するのが役目である。司法は本来、住民が自治によって運営していくべきものであって、国費を投じたセンターができたからといって、都道府県、市区町村などが法律相談などから撤退するようなことがあれば、それは、この制度の趣旨に反する。各地の諸機関、諸団体と協力し合い、より充実した司法が実現されるのでなければならない。

二　公的弁護制度

(一)　勾留段階からの国選弁護

総合法律支援法は、刑事事件の被疑者・被告人に対する「公的弁護制度」をセンターの業務として取り込んだ。しかし、公的弁護制度は、被疑者・被告人の「弁護を受ける権利」を拡充し、裁判員制度を実施する上での前提ともなる重要な新制度なので、ここで全体の仕組みを概観しておきたい。

「刑事訴訟法などの一部を改正する法律」では、「死刑又は無期若しくは短期一年以上の懲役もしくは禁錮に当たる事件について被疑者に対して勾留状が発せられている場合において、被疑者が貧困その他の事由により弁護人を選任できないときは、裁判官は、その請求により、被疑者のため弁護人を付さなければならない」（第三七条の二）とされた。ここで重要なのは、裁判所から勾留状が発布された後、被疑者には公費による国選弁護人を請求する権利が与えられたことだ。現在は、起訴された後でなければ裁判所は国選弁護人をつけられないが、その仕組みを前倒しして、警察署や検察庁などで取り調べ中の被疑者にも、裁判所が、身柄拘束を認める「勾留」の段階から、公費で弁護士をつけられるようにし、被疑者の人権保障を高めた点に意義がある。

「貧困その他の事由」に当たるかどうかの判断は、明確な資力基準を定め、被疑者に「資力申告書」の作成・提出を義務付けて、それを基に行う。一定の資力がある場合は、私選弁護の申出を行ったのに弁護人を選任できなかったことが国選弁護の要件とされる。被告人についても、被疑者の場合に準じて国選弁護人の選任要件と選任手続きを整備することになった。二〇〇二年の統計では、全国で年間約八千件が、この新制度の対象になる。

改正刑訴法は、被疑者に「請求権」を与えており、被疑者の人権を守る上で非常に重要な改正といえる。しかも早い段階で弁護人がつけば、事件の争点は早く明確化され、裁判の充実・迅速化が実現できる。分かりやすい裁判を行うことは国民参加を容易にすることにもつながる。ただし、被疑者・被告人が、新しく導入された「即決裁判手続き」を使うか、起訴事実を認めて、裁判員制度のうち裁判官一人と裁判員四人の〝小さな裁判体〟を選ぶかなどの重大な選択は、初公判の前に弁護士と相談しなければできない仕組みになっている。おそらく、被疑者段階で選任された国選弁護人は、これらの判断をするのに協力する重大な責務を担うことになるだろう。これまでおこなわれてきたような、情状酌量だけを裁判所に求めていると思えることもある、おざなりな国選弁護は通用しなくなると、私は考えている。

（二）国選弁護人の選任態勢

被疑者の国選弁護制度は二段階に分けて実施されることが決まっている。当面は「死刑または無期もしくは短期一年以上の懲役もしくは禁錮に当たる事件」（裁判官三人で行う法定合議事件）を対象とするが、改正刑訴法の施行後三年程度を経た二〇〇九年五月までには、対象事件が「死刑または無期もしくは長期三年を超える懲役もしくは禁錮に当たる罪の事件」（弁護士がついていなければ法廷が開けない必要的弁護事件）へと拡大されることになっている。対象は一挙に年間約十万件に広がる。

この制度を動かす弁護士がまだ約二万人しかいない現状からすると、小さい規模でスタートするのはやむを得ないが、将来的には必要的弁護事件へと拡大するのは当然だ。法科大学院を軌道に乗せ、多数の法曹を誕生させて、被疑者国選弁護制度を少しでも理想に近づけたい。総合法律支援法は「迅速かつ確実に国選弁護人（中略）の選任が行われる態勢の確保が図られなければならない」（第五条）としている。制度が安定的に運用されるためには、弁護士会の協力などが欠かせない。

第三章　新制度の創設

第一．知的財産高等裁判所

これら三つの制度のような大型の法律ではないが、注目すべき新制度が今回の司法改革の中で誕生している。これからそれらを紹介していこう。

(一) 知財紛争解決機能の強化

最初は、知的財産高等裁判所の創設だ。特許権、実用新案権、商標権、著作権など知的財産権（知財）の保護は、司法界内部の要請というよりも、自民党をはじめとする政界や経済界からの要望が強く、それに最高裁をはじめとする司法界が時には抵抗し、時には妥協して知財高裁ができあがったという印象が強い。二〇〇二年七月、政府の知的財産戦略会議が、安い労働力で追い上げるアジア諸国に日本が対抗していくためには社会構造を「大量生産型から付加価値の高い知財創造に適したシステムへと変えることが不可欠として、創造性に富んだ「知財立国」の確立を国家事業として推進すべきだとする「知的財産戦略大綱」をまとめるなどし、知的財産関係事件への対応強化が知的財産推進計画に盛り込まれた。同年十月には知的財産基本法が臨時国会で成立するなど、知財の保護に向けた関心が急速に高まりを見せていた。

海外ではアニメーション、音楽ＣＤなど日本商品の海賊版、模倣品がまかり通り、日本企業の利益が侵される深刻な事態が生まれていたし、その一方で、日本の裁判所には特許権などを審査する専門の裁判官らが少なく、審理に時間がかかって適切な解決に結び付かない状況もあった。

これにどう対応するかの施策は、知的財産戦略本部の推進計画案作成と、司法制度改革推進本部の知的財産訴訟検討会でおこなう法案作成、法務大臣の諮問機関である法制審議会での民事訴訟法改正作業とが密接に絡み合う形で進行した。その中で、知的財産専門の独立した「特許裁判所」の創設、技術者から裁判官を任用する「技術系裁判官」制度の導入、知財専門の訴訟代理権を持つ「知財弁護士」の導入などが論議されたが、いずれも意見の対立が激しく、なかなか成案が得られなかった。

(二)　専門性の強化

いちはやく成立したのは二〇〇三年七月の民事訴訟法一部改正だった。ここでは知財関係で次の二つの大きな改正が行われている。

①特許訴訟の専属管轄化　知的財産権をめぐる訴訟は、どこの地方裁判所に起こしてもいいことになっていたが、審理が技術面にわたるなどして難しく、速やかな解決を求める企業などの要請に応え切れていなかった。そこで知的財産権の中でも専門性が特に高い特許権、実用新案権、回路配置利用権、プログラム著作権に関係する訴訟（技術型訴訟）は、専門部があって専門の裁判官がいるなど審理態勢が整っている東京地方裁判所と大阪地方裁判所に集中させることになった。ただし知財のうちでも地方の事業者が関係する場合が多い意匠権、商標権、著作者の権利（プログラムの著作物についての著作者の権利を除く）、出版権、著作隣接権・育成者権に関する訴えまたは不正競争による営業上の利益の侵害に係る訴え（非技術型訴訟）については、それぞれ東京、大阪両地方裁判所以外の地方裁判所にも訴えを起こすことができるとされている。特許権等に関する訴えは、通常の三

人の裁判官による合議ではなく、五人の裁判官の合議体とすることもできる。控訴審は基本的に、専門部のある東京高裁に集められるが、大阪高裁へ移送することもできる。このような動向が、後述するように、東京高裁の内部に知的財産権訴訟専門の高等裁判所を置く法改正につながった。

②専門委員制度の創設　専門性の高い知的財産権訴訟などに、学者ら「専門委員」のサポートを求めることができる新制度が創設された。裁判所は、争点、証拠の整理または訴訟手続きの進行に関して必要な事項の協議をするに当たって、必要があると認めるときは、当事者の意見を聞き、決定で、専門的な知見に基づく説明を聴くために専門委員を手続きに関与させることができる。和解を試みるときも当事者が同意すれば専門委員の関与が可能だ。専門委員が遠隔地にいるときは「音声の送受信による通話の方法」で説明を求めることもできる。専門委員は裁判所が事件ごとに指定する非常勤の公務員であり、任期は二年。二〇〇四年六月現在、医事二百五十八人、建築三百六十五人、知的財産権百六十一人、その他七十二人が任命され、全国の裁判所に所属している。最高裁は知的財産権訴訟のために医薬、バイオテクノロジー、ナノテクノロジー、機械、電気、化学、情報通信、コンピュータープログラム、応用物理などを専攻する学者、企業研究者ら約百十人に審理への協力を求めている。

(三) 営業秘密の保護

もうひとつ重要なのは、二〇〇四年六月に成立した「裁判所法等の一部を改正する法律」だ。この法律では、知財事件で果たす裁判所調査官の権限の拡大・明確化、つまり裁判所の専門的処理体制の一層の強化がうたわれた。裁判所は、知的財産権を扱う調査官に事件の争点、証拠の整理などの事務を行わせ、口頭弁論の期日などに当事者への釈明要求、証人への質問をし、裁判官に対して意見を述べさせることもできるようにして、調査官の専門性を活用する方策を採用している。

また、知的財産権侵害訴訟の審理で、営業秘密の保護を強化するとともに、侵害行為の立証を容易にする施策も設けられた。裁判所が当事者等に対し、準備書面や証拠に含まれる営業秘密を訴訟追行という目的以外の目的で使用したり開示したりしてはならないことを命ずることができる「秘密保持命令」が導入された。書類提出義務の有無に関する非公開審理手続きの整備も行われ、裁判所は書類提出命令の審理に当たり、書類の提出を拒む正当な理由があるかどうかについて意見を聴くことが必要であると認めるときは、当事者等に書類を開示することができるとされた。営業秘密が問題となる特許権等の侵害訴訟では、侵害の有無をめぐる判断の基礎となる事項であって営業秘密に該当するものについて、当事者等が当事者本人または証人等として尋問を受ける場合、憲法の認める範囲内で公開停止にできる要件・手続きが明確に規定された。

これまでは、裁判所が行う特許権等の侵害訴訟の判断と、特許庁の行う特許等の無効の審判との間で相互の連携がとられていないため、別々に結論が下されるなど、手続き的に重複する場合もあったが、その関係が整理された。特許庁長官は裁判所に、侵害訴訟等の訴訟記録のうち特許庁の審判で審判官が必要と認める書面の写しの送付を求めることができるとして、侵害訴訟と無効審判の連携が強化された。さらに特許権侵害訴訟等で特許等が無効にされるべきものと認められるときは、特許権者等は相手方に対して、その権利を行使することができないという規定などが設けられた。

(四) 知財高裁の独立性

「裁判所法等の一部を改正する法律」と同日に成立した「知的財産高等裁判所設置法」は「我が国の経済社会における知的財産の活用の進展に伴い、知的財産の保護に関し司法の果たすべき役割がより重要となることにかんがみ、知的財産に関する事件についての裁判の一層の充実及び迅速化を図るため、知的財産に関する事件を専門的に取り扱う知的財産高等裁判所を設置する」と定めている。

知的財産高等裁判所（知財高裁）は二〇〇五年四月、東京高等裁判所庁舎の十七階に設けられた。日本初の専門裁判所で、特許権などの技術型訴訟について東京、大阪両地方裁判所が言い渡した一審判決や、商標権などの非技術型訴訟について東京、大阪両地裁と東京高裁管内の各地裁が言い渡した一審判決に対し、関係者が不満な場合に、控訴審の裁判を担当する。つまり知財に関する事件の控訴審は知財高裁に集中されることになる。また特許権、実用新案権、意匠権、商標権の有無について特許庁が下した審判の取り消し訴訟は、知財高裁が第一審となる。

もし知財高裁の判決に不服ならば最高裁へ上告することができるが、最高裁が取り上げるのは憲法判断、判例変更などが必要なときに限られているため、大半の事件では知財高裁の判決が事実上、その事件についての最終判断になると予想されている。速やかな司法判断を求める産業界の要請に応える意味でも、知財高裁の裁判例が果たす役割は極めて重要だ。

知財高裁には四つの専門部が置かれ、十八人の裁判官と十一人の調査官が配属された。東京高裁の支部という位置付けだが、裁判官の数は札幌、高松、広島、仙台の各高裁（十人から十二人）よりもはるかに多い。大きな特色は「大合議法廷」ができることだ。通常の合議法廷は裁判官三人で行われるが、同一争点の事件が各専門部に分散していたり、企業活動に重大な影響を与える事件だったりする場合、各専門部からそれぞれ裁判長クラスの裁判官を出し、事件担当の裁判官とともに五人で審理することができる。話題を集めた青色発光ダイオードをめぐる社員研究者の発明対価の評価のような重要な特許権侵害訴訟などが対象となるとみられている。

大合議法廷の利点は、これによって高裁レベルの早い段階で判断の統一を図ることができることにある。かつて日本の知財裁判は遅すぎるといわれ、例えば控訴審の平均審理期間は一九九七年には十六・九カ月もかかった。昨年は九カ月にまで短縮されているが、知財高裁の発足によって、知財裁判の充実・迅速化が一層進むことだろう。

東京高裁内に設けられたとはいっても、知財高裁には所長が置かれるなど、組織的な独立性が認められている。司法行政事務は、知財高裁に勤務する裁判官十八人の会議が決め、所長が総括する。独自の事務局も置かれ、人員、予算なども独立して決められる。

第二　裁判外紛争解決手続き（ＡＤＲ）

（一）裁判外紛争解決手続き利用促進法

法的な紛争の解決手段はさまざまであり、裁判だけに限られるわけではない。裁判所以外の専門的な第三者（機関）の関与によって、当事者同士で自主的に法的な紛争の解決を図る手続きは「裁判外紛争解決手続き（ＡＤＲ）」と呼ばれ、米国、英国などではよく利用されている。ＡＤＲというのは Alternative Dispute Resolution の略であり、具体的に言うと、①当事者が仲裁人の判断に従うことをあらかじめ合意して行われる「仲裁」②裁判所の調停委員会などが間に立ち、成立した合意に裁判上の和解と同一の効力が与えられる「調停」③当事者は第三者の仲介を求めるものの、示された仲介案には拘束されない「あっせん」――などがある。日本では、交通事故紛争処理センター、日弁連交通事故相談センター、自賠責保険・共済紛争処理機構などが代表的な機関だ。

民間事業者が行っている、このような多様な諸制度に共通する原則を設け、国民が利用しやすい環境を整える目的でつくられたのが「裁判外紛争解決手続きの利用の促進に関する法律」（裁判外紛争解決手続き利用促進法、ＡＤＲ法）といえる。この法律は「紛争の当事者がその解決を図るのにふさわしい手続きを選択することを容易にし、もって国民の権利利益の適切な実現に資することを目的とする」（第一条）と記している。基本理念としては「当事者の自主的な紛争解決の努力を尊重しつつ、公正かつ適切に実施」され、「専門的な知見を反映して紛争の実情に即した迅速な解決を図る」（第三条）ことを掲げている。

（二）業務の認証制度

具体的には、民間事業者が行う「調停」「あっせん」の業務に関して国による「認証」の制度を設けたのが特徴だ。認証を受けるかどうかは、その機関の自主的な判断に任されるが、認証を受けると、その機関が行う「調停」「あっせん」の継続中は、時効の進行が中断されるなどの特例を定め、利便性の向上が図られている。

和解の仲介（いわゆる調停・あっせん）の業務を行う民間の紛争解決事業者は、申請により、業務の適正性を確保するのに必要な一定の要件を備えていることについて法務大臣の認証を受けることができる。認証を受けるには、その業務が一定の基準に適合していることと、業務を行うのに必要な知識・能力、経理的基礎を有することが必要だ。基準としては、業務対象となる紛争の範囲に応じて適切な手続き実施者（いわゆるあっせん人・調停人）を選任するための方法、弁護士でない者が手続き実施者となる場合の弁護士の関与に関する措置を定めていることなどが規定されている。もちろん、暴力団員など一定の事由に該当する者は認証を受けることができない。認証を受けた紛争解決事業者（認証紛争解決事業者）の業務に関する一定の情報は法務大臣が公表できる。

認証紛争解決事業者は、事業年度ごとに事業報告書などを法務大臣に提出しなければならない。法務大臣は、一定の要件の下で、認証紛争解決事業者に対して業務に関し必要な措置をとるべき旨の勧告・命令、認証の取り消しなどができる。

（三）法的な効果

認証紛争解決事業者が行う解決手続きには、法律上の効果が与えられる。一つは「時効の中断」で、認証を受けた紛争解決手続き（認証紛争解決手続き）の終了後一カ月以内に訴訟手続きに移行するなどの要件を満たす場合には、認証紛争解決手続きの請求の時に遡って、時効中断の効力が発生する。

また、当事者間に認証紛争解決手続きによって紛争解決を図るとの合意があり、当事者が共同で申し立てをしている場合などには、別に民事訴訟が起こされていても、その訴訟を担当する裁判所は一定の期間を定めて訴訟手続きを中止することができる。

離婚・離縁や地代・家賃の増減などは、民事訴訟を起こす前に裁判所の調停を経なければならないとされているが（調停前置主義）、これらの事件のうち一定のものについては、提訴の前に認証紛争解決手続きを経ていることなど一定の要件を満たす場合には、原則として、調停を経る必要がないとされた。このようにして、紛争解決手続きをしている間は、時効による権利の消滅などは気にする必要がなく、安心して解決に専念できる。

（四）論議の焦点

司法制度改革推進本部のADR検討会では、そもそも、このようなルールを定めた基本法が必要か、というところから論議が始まった。現在、ADRを実施している機関からは、認証制度が国による格付けのような印象を与え、自主的な紛争解決機関の成長を阻みかねないなどという懸念も示された。しかし、論議の結果、認証を申請するかどうかは各機関の任意とするが、国民にADR選択の目安を提供するため認証制度を導入することになり、時効中断など一定の法的効果を与えることや裁判手続きとの連携についても関係者の合意ができた。

しかし、主に二つの点で、論議は今後に持ち越されている。最も難しい問題は、代理人と専門家の活用だ。これは、「弁護士又は弁護士法人でない者は、報酬を得る目的で（中略）鑑定、代理、仲裁若しくは和解その他の法律事務を取り扱い、又はこれらの周旋をすることを業とすることができない」と、非弁護士の法律事務取り扱い禁止を定めている弁護士法七二条の改正問題と直結し、深刻な議論になった。日本税理士会が遺産分割、財産分与のADRを行えるように弁護士法の緩和を要求するなど、日本司法書士会連合会をはじめとする隣接法律関係職種は積極的だったが、日本弁護士連合会は慎重な構えを取った。ADR検討会は意見の取りまとめができずに法案の国会提出を見送り、代理については職種ごとに個別の検討を進め、結論が得られれば、法律関係職種の個別の士業法で手当てすることに落ち着いた。

　もうひとつは、認証紛争解決事業者の解決手続きに強制執行の効力を認めるかどうかなど、執行力をめぐる問題だった。ＡＤＲが有効に機能し、利用されるには執行力が必要か。その考え方も賛否両論に分かれた。執行力を認めるとしても、どのような条件が整えば与えるか、それも今後の宿題として持ち越されている。

第三　新しい仲裁法

（一）模範法

「仲裁」は、民事上の紛争の解決を仲裁人に委ね、その判断（仲裁判断）に従う制度だ。外国では非常によく利用されている。国際連合国際商取引法委員会が作成し、国連総会決議で各国に採用が奨められている国際商事仲裁模範法（模範法）が存在することが、法案づくりの作業に役立った。米国、英国、ドイツ、中国、韓国などの各国では一九八〇年代以降、模範法に従った仲裁法の整備が急速に進められている。

　日本の新しい仲裁法も模範法に沿った内容で、二〇〇三年七月二十五日に成立した。司法制度改革推進本部の中につくられた検討会のうち、仲裁検討会は最も順調に法案づくりが進行した検討会の一つだろう。その理由は、日本の仲裁制度が、一八九〇年に作られた「公示催告手続及ビ仲裁手続ニ関スル法律」で古くさく、国際的には通用しないし、ほとんど利用もされない制度だったことにある。仲裁検討会は、ＡＤＲを拡充、活性化させる方策の一環として、仲裁制度の整備に取り掛かり、法曹関係者だけではなく、経済界、市民団体なども協力して制度づくりが行われた。

(二) 仲裁手続き

紛争の当事者は仲裁手続きのルールを定めることができるのが原則とされる。仲裁人を何人にするか、仲裁地をどこにするかなどは当事者が合意で決めてよい。当事者間の合意がない場合には、専門家の仲裁人三人が間に立ち、和解ができるようにする。仲裁人の合議体は「仲裁廷」と呼ばれ、当事者間の合意がないときは、仲裁地を決めたり、鑑定人ら関係者の陳述を聴取する口頭審理を行ったりすることができる。

当事者が納得する「仲裁合意」ができ、当事者の全員が署名した文書、当事者が交換した書簡または電報（電子メール、ファクシミリも含む）、電磁的記録（ＣＤ、ＤＶＤなど）などに契約内容が記録されれば、効力を有することになった。こうしてできた「仲裁合意」の対象となっている紛争については訴訟を起こせないとされている。仲裁廷の議事は仲裁人の過半数で決まり、「仲裁判断書」が作成される。仲裁合意ができれば、その内容を仲裁判断として決定してよい。仲裁判断は確定判決と同一の効力を有するが、民事執行をするには裁判所の執行決定がなければならない。

新しい手続きの特徴は、仲裁を請求した時に時効の進行がストップする規定が新設されたこと、仲裁廷は証人尋問や鑑定などの実施を裁判所に求めることもできるなど裁判所との連携が強化されたこと、裁判所の執行決定による執行力を認めたことなどにある。国際間の紛争でも、仲裁判断を執行できることが大きな特徴だ。ＡＤＲ法とともに、大いに活用されてほしい。

(三) 特例など

新仲裁法には付則で重要な特例が記されている。当分の間、消費者と事業者の間の将来生じる民事上の紛争を対象とする「消費者仲裁合意」については、消費者が解除できるとしたこと、個別労働紛争を対象とする仲裁合意は無効とされたことの二つである。消費者保護と労働者保護の観点から示された懸念に、特例を設ける形で応えたことになる。

第四．労働審判制度

（一）五審制

日本では労働紛争が裁判になる機会は極めて少ない。二〇〇二年のデータを見ると、労働基準監督署などへの個別労働紛争の相談は約十万三千件あり、あっせん申請の受理も約三千件を数えるが、裁判は約二千三百件しかない。ドイツの訴訟件数が約六十万件、フランスが約二十万件もあることと比べると、いかに日本の裁判所が労働紛争の〝蚊帳の外〟にいるかが、はっきりする。

このような事態を招いている理由として、労働紛争の「五審制」が挙げられることが多い。民事裁判の場合は、地方裁判所の判決に不満ならば高等裁判所へ、高裁の判決が不満ならば最高裁判所へというように三段階の審理が基本的に保証されている。三段階のステップが踏まれるので「三審制」と呼ばれる。しかし労働事件の場合は特殊で、民事訴訟を起こす前に各都道府県の地方労働委員会（現在は都道府県労働委員会）、さらに東京の中央労働委員会の審理を経ることが必要とされている。三審制の前に二段階のステップが加わるので「五審制」と、皮肉っぽく呼ばれるわけだ。一九九九年から二〇〇三年まで五年間の平均審理期間を見てみると、地方労働委員会で七百九十一日、その再審査をする中央労働委員会で千四百五十七日かかっている。ここまでで、ざっと平均六年間を費やす計算になる。しかも労働委員会が出す救済命令などに対して再審査を申し立てたり、地方裁判所に取り消し訴訟を起こしたりする「不服率」は、例えば地方労働委員会の救済命令などの場合、七六・五％と極めて高い。中央労働委員会の再審査命令に対する不服率も六〇・九％にも達している。その上、救済命令などに対する再審査、取り消し訴訟で、当初の命令の全部か一部が取り消された「取り消し率」も地方労働委員会の命令などの場合、半数の四九・三％と高い水準にある。つまり、集団的労働紛争は、長時間かけてもなかなか最終的な決着が得られないという制度的な問題を抱えていることになる。

このように長い期間、しかも面倒な手続きが必要になると、自然と当事者の足は遠のく。しかし、解雇や配置転換など、速く解決してもらわないと生活に響く案件は、裁判の利用度が低いと言っていてはすまされない。労働事件の場合、遅い解決は当事者の見殺しにもつながり、解決という名では呼べない代物になってしまう。労働事件の現状は極めて深刻と言わなければならない。

司法制度改革推進本部の労働検討会では、労働関係紛争処理の在り方、導入すべき労働調停の在り方、専門家の関与する裁判制度の導入の可否、労働関係に固有の訴訟手続きを整備する必要性、労働委員会の救済命令に対する司法審査の在り方などが中心テーマになった。さらに突き詰めて言えば、五審制の解消と、裁判員制度のような国民参加の「労働参審制度」の導入が主要な論点になった。厳しい論議の末、経営側と労働側の意見の対立が明確になり、暗礁に乗り掛かったかのように見えたとき、労働法学者の委員から提案があり、労使双方も歩み寄ってできたのが新たな「労働審判制度」だった。

二〇〇四年四月に成立した労働審判法第一条は「労働契約の存否その他の労働関係に関する事項について個々の労働者と事業主との間に生じた民事に関する紛争（以下、個別労働関係民事紛争という）」が労働審判の対象となると定めている。解雇、配置転換、賃金未払いなどが対象になる。公務員は行政の任用処分によって法律関係が規律されるので、公務員関係の紛争は行政訴訟になるため、民事紛争を扱う労働審判の対象にはならない。また個々の労働者と事業主との間の紛争なので、労働組合は当事者にはなれないことにも注意が必要だ。この手続きを管轄するのは「労働者が現に就業し若しくは最後に就業した当該事業主の事業所の所在地を管轄する地方裁判所」（第二条）とされている。解雇であれば、解雇された土地の地裁で救済を求めることができるわけだ。

（二）労働審判手続き

労働審判手続きは、地方裁判所に置かれる労働審判委員会が個別労働関係の民事紛争について審理し、調停による解決の見込みがあれば調停を試みるが、解決しない場合は、当事者間の権利義務関係を踏まえながら、実情に即した労働審判を行う仕組みだ。労働審判委員会は、裁判官である労働審判官一人と、労働関係に関する専門的な知識経験を持っている経営側と労働側の労働審判員二名の計三人で組織する。手続きは原則的に非公開で、労働審判官が指揮し、決議などは三人の過半数で決定する。労働審判員は裁判所が任命し、手当てが支給される。

労働訴訟への国民参加は、司法制度改革審議会から司法制度改革推進本部の各段階を通じて、労働側の一貫した主張だった。この間の流れを振り返ると、労働訴訟に国民が参加し、裁判官とともに審理と判決を行う「労働参審制度」の導入こそ、労働界が強く訴え続けた現実的な課題であり、それが形を変えて「労働審判制度」という国民参加の姿になったように思える。労働側にとっては、当初希望した、労働訴訟を専門的に裁く「労働裁判所」の創設は実現しなかったものの、その代わりに導入される労働審判制度は、粘り強く経営側や司法関係者を説得し続けた結果の産物だといえるだろう。そして、これは経営側にとっても、個別労働紛争を専門家の参加によって速やかに解決し、労使関係の正常化をもたらす上での有効な手段と言え、評価に値する新制度になったと思う。

大きな特徴は迅速な手続きだ。特別な事情がある場合を除き、審理は三回程度、四カ月で終結する。労働審判委員会は当事者の申し立て、職権などにより事実の調査、証拠調べなどを行い、まず調停による解決を試みる。調停が不調な場合には、事案の実情に即した解決をするために必要な「解決案」を決め、両当事者に提示する。異議申し立てがなければ、労働審判は「裁判上の和解」と同一の効力が認められ、不払い賃金の強制執行なども可能になる。解決案に不満な当事者は、二週間以内に異議申し立てをすることができ、異議申し立てがあったときは、労働審判は効力を失う。その申し立てがあると、労働審判の手続きの申し立てがあったときに、労働審判が行われた裁判所へ訴訟が起こされたとみなされる。このようにして解決案と訴訟手続きとを連携させることにより、紛争の実情に即した迅速、適正かつ実効的な解決が図られると期待されている。

（三）労働組合法改正

個別的労働紛争の解決を目指す労働審判制度の創設と並行して、労働組合が関係する集団的労働紛争の処理についても重要な労働組合法改正が行われたので、ここで言及しておきたい。この改正は、司法制度改革審議会の意見書が労働関係事件への総合的な対応強化の一環として労働委員会の救済命令の在り方に関し、「事実上の五審制」の解消など早急な検討開始を求めたことに端を発している。法案提出が厚生労働省からであって、司法制度改革推進本部からではなかったが、内容的には、労働審判制度と一体をなす改革とみてよい。

労働組合法では、労働組合員であることを理由とした解雇などの不利益取り扱い、労働組合との団体交渉拒否、労働組合の結成・運営への支配介入などは「不当労働行為」として違法とされる。このような不当労働行為事件を迅速・的確に処理するため、労働争議のあっせん・調停・仲裁などを行う労働委員会の審査手続きと体制が整備された。

審査体制の問題点として①地方労働委員会で審査を担当する公益委員がすべて非常勤であり、処理事件が少ないことから審査になれるのに時間がかかり、慣れたころには任期が終わる傾向がある②多くの場合、命令書などは事務局職員が起草し、これに公益委員が加筆しているが、事務局職員は都道府県の一般人事で交代する職員であって、労働紛争の専門性に欠けるところがある③公益委員にも専門性の欠如が見られ、問題点の把握、証人調べの判断などが迅速にできないきらいがある――などの問題点が指摘されてきた。これらを克服するのが制度整備の狙いといえる。

まず、地方労働委員会は「都道府県労働委員会」と名称を改めた。地方分権一括法の施行による国の機関委任事務の廃止に伴い、不当労働行為の審査も都道府県の自治事務と位置付けられたためで、都道府県の委員会であることが一層明確にされた。委員会を構成する公益委員、使用者代表の使用者委員、労働者代表の労働者委員の人数なども、地域の実情に応じて条例で増やしたり、公益委員のうちの一定の人数は常勤としたりできるように変更された。そして、都道府県労働委員会の審査体制のぜい弱さを補い、中央労働委員会が必要な勧告・助言、事務職員の研修などの援助をすることもできるようになった。これによって全国的に一定の審査の質が確保されることになるとみられている。

中央労働委員会はこれまで、公益を代表する十五人の公益委員全員の合議によって救済命令などを決定することとされてきたが、準司法的な機能を果たす合議体としては人数が多いことから、原則として五人の公益委員で組織する部会（小委員会）で審査などをすることになった。都道府県労働委員会でも、このような部会制を採用できるとされている。部会制の導入により、機動的で充実した合議ができると期待されている。

中央労働委員会と都道府県労働委員会の審査手続きは大幅に変わった。まず、労働委員会は審問の開始前に当事者双方の意見を聴いて、整理された争点と証拠、審問を行う期間・回数と尋問する証人の数、労働者の救済命令を交付する予定時期などを定め、審査計画を立てなければならないとされた。次に、労働委員会は証人出頭命令、物件提出命令を出すことができ、例えば提出命令に従わずに提出されなかった証拠は、正当な理由がない限り、その後の取り消し訴訟で新証拠として提出できないことになった。三つ目は、労働委員会の命令が、裁判所の確定判決で支持された場合、不服を申し立てた側が支払うべき罰金の額が十万円から百万円に引き上げられた。確定判決によらずに救済命令が確定した場合の過料も十万円から五十万円に引き上げられるなど、罰則が強化されている。救済命令や緊急命令の実効性を確保するのに有効な措置だ。

労働委員会の実務では全体の七〇％近い集団的労働紛争が和解によって解決されている。今回の法改正では和解についての規定も置かれた。労働委員会は審査の途中、いつでも和解を勧告できる。和解が成立して当事者双方から申し立てがあり、労働委員会が労働関係を正常化させるために適当と認めれば、審査は終了し、それまでに出された命令は失効する。金銭の支払いなどを内容とする和解であれば、当事者の申し立てによって和解調書が作成され、これに基づく強制執行も可能になる。労働組合法には和解についての規定がなかったが、これによって、和解までに出された命令の効力などをめぐる法的問題が解決された。

第五．行政訴訟

（一）四十二年ぶりの大幅改正

行政によって侵害された国民の権利を救済し、適正な行政を確保して、行政全般の透明性を高めることが、行政訴訟の意義だと考えられる。しかし行政事件訴訟法が定めているさまざまな類型の行政訴訟は、実際には、訴えを起こす資格（原告適格）が、個別の行政法規によって具体的に保護されている法的利益を有する者に限られるなど多くの制限があり、形骸化しているという批判が市民団体、法曹関係者らから強く寄せられていた。それらの難点を克服し、本来の役割を果たせるように行政訴訟を見直そうと、司法制度改革推進本部の行政訴訟検討会で行政事件訴訟法改正案の立案作業が進められた。

しかしヒアリングで行政側は抜本的な改革には消極的な姿勢を強く見せるなど、検討会の作業は委員間の意見対立が激しく、難航した。二〇〇三年四月の検討会で推進本部の事務局は、委員間で検討の方向が主に一致している事項を第一トラック、それ以外の全員一致ではない事項を第二トラックと分類し、第一トラックを優先的に改正法案の俎上にのせ、できる範囲で検討を行うことを提案した。第一トラックとしては被告適格（行政訴訟の相手方となれる資格）の明確化、裁判所の管轄の拡大、出訴期間の延長などが挙げられた。第二トラックには原告適格（行政訴訟を起こせる資格）の拡大、訴訟対象の拡大などが分類されていた。推進本部の設置期限が一年半を切っている時期であり、抜本的な改正は時間的に困難な状況が生まれていた。事務局の決断は切羽詰まったもので、事情は理解できたが、これでは小規模な改革に終わってしまうという反発も生まれた。

半年後の十月、塩野宏座長（東京大名誉教授）が、第一トラックとされた項目のほかに原告適格の範囲拡大、新たな義務付け訴訟と差し止め訴訟の導入、出訴期間の六カ月への延長、原告所在地の裁判所への提訴承認という四項目を盛り込んだ私案を提出した。これによって論議は大幅に進展。十二月の検討会取りまとめへと進み、翌二〇〇四年六月、国会で「行政事件訴訟法の一部を改正する法律」が可決、成立した。それまでの論議を反映し、参議院では「第三者の原告適格の拡大については、公益と私益に単純に二分することが困難なことに配慮して、国民の権利利益の救済を拡大する趣旨であることの周知徹底に努めること」など六項目の付帯決議が行われるなど、衆参両院で付帯決議が採択された。

行政事件訴訟法は四十二年ぶりの大幅改正だ。それまで何度も改正論議が行われたが、いつも官僚側の強い抵抗にあって、改正案は流産してきた。私も第一トラックの法改正だけで終わってしまうのではないかと見ていたが、その後の展開は予想を上回った。司法改革の理念が行政側にも浸透してきたことが、大きな影響を与えたのではないかと思われる。従来のように中央官庁の省益にこだわるような主張は、内閣の中でも通りにくい状況が生まれていた。積み残しの課題は確かに多いが、難しい状況の中で、これだけの内容を盛り込めたのは、とりあえずの成果として評価できると考える。

(二) 救済範囲の拡大

「行政事件訴訟法の一部を改正する法律」で注目されるのは、救済範囲の拡大、審理の充実・促進、利用しやすくする仕組み、判決前の救済制度の整備という四点だ。その概要を順次見ていきたい。

救済範囲はこれまでに比べてかなり拡大された。行政事件訴訟法は行政訴訟を①行政庁の公権力の行使に関する不服の訴訟（抗告訴訟）②当事者間の法律関係を確認・形成する処分または採決に関する訴訟（当事者訴訟）③国または公共団体の機関の法規に適合しない行為の是正を求める訴訟（民衆訴訟）④国または公共団体の機関相互の間で権限の存否またはその行使に関する紛争についての訴訟――という四種類に分類していて、これらの中核となる抗告訴訟のうち、行政庁の処分、採決の取り消しを求める訴訟は「取り消し訴訟」と呼ばれている。

救済範囲の拡大では、取り消し訴訟の原告適格を拡大する措置が取られた。これまでのように個別の行政法規で具体的に保護されている法的利益を有する者に限らず、「当該処分又は裁決の取り消しを求めるにつき法律上の利益を有する者（処分又は裁決の効果が期間の経過その他の理由によりなくなった後においてもなお処分又は裁決の取り消しによって回復すべき法律上の利益を有する者を含む）」（第九条）と明記され、さらに原告適格を判断するときに裁判所は「法令の規定の文言のみによることなく、当該法令の趣旨及び目的並びに処分において考慮されるべき利益の内容及び性質を考慮する」(同)と規定した。形式的に判断するのではなく、実態に基づいて、提訴できる資格の有無を判断せよというのだ。

取り消し訴訟に代表される抗告訴訟は、一般市民にとって勝訴の難しい訴訟だった。裁判所では、原告適格があるかどうかで絞り込まれ、提訴の資格なしとして却下されるケースが三分の一はあるといわれる。ここを通過できたとしても、訴える相手（被告適格）が間違っていれば審理されず、この場合も不適法として却下されてしまう。訴える裁判所が違うとして、管轄違いを理由に退けられることも珍しくはない。これらの、いわば入り口に当たる要件をクリアして、初めて中身の審理が行われるのが実態だ。これでは市民にとって利用しにくいこと極まりない。

その点、改正法では間口を広くするように改善された。訴訟手続きを簡明にするため、被告について、「処分や裁決をした行政庁」から「処分や裁決をした行政庁の所属する国又は公共団体」へと改めた。これで、相手方が正しくないという、つまらない理由で取り上げてもらえない弊害は除かれることになるだろう。また、何か行政処分が行われても、その権限を持っている役所がどこであるかは、内部的な細かい法規で決められていることが多く、一般国民には分かりにくい。そのような場合に、提訴する裁判所を間違えていたなどの管轄違いがあっても救済できるように、国を被告とする抗告訴訟は、原告住所地を管轄する高等裁判所所在地の地方裁判所にも訴えを起こすことができることとされた。この規定は分かりにくいが、山形県の人が国を相手に提訴するときを例に取ると、提訴先は東京地方裁判所でなくてもよく、山形地方裁判所を管轄する仙台高等裁判所の所在地の地方裁判所、つまり仙台地方裁判所で行政訴訟ができるということになる。これも大幅なアクセスの改善といえる。

取り消し訴訟でよくあるのは、法令で定められた出訴期間を過ぎてしまったという理由での市民側の敗訴だ。改正前は「処分があったことを知った日から三か月」とされていたが、これは、早く処分が確定しないと次の仕事を進められずに困るという行政側の事情が反映されていた。しかしこれでは、行政訴訟を起こそうかと考え、資料を集めるなどして検討しているうちに時間切れになってしまうことがある。そこで改正法では、取り消し訴訟の出訴期間は「処分があったことを知った日から六か月」に延長された。出訴期間等の情報提供（教示）制度が新設されたことも必要な改善だ。行政庁は処分をする際、相手方に対して、取り消し訴訟などの被告が誰か、出訴期間はいつまでか、取り消し訴訟などを起こす前に審査請求をしたり、不服申し立てをしたりする手続きを踏まなければならないことなどに関する情報提供を文書でしなければならないとされている。

(三) 新しい行政訴訟三類型

注目されるのは、新しい行政訴訟の類型が三つ明記されたことだ。行政庁が一定の処分、裁決をすべきなのに処分、裁決をしないため「重大な損害」を生じるおそれがあり、かつ、その損害を避けるため他に適当な方法がないときに限り、処分、裁決をすべきことを義務付ける「義務付けの訴え」（義務付け訴訟）という訴訟が設けられた。これまでは行政訴訟で行政庁の不作為の違法が確認されたとしても、それだけでは希望するような法的効果は生まれないという、当事者にとってはもどかしさがあった。しかし義務付け訴訟は、行政の不作為つまり怠慢を改めさせることができる意味がある。

また、行政庁が一定の処分、裁決をすることによって「重大な損害」を生じるおそれがある場合に限って、その処分、裁決をストップさせる「差し止めの訴え」（差し止め訴訟）という訴訟もつくられた。これも、これまでは仮処分として行われるなどしていた差し止めを行政訴訟として法定した意味が大きい。

新設された三つ目の類型は「確認訴訟」で、当事者訴訟のうち公法上の法律関係に関する訴訟の一類型として明示されている。処分などによって損害を受ける恐れのある者が処分や採決の無効などの確認を求める「無効等確認の訴え」、行政庁が相当の期間内に何らかの処分をするべきなのに、しないことの違法の確認を求める「不作為の違法確認の訴え」という二つが明記された。

(四) 仮の救済制度

行政処分の執行を停止させる要件として、これまでは「回復の困難な損害」があることを要件としていたが、改正法では、損害の性質だけではなく、損害の程度、処分の内容・性質も適切に考慮されるよう、「重大な損害」を要件とすることに改められた。執行停止の要件が緩和されたことは、救済の範囲が広がることを意味する。

さらに現在は、執行停止以外に「仮の救済制度」はないが、改正法では「仮の義務付け」「仮の差止め」という制度が新設された。改正法は、これらの訴えの提起があった場合、その処分、裁決がされないことによって生じる「償うことのできない損害を避けるため緊急の必要があり、かつ、本案について理由があると見えるときは」、裁判所が行政庁に対して、処分すべきことを仮に義務付けたり、処分をすることを仮に差し止めたりする裁判ができるとした。これは、義務付けの訴えや差し止めの訴えがあっても、判決が確定するまでの間、行政処分は適法であることを前提として既成事実が積み重ねられ、仮に違法判決が確定しても、その時には救済の道が閉ざされていることを回避する狙いがある。

第四章　司法制度の整備

第一．家庭裁判所の機能強化

(一) 人事訴訟の家裁への一本化

今回の司法改革は、現行制度を使いやすいものへと改善するのが一つの狙いだった。多くの制度が整備されたが、その主なものの要点を順次、紹介したい。最初は、家庭裁判所の機能が強化されたことで、まず離婚などの人事訴訟が家裁へ一本化されたことから始めるが、これは司法制度改革推進本部ではなく、司法制度改革審議会の意見書を受けて法務省の法制審議会が取り組んだ。

「人事訴訟」とは、結婚、子供、養子など身分関係の形成や存否の確認を目的とする訴え（人事に関する訴え）に関係する訴訟のことだ。具体的には、婚姻の無効・取り消しの訴え、離婚の訴え、協議上の離婚の無効・取り消しの訴え、婚姻関係の存否の確認の訴え、嫡出子の否認の訴え、子供の認知の訴え、認知の無効・取り消しの訴え、父を定めることを目的とする訴え、実親子関係の存否の確認の訴え、養子縁組の無効・取り消しの訴え、離縁の訴え、協議上の離縁の無効・取り消しの訴え、養親子関係の存否の確認の訴えなどだ。

人事訴訟法は二〇〇三年七月に成立し、第四条で、「人事に関する訴えは、当該訴えに係る身分関係の当事者が普通裁判籍を有する地又はその死亡の時にこれを有した地を管轄する家庭裁判所の管轄に専属する」と原則を定めた。これまで家庭に関する紛争は、家裁の家事調停を経てから地方裁判所へ提訴する場合や、地裁へ直接提訴しなければならない場合などに分かれていて、複雑な構造になっていた。しかも地裁と家裁との間には手続きの連携がなく、利用者である市民から見ると、速やかに解決してほしいのに思い通りにならない使いにくさがあった。それが人事訴訟法によって、地裁の管轄とされてきた離婚などの人事訴訟は取り扱いが家裁へと移されて、家事事件の処理が一本化され、基本的に家庭内の紛争は家裁だけで解決できるようになった。

家裁は、人事訴訟の全部または一部が自分の管轄に属しない場合でも、その人事紛争の調停がその家裁に係属していたとき、調停の経過、当事者の意見などの事情を考慮して特に必要があると認めるときは、当事者の申し立てか職権で、その人事訴訟の全部または一部について自ら審理し、裁判をすることができる。また当事者や証人の住所その他の事情を考慮して、訴訟の著しい遅滞を避け、又は当事者間の衡平を図るため必要があると認めるときは、他の管轄裁判所に移送することもできる。さらに、その人事紛争から生じた損害の賠償請求訴訟を審理している第一審裁判所は、相当と認めるときは、申し立てによって、訴訟をその家裁に移送することができ、移送を受けた家裁が審理、裁判をすることができる。

(二) 参与員

家裁の審理には、一般国民から選ばれた「参与員」が加わり、豊かな人生経験や市民感覚を活かして、より良い結論を出すことが可能になった。家庭裁判所は、必要があると認めるときは、参与員を審理や和解の試みに立ち会わせて事件につきその意見を聴くことができるとされている。

参与員の員数は各事件について一人以上。毎年、あらかじめ家裁の選任した者の中から事件ごとに家裁が指定する。参与員には最高裁判所規則で定める額の旅費、日当、宿泊料が支給される。ただし、参与員または参与員であった者が、正当な理由なく、その職務上知り得た他人の秘密を漏らしたときは、一年以下の懲役または五十万円以下の罰金に処される。

(三) 家裁調査官

人事訴訟では、裁判所は、当事者が主張しない事実をしん酌し、職権で証拠調べをすることができる。当事者本人や証人などが、身分関係の形成・存否の確認の基礎となる事項で自分の私生活上の重大な秘密について尋問を受ける場合には、一部非公開とすることもできる。裁判所は、裁判官の全員一致により①その当事者や証人が公開の法廷で当該事項について陳述をすることにより社会生活を営むのに著しい支障を生ずることが明らかであることから当該事項について十分な陳述をすることができない②その陳述を欠くことにより他の証拠だけでは適正な裁判ができない——と認めるときは、決定で、当該事項の尋問を公開しないで行うことができるとされている。

また、親権者の指定についての裁判をするときには、家裁調査官に「事実の調査」をさせることができ、調査官はその結果を書面または口頭で裁判所に報告するとともに、意見を付することもできるようになった。調査官制度の活用も改革の特徴だ。

第二　民事訴訟の改善

(一) 簡易裁判所の機能強化

裁判で定められた金銭の支払いなどの財産上の給付を怠った者には、その裁判をした家庭裁判所が、権利者の申し立てによって履行命令を出せ、履行命令に従わないときは決定で十万円以下の過料に処することもできる。

民事訴訟の第一審は、その訴訟の性格や影響の大きさなどに応じて、基本的に地方裁判所、簡易裁判所、家庭裁判所へ振り分けられる。簡裁が担当する民事訴訟事件か、それとも地裁が担当する民事訴訟事件かの区別は、原告の請求額（価額）がいくらかを基準として判断される。これまで簡裁が扱う価額は九十万円を上限額としていたが、「司法制度改革のための裁判所法等の一部を改正する法律」は、価額の上限額を百四十万円に引き上げた。これによって簡裁が担当する民事訴訟事件の範囲はかなり広がった。

この分担の線をどこに引くかの線引きは、これまで、地裁と簡裁の担当事件の総数の比率によって見直されてきたようだ。大体、民事事件総数の三分の一程度が簡裁にくるように、額が決められてきたのが、これまでの経緯だが、同じ基準に従うと、今回の線引きは百二十万円程度のラインになる。司法制度改革推進本部の司法アクセス検討会では、各委員の意見は百万円から百三十万円程度までの間での引き上げを妥当とする方向が強かった。検討会が二〇〇二年十月に行った意見の取りまとめは「大幅な引き上げは妥当ではない」ということだったが、その後、自民、公明両党の与党プロジェクトチームが翌二〇〇三年二月に百四十万円への大幅な引き上げで合意し、法案化された。しかし同年五月の衆議院法務委員会では、重大な権利関係の変動を伴う「不動産に関する訴え」を例示して簡裁での審理に懸念を示し、「複雑な事件に関しては民事訴訟法一八条の移送（簡裁の裁量移送）の趣旨が周知徹底されるよう努めること」という付帯決議が行われた。要するに、難しい事件は、訴額が百四十万円に満たなくても、簡裁で審理はせずに、地裁へ送れという条件が付けられたことになる。

政府・与党が、司法アクセス検討会の取りまとめをかなり超えた額で決めたのは、簡裁の機能をもっと活用した方がよいという政治的な選択だろう。それは、後述するが、簡裁の訴訟代理権を新たに与えられた司法書士を広く活用する意味も持っていると考えられる。

簡裁の重要な機能の一つに、請求額が少額で軽微な事件を簡易な手続きで迅速に審判する「少額訴訟手続き」

がある。これは、請求の価額が三十万円以下の金銭の支払いを目的とする事件で、原告の求めがあり、被告の方にも異議がないときに、簡裁は原則的に一回の期日で証拠調べや口頭弁論を行い、即日判決を言い渡す制度である。判決に不満でも控訴はできないが、簡便な手続きなので利用者は多い。この少額訴訟についても法制審議会は上限額を三十万円から六十万円へ引き上げることを答申し、その政府案通り、二〇〇三年七月に民事訴訟法が改正されている。簡裁の機能が全体的に強化されたといえるだろう。

(二) 新たな民事訴訟手続き

「民事訴訟法等の一部を改正する法律」は多くの改善策を盛り込んだ。二〇〇四年四月から始まっているが、その内容は、かなり専門的なので、ここでは説明を概略だけにとどめる。主な内容は①審理計画の義務付け②専門委員制度の創設③特許訴訟の専属管轄化④鑑定制度の改善――の四点といえるだろう。そのうち専門委員制度の創設と特許訴訟の専属管轄化は知財高裁創設のところで記述した。

審理計画の作成は裁判の充実・迅速化に欠かせない。この改正では、訴えを起こす前に、当事者照会と文書送付嘱託、新たな証拠収集方法などを導入し、裁判所にあらかじめ判決時期などを決める審理計画を作るよう義務付けた。

最近は、科学的な鑑定が裁判に占める比重が重くなってきている。そこで鑑定人の意見陳述に関する規定を手厚くしたほか、裁判官や当事者は鑑定人に質問ができ、鑑定人が遠隔地にいるときは、「映像と音声の送受信によって相手の状況を確認しながら通話することができる方法」で意見を述べさせることもできることとした。地方の裁判所で、東京の鑑定人がインターネットを使って証言するシーンなどが増えることだろう。

(三) 民事執行制度の見直し

判決が出されても、それが執行できずにいたのでは〝絵に描いたもち〟になってしまう。執行力を確保することは、すなわち司法制度の利用につながる。法制審議会は、短期賃貸借を保護する制度を廃止したほか、不動産の落札後三カ月以内に明け渡すのを基本とする答申をし、その内容の民事訴訟法改正案が二〇〇三年七月、国会を通過し、新しい民事執行制度がつくられた。

これも実務家向きの改善なので、簡潔に述べておく。主な改善点は債務者の履行促進と不動産執行妨害行為への対策強化だ。債務者の履行を促すために、直接強制や代替執行ができるときでも、間接強制を選択できることとし、債務者の財産状況を把握するため債務者に財産開示を命じる制度が創設された。また、暴力団などによる、いわゆる〝占有屋〟らが不動産への強制執行を妨害する事案が後を絶たないことから、不動産の占有者を特定することが難しい場合でも保全処分ができることとされた。強制執行妨害の罰則も強化された。

第五章　法曹制度の改革

第一．裁判官

（一）判事の給源

今回の司法改革は、従来、あまり手がつけられていなかった裁判官制度の見直しにも踏み込んだのが大きな特色といえる。一九六〇—七〇年代、法曹界に吹き荒れた「司法の危機」問題で、裁判官の任用を十年ごとに更新していく「再任」の制度が俎上に上り、司法修習生から判事補、判事と任用されていく純粋培養の裁判官制度が、「司法官僚システム」だとされ、その弊害が強く指摘された。その後も時として、「閉鎖的な社会で育った裁判官による裁判は、社会的な常識を欠き、市民感覚から懸け離れた内容になっている」などと、批判が浴びせられてきた。

政府の司法制度改革審議会では最初のうち、法曹制度の中でも弁護士制度の改革は強く求められたが、裁判官制度についてはそれほど緊迫した論議にはならなかった。しかし司法制度全体の見直しが進んでくると、より良い司法制度をつくるためには、裁判官制度の見直しも行った方が良いという認識が、裁判所部内にも広まるようになった。現職裁判官の有志が「日本裁判官ネットワーク」を立ち上げるなど、これまでにはなかった動きが出てきた。

最高裁判所と日本弁護士連合会は二〇〇一年十二月、多様で豊かな知識、経験を備えた判事を確保するため、弁護士から裁判官への任官を進めることなどで、協議の取りまとめを行い、司法改革の流れの中、「弁護士任官」の推進に弾みがついた。弁護士からの任官者は二〇〇二年度五人、二〇〇三年度十人、二〇〇四年度六人を数え、日弁連は弁護士任官推進センターを設けるなどして、適任者の推薦に取り組んでいる。

（二）諮問委員会

裁判官の任命方法にも、最高裁が行う裁判官の指名過程に国民の意思を反映させる判定システムが導入された。最高裁の一般規則制定諮問委員会で二〇〇二年七月から検討を始め、同年十二月、規則要綱がまとまった。「下級裁判所裁判官指命諮問委員会」を新設し、最高裁が指名の適否について意見を述べず、白紙の状態で、その審査にかけることになった。下級裁判所裁判官指命諮問委員会は、任官希望者全員を対象に、能力や裁判官としての適性などについて情報収集をし、任官の適否について審理する。中央の委員会は裁判官二人、検察官一人、弁護士二人、学識経験者六人の計十一人で構成。各地の地域委員会は委員五人のうち法律家は三人、二人は有識者とされた。地域委員会が集めた資料は中央委員会に送られ、それも参考として下級裁判所裁判官指命諮問委員会の意見が決定される。その結果は最高裁に答申され、最高裁の裁判官会議で指名の適否を最終的に決定、その結果は委員会に報告される仕組みだ。この仕組みは二〇〇三年二月の最高裁裁判官会議で決まり、同年七月から地域委員会が始まっている。

（三）非常勤裁判官

司法制度改革推進本部では、法曹制度検討会を中心に、あるべき裁判官制度が模索された。弁護士からの任官を進める方策と関連して、新たに常勤の裁判官へ任官するステップとするため、弁護士の身分を持ちながら、週に最低一日の勤務を行う「非常勤裁判官（パートタイム裁判官）」の制度が誕生した。
二〇〇三年七月に成立した「司法制度改革のための裁判所法等の一部を改正する法律」は、「民事調停法と家事審判法等の一部改正」を含んでおり、その中で、弁護士が民事調停事件と家事調停事件に関して裁判官と同等の権限を持って調停手続きを主宰することができる「民事調停官」と「家事調停官」の制度を創設した。民事調停官は調停委員会によるか、単独で、調停に代わる決定をすることができ、家事調停官も、合意に相当する審判や、調停に代わる審判をすることができる。

民事調停官、家事調停官の法律上の地位は、裁判所に属する非常勤国家公務員とされている。常勤の裁判官と同じように「独立してその職権を行う」ことが法律に明記され、一定の事由に該当する場合のほかは「その意に反して解任されない」など、裁判官と同様の身分保障がある。五年以上の経験を有する弁護士から適任者を最高裁が任命する。任期は二年だが、再任も認められる。職務の重要性を考慮して、手当は非常勤国家公務員としては最高水準の金額が支給されている。

非常勤裁判官制度の創設について日弁連と最高裁は二〇〇二年八月、協議の取りまとめをしたが、それによると、この制度を創る目的は、常勤の弁護士任官の促進と、調停手続きの一層の充実・活性化にあるとされている。パートタイムの意識では駄目で、採用に当たっては、常勤裁判官へ任官する意思の有無が考慮事項とされる。職務は少なくとも週一回、丸一日を裁判所で勤務することとされており、現在の任官者は、すべて週一日の勤務だ。最高裁への申し込みは、全国各地の弁護士会と日弁連を経由して行うとされており、最高裁で書類選考し、採用予定の裁判所で面接が行われる。二〇〇三年十月から最高裁の採用が始まり、日弁連が推薦する三十人全員が採用され、そのうち一人は辞任したものの、二十九人が二〇〇四年一月、勤務に就いた。

（四）人事評価制度

裁判官の司法官僚化を皮肉る「ヒラメ裁判官」という言葉がある。じっと身を潜め、上からの評価ばかり気にしているという意味だ。実際には、もっと自由闊達に意見を言う人達の集団だが、こういう言葉がささやかれる実態が一部にないわけでもない。その原因は、裁判官の世界が同質な人ばかりで、外部の世界との接触が少なく、やや閉鎖的なことにあるように思う。従来の人事評価制度が、裁判所の内部的なものにとどまり、透明性を欠いていたことが、そのような見方が広がるのに拍車を掛けたようだ。

最高裁は裁判官の人事評価制度についても独自に研究会を設けて見直しを進め、二〇〇二年七月、研究会報告書が公表された。しかし、司法制度改革推進本部の法曹制度検討会では、その方向性に対して批判が出された。そこで最高裁は報告書にはとらわれず、一般規則制定諮問委員会でこの問題を取り上げることとし、この委員会で協議した結果を基に二〇〇四年一月、人事評価に関する最高裁規則を制定した。

この規則は「手続きの透明化」を目指し、①評価権者は高等裁判所長官、地方裁判所所長とする②評価には外部情報（弁護士や検察官などからの情報）を反映させる③本人の意見を反映させるため本人との面談システムを設ける④本人からの申し出により評価を開示する制度を創設する⑤評価に対する不服申し出制度を設ける――などといった内容だ。この制度は二〇〇四年四月から実施され、人事評価の透明度は飛躍的に高まった。

(五)　最高裁の在り方

法曹制度検討会では最高裁判事の任命についても取り上げられた。国民審査制度などについて意見が交わされ、選任方法なども論議されはしたが、それだけで終わった。最高裁については結局、ほとんど手つかずだといえる。

(六)　判事補、検察官の他職経験

判事補、検事が多様な経験を身に着ける方策の一環として、一定期間、その身分を離れ、弁護士として職務を経験する「判事補及び検事の弁護士職務経験に関する法律」が二〇〇四年六月に成立した。これにより、裁判官、検察官としての能力、資質を一層向上させ、その職務の一層の充実を図るのが目的とされている。

弁護士の職務経験は、判事補や検事の同意を得て、最高裁判所や法務省と受入先の弁護士事務所との間の取り決めに基づいて行われる。弁護士事務所に雇用されて弁護士業務を行い、弁護士事務所から給与を受ける。経験期間は二年を超えることができないとされている。

(七) 特例判事補

司法修習を終えて裁判官に採用されると判事補になり、地方裁判所や家庭裁判所に配属される。裁判官としては見習い期間のような位置付けで、原則として一人では裁判はできず、合議体の裁判長にもなれない。しかし判事補として経験を積んでくると、最高裁から特例として単独で裁判ができる権限を与えられる。これを特例判事補といい、任官五年以上の判事補から指名される。この指名を受けた者には判事としての権限が認められる。

特例判事補の制度は、かつて判事不足の時代に、それを補うものとして編み出された。あくまで過渡的な制度であることから、司法制度改革審議会の意見書では「段階的に解消」と明記された。しかし、これを解消するには多数の判事を確保することが不可欠であるから、この廃止案は具体化せず、法曹制度検討会で最高裁が、特例判事補が単独事件を担当する時期について任官七、八年程度に後ろ倒しする案を示したにとどまっている。

(八) 地裁・家裁委員会

裁判所を社会に開かれた組織にするための組織もつくられた。利用者である国民から広く意見を聴いて、裁判所の運営に活かしていこうと、最高裁は二〇〇三年四月、地方裁判所委員会規則と家庭裁判所委員会規則を公布し、同年八月から実施した。

地裁委員会と家裁委員会は、裁判所側からの諮問に応じ、運営に関して意見を述べる。委員は十五人以内とされ、裁判官、検察官、弁護士、学識経験者の中から任命される。多様な委員構成となるように配慮し、学識経験者の人数が過半数を下回らないようにすることとされている。

第二　弁護士制度の改革

（一）公務就任と営業の自由化

今回の司法改革で、法曹三者のうち最も大きな波に洗われ、現状の変革を迫られたのは、弁護士だった。二〇〇三年七月、「弁護士法の一部改正」が国会で成立し、弁護士の仕事の中身などが大幅に変わることになった。その内容は大別すると、公務就任と営業の自由化、報酬の自由化、綱紀・懲戒制度の強化、法律事務独占の見直し、外国弁護士の活動範囲の拡充、企業法務経験者らへの法曹資格の付与という六つに集約されそうだ。日本弁護士連合会は同年十一月の臨時総会で、反対票をかなり出しながらも、これらの転換を承認した。このうち法曹資格の問題は別に後述することにして、その内容を順次見ていくことにする。

公務就任と営業の自由化は、司法試験の合格者が二〇一〇年には年間三千人に達し、司法のすそ野が飛躍的に拡大する方向であることとも関係している。弁護士の数を増やし、社会の多様なニーズに対応できるようにしていく必要がある。弁護士の活動はこれまで法廷中心の狭い世界だったが、これからは広く国民の要望に応えられるよう、その活動も多様化しなければならないからだ。

改正弁護士法が国会で成立する前は、弁護士が営業活動をすることは基本的に禁止され、弁護士会の許可制が採られていた。弁護士は公共性の高い職業なので、営業活動は控えるべきだという考え方に立っていた。このため政府機関などの公務への就任も制限されていたが、営業は届け出制に、公務就任も制限を撤廃して届け出制に改められた。二〇〇四年版の弁護士白書によると、企業の法令順守（コンプライアンス）体制を確立するため営利業務に従事している弁護士はサービサー九十六人、メーカー百八人、不動産関連業百三十七人、金融業百四十二人など計八百六十九人に上っている。また任期付きの公務員になって政策立案などに従事しているのは内閣官房、内閣府、公正取引委員会、金融庁、法務省、外務省、財務省、経済産業省、特許庁の計四十九人を数える。

(二) 報酬の自由化

弁護士の報酬は会則で厳しく縛られ、それに違反して暴利をむさぼることがあると、悪質なケースは弁護士会からの除名処分に付されることもあり得た。弁護士は弁護士会名簿に登録されないと活動ができないとされているので、除名されれば失業するしかない。このため会則で定められた「初回の法律相談料は三十分五千円」「民事訴訟事件の経済的利益が三百万円を超え三千万円以下の場合、依頼者が支払う手付金（事件を受任したときに弁護士が受ける対価）は経済的利益の五％、報酬金（事件の結果が成功か、不成功かの程度に応じて弁護士が受ける対価）は経済的利益の一〇％」などという報酬規定の拘束力は極めて強かった。そういう厳格な自律的規制が弁護士に対する信頼を培ってきた面は否定できない。

ところが政府部内で規制緩和の論議が進んでくると、経済界を中心として、安い値段で弁護士が法律事務を引き受けることができない仕組みは新規参入の規制であって、独占禁止法に違反するのではないかという意見が強まってきた。公正取引委員会もそのような見解を表明したこともあって、日本弁護士連合会では報酬規定の在り方を根本から検討する作業に入った。その一方、二〇〇二年七月の法曹制度検討会では、弁護士法で決められた会則の必要的記載事項から報酬規定を削除することが決まった。しかし、利用者である市民の利益を考えると、弁護士を依頼した場合の報酬がいくらになるのか、何らかの「目安」は必要ではないかという意見も強く、この目安づくりについては日弁連と公取委の協議に委ねられた。

そこで日弁連は二〇〇三年十二月、全会員にアンケートを実施し、離婚、交通事故、金銭貸借などの典型的なケースに対して、それぞれの弁護士の感覚では手付金はいくら、報酬金はいくらになるかなどの回答を求め、それを集約し、冊子にまとめて公表した。報酬規定はなくなっても、弁護士の「相場感覚」が明らかになれば、目安としての役割が果たせるという考えからだった。日弁連は二〇〇四年二月の総会で「弁護士の報酬に関する規定」を定め、報酬に関する情報の開示を努力義務とするなどしている。

(三) 綱紀・懲戒制度の強化

こうして弁護士の活動領域や報酬などを自由化していくと、会則などの制約を踏み越えて、依頼者の利益に反する行為をしたりする不心得者が生まれてきかねない。全国の弁護士会は、このような不祥事を起こした会員について懲戒請求が出されると、まず綱紀委員会で調査し、懲戒委員会にかけるかどうかを議決する。悪質なケースは懲戒委員会に回し、そこで懲戒処分をするかどうかを決定する。その結論に異議があれば、さらに日弁連の懲戒委員会が審査し、懲戒するかどうかを決定する仕組みになっていた。

しかし二〇〇四年版弁護士白書によると、弁護士に対して言葉遣い・態度への不満、処理の遅滞、説明・報告不足などを理由とする苦情の申し立ては、二〇〇三年には全国で六千六百四十六件を数えた。懲戒請求は一千百二十七件あり、そのうち五十九件が懲戒処分になっている。懲戒処分には戒告、業務停止（一年未満と、一年から二年の二種類）、退会命令、除名の四種類がある。弁護士活動を停止しなければならない除名は四人もいた。懲戒処分の件数は一九九〇年ごろには計二十件程度だったのが最近、増加傾向にあり、この十年ほどの間に三倍にも増えている。弁護士の総数も増加はしているが、憂慮される状況といわなければならない。

日弁連は二〇〇二年二月の総会で、新たに「綱紀委員会」と「綱紀審査会」を設置し、各地の弁護士会が「懲戒しない」とした結論に不満な請求者からの異議申し出を受け付け、再審査する仕組みを設けることを決定した。その後、法曹制度検討会で、日弁連綱紀審査会の議決には各弁護士会の懲戒委員会を縛る拘束力を認めるべきだという意見の取りまとめが行われるなどし、日弁連はさらに同年十二月の総会で、その内容を承認した。

こうした動きを背景として、二〇〇三年七月に弁護士法一部改正が行われ、新たな綱紀・懲戒制度が二〇〇四年四月から実施されている。新制度によると、弁護士だけで構成されている弁護士会の綱紀委員会の委員に弁護士以外の委員（裁判官、検察官、学識経験者）を加えるとともに、日弁連に法律上の機関として「綱紀委員会」を設置する。異議申し出は綱紀委員会が受け付け、懲戒相当の場合は各地の弁護士会懲戒委員会に差し戻す。異議申し出が退けられた場合、それに不満な者は、市民だけで構成される綱紀審査会に綱紀審査の申し出ができる。綱紀審査会は最高裁と同じようなもので、異議申し立てを退ければそれで終わり、各地の懲戒委員会へ差し戻せば、懲戒処分へとつながることになった。複雑で、屋上屋を架すかのような構造だが、最終的には、弁護士による身内の判断ではなく、市民の目から見た結論が下されるのは、望ましい方向だろう。

（四）弁護士法七二条

市民が悩まされている法的トラブルはさまざまで、わざわざ弁護士を頼んだり、裁判に訴えたりしなくても、うまく「裁判外紛争解決手続き（ＡＤＲ）」を利用できれば妥当な解決に漕ぎ着けることができるケースも多い。実際、地域によっては弁護士が少なく、司法書士をはじめとする隣接法律関係職種の人々が司法ネットやＡＤＲを通じて活躍する場面も想定できる。

しかし改正前の弁護士法は七二条で、弁護士または弁護士法人でない者の法律事務の取り扱いを禁止する規定を置いており、弁護士以外の職種の人がどれだけ意欲を持っていても、法律事務に属する分野へは乗り出すことができなかった。そこで政府の総合規制改革会議、その後身の規制改革・民間開放推進会議などが、法律事務を弁護士だけではなく、他の隣接法律関係職種にも開放すべきだと主張する事態になっていた。

このため弁護士法の一部改正で七二条の手直しが行われた。ただし書きに「この法律に別段の定めがある場合は、この限りでない」とされていたところに「他の法律」を挿入し、「この法律または他の法律に別段の定めがある場合は」としただけだが、この四文字は大変大きな意味を持っている。それは、弁護士法をいじらなくても、司法書士法、税理士法など他の隣接法律関係職種の法律で一定の法律事務の扱いを認めることになれば、それは違法な「非弁活動」ではなくなるからだ。今後、どこまで「他の法律」で認めていくのかが焦点になってくる。

（五）外国弁護士

企業活動がグローバル化し、国際商取引など国境の壁を越えた法的トラブルが多発するようになった。外国企業の進出も増え、日本の法律事務にも外国人の弁護士がかかわる場面が増えている。国際的な企業の合併・買収（M＆A）や海外市場での資金調達などが活発化する中、弁護士市場の外国への開放が激しい勢いで進んでいる。

外国弁護士の業務などをどうするべきかについては、司法制度改革推進本部の国際化検討会で論議された。その結果、弁護士と外国弁護士との提携・協働を進める「外国弁護士による法律事務の取扱いに関する特別措置法の一部改正」を含む「司法制度改革のための裁判所法等の一部を改正する法律」が二〇〇三年七月、国会で成立した。この改正法の施行によって日本でも二〇〇五年四月から、外国法律事務所が、日本の弁護士資格を持った人を直接雇用することができるようになった。弁護士法からは、外国弁護士（外弁）による日本弁護士の雇用を禁止する規定を削除するとともに、外弁と日本の弁護士、弁護士法人との共同事業、収益分配を禁止する規定も削除された。今後、外国法律事務所の存在感が増してくるのは確実だ。

弁護士資格についての諸外国の法制度は一律ではないので、改正特別措置法では「外国弁護士」というのは「外国で法律事務を行うことを職務とするもので弁護士に相当するもの」と定義されている。外国弁護士のうち法務大臣の承認を受け、日弁連の名簿に登録された者は「外国法事務弁護士」と呼ばれ、自分が資格を得た国（原資格国）に関する法律実務をできるようになる。

今回の改正は、これまでさまざまな制約が課されていた外国法事務弁護士の職務などを大幅に緩和している。外国法事務弁護士が日本弁護士を雇用することを認めたほか、日本弁護士との一般共同事業も承認された。特定の弁護士、弁護士法人が得る報酬など収益の分配を禁止した規定は削除され、法律事務所の名称に関する制限は緩和された。しかし新たに、外国法事務弁護士が自分の権限を越える業務について日本弁護士らに業務命令を出したり、日本弁護士との共同事業で自分の権限外の法律事務について不当な関与したりすることは禁止された。また日本弁護士と同様、所属する弁護士会などの懲戒を受ける規定が作られ、営業許可、報酬規定は廃止された。

第三　検察官

検察官に関しては特段の改革は行われなかった。見るべきものは「特任検事」への法曹資格の付与と、検察官が他職経験を積む新制度の二つ程度だ。検察官に社会経験を積ませるため一定期間、弁護士として職務を経験させる「判事補及び検事の弁護士職務経験に関する法律」のことは裁判官制度のところで説明したので、それを参照してほしいが、法務省は若い検察官を原則として二年、派遣する方向だ。

検察官にはトップの検事総長に始まり次長検事、検事長、検事、副検事の五種類がある。このうち検事までは司法試験に合格して司法修習を終え、裁判官や弁護士にもなれる法曹資格を持っており、検察部内では「修習検事」と呼んで、司法試験に合格していない「副検事」と区別していた。副検事は検察事務官などを三年以上経験した者の中から、法務省の副検事選考審査会の選考を経て任命され、主に区検察庁で窃盗、横領などの事件の審理、公判を担当するが、地方検察庁の検察官事務取扱が許されることもある。

「特任検事」は、副検事を三年以上経験し、政令で定める法務省の検察官特別考試に合格すると任命される検察官のことをいい、法令上の権限、担当職務の内容は修習検事と変わらない。検察官特別考試は司法試験並みの難しさとされ、毎年四十人から五十人が受験するものの、合格者は二〇〇〇年には二人しかいない。優秀な特任検事は検事正などの管理職にも登用されている。

このような実態があることから、法務省は法曹制度検討会で、特任検事に法曹資格を与える道を開くべきだと主張した。これに対して日弁連は「一定の能力担保措置は不可欠だ」として難色を示したが、法曹制度検討会では在職五年以上だけを資格付与の要件とすることで取りまとめが行われ、二〇〇三年七月、在職五年以上で所定の研修を終了した特任検事に法曹資格を付与する「弁護士法の一部を改正する法律」が国会で成立した。

第四．法曹資格

(一) 新たな特例の拡大

「弁護士法の一部を改正する法律」などでは、特任検事だけにとどまらず、弁護士となる資格の特例が大幅に拡充・整理された。司法試験に合格していなくても大学の法律学の教授等を五年以上務めた者には弁護士となる資格を与える制度が廃止されたほか、①企業法務の担当者で司法試験合格後、裁判手続き等の所定の法律関係事務に七年以上従事し、その後に所定の研修を修了した者②司法試験合格後五年以上国会議員を務め、その後に所定の研修を修了した者③特任検事の経験が五年以上あり、その後に所定の研修を修了した者——などに法務大臣が特例として弁護士資格を付与できることになった。新制度の適用を受けて二〇〇四年十二月、国会議員五人、特任検事三十七人、公務員三人、企業法務経験者二人の計四十七人が認定された。

私は二〇〇三年七月、参議院法務委員会に参考人として招致されたとき、この特例について質問を受け、「弁護士資格の拡充自体には賛成だが、慎重にする必要がある」と答えた。学生時代に司法試験に合格していた知人が、法曹資格を取るために中央官庁を辞めて司法研修所に入った例を挙げ、法曹資格を取るためには司法修習を終了しなければならない原則からすると、広げすぎではないかという趣旨の意見を述べ、特に行政権と緊張関係に立たなければならない国会議員が、法務大臣の認定を受けることは、遠慮すべきだと指摘している。

(二) 隣接法律関連職種

司法制度を支える法的な資格は、法曹資格のほかに、各省庁が試験の合格者に与える司法書士、弁理士、税理士、社会保険労務士、行政書士ら「士業」と呼ばれる「隣接法律関連職種」がある。今回の司法制度改革では、これら隣接法律関連職種の資格、業務なども大きく変わった。

司法書士と司法書士法人の業務の範囲は、司法書士法一部改正によって、かなり広がった。司法書士は、依頼者からの要請を受けて、登記や供託に関する手続きを行い、裁判所、検察庁、法務局などに提出する書類を作成するのが主な仕事とされていた。しかし司法制度改革審議会の意見書が、簡易裁判所で行われる民事紛争の手続きに限り、弁護士だけではなく、司法書士にも訴訟代理権を与えるべきだとしたため、この法改正が行われ、二〇〇三年四月から簡裁の民事訴訟で司法書士が代理をできるようになった。全国の簡裁の所在地を見ていくと、弁護士が一人もいない地域は相当数あるものの、司法書士のいない地域はほとんどないことが、訴訟代理権を認めた大きな理由になっている。たとえ簡裁限りではあっても、訴訟等の代理事務の取扱いが弁護士だけに委ねられていたことから考えると、弁護士以外の職種が新たに代理事務へと乗り出す意味は相当に大きい。

弁理士についても「弁理士法の一部を改正する法律」で、特許、実用新案、意匠、商標などに関する権利の侵害または特定不正競争による営業上の利益の侵害に関係する「特定侵害訴訟」について、弁護士が同一の依頼者から受任している事件に限り、その訴訟代理人となることが認められた。つまり弁護士との共同であれば弁理士も訴訟代理ができることになった。ただし、弁理士なら誰でもできるのではなく、経済産業省が行う研修を終了し、特定侵害訴訟代理業務試験に合格する必要がある。弁理士の訴訟代理が認められた背景には、知的財産関連の侵害訴訟が二〇〇〇年には十年前の約二倍の六百十件になるなど、知財を取り巻く急激な情勢変化がある。これに対応する知財専門の弁護士は約三百人しかおらず、専門家不足が歴然としていた。弁理士の訴訟代理は弁護士との共同代理が原則だが、このような事情から実際には弁理士の単独代理になっている訴訟が多いという。

税理士も、「税理士法の一部を改正する法律」で、租税に関する事項については裁判所で補佐人として、弁護士である訴訟代理人とともに出頭し、陳述をすることができることになった。ただし税理士も、税務訴訟の補佐人となるためには、所属税理士会と日本税理士会連合会が行う研修を受けなければならない。

社会保険労務士には、社会保険労務士法の改正により、個別労働関係紛争解決促進法の紛争調整委員会、地方自治法の地方労働委員会でそれぞれ行う「あっせん」の代理業務が追加され、二〇〇三年四月から実施されている。

第六章　継続措置

（一）法令の外国語訳

司法制度改革のテーマの中で、司法制度改革推進本部の設置期間内には作業が終わらず、内閣への宿題として引き継がれるなどした主な事項が二つあるので、そのことに触れておきたい。

その一つは、推進本部の「法令外国語訳ワーキンググループ」が検討を進めていた民法などの基本法の外国語訳だ。日本の法律には、民法、商法、刑法など最も基本的な法律であっても、信頼性の高い外国語訳が少なく、法の分野では日本は、まだ海外に向かって十分に開かれているとはいえない状態だ。法務省は入管難民法、財務省は財政法、環境省は大気汚染防止法というように、各省庁や民間組織などが一部の法令に限ってばらばらに英訳しているが、それを、政府が関与する形で単語・表現の基本的な翻訳ルールを作るなどして統一化し、正確で分かりやすい翻訳を継続的に行うようにする。まず英語で翻訳を進めていくなどの方針が二〇〇四年十月にまとまった。

法令の外国語訳は国際取引を円滑にし、外国企業の投資を促すなどの効果がある。アジアをはじめ発展途上国の法整備の支援に役立ち、日本法を外国に知ってもらったり、在日外国人の生活上の便宜を図ったりするのにも有益だ。日本経済団体連合会、日弁連などから政府が関与して翻訳を進めるように求める声が出されていた。

ワーキンググループによると、特に需要の多い民法などの基本法、知的財産関係法、経済関係法、労働関係法、行政手続き関係法から早急に英訳を進める。政府の公定訳とはしないが、例えば「債権」はclaim、「債権者」はcreditorを使うというように最も適切な訳語を原則として一つ示すなどの翻訳ルールを作り、これを尊重して官民ともに翻訳に当たることとした。翻訳はコンピューターに蓄積され、利用者のアクセスを容易にする。

これらの作業のため二〇〇五年一月、政府に「法令外国語訳推進のための基盤整備に関する関係省庁連絡会議」が設置され、その下に、有識者と各省庁の関係者が参加する検討会議を設けて、政府と民間の取り組みに橋渡しができるような基盤整備が行われることになった。内部には専門家の作業部会が置かれ、具体的な翻訳ルールを作るとともに、試験的に作成した翻訳や訳語辞書などを公表して、各方面の意見を反映させながら修正していく。今後、一年を目途に具体的な提言を公表する予定で、本格的な翻訳はその後に始まる。将来的には英語以外の言語も検討するという。

(二) 行政訴訟

法案づくりが終了した後も、今後の法改正に参考となるよう、さらに論議を続けたのが行政訴訟検討会だった。行政事件訴訟法の一部改正に盛り込めなかった行政立法・行政計画の司法審査、行政裁量に関する司法審査、団体訴訟の三つのテーマについて論議を再開し、二〇〇四年十月、検討の経過と結果について「最終まとめ」を行った。最終まとめは、具体的な行政事件訴訟法改正の提案はしていないが、三つのテーマとも「さらに議論を深めておく必要がある」と述べ、「今後の参考に資する」ことを期待して、法改正に必要な視点を示している。行政立法・行政計画の司法審査については「その制定・立案の過程ないし内容において違法があった場合における国民の具体的な権利利益の救済の在り方について、行政立法・行政計画の特徴やそれが多様な国民の利害に幅広い影響を及ぼす者であることも考慮しつつ、新たに法定された差し止め訴訟や当事者訴訟として明示された確認訴訟の活用との関係を含め、適切な司法審査の在り方の観点」が必要だとした。

また、行政裁量に関する司法審査については「処分または裁決の理由を明らかにする資料の提出などを行政庁に求める、新設された釈明処分の特則の活用により裁量に関する審査の充実を図ることとの関係も含め、裁量に関する適切な司法審査を担保する観点」が、さらに団体訴訟については「民事訴訟制度における団体訴訟の位置付けや、行政事件訴訟法の改正により適切な判断を担保するための考慮事項が法定された一般的な取り消し訴訟の原告適格との関係」が、それぞれ重視されるべきだと指摘している。

第二部　改革への助走

法曹人口の大幅増加などをめぐって深夜まで討議が続けられた日本弁護士連合会の臨時総会＝2000年11月1日、東京・霞が関の弁護士会館

第一章　胎動

（一）日弁連の夏合宿

今回の司法制度改革を振り返るとき、忘れられないシーンがいくつかある。その一つは一九九九年八月四日、京都市の聖護院御殿荘で開かれた日本弁護士連合会の夏合宿だ。

「審議会というのは、委員が選ばれたときには、その結論が決まっているのです。それをただ、セレモニー的にやるだけ。司法制度改革審議会も委員の選考がいびつで、無茶苦茶な審議会です。外堀はもう埋まっている。それを廃して、しかも少数意見の立場の弁護士が、どう道理をもって説くかというところに、われわれの最大の苦悩がある」

中坊公平元日弁連会長が熱弁を振るった。中坊氏は拳を振り上げたかと思うと、時には涙声になりながら、司法改革の必要性と、その実現に向けての弁護士の奮起を促した。この年、年間の司法試験合格者が初めて一千人に増え、法曹人口は二万七百三十人に達したが、司法の基盤をもっと拡充し、市民の期待に応える必要があるというのが中坊氏の持論だった。中坊氏はかねてから「今の司法は規模が小さく、法的紛争の解決に二割程度しか役割を果たせていない。残りは暴力団など『闇の世界』の力によって解決されている『二割司法』だ」と指摘し、抜本的な改革を求めていた。しかし、日弁連内部には、法曹人口が拡大されて競争が激しくなると、弁護士の生活が苦しくなり、結果的に市民へ提供するサービスが低下しかねないなどと危惧する声が強かった。

この講演で中坊氏は「自分の身を切らずに、他人にどうして改革を迫れますか」と説いた。迫力に押され、全国から集まった二百人ほどの弁護士たちは息をのみ、静まり返った。改革指向の弁護士でも、思わず黙り込まざるを得ないほど、司法改革の動きはまだ鈍い。中坊氏が訴えていることは、一体、現実性があることなのだろうか。会場の最後列付近で私は、出席者の顔を眺めながら、自問していた。それでも、じっと耳を傾けていると、沈黙の中にも、ぼんやりと浮かび上がってくる固い決意のようなものが感じられてきた。弁護士達の中で何かが動きだそうとしている。その感覚は不思議と印象的だった。

このとき、会場で配付された資料には①年間の司法試験合格者は千五百人とする②法曹養成制度として米国のようなロースクールを創る③法律事務の取り扱いを弁護士が独占する弁護士法を見直す――などが重要な検討項目と記されていた。討議の終了後、この資料は「外部へ出せない」という理由で全部回収されたが、日弁連の〝改革派〟はこのような腹づもりでいる、ということもよく理解できた。

政府の司法制度改革審議会は、この前月の七月に始まったばかりだった。十三人の委員の一人に選ばれた中坊氏が懸念したように、委員の人選は総理府（当時）の内政審議室と自民党司法制度調査会が中心に行ったことからみても、政府与党の政策立案に役立つような、そして政府与党には決して都合の悪いものにはならないような、そのような結論しか導き出せないのではないかと私は感じていた。

司法制度改革審議会は、国会で成立した司法制度改革審議会設置法に基づき、内閣に設けられた。設置期限は二年間。一九九九年七月二十七日、小渕恵三首相（当時）が出席して第一回の審議が開かれた。詳しくは後述するが、委員は憲法学者の佐藤幸治・京都大学教授（現・近畿大法科大学院長）を会長、民事訴訟法学者の竹下守夫・駿河台学長（一橋大名誉教授）を会長代理とし、学者五人（憲法、民事法、刑事法、経済学、会計学各一人）、法曹関係三人（元裁判官、元検察官、弁護士各一人）、財界人二人、労働界一人、市民団体一人、作家一人の計十三人という構成だ。顔触れからすると、多数派は、日本が国際的に立ち遅れている特許訴訟の改善など民事司法を中心とした制度的手直し程度で収めるつもりではないかとみられた。やはり大きな期待はできないと、本当のところは感じていた。

それが、今日では、当時は予想もできなかったほどの大規模な改革が実現している。今思えば、中坊氏の声涙ともに下る熱弁は改革への助走の始まりを告げるものだったような気がする。この間に、何が起きたのか。この時期に連載された「二十一世紀の設計図」（本書第三部参照）は、法曹界を中心として徐々に、改革の必要性が認識されていった理由について読者が考える手掛かりになるはずである。

（二）戦後改革

「二十一世紀の設計図」の連載記事に入る前に、予備知識として役立つように、戦後の司法改革をめぐる流れを簡単にまとめておきたい。そして、その後、政府の司法制度改革審議会で意見書がまとまるまで、どのような審議経過を経たのかについて、私の取材メモなど手元の資料を基にスケッチしていきたい。

戦後、司法制度の改革は二つの大きな山を経てきている。

最初は一九四五年八月十五日、ポツダム宣言を受諾した日本政府が、連合国軍の占領下で進めた「戦後改革」の一環としての「司法の民主化」だった。一九四五年十月十一日、連合国軍最高司令官のマッカーサー元帥は、新任のあいさつに訪れた幣原喜重郎首相に「憲法の自由主義化」に関する見解を表明し、その中で憲法改正を示唆するとともに、日本の「伝統的社会秩序は匡正される」べきであり、諸改革の一つとして「秘密の検察およびその濫用が国民をたえざる恐怖に曝してきた諸制度の廃止」を要求した。政府は憲法改正問題の調査に着手するとともに、司法省内に十一月、司法制度改正審議会を設置し、問題点の論議を開始した。しかし裁判所構成法改正案の立案後、一九四六年四月十七日の憲法改正草案の発表によって司法制度も抜本的な改正が求められることになり、内閣は司法大臣の諮問に応じる審議機関として司法法制審議会を設置。審議会の討議を基に作られた裁判所法案が一九四七年三月に国会で成立し、日本国憲法と同時に一九四七年五月三日から施行された。

この司法改革で最高裁判所が憲法上の機関として設置されることになったほか、司法行政事務は裁判官会議の議によることとし、内閣や司法省の監督は受けない新制度が生まれた。司法制度改正審議会では、弁護士の経験を一定期間経た者の中から裁判官を任命する英米法系の「法曹一元制度」も弁護士出身の岩田宙造・司法大臣から主張されるなどしたが、最終的には法曹一元構想は否定された。裁判所法では、司法修習を終えた者の中から判事補が任命され、判事補を十年務めた者が判事に任命されるというキャリア制度が採用されるなどし、現行司法制度の骨格ができた。弁護士法も一九四九年六月に改正され、戦前の司法大臣の監督下に置かれた制度が改められて、弁護士の独立と弁護士会の自治を基本に据えた画期的なものになった。

戦後改革の論議の中では、西欧諸国などのように、一般国民から選ばれた陪審員が被告は有罪か無罪かについて評決し、それに基づいて職業裁判官が量刑などの判決を言い渡す「陪審制度」や、国民が参審員として職業裁判官とともに審理、評決、判決言い渡しなどを行う「参審制度」の是非も検討された。日本でも「陪審法」が戦前の一九二八年十月一日から施行され、戦争の激化とともに一九四三年四月一日以降、施行停止となっていたが、「陪審法」については変更は認められず、陪審制度の復活は棚上げになった。

(三) 臨時司法制度調査会

二つ目の山は一九六二年、内閣に設置された臨時司法制度調査会（臨司）だ。この調査会は二年を限って設けられ、司法制度の適正な運営を確保するための方策を検討することとされた。特に、法曹一元制度に関する事項、裁判官と検察官の任用・給与に関する事項について、緊急で基本的かつ総合的な施策の検討を主な目的とした。

法曹一元、裁判官制度、弁護士制度、検察官制度、司法試験制度、司法修習制度、裁判官・検察官の給与、裁

判所の配置などが幅広く論議された。しかし、その狙いを平たく言ってしまえば、「裁判官を志望する者の数は近時漸減の傾向にあり、必要最小限度の裁判官の数を確保することすら困難な実情にあって」「訴訟遅延の現象はようやく著しい」(「臨時司法制度調査会意見書」一頁)ので、裁判官の給与を引き上げるなどして人材の確保を図り、裁判長期化への緊急対策を講じることにあった。

一九六四年八月、内閣へ提出された意見書では、日弁連と日本法律家協会が主張した法曹一元の導入は「円滑に実現されるならば、わが国に置いても一つの望ましい制度である。しかし、この制度が実現されるための基盤となる諸条件は、いまだ整備されていない」などとして見送られた。意見書は、司法試験には通っていないが優秀な裁判所書記官を簡易裁判所判事に登用する道を開くことや、簡易裁判所の扱う民事事件の範囲（事物管轄）を広げることなどを提案し、実施に移された。しかし日弁連は弁護士資格の特例と簡裁の事物管轄引き上げに反対の意思を表明して、意見書反対の決議をし、その後、法曹三者の根深い対立が続いた。

臨司会長だった我妻栄・東京大学教授（当時）は「統一的・抜本的な改正の前途は遠い」とし、「その根本的な理由は、司法関係者だけで改正案を作成し、その実現を図っているからだ」と指弾している。そして「これでは果敢な改革が行えるわけはない。改革の内容は関係者の利害の妥協以上に出ることは困難である。そして民衆の理解と支持をえることができず、少しの反対勢力にぶつかっても挫折せざるをえない」と述べている（岩波新書「日本の裁判制度」）。

その後、一九六七年に始まった青年法律家協会（青法協）裁判官部会の宮本康昭判事補らに対する最高裁の再任拒否問題の際、裁判所の行政機関化、最高裁事務総局の支配体制強化などが指摘されるなどしたが、民事訴訟や刑事訴訟の若干の制度的手直し程度にとどまり、根本的な司法制度の改革は見送られてきた。臨試以降も続いている法曹内部の亀裂は、修復不可能なほど大きかった。意見対立の激しさに加えて一九七〇年五月、衆院法務委員会が付帯決議で「今後の司法制度の改正には法曹三者の意見の一致を必要とする」という趣旨の枠をはめるなどしたこともあって、何か問題が浮上しても結局は法曹三者のどこかが反対し、抜本的な制度改革は望むべくもない状況が固定化した。

弁護士に転じた宮本氏は、それを「閉塞状況」と呼び、司法が官僚統制を徹底して国民からの孤立化（密室性と不透明性）を強めた結果、度を越した訴訟促進、強引で権力的な訴訟指揮、裁判官や職員の無気力化、犯罪に至る退廃などの病理現象が生まれ、その一方では、国民とその側に立つ弁護士層は自身の手で司法政策を変更することも、その遂行に歯止めをかけることもできずに、空しく反対と抗議を繰り返すようになって、「何を言っても無駄なのだ」という無力感と「最高裁を相手とせず」という強がりが反応のパターンとなったと分析している（宮本康昭「危機に立つ司法」）。司法は長い沈滞の時期に入った。

（四）戦後三つ目の山

今回の司法改革は戦後三つ目の山だった。

改革の気運が芽生えた時期を特定するのは難しいが、恐らく、一九八〇年代にクローズアップされ、死刑囚が相次いで再審裁判で無罪となった免田事件、財田川事件、松山事件などの再審事件が大きく影響していると思われる。えん罪を招いたことへの反省から、大分県弁護士会が一九九〇年、警察などで身柄を拘束され、取り調べを受けている容疑者の段階から弁護士が手弁当で弁護を引き受ける「当番弁護士」の制度を始めた。これは刑事事件に限り、弁護士達が自主的に資金を出し合って運用する新しい取り組みだったが、それが全国に広まり、現在の裁判制度全体を考え直す土壌を法曹界の内部につくったといえるだろう。

日弁連は中坊公平氏が一九八九年、会長に就任してから、弁護士の手で司法を変えていく運動に本格的に取り組み始めた。一九九〇年五月、総会で「司法改革宣言」を採択、その後も一九九一年と一九九四年に「司法改革宣言」を重ねてきている。一九九四年の第三次司法改革宣言では①全国どこでも市民の身近なところに裁判所や弁護士が存在し、市民が適切で迅速な権利の実現を容易に得られるような体制を整備すること②陪審や参審など市民が直接司法に参加する制度を検討し導入すること③裁判官や検察官は市民の生活に直接触れてきた弁護士から採用していく制度を確立すること――という目標が設定された。

国を挙げての司法改革に直接の引き金を引いたのは、経済界からの相次ぐ提言だった。政治・経済の国際化と規制緩和が進行する中、各団体がそれぞれ、司法の在り方も変わるべきだと要求した。口火を切ったのは、私が調べた限りでは経済同友会らしく、一九九四年六月に公表された「現代日本社会の病理と処方」では、法曹人口の大幅増員、国民の司法参加などを実現するよう主張し、それを具体化するため「司法改革推進審議会（仮称）」の設置を提案している。これ以降、司法改革が行政改革、財政改革などと絡んで重要な政治課題に浮上していったと言っていい。同友会は一九九七年一月に「グローバル化に対応する企業法制の整備を目指して」、同年三月には「こうして日本を変える」を次々と提言。経済団体連合会（当時）も一九九八年五月、法曹人口の増大、ロースクールの開設、弁護士の法律事務独占の見直しなどを求める「司法改革についての意見」を発表、経済界主導の形で路線が敷かれていった。

経済界の主な狙いは、企業活動の障害となっている三つの要因の除去だった。一つは、時間と経費のかかる民事裁判の改善、二つ目は、最新の知的財産紛争などに十分に対応できない弁護士の改造、三つ目は法律事務所の国際化・共同化に象徴される国際性の強化である。米国からは二〇〇〇年六月、閉鎖的な法的サービスの市場開放を求める「司法制度改革審議会に対する米国政府の意見表明」という文書が日本政府へ渡される事態になるなど、外圧も加わっていった。

自由民主党は一九九七年七月、政務調査会の内部に、保岡興治元法相を会長とする司法制度特別調査会を発足させた。この特別調査会が今回の司法改革にとって重要な転機をもたらしたように思う。そのころの事情は、一九九二年、日本弁護士連合会司法改革推進センターの初代事務局長に就任した宮本康昭弁護士が語った以下のエピソードが、よく物語っている。

日弁連が二〇〇四年十月十三日夜、東京・霞が関の弁護士会館で開いた司法改革実現本部の解散セレモニーで宮本弁護士は一九九七年ごろを振り返り、「あのとき調査会に日弁連が出席しなかったら、今回の司法改革にはつながらなかった」と話した。当時、日弁連と最高裁、法務省は犬猿の仲。政界への反発も激しく、「日弁連は公正・中立であるべきで、政党の会合には出るべきではない」という意見も強かった。しかし、その態度を貫けば、欠席裁判で日弁連の意見は無視される。執行部が苦悩の末に決めたのは、「会長は欠席。事務局長は出席するが、発言はせず、説明は司法改革推進センターの委員がする」という苦肉の策だったという。「しかし、この決断は大きかった」と宮本弁護士。このとき日弁連が提案した法曹人口の拡充などが調査会の意見書に書き込まれており、「今回の膨大な司法改革は、センターが自民党に注入して内実化させた」と宮本弁護士は回想した。

やや手前みその感はある。しかし、確かに、当時を思い起こすと、とても現在のような司法改革が実現するとは思えなかった。わずか八年ほどの間に、法曹界はすっかり様変わりした。相互の信頼関係が深まり、今では同じ土俵で制度づくりを論議するのが当たり前になるほどに変わっている。今回の司法改革が法曹界にもたらした最も大きな成果は、相互の信頼感の醸成だったといえるかもしれない。

一九九八年六月、司法制度特別調査会の報告書「二十一世紀司法の確かな指針」が発表され、行政指導による事前規制を中心とした従来の護送船団方式を改め、「透明なルールと自己責任」の原則に基づく事後規制方式の司法へと転換する必要性が強調された。企業活動などに対して事前の調整がなくなると自由競争の社会になるので、事後に司法的なチェックによって公正な解決を図る重要性が高まるという規制緩和の観点からの提言である。政財界の要望に司法も応える必要性が出てきた。このような司法改革の狙いは、行政改革、構造改革を押し進める小泉内閣の政治姿勢とも合致した。政府は総合規制改革会議（議長・宮内義彦オリックスＣＥＯ）や行政改革会議で司法の役割が論じられるのと並行して、国会に司法制度改革審議会設置法案を提出。国会では一九九九年六月、「二一世紀の我が国社会において司法が果たすべき役割を明らかにし、国民がより利用しやすい司法制度の実現、国民の司法制度への関与、法曹の在り方とその機能の充実強化その他の司法制度の改革と基盤の整備に関し必要な基本的施策について調査審議する」ことを目的とする司法制度改革審議会設置法が成立し、これを受けて政府は一九九九年七月、二年間の期限付きで内閣の下に司法制度改革審議会を設置した。ここから、今回の司法改革が現実に動き出すことになった。

第二章　司法制度改革審議会

（一）呉越同舟

今回の司法改革に至る歴史的な経過を駆け足でたどってきた。司法改革とうたってはいても、各界の思惑には、積極派あり、消極派ありの〝呉越同舟〟の状態だった。もちろん強固な反対論者もいた。

司法制度改革審議会は、一九九九年七月二十七日から審議を始めた。審議委員は石井鐵工所代表取締役社長の石井宏治氏、東京大学法学部教授（刑事訴訟法）の井上正仁氏、中央大学商学部長（会計学）の北村敬子さん、近畿大学法学部教授で京都大学名誉教授（憲法）の佐藤幸治氏、作家の曽野綾子さん、日本労働組合総連合会（連合）副会長の高木剛氏、駿河台大学長で一橋大学名誉教授（民事訴訟法）の竹下守夫氏、慶應義塾大学学事顧問（前慶應義塾長）の鳥居泰彦氏、元日本弁護士連合会会長の中坊公平氏、元広島高等裁判所長官の藤田耕三氏、元名古屋高等検察庁検事長の水原敏博氏、東京電力取締役副社長の山本勝氏、主婦連合会事務局長の吉岡初子さんの十三人。二〇〇一年六月十二日に意見書を小泉首相へ提出するまで計六十三回の審議のほか、大阪、福岡、札幌、東京での計四回の公聴会、弁護士が地域にほとんどいない「司法過疎地」の声を聞くため島根県浜田市と山形県酒田市など六カ所での実情調査、米国、ドイツ、フランス、英国での海外調査などを重ねた。

審議の様子は法曹三者、マスコミのほか日本司法書士会、日本税理士会、日本弁理士会、日本行政書士会などの隣接法律関係職種団体、経団連、連合、主婦連など諸団体関係者にも別室のモニターテレビを通じて公開され、議事録は発言者の名前入りでインターネットに公表された。政府の審議会としてはあまり例がない公開の仕方だった。委員の一部には「後で意見が変わったときに揚げ足取りをされるのは嫌だ」と反対意見もあったが、情報公開を前提とした論議が行われたことは意義深かった。

（二）集中審議

改革審の審議の中で、最も印象に残るのは、二〇〇〇年八月七、八、九の三日間にわたって行われた集中審議だ。この三日間は朝から夕方まで、東京・三田の共用会議所で討議が続けられた。法曹人口の拡大、法科大学院の創設、法曹一元などという、法曹関係者の利害や意見などが対立する微妙で重要な問題について討議を深め、中間報告に向けての方向性を見出すのが目的とされた。

それまで約一年間の審議はすべて公開されていたが、それでは各委員の発言は公式論で終わってしまい、本音の討議をしにくいとの理由から、集中審議に限って、会議は非公開とされた。もちろん、世間に波紋を投げ掛けそうな一部の発言は、議事録にも掲載されていない。会場からはマスコミ関係者が閉め出され、モニターテレビもつけられなかった。しかし、毎日の会議終了後、佐藤会長と竹下会長代理ら数人の委員が出席して記者会見が開かれ、審議の模様について質疑応答が行われた。各委員がどのような意見交換をし、どのような結論にたどりついたか、についての概要は知ることができた。

私のメモなどを基に、簡単だが、この秘密会の記録を残しておこう。

八月七日は、法科大学院、法曹養成制度、法曹人口がテーマとされた。文部科学省の「法科大学院（仮称）構想に関する検討会議」の報告を踏まえ、意見交換が行われた。その結果、法科大学院は原則的に二、三年の在学期間とし、その入学試験の前に、受験者の法律家としての適性を見る全国的な統一試験を実施する方向になった。設置主体としては既存の大学に限らず、日弁連なども認められた。これで法科大学院創設の道筋が見えた。

翌八日は弁護士の在り方、法曹人口、法曹一元が主要テーマに取り上げられた。記者会見で佐藤会長は、「法科大学院など諸制度の整備状況を見ながら」という条件付きではあるが、司法試験の年間合格者を三千人に増やすことで大方の合意が得られたと発表した。大きな成果だと感じた。その夜、顔見知りの委員に「よくまとまりましたね」と聞くと「議論を始めたときは年間二千人という数字が出ていて、そういう意見も多かったが、もっと増やすべきだという意見が強くなり、三千人という数字になったのです」などと解説してくれた。

最終日の九日は法曹一元をめぐる意見交換に費やされた。それまでの総論的な討議から大きく踏み込み、委員同士の激しい肉声でのやりとりが始まった。佐藤会長の記者会見では、委員らが合意した取りまとめ文書が読み上げられたが、要するに、「法曹一元」というような旧来の用語は使わず、「在るべき裁判官制度について今後、協議する」ということだった。判事補制度の廃止論も強く出された。しかし、少なくとも判事補制度には必要な改革を加え、高い質の裁判官を安定的に供給できるよう、その給源、任用、人事の透明性・客観性について工夫することになったという説明だった。玉虫色といえば玉虫色の文書だが、法曹一元は陪審制度と並ぶ日弁連の二枚看板の主張であり、過去のいきさつを考えると、これに対する他の委員の反発も強烈だったと予想され、この段階ではひとまず無難な結論に至ったのではないかと、私には受け止められた。インターネットで公開されている議事録には、法曹一元という用語について鳥居泰彦委員（当時、慶応義塾長）が「もう、においがついてしまっている」と発言したことになっているが、同席した複数の委員らに意見交換の内容を聞くと、実際は「法曹一元という言葉を使うと、どうしてもトイレの臭いがしてしまう」という過激な表現だったという。これは日弁連に対する厳しい批判でもある。

中坊委員と裁判官出身の藤田耕三委員（元広島高等裁判所長官）との間で繰り広げられたやり取りも激しかった。「司法官僚化した裁判官こそ司法の病巣の根元だ」という趣旨の批判を繰り広げる中坊委員。顔を紅潮させて、それに反論する藤田委員。温厚で知られ、信望の厚い藤田委員だが、その姿に、同席した事務局関係者の一人は「怒った藤田さんを初めて見た。気の毒で涙が出てきた」と話した。

多くのドラマが展開された夏の集中審議。しかし、ここから司法制度の抜本的な改革に向けて歯車がゆっくりと回り始めた。「雨降って地固まる」である。激しく批判し合い、主張し合う中から、この審議会は何をしなければならないのか、各委員の間で共通の認識が芽生えてきたようだった。

(三) ターニングポイント

このような経過を経て、改革審が大筋の意見取りまとめを行い、中間報告を公表したのは二〇〇〇年十一月二十日だった。どのような中間報告を作成しても、それが現実に実行される保障がなければ意味がない。そのような受け皿となる態勢が最高裁、法務省、日弁連にあるのかどうか、懸念は大きかった。

改革審の決断を可能にした最も重大な局面は、日弁連が中間報告の直前、二〇〇〇年十一月一日に開いた臨時総会だった（扉の写真を参照）。会場に充てられた弁護士会館二階の大会議場「クレオ」には全国から来た代議員が入りきれず、一階と二階のロビーや五階、七階、十階、十二階の会議室にもテレビのモニター画面が置かれて、弁護士たちが中継に見入った。午後一時から始まった総会は延々と続き、外が暗くなっても終わる気配が見えなかった。

法曹人口の増員について日弁連は、増員すれば弁護士の質が下がることなどを論拠として、反対を続けていた。それが「小さな司法」を維持する結果となり、産業界などが不便さを主張するようになった理由の一つだった。臨時総会は、増員を認める執行部の提案に出席会員の三分の一が反対し、大荒れに荒れた。壇上に駆け上がり、「競争社会になったら、利益がほとんどない仕事を引き受ける弁護士がいなくなる。資力のない人の民事訴訟や貧しい被告の刑事弁護に誰が力を尽くすのか」「弁護士の平均年収は千五百万円で、これ以上増えたら経営的に成り立たない」などと、反対派が再三、執行部に詰め寄った。胸に迫る主張だった。しかし、現在の司法が病んでいる原因の一つが〝小さな司法〟にあるのは事実であり、改革は不可避だ。クレオの中で傍聴しながら、これは産みの苦しみだと感じていた。

議長解任などの緊急動議が連発され、執行部提案についての採決は午後九時三十分を過ぎた。議長団は討議を打ち切って裁決に踏み切り、法曹人口の大幅拡充を受け入れて「国民の必要とする数」を確保することと、日弁連も法科大学院の設立へ協力することを決議した。賛成票七千四百三十七。反対票三千四百二十五。事実上、司法試験合格者を年間三千人とし、法科大学院へは将来、弁護士会からも教官を派遣することを認める決議だった。

臨時総会の結果を聞いた改革審の佐藤会長は「これで思い切った方針を出せます」と久保井一匡・日弁連会長に語ったという。改革の具体的根拠である日弁連の協力がしっかりと固まり、具体的提言を可能とする展望が一挙に開けた。今回の司法改革がターニングポイントを回った瞬間だった。

その後、福岡高裁判事の妻をめぐる福岡高検次席検事の警察情報漏えい事件や東京高裁判事の買春事件などが起き、改革の矛先は弁護士だけにはとどまらず、裁判官、検察官にも波及していった。当初、改革審事務局が提示した論点整理には掲げられていなかった最高裁についても、最高裁判事の任命手続きや国民審査の在り方が、審議の俎上（そじょう）に上るようになった。「たき火のつもりが火事になった」と司法関係者が口にし始めたのは、二〇〇一年の年明け早々のころだ。「現在の裁判官制度や検察官制度そのものには何も問題はなく、今回の改革の対象にはならない」と言わんばかりの態度だった最高裁、法務省も、対岸の火事とばかりは言っておれない状況が生まれた。法曹三者はそれぞれに改革案を示さざるを得なくなり、それまで半信半疑だった関係者も、抜本的な司法改革へと結びつく可能性を指摘するようになった。

（四）国民の司法参加

司法制度改革審議会をテレビで傍聴していて、特に思い出に残っている印象深い審議がある。二〇〇一年一月九日に開かれた第四十三回審議のヒアリングだ。国民の司法参加がテーマで、藤倉皓一郎帝塚山大学教授（英米法）、三谷太一郎成蹊大学教授（日本近代法史）、松尾浩也東京大学名誉教授（刑事訴訟法）の三氏が意見を述べた。今振り返ると、ここで開陳された三氏の意見が、司法改革の大きな成果である「裁判員制度」の大枠を決めたように思われる。このヒアリングは、もう一つの大きな転換点だったと言ってよいだろう。

最初に意見陳述したのは、陪審裁判の研究で知られる藤倉教授だった。藤倉教授は「アメリカでは、陪審制は当然公開の法廷でトライアルという形で行われる。（中略）トライアルというのは、あくまでも法廷における証人・証拠をめぐる議論でありまして、それを直接口頭で行う、そして、口頭で取り交わされた問答を基にして審理を進め、判断を求めるという制度であります。そこに、専門家でない素人の市民が加わるわけですから、その市民に対する説明、トライアルを通しての証拠の開示、提示、弁論すべて、これは市民に分かるように述べられなければならないということで、それができない弁護士は、初めから法廷弁護士としての資格がないということになるわけです。市民は、そこにいることによって、説明を受ける主体として審理手続きの重要な役割を担うというのが、アメリカの考え方であると思います」と説明し、「こういうトライアル、アメリカでの素人を入れての裁判の基本にある考え方というのは、アメリカの法制度が（中略）大事だと考えている価値に基づいている。（中略）それがもし人類の長い歴史の結果出てきた知恵の結晶であるとすると、これは一つひとつ拾い上げて検討するに値する」と述べた。陪審制度の理念を日本の刑事裁判にも生かせという主張のように、私には聞こえた。そして、この考え方は、裁判員法にも、改正刑事訴訟法にも生かされることになった。

次に、かつて戦前、戦中に日本でも行われた陪審裁判の研究者である三谷教授は「陪審制か参審制かという、そういう議論はあまりしたくない。陪審制にあらずんば参審制、参審制にあらずんば陪審制という、あれかこれかという議論が果たして有益なのかどうかということに疑問を持っておりまして、（中略）何らかの形で両者の並立と言いますか、併用と言いますか、そういうものを考えることはできないだろうか。（中略）刑事事件の種類によって、陪審制と参審制との並立、併用という形を考えることができないだろうかということを考えるわけであります」と述べた。後日成立する裁判員法は、三谷教授の指摘を踏まえ、陪審制度と参審制度の良い点をともに生かす発想に貫かれている。

最後に述べた松尾教授の発言は、とりわけ衝撃的だった。松尾教授は「国民が刑事司法に参加することによって、公判の場面については、直接にそれを見聞し、また、自分でもそれに参与するわけでもありますし、捜査の段階、起訴の段階につきましては、言わば間接に見るということになりますが、いずれにしても、被疑者、被告人の立場からと、検察の立場からと、双方を含めた複眼的な点検をすることが可能になるのではないかと考えます」と国民参加の意義を指摘した。そして、刑事裁判に参加する国民について「仮に裁判員という言葉を使わせていただきます」として、「裁判官と裁判員とが、相互の知識、経験を話し合ってシェアー（共有）するということが可能になる。陪審員席は、法廷でも枠に囲まれていて、ほかの人と別立てになっているのが普通ですけれども、そうではなく、同じ机、法壇の前に裁判官と一緒に座る。また、法廷が終わったら裁判官室に一緒に帰っていって、話し合うということもできる。その方が望ましいのではないか」と述べた。

今回の司法改革で、「裁判員」という用語が正式に提案されたのは、この場面が初めてだったと思う。いわば、「裁判員制度」という新しい構想が、この瞬間、各委員らの胸の中に芽生えた場面だったのではないか。松尾教授は「健全な社会常識を反映させるということは、有罪・無罪の判断についてもあり得ることではありますが、むしろ刑の量定についてこそ考えるべきではないか」「刑の量定についてこそ、裁判官と裁判員との協議が深い形で行われるのではないか」と述べたのも、印象深い。

衝撃的であった理由はもう一つある。刑事訴訟法の大家である松尾教授が、刑事裁判への国民参加に積極的だとは、不勉強な私には予想外だったからだ。私事にわたって恐縮だが、学生時代に東京大学教養学部で私は松尾助教授(当時)の憲法ゼミに参加したことがある。東京都公安条例に対する違憲判決などのレポートに取り組み、松尾助教授から受けたリベラルな指導は今も忘れられないでいる。しかし、接点はただそれだけで、恩師といえるような私的な関係は、当時もその後も全くなかった。情報収集を怠っていたことに加え、このヒアリングの直前まで、松尾教授は法相の諮問機関である法制審議会会長の要職にあったことも関係して、私は何となく、松尾教授は刑事裁判への国民参加については消極的な意見だろうと思い込んでいたところがあった。

それが、法制審会長の立場にあっても、国民参加を支持し、その上、新しく「裁判員」という呼称まで提案されたことには、思わず感動を覚えた。佐藤会長は「刑事訴訟法上の問題を中心に、細部に至る示唆深いお話をいただきまして、どうもありがとうございました。大変熱のこもったお話でした」と、感銘を受けたように謝辞を述べたが、私も同じ思いで、まるで学生時代に引き戻されたような反省の気分に浸っていた。三氏の発言が司法関係者に与えたインパクトも大きかったと聞く。

傍聴を続けていると、議事録には載っていない発言がテレビから聞こえてくることもあった。興味深かったのは、このヒアリングとは別の審議の際、国民参加に消極的な女性委員同士が「やはり、餅は餅屋よね」と小声で話しているのが、マイクに拾われて聞こえてきたことだった。二人の女性委員は「裁判は専門家の裁判官だけに任せておけばいい」という意見の持ち主と判明したが、そういう声は、ヒアリングでの三氏の発言趣旨が浸透して行くにつれ、次第に低くなっていった。

(五) 改革審意見書

司法制度改革審議会が意見書の取りまとめに入った最終段階の二〇〇一年五月十日、自民党司法制度調査会は

「二十一世紀司法の確かなビジョン　新しい日本を支える大切な基盤」と題する報告書を発表した。法科大学院を法曹養成制度の中核に据え、質・量ともに十分な法曹を確保することや、刑事裁判では陪審制度ではなく、参審制度を積極的に導入すべきことなどが提示され、司法制度改革審議会に「本調査会の検討結果を十分に参考に」することを求めた。この報告書が改革審に与えた影響は極めて大きかった。

改革審が二〇〇一年六月十二日に公表した意見書は、当時約二万二千人だった法曹人口を二〇一八年ごろまでに五万人規模へ拡充するなどと、画期的な改革案を提言した。「制度的基盤の整備」「人的基盤の拡充」「国民的基盤の確立（国民の司法参加）」が三本柱とされている。この三大目的を実現するために数多くの具体的提案が行われているが、その中で特に注目されるのは、法曹人口の飛躍的な拡充、法科大学院（ロースクール）の創設、刑事裁判で国民が裁判官と一緒に判決する「裁判員制度」の導入、民事裁判の審理期間のおおむね「半減」、被疑者の段階から公費で弁護士をつける「公的弁護制度」の導入、裁判官経験十年未満でも特別に単独で裁判を行うことが認められる「特例判事補」の段階的廃止という六点だ。ただし、これらは連載「二十一世紀の設計図」で紹介しているので、その内容の詳しい説明は省略する。

ここでは、このような提案が出された背景と、提案から落ちた重要な事柄に触れておきたい。まず、法曹人口の拡充という「大きな司法」への転換だが、これには、司法の世界を根本から変える起爆剤としての期待がある。二〇〇一年当時、全国の約一万九千人の弁護士のうち約六〇％が東京、大阪へ集中し、地方の弁護士不足を招いていた異常事態も、弁護士の数が増えることによって解消へ向けて道筋が開かれる可能性が出てきた。二〇一〇年ごろには毎年の新たに法曹資格を獲得する者を年間三千人に増やす計画が明記されるなどした意味は大きい。

この計画を支えるのが法科大学院という位置づけになる。法科大学院修了生だけに司法試験の受験資格を与える構想が浮上したとき、苦学して弁護士となった公明党の冬柴鐵三幹事長は、「私のような貧乏人は法曹になれないのですね」と言ったと聞く。若手の優秀な法曹を確保するには現行司法試験の一発試験方式の方が良いという与党内の意見が強く、新しい司法試験には、法科大学院を修了していない学生、社会人らにも受験資格を与える「予備試験」が用意されたことに注意しておいてほしい。新司法試験の合格者の大半が法科大学院修了生になるのか、そうならないのかは、今回の司法改革の成否を決める重要な要素であるからだ。

しかし改革審の意見書は、いま法曹を生み出している各大学の法学部は将来どうなるのかには言及せず、また、司法試験の合格者に給与を払って最高裁が実務家教育をしている司法研修所も残された。法曹養成制度の骨格は法科大学院が加わっただけで、根本的には変わっていないともいえる。

意見書の持つ大きな歴史的意義の一つとして、わが国で初めて本格的な「国民の司法参加」を打ち出したことを指摘しておかなければならない。法曹関係者の中では、死刑などの重大な刑事事件に限定して、国民が裁判官とともに判決をする「裁判員制度」の導入を最も大きな「改革の目玉」と言う人も多い。意見書の当時、法廷を構成する裁判官と市民の数はどうなるか、が最も注目され、自民党はドイツ参審裁判のような、裁判官三人に裁判員二人、民主党は裁判員が裁判官の二倍以上、日弁連はフランス参審裁判のような、裁判員は裁判官の三倍以上をそれぞれ主張するなど各界の意見が割れていた。そこで、具体的に裁判体の構成を決めるのは、別に専門家を集めて検討することにし、次のステップに問題を先送りしたのが、改革審の選択だった。慎重だといえば慎重ではあったが、各方面の意見の対立が激しく、結論を出そうにも出せなかったのが実情だ。

ほとんど手付かずに終わったテーマも多い。代表的なのは行政訴訟で、見直しの必要性が指摘されただけだ。人事関係訴訟を家庭裁判所へ一本化する提言も、地裁から家裁へ移管する事件の範囲などについては不十分なまだった。最高裁に至っては、審議会は何も言及する気がないのかとさえ思われた。野党関係者らから疑問の声が漏れ始め、大詰めの審議でやっと取り上げられたが、それでも、最高裁判事の任命手続きと国民審査の在り方に触れただけで、それも、さらに検討を求めるというのが結論だった。財界代表の委員の一人、山本勝・東京電力副社長は「二十一世紀の設計図」のインタビューの際、「法律家でない委員も含む現在の改革審のメンバー構成では、最高裁の在り方など憲法改正に絡むテーマを審議するには力量不足です。そのような提言をするならば、別に適任者を集めて、別の組織で論議するべきでしょう。改革審の各委員の意見取りまとめに、抑制された部分が多いとしても、それはやむを得ない」と話していたのが記憶に残る。この発言はオフレコが条件とされており、記事には書かなかったが、日本経団連など経済三団体が憲法改正についての報告書などを公表し、論議が盛んになってきている現在、リアルな感覚を持ってよみがえってくる。その時はオフレコであっても、既に山本氏が亡くなった今、司法改革の一時期の証言として記録に留めておくことも許されるのではないか。山本氏が述べたように、司法制度改革といっても、いわば、ある程度、論議の土俵を制限した上での意見書取りまとめであったことには、ぜひとも注意が必要だ。

(六) 政治力学

もう一つ、意見書には表れていない政治的な力学が裏面で働いていたことを指摘しておかなければならない。大詰めの段階で、財務省と総務省は財政的な見地から、裁判官や検察官の大量採用に反対の意見だと伝わってきた。公務員の定数削減、財政難の克服が求められている時代に、法曹人口の拡大などは現実的な話ではないという趣旨のようだった。臨時司法制度調査会の意見書のところで述べた通り、裁判官と検察官の人材不足を解消するため、その給与は通常の公務員より高額が保障されている。司法制度改革審議会の審議が行われていた当時、官僚トップの各省庁事務次官と同じ給料（月額約百三十四万円）をもらっている裁判官は約二百三十人、検察官は約六十人もいた。この実情は現在でもあまり変わりはないが、公務員制度全体が見直されている中、裁判官と検察官の給与体系が、他省庁幹部と比べると、アンバランスになっている感じが目立つのも事実だ。その上、さらに大量採用することに抵抗感が大きいのは、一理あると言わなければならない。

　これから連載記事をお読みになる際、今回の司法改革を通じて、財政負担の問題が極めて重要な〃伏流水〃になっていることを忘れないでいただきたい。「国民負担が重い」などというオブラートに包んだような言葉で、実は「金が無いから、そのような制度をつくりたいと言っても無理だ」と主張されることは珍しくなかった。中には、財政負担を理由にしているものの、本音は改革そのものへの反対論ではないか、としか受け取れないものもある。

　今までの司法関係予算は毎年九千億円程度で、国家予算の約一％にすぎない。私の考えでは、これはもともと少な過ぎたのであり、今後の重点強化分野として司法に相応の財政措置が講じられるのは当然だ。行政主導型の国家から、司法監視型の国家への理念の転換が今回の司法制度改革であるとするならば、そのための財政支出を惜しんではならない。

（七）委員の熱意

　司法制度改革審議会の二年間を振り返ると、委員の出席率が驚異的に高かったのが印象的だ。政府の普通の審議会は平均出席率が五〇％を割り込んでも不思議はないが、この審議会は十三人の委員のうち実に五人が皆勤だった。一人だけ出席率が一〇％に満たなかった委員はいたが、残りの全員は、欠席しても一、二回でしかなく、平均出席率は九〇％を超えた。各委員は随時、意見書を出し、元日弁連会長の中坊公平委員は約百通も提出した。連合副会長の高木剛委員、主婦連事務局長の吉岡初子委員らも精力的に意見書を出した。一流企業の役員や大学学長らが毎回ほぼ五時間も働いた。それぞれの出身母体の組織的なバックアップを受けているとはいえ、その熱心さには深く敬意を表したい。

　法律家ではない委員もかなり入った審議会だから、突っ込み不足の論点は当然ある。山本委員が述べていたように、憲法と絡む重要な事項やあまりに法律技術的なことについて結論的な意見を述べるのは、このメンバー構成では必ずしも妥当ではない。意見書の提出後、シンポジウムなどでは、法学者や市民運動関係者らから「基本的人権という言葉がほとんど出てこない」などと批判的な意見が聞かれたが、二年間傍聴した経験からすると、無い物ねだり的な指摘だと感じる。

審議が始まったときは、正直に言えば、せいぜい民事司法の一部手直し程度で終わると思っていた。よくここまで集約できたというのが率直な感想だ。意見書をまとめるに当たって、委員の中には、国民主権などをうたった総論の部分を不必要だとして、削除するように求めた人が複数いた。この部分を執筆したとみられる憲法学者の佐藤会長が、ぶ然とした表情だったのが記憶に残る。それでも、これを残すなどして何とか形ができたことは、委員たちがお互いに、その主張の根本部分に理解を示した賜物だったと言うべきだろう。

取材の過程で何人もの法曹関係者から「法曹三者を代表する形になった弁護士の中坊委員、元裁判官の藤田委員、元検察官の水原委員は、審議会ではいつもけんかをしているけれど、実は司法研修所の同期生で、一緒に勉強した仲だ。やり取りの言葉は激しくても、それが人格攻撃になるなどして決裂せずにすんだ大きな理由は、各委員がお互いに基本的には理解し合っているからではないか」と説明を受けた。意見書の内容には妥協の産物がかなりあるが、各委員がお互いの主張の長所をできるだけ取り入れようとした苦労がうかがえる。

第三章　司法改革の背景

（一）行政改革とのタイアップ

今回の司法改革はなぜ必要になり、なぜ実現したのか。その理由としては三点が上げられるように思う。

第一は、政府が進める行政改革の流れが社会に浸透してきたことだ。いわゆる「五五年体制」が崩壊し、戦後半世紀にわたって長く行われてきた行政主導の「護送船団方式」による財政・経済運営が見直しを迫られるなど、社会全体に制度疲労が目立ってきて、新しい時代に即した新制度の構築を求める声が、いつになく高まってきている。改革を旗印に掲げた小泉政権が長期化していることが、その背景にあるのは間違いない。司法改革が単独で行われたのではなく、経済界の要望を背景に、行政改革とのタイアップで、中央省庁の再編などと軌を一にして行われた意味が大きい。最高裁、法務省なども動かざるを得なかったのは、このような政治力学の中からしか理解はできないだろう。一言で言えば「時を得た」ということになる。

こうした政治の選択を経済界が後押しした。経済活動がグローバル化し、日本企業の生産工場が、人件費の安い中国、東南アジアなどに拡大し、自動車産業の欧米への輸出が活発化するなど、新しい経済状況が生まれていた。特許権など知的財産権をめぐる国際間の紛争は多発し、経済界にとって法制度の時代遅れは、もはや座視できないところにまで達していた。特許紛争は日本の裁判所では判決までに時間がかかりすぎ、これが、英米などのように知的財産権専門の裁判所設立を求める動きと結び付いて、政府への圧力になっていった。

(二) 司法の機能不全

第二は、司法に求められる役割が、戦後半世紀を経て、大きく変化していることだ。司法の現状に飽き足らないのは、市民の側も同じだった。「二割司法」という言葉に象徴されるように、市民の権利を守るべき司法が、その役割を二割程度しか果たしていないという〝体感〟を多くの人が抱いていた。金銭貸借の取り立て、交通事故の損害賠償などでは、法律家ではない闇の世界の「事件屋」「示談屋」らが暗躍し、庶民から裁判所は、敬して遠ざけられる存在になっていた。

裁判になることを不名誉と受け止める「裁判沙汰」という言葉が死語ではない社会の現状に疑問を感じる人は多かったのではないか。庶民には縁遠い司法をもっと利用しやすいものにしようとする意味の「アクセスの向上」という言葉が、司法改革の一つのスローガンになったのは、このような司法の機能不全に大きな原因がある。

(三) 改革志向のトップ

第三は、硬直化した司法の現状を打開しようという熱意を持った人々が、その動機は同じではないにしろ、たまたま時期を同じくして、そろっていたことだ。いちいち名前を挙げるのは控えたいが、法曹界を見ると、日弁連にも、法務省にも、最高裁にも、諸外国の事情に通じ、司法改革の必要性に理解の深いトップが座っていた。全体の旗振り役は小泉首相だが、〝黒衣〟として首相官邸主導の動きを支えた行政改革担当の古川貞二郎官房副長官（当時）、自民党司法制度調査会会長の保岡興治法相（当時）らを中心とした人脈が、陰で果たした役割も大きい。司法制度改革審議会の会長と司法制度改革推進本部顧問会議の座長を務めた佐藤幸治・近畿大法科大学院長の奮闘ぶりは目覚ましかったし、思い起こすと、時にはリーダーシップを発揮し、また時には事務方を裏で支えた多くの人々の顔が浮かんでくる。今回の司法改革は、これらの人々の熱意と尽力の産物ともいえるだろう。

では、これらの予備知識を基に、次に連載記事「市民の司法へ」をお読みいただきたい。執筆当時の雰囲気を残すため、肩書、年齢などは当時のままで、以後の展開予想にかかわる記述もあえてそのままとしたが、明らかな誤りは訂正した。最終的に内容が異なる結果になった制度は各回の末尾に［注］として記した。毎回、インタビュー写真などを掲載していたが、写真とグラフィックスの収録は最小限に留めた。

第三部　市民の司法へ

裁判員制度の導入を街頭で訴える本林徹・日弁連会長、保岡興治元法相（自民党）、千葉景子参院議員（民主党）、女優の宇津宮雅代さんら＝2003年10月1日、東京・有楽町

第一章　二十一世紀の「設計図」（二〇〇〇年十一月から二〇〇一年十月まで）

第一回　弁護士が増える（二〇〇〇年十一月二十四日配信）

司法制度は市民が主体

二十一世紀の司法の在り方を審議している司法制度改革審議会（会長・佐藤幸治京都大学教授）は中間報告で法曹（裁判官、検察官、弁護士）の大幅増員など未来の制度の骨格を意欲的に打ち出した。主権者である市民が主体となる司法。それが改革の基本理念だ。市民の司法へ。二〇〇一年六月ごろの最終報告へ向け、改革審が描く設計図と問題点を考える。

段階的に法曹を増員

「計画的にできるだけ早期に年間三千人程度の新規法曹の確保を目指す必要がある」。二〇〇〇年十一月二十日の中間報告は、法曹の数を年間千人から飛躍的に増やす方針を示し、政府などに早期実現を求めた。現在の司法は市民や企業にとって身近とは言えない。そうした体質の改善を図る最初の処方せんが法曹人口の拡大だ。

十一月一日、日弁連の臨時総会は大荒れだった。「弁護士だけの大量増員ではないか」。「有効需要の根拠がなく、われわれを貧困に追い込む提案だ」。壇上へ駆け上がり、執行部に詰め寄る弁護士たち。法曹人口の拡大を「国民が必要とする数」まで受け入れ、法科大学院の創設にも協力するという執行部提案に、反対派は激しく反発した。

戦後、日弁連は法曹増員を拒否する決議を重ねてきた。「安易に増やせば質が落ち、社会正義の実現という使命を果たせない。市民サービスも低下する」というのが主な理由だった。

しかし、経験豊かな弁護士らから裁判官を採用する「法曹一元」など、日弁連の要求自体、裁判官になるはずの弁護士が足りなくては、実現は困難だ。

日弁連は、最高裁に採用された若い判事補が裁判を担当し、判事へと昇進していく現在のキャリア裁判官制度は弊害が大きいとして、判事補廃止も要求している。だが判事補は約三十年前、裁判官不足のためやむを得ず採られた措置だった。法曹人口が増えれば裁判官不足が解消され、判事補不要となる可能性もある。

臨時総会の決議は日弁連の要求に現実的な基礎を与える歴史的な方針転換だ。

現在の法曹は二万千八百五十人。そのうち裁判官一〇％、検察官六％、弁護士は一万八千二百九十二人で八三％を占める。しかし日本の法曹不足などが原因で、最近は米国やシンガポールなど外国の裁判所に提訴する企業が増えた。今後の懸案は具体的な増加策だ。

「いきなり三千人にするのは問題が大きい。数年は今の司法試験を継続させ、千二百人、千三百人と増やしていく。新設される法科大学院卒業生とのバランスを考えながら最終的に三千人となる形を考えている」

十一月十五日、千葉大学の特別講義で、司法試験管理委員会委員長の松尾邦弘法務事務次官は段階的増員の考えを明らかにした。「できる限り合格者を増やしていきたい」と松尾次官。最終報告を待たずに改革は既に動き始めている。

米国のわずか二十二分の一

「韓国弁護士会の会長が聞くのですよ。日本は世界に誇る経済大国なのに弁護士がそんなに少なくて、どうしてやっていけるのかと」。日弁連の久保井一匡会長は「韓国の人口は日本の三分の一なのに、司法試験の合格者は日本と同じ年間千人にするのです。司法制度改革審議会の三千人という数字は韓国と同じ水準であって十分受け入れができるのではないか」と話す。

一九九七年の時点で諸外国を見ると、法曹の数は米国が九十四万千人と圧倒的に多い。法曹一人当たりの国民の数は米国二百九十人、英国七百十人、ドイツ七百四十人、フランス千六百四十人。日本六千三百人。法曹密度でいえば日本は米国の二十二分の一だ。

改革審の中間報告は「年間三千人程度の新規法曹」について算定根拠を述べていない。

しかし日弁連の臨時総会で執行部は、全国を東京・大阪並みの弁護士密度にするなら八万二千人、国内総生産（ＧＤＰ）の比率で外国並みにするなら四万五千人、法曹一人当たりの国民の数でフランス並みにするなら六万人などと数字を挙げ、「これらを総合すると五万千人」と説明した。

改革審委員の中坊公平元日弁連会長は二〇〇〇年二月の審議で「日本もフランス並みは必要。当面五、六万人程度まで増員する必要がある」と意見を述べた。改革審事務局の試算では、三千人にしたとしても五万人に達するのは十三年後、六万人になるのは十七年後だ。

弁護士不足の影響は深刻だ。日弁連が十一月十七日に主催した司法シンポジウムで、北海道の弁護士は「消費者金融などで高金利に追われる市民や中小企業経営者らが法的解決を相談する土壌がない。表に出ていないが、法的紛争は山ほどある」と訴えた。市民の需要にこたえるためにも、基盤の拡大を急ぎたい。

佐藤幸治・司法制度改革審議会会長インタビュー

――司法制度改革に臨む考え方を聞かせてください。

「司法改革は国の在り方の基本にかかわることです。行政改革など一連の改革を〝法の支配〟によって結び付ける必要があり、〝最後のかなめ〟と言えます。自律的な個人を基礎として自由で公正な力強い社会を築くことが根底にあります。行革は政治主導の意義を強調しましたが、同時に政治の行き過ぎを司法がチェックする〝権力分立〟の考え方が大事です。一連の改革は相乗効果を発揮して、日本の将来を豊かにすると信じます」

――法曹人口を年間三千人に拡大しますが。

「司法は基盤が小さ過ぎました。基盤を大きくするのが司法改革の土台中の土台です。例えば、体の健康を保つには良い医師が必要ですが、法曹は〝社会生活上の医師〟なのです。これまで法曹の量は圧倒的に不足していたので、国民は法曹の存在理由や意義を十分には知らなかった。法曹が多く誕生すれば、その意義を国民は実感します。司法改革の意義もじわじわと理解されていくでしょう」

――中間報告では法科大学院の内容が詳細ですが。

「法曹の養成過程が大切です。法科大学院（ロースクール）ができ、法曹三者（最高裁、法務省、日弁連）の協力を得て、新たな法曹を育てていってほしい。しかるべき機関で、適格認定基準などの作成に、すぐ取り組んでいただきたい」

――今後の重要課題は。

「国民の裁判手続きへの参加と、裁判官制度、特に判事補をどうするか、制度設計でしんどい作業になるのはこの二つでしょう。裁判手続きへの参加は特に国民の関心を集めていますが、陪審や参審という言葉にとらわれずに、国民が主体的、実質的に関与していく道を探りたい。その道は必ずあると思います」

さとう・こうじ　京都大学法学部教授（憲法）、司法制度改革審議会会長。

◆メモ

司法試験　法曹の適格者を採用する司法試験には一般教養の一次試験、専門科目の二次試験（短答・論文・口述）があり、本年度は九百九十四人（男七百二十四人、女二百七十人）が合格した。合格率三％。平均年齢二十六歳。合格者は五百人の時期が続いたが、一九九一年度以降増やされ、九九年度から千人になった。

第二回　身近な法律家に

（二〇〇〇年十二月二十二日配信）

弁護士の在り方を審議へ

電車の中や新聞で法律事務所の広告を見かけるようになった。インターネットでは東京弁護士会が得意分野などの弁護士情報提供サービスを始めた。どちらも二〇〇〇年十月にスタートしたばかりだ。弁護士広告の自由化などで司法の世界に変化が見える。二〇〇一年一月からは司法制度改革審議会が弁護士の在り方について再び審議に入る。市民に身近な法律家像の模索が本格化する。

立ち遅れる市民サービス

司法制度改革審議会の中間報告は、国民が求める弁護士像を「頼もしい権利の護（まも）り手であるとともに、信頼し得る正義の担い手」だとした。そのためには裁判活動にとどまらず、公的機関、国際機関、民間非営利団体（ＮＰＯ）、民間企業、労働組合などに活動領域を大幅に拡大する必要があると指摘する。

改革審が「何よりも」整備しなければならないとするのは「弁護士へのアクセスの拡充」だ。市民が利用しやすいよう、報酬システムを分かりやすくするとともに、大都市への集中を解消し、扱っている分野についての情報提供などを積極的に進めることである。

弁護士だけで解決できる分野はそれほど多くはない。税金関係は税理士、医療事故は医師、建築関係は建築士、特許は弁理士、犯罪被害者救済は医療・福祉関係者との協力が、それぞれ不可欠だ。さまざまな専門家と協力して、市民サービスのネットワークをつくっていくことが、弁護士にも必要になっている。

「四十人のアルバイトを四つのグループに分け、陪審員として判決を出してもらった。同じ資料を与えたが、三対一に結論が分かれた。立証上の問題点を分析し、法廷対策を立てた」

半導体メーカーの集中で有名なシリコンバレーをかかえる米国カリフォルニア州。日本企業の裁判も扱うスクワイヤー・サンダース法律事務所で二〇〇〇年十月末、判決予想テストの様子を聞いた。日本ではほとんど耳にしたことがない対策だ。

国際化の流れの中で、このような訓練を日常的にしている国際法律事務所（ローファーム）と、日本の弁護士はかかわりを持っていかざるを得ない。

この事務所には約九百人の弁護士が所属している。欧米ではローファームが急速に拡大。昨年秋現在、世界最大の米国の事務所は二千五百十八人の弁護士が働き、世界十位までが九百八十人を超えている。

ローファームは法人化され、税務や特許などの専門弁護士が多数いる。しかし日本では最大の法律事務所でも百二十九人だ。法人化や支店は認められておらず、弁理士、税理士、会計士などとの共同化もほとんどされていない。個人商店では国際的に対抗できない。

企業活動だけではなく、市民サービスの面でも日本は立ち遅れている。事務所へ一度足を運べば何でも相談できる、米国のようなワン・ストップ・サービスを実現したい。

地域に需要はあった

「暇だったら魚釣りでもしようかと思って来たんですがね。忙しくて」。二〇〇〇年十二月四日、島根県浜田市のビル二階にある「石見ひまわり基金法律事務所」で国弘正樹弁護士（五三）が苦笑した。

同事務所は、日弁連が弁護士過疎の解消を目指す「ひまわり基金」で六月に設立した初めての公設事務所だ。人口四万七千人の浜田市だが、弁護士はいなかった。京都から来た国弘弁護士と三人の事務員が働く。

「十一月までに民事事件が六十四件、有料の法律相談が百五十九件、刑事の国選弁護事件が十八件……」国弘弁護士は「年間千八百万円の経費を見込んでいたのに、着手金だけで収入は千二百万円を超えている」と話す。まだ手付かずの事件が二十件ほどある。

この日は、土地の境界線をめぐって「三十年間に十六回も役所などへ相談したが、どこも扱ってくれなかった」と訴える老人が広島県境からやって来た。国弘弁護士は「弁護士がいれば地域の人たちは来るのです。需要はあったということです」と総括した。

全国に地裁とその支部は二百五十三あるが、そのうち六十八は弁護士がゼロか一人のゼロ・ワン地域だ。法的紛争を前に弁護士を待ちわびている人は多い。

無資力なため法律上の権利の擁護が難しい人を援助する法律扶助が拡大される。二〇〇〇年六月、法律扶助法が成立し、法律相談や民事訴訟の費用負担などを行う法人として法律扶助協会が指定された。同協会は日弁連が中心になって活動しているが、来年度、国からの補助金は今の三・五倍の二十一億七千万円に増える。

援助件数も一九九九年度の一万三千件から二〇〇一年度は二万千件へ急増しそうだ。同協会の大石哲夫事務局長は「これまで取り上げられなかった家庭内暴力、幼児虐待などの訴えが増えてくるだろう。生活保護受給者を援助するというイメージがある法律扶助も、すべての人に法律の下で是非を問う機会を与える制度へと変わらなければならないのではないか」と話している。

中坊公平・司法制度改革審議会委員インタビュー

——司法制度改革審議会の中間報告について感想を。

「三つの眼目ができたことがものすごく大きいですね。人的基盤の拡充、制度的基盤の整備、国民的基盤の確立ですけれど、拡充、整備、確立という言葉が全体をよく表しています。『司法改革は整備でよい』という考え方がありますが、そうではなく、人的基盤は拡充、国民的基盤は確立するとうたったことが最も大きい。国民的基盤は今まで確立されていないというところに非常に大きな問題があったわけですからね」

——弁護士の在り方は。

「弁護士は司法を国民とつなぐ接点にあるし、弁護士改革は司法改革の登山口なんです。一番の問題は質と数だと思うんですね。数は少なくとも三倍にしていく必要がある。でも増やしたら弁護士改革が成るかといったら、それはとんでもないことで、質が問題なんです。弁護士の質には最低限必要な要素がある。国民にとって頼りがいのあることが第一。二つ目は社会的に信頼されること、公益性を持つことだと思います」

——具体的には。

「弁護士はプロフェッションでなければならないんです。公務との兼職を禁止する弁護士法は改正しなければいけないし、報酬制度、情報公開が的確に改革されないといけない。法律扶助、被疑者の国公選弁護も対象になってくる。法科大学院ができたら、後継者を養成する意味で、仕事を犠牲にしても先生にならなければいかんです。中間報告は弁護士には公益的な職務に就かなければならない責務があるとしています」

「弁護士会運営は今より難しくなっていくでしょう。数が増えてくるだけでなく、多種多様な人たちをどう統括していけるのかという問題がある。弁護士会が公的な、特に公益的な責務を実行するとすれば、相当強い実行力が望まれるということではないですかね」

なかぼう・こうへい　京都大学卒、元日弁連会長、前住宅金融債権管理機構社長。

◆メモ
ひまわり基金　弁護士過疎の解消を目指し、日弁連が一九九九年につくった基金。東京弁護士会の司法改革支援金一億円などを基本財源とし、会員から二〇〇〇年以降五年間、特別会費を毎月集める。弁護士常駐の公設事務所として二〇〇〇年六月、島根県・石見が実現、北海道・紋別、沖縄県・石垣島への設置も決まった。さらに岩手県の二戸、宮古、北上の三カ所に計画中。事務員を置いた法律相談センター拡充型の公設事務所は二〇〇〇年、長崎県・対馬と岩手県・遠野に開設した。

第三回　動きだす法科大学院

（二〇〇一年一月二十六日配信）

高度な教育、質向上図る

法曹（裁判官、検察官、弁護士）養成の有力な方法として、政府の司法制度改革審議会（佐藤幸治会長）は中間報告で「法科大学院（仮称）」構想を示した。年間三千人へと法曹人口を拡充するのに備え、その養成に特化した高度な教育をして質の向上を図る狙いだ。一部の大学は二〇〇三年四月の開校を目指す。水面下の動きが既に始まっている。

原則三年、八〇%が合格

改革審は二〇〇〇年十一月の中間報告で「法曹人口の大幅増員にはそれにふさわしい法曹養成制度の整備が不可欠」とし、「司法試験という『点』のみによる選抜ではなく、法科大学院を基幹的な高等専門教育機関とし、法学教育、司法試験、司法修習を有機的に連携させた『プロセス』としての法曹養成制度を新たに整備すべき」だと提案した。

この構想は①法学部に限らず大学各学部の卒業生や社会人らを対象とする②修学期間は原則三年だが法学既習者は二年に短縮もできる③法理論教育を中心に実務教育の導入部分も実施する④ここでの教育内容を踏まえた新司法試験制度をつくる——という内容だ。卒業生の八〇%程度が合格する想定で、司法試験は競争試験から資格試験に変わる。[注]

設立主体は大学に限定せず、法学部を持たない独立大学院、複数の大学が連合した連合大学院、通信制や夜間の大学院も可能だ。

大学、弁護士会などから四十を超えるプランが出されている。例えば東大案は法科大学院進学をにらんで法学部に法曹コースを新設するが、このように全国九十三大学にある法学部への影響は避けられない。

司法試験合格者の修習を行っている最高裁の司法研修所は残される。しかし一年半の修習期間を短縮することなどもあり得る。

不足するのは、実務に通じた教授の数だ。ある司法研修所の教官経験者は大学から「法科大学院をつくるので教授になってほしい」と早くも打診を受け、驚いたという。設置に向けた準備はもう始まっている。

改革審が二〇〇一年六月ごろ、最終意見で導入を正式に打ち出すと、閣議決定が行われる。大学院の新設は例年六月に文部省が申請を締め切るが、すぐ申請が出され、来春の通常国会で関連法の改正が行われれば、二〇〇三年四月開校も可能になる。

成功のポイントはカリキュラムだ。特許などの知的財産権に重点を置くなど独自性のある教育が望ましい。

しかし政党、財界などには根強い反対論がある。主な理由は①学生や大学の差別化を招き、新たなエリートをつくる②養成に時間がかかりすぎる③法曹人口が十分になったとき学校数を減らしにくい――などだ。

設立には多額の経費を要し、公的助成が欠かせない。学生の負担も大きく、奨学金の充実などの支援策が必要になる。

また入学者選抜の公平性、修了認定の厳格性も重要だ。所定の水準を満たしているかどうかについて第三者が公正に評価する機関もスタートさせなければならないなど検討事項は多い。

豊かな人材確保に期待

「そんな質問はしちゃいけない」。強盗事件の模擬法廷で検事役の学生が証人役の学生に「それからどうしました」と質問したとたん、教授から厳しい叱責（しっせき）の言葉が飛んだ。二〇〇〇年十月、米国サンフランシスコ市のゴールデンゲート大ロースクール。「具体的に細かく聞く」。教授の批判が容赦なく続いた。

米国の大学には法学部がない。ロースクールの学生は経済、文学、工学、医学などを学んだ大学卒業生。法学教育を受けるのはロースクールが初めてで、憲法などの講義と実務教育が並行して行われている。

米国のように、さまざまな知識を持ち、経験も豊かな人が法曹へ進む道を開くのが、法科大学院構想だ。司法

各国の法曹養成制度

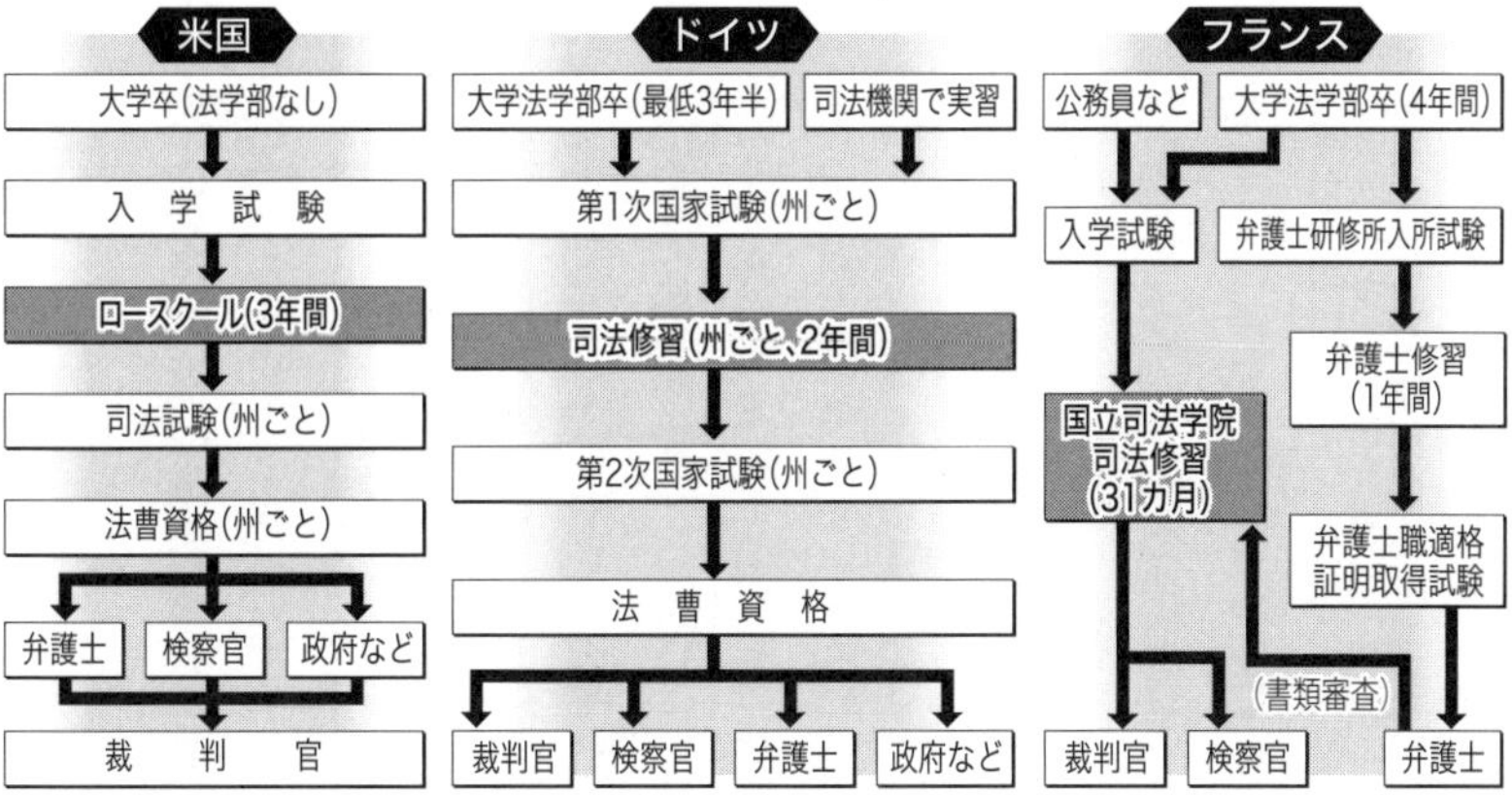

界に人材を集めないと、日本は国際的に太刀打ちできなくなる恐れがある。

二〇〇一年一月二十三日の改革審で財界人の石井宏治委員は「国際問題を扱う弁護士が不足している。法科大学院に養成を頼るのは分かるが、早くやらないと海外からの圧力に抗しきれない」と強い懸念を表明した。

特許をはじめとする最先端分野の知的所有権分野などは、法学部と司法研修所を軸とした現在の法曹養成システムでは十分な教育ができない。それが可能になる法科大学院構想への期待は大きい。

この構想は中間報告で導入が決定したかに見えたが、とりまとめのころから妙な雲行きになった。司法試験予備校関係者を含んだ団体や企業法務関係者の団体などが「競争によっておのずと選別されるシステムこそが必要」などとして反対を表明し、巻き返しの動きが活発化している。

「あの議員も考えを変えた。この議員もだめだ」。法務省関係者は、賛成から反対に転じた国会議員がかなりいると言う。政府・与党が提言を本当に実行するのか、不信感が漂う。

反対論は改革審にも届いているが、一月二十三日の記者会見で佐藤幸治会長は質問に答え、「中間報告に従ってあくまで具体的に考えていく」と実現の決意を語った。政府が設置した改革審である。提言は軽んじられてはならないはずだ。

竹下守夫・司法制度改革審議会会長代理インタビュー

——法科大学院構想の意義は何ですか。

「国際化、情報化、多様化が進み、二十一世紀は法曹の量を増やしながら質も確保していかなければなりません。高いレベルの法学教育が必要になり、法学部の上に大学院レベルのものを置いて法曹養成の中枢にせざるを得ません。論議の外にいた人々の理解を得るのは難しいかもしれませんが、時間をかけて疑問に答えていく必要があります。設立を急ぐのはかえって制度の出発にマイナスです」

「法曹養成を文部省所管の大学院で行うのはおかしいとの疑問もあるようですが、法学教育の蓄積は大学にあり、大学以外に所期の成果を挙げるのは難しい。現行の司法試験の方が平等だとも言われますが、若い時代を受験勉強に費やす社会的ロスという陰の部分が無視されているようです」

——民事司法で改革しなければならない点は。

「最も大きいのは裁判の充実と迅速化です。とりわけ、専門的知識を持った人が参加する『専門参審』をどういう専門訴訟で使っていくか。異論の少ない知的財産権に限ってスタートさせることも考えられます」

「原則としてすべての事件を計画審理にした方がいい。英国には判決までの期間を限る発想がありますが、日本でも判決まで一年とするくらいのことは打ち出さないと期待にはこたえられないでしょう」

——今後の課題は。

「国民の司法参加と裁判官制度の改革という一番難しい問題が残っています。刑事事件では国民が裁判手続きに関与し、量刑判断に国民の感覚が反映される方法がいいのではないか。また裁判官になる人は何年間か他の仕事を経験するのが望ましい。現在の判事補は米国のロークラーク（裁判官を補助する調査官）のような仕事をするのもいい」

「審議会が最終報告を出した後の改革の手順も重要です。政府などがきちんと受け止めず、提案は部分的には実現できたけれども基本的なところはそのままというようではいけません」

たけした・もりお　駿河台大学長、一橋大名誉教授、法制審議会会長、民事法専攻。

◆メモ

司法研修所　司法試験に合格した年間千人の司法修習生が国から給与を受け一年半の研修をする。三カ月の前期修習では十四クラスに分かれて民事裁判、民事弁護、刑事裁判、刑事弁護、検察の五科目について講義、指導を受ける。その後、全国の裁判所、検察庁、弁護士会で一年間の実務修習。研修所へ戻って三カ月の後期修習を終え、卒業試験に合格すれば法曹資格が与えられる。教官は七十人。埼玉県和光市にあり、最高裁が運営する。裁判官や裁判所職員の研修も行う。

［注］新司法試験で法科大学院卒業生の八〇％程度が合格する仕組みはできなかった。また競争試験から資格試験への転換も未定だ。

第四回　浮上した裁判員制度

（二〇〇一年二月二十三日配信）

裁判官と一緒に審理

市民から選ばれた「裁判員」が裁判官と一緒に審理し、量刑の評決権も持つ新しい「裁判員制度」が実現する方向だ。政府の司法制度改革審議会が二〇〇一年一月末、刑事裁判への導入でほぼ合意した。三月の審議で、法廷を構成する裁判官と裁判員の数などを検討し、制度の骨格をまとめる。司法への市民参加を現実化する独自の日本型参審がスタートする。

北欧への関心高まる

「ドイツやフランスではなく、北欧諸国を参考にするべきだ」。二〇〇一年一月末、東京で開かれた参審制のシンポジウムで、欧米などの刑事裁判を研究している佐藤博史弁護士がこう強調した。

ドイツ、フランスでは裁判官中心の「職権主義」の訴訟運営が行われている。検察側と弁護側の主張に基づく「当事者主義」の日本とは仕組みがかなり違う。

佐藤弁護士は「スウェーデン、ノルウェー、デンマークの参審制は当事者主義だ」と説明し「北欧のような参審制が日本にも適合する。官主導ではなく市民主体の参審制に」と訴えた。

参審制のシンポジウムはほとんど例がない。改革審の委員数人が姿を見せ、関心の高さがうかがえた。

各国で行われている一審段階の刑事裁判を見ると、市民参加の規模は米国や英国の陪審制が最も広く、米国では裁判官一人と陪審員十二人の州が多い。狭いのはドイツで裁判官三人に参審員二人。フランスは裁判官三人に参審員九人だ。

北欧では裁判官より市民が多い。スウェーデンは裁判官一人に参審員三人。デンマークは「重い罪は陪審、軽い罪は参審」と併用し、参審の場合、裁判官一人に参審員二人となる。権限は裁判官と同じで、その意見が大き

諸外国の陪審・参審制度（刑事事件の第１審）

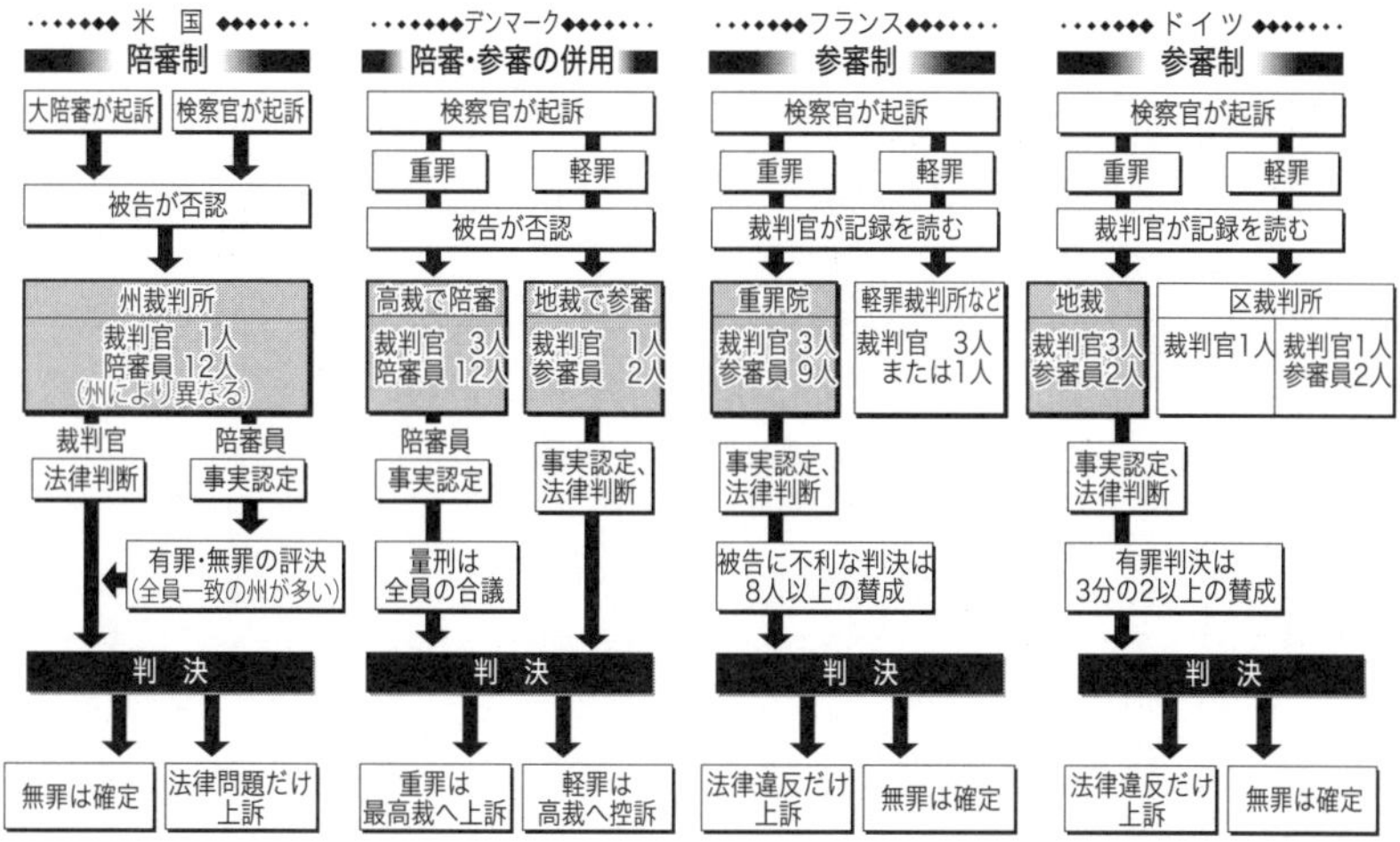

な重みを持つ。

陪審制は判決理由が示されないのが欠陥だと言われる。誤った裁判からの救済や上訴などはしにくい。しかしデンマークでは判決書に「参審法廷のコメント」を記載し、証拠の評価を簡潔にまとめるなど、批判を意識した工夫が見られる。

司法をめぐる欧州の動きは激しい。例えばスペインは一九九五年、廃止していた陪審制を六十年ぶりに復活させた。裁判官の影響を受けずに評決を出せることが支持されたのだという。

改革審の委員らは今年に入り、スペインなど欧州諸国の動向についてあらためて情報収集を始めた。法務省も二〇〇一年二月、デンマークなど北欧へ検事を急きょ派遣し、調査を進めている。

参審制度はもろ刃の剣だ。裁判官と参審員の数をドイツ型にし、裁決を単純多数決にすれば、裁判官だけで決定でき、市民参加は形だけになる。「裁判員制度」も、どこまで一般市民の意見を反映できる制度にするかが問われている。

広く一般から無作為で選任

市民が司法に参加する利点は一般人の感覚を量刑などに生かせることだ。参加の形には「陪審制」と「参審制」がある。市民が有罪か無罪かを決め、裁判官が量刑などの法律判断をするのが陪審制。市民が裁判官と一緒に事実認定と量刑を決定するのが参審制だ。

改革審では「陪審制を導入するべきだ」（主婦連事務局長の吉岡初子委員）という意見と、「陪審は結果が予測しにくく不安定」（東京電力副社長の山本勝委員）、「プロの裁判官に裁かれたい」（作家の曽野綾子委員）などの反対意見が激しく対立した。

昨年夏の集中審議で改革審は「陪審か参審か」の議論は避け、「わが国独自の制度」をつくることとした。二〇〇〇年十一月に公表した中間報告は「広く一般の国民が、裁判官とともに責任を分担しつつ協働し、訴訟手続きにおいて裁判内容の決定に主体的、実質的に関与していく」と述べている。

二〇〇一年一月三十日の審議では①参加する市民は広く一般から原則的に無作為抽出で選ぶ②裁判員には評決権があり、事実認定も量刑決定も裁判官と共同して行う③参加は死刑などの重大事件に限定し、軽微な事件は裁判官が判決する④判決には理由を明示し、不服の場合は上訴も認める――などでほぼ合意ができた。

参審制に分類される制度といえる。参加する市民は「裁判員」と呼ぶが、これは裁判官弾劾裁判所で裁判官役を務める国会議員に使われている法律用語だ。

三月の取りまとめ審議では裁判官と裁判員の人数構成、採決方法、憲法との整合性などが焦点となる。中でも裁判員の人数は「大幅に多く」（元日弁連会長の中坊公平委員）、「裁判官と同数程度」（刑事法学者の井上正仁委員）と対立が激しい。採決方法も重要で、単純多数決か三分の二以上かなどによって市民の意見の反映度が違ってくる。

最大の難問は憲法だ。二〇〇〇年秋の審議で最高裁はドイツと同じ「裁判官三人に参審員二人」が考えられるとしたが、「憲法には裁判官の身分保障などは詳細な規定が置かれている一方、陪審制や参審制を想定した規定はない」ことを理由に憲法違反の懸念を表明し、市民は「意見表明はできるが、評決権は持たないとするのが無難」と述べた。

これに対し日弁連は「憲法の規定は常勤の裁判官を対象としているが、市民を排除してはいない」と、合憲の立場から反論した。

裁判員制度は民主主義を基盤としている。先進国で市民の司法参加がないのは日本だけだ。期待される役割を市民が引き受けていけるよう制度を工夫したい。

高木剛・司法制度改革審議会委員インタビュー

——裁判員制度を導入する方向になりましたが。

「日本の司法は〝小さな司法〟で、国民主権なのに国民の参加はほとんどない。私は陪審制がベストと考えるから、裁判員制度はできるだけ陪審の感覚があるものにしたい。まだ論議が残っているのは裁判官と国民の人数のバランスですが、参加する国民の範囲、そして対象とする事件の範囲をできるだけ広くしたい」

「参加型になることによって、従来は裁判官の心証というブラックボックスに入っていたものが透明性を持つようになりますから、これを実現する意味は非常に大きい。日本の裁判を徐々に変えていきますよ」

——労働裁判については。

「裁判の姿が非常に小さい。法律相談の窓口に来る人は年に五十万人を下らないが、その中で裁判になるのは二千数百件。労働委員会のあっせんや調停は七百から八百件。アクセスが悪いし、費用の問題もあって、多くの人たちが泣き寝入りしている」

「労働委員会との関係では実質的な『五審制』の問題もある。地方労働委員会、中央労働委員会、そして地裁、高裁、最高裁と五回も関所をくぐらされる。その間、どうやって食べていけばいいのか。迅速に解決してやらないといけない」

「できれば専門の労働裁判所を設けるのがいい。けれども、刑事裁判が裁判員制度になりますから、労働事件も国民に評決権がある形の参審制とし、労使推薦の参審員が評決にかかわるようにするのが、バランス上よいと思う。少なくとも各高裁管内に必ず一カ所は専門の労働部が必要です」

——実現したい改革は。

「いま、国民にとって裁判所は遠い。しかし、もうそういう時代ではない。問題の処理のされ方が不合理だと思う時には、最後は裁判所にけりをつけに行くということが広く国民に認識され、いわゆる法の支配が行き届く世の中にならなければいけない。二十一世紀の早い時期に、法が血肉化する社会になれるといい」

たかぎ・つよし　日本労働組合総連合会（連合）副会長。ゼンセン同盟会長。

◆メモ

参審制　裁判官と市民が事実認定と法律判断を共同して行う制度。市民が事実認定をし、裁判官が法律判断をするという役割分担があるのが「陪審制」で、分担はないのが「参審制」とされる。しかし境界線は明確ではない。十八世紀ごろから英米の陪審制を導入し、その後、参審制へ移行したケースが多いが、依然として参審員のことを陪審員と呼んでいる国もある。欧州のほかアジア、アフリカなどでも行われ、刑事事件だけでなく民事事件も対象とされている。

第五回　生まれ変わる裁判官制度

（二〇〇一年三月二十三日配信）

選考・推薦に諮問委員会

弁護士、検察官、学者ら多様な経験を持った法律家が裁判官になる。「裁判官選任諮問委員会（仮称）」が適任者の選考・推薦をし、最高裁が指名する。このような新しい裁判官制度の構想を、政府の司法制度改革審議会がまとめた。判事補のほとんどを判事に採用する現行のキャリアシステムから、民意を反映した任用へと制度が生まれ変わる。

特例判事補は段階的に廃止

裁判官を純粋培養するキャリアシステムについて、日弁連や市民団体などは「庶民感覚に疎い官僚司法の原因だ」と強く批判してきた。日弁連は一九五四年、弁護士から裁判官を任用する「法曹一元」が必要だとして要綱を作り、その実現を訴えている。

司法制度改革審議会でも元日弁連会長の中坊公平委員が主張したが、昨年八月の集中審議では「法曹一元という言葉にはトイレのにおいがする」などと指摘があり、それまで一定の立場から主張されてきたこの言葉にとらわれず、新しい制度を考えることになった。

改革審は二〇〇〇年十一月の中間報告で「法律家として多様で豊かな知識と経験に裏打ちされた資質と能力を備えた裁判官」こそ国民が求める姿であると述べ、そのような裁判官を得るための改革として供給源の多様化・多元化、任命手続きの見直し、人事制度の見直しという三つの課題を挙げた。選任過程への市民参加も必要とした。

二〇〇一年二月末の取りまとめ審議で改革審は「判事補のほとんどがそのまま判事となり、事実上、判事の主要な供給源となっていることは適当でない」とした。そして、経験五年以上の判事補に判事の権限を与える「特例判事補」は、裁判所法が経験十年以上の法律家から判事を任用するとしている趣旨に反するとし、段階的に廃止することを決定した。［注］

その上で①判事補には数年間、裁判官の身分を離れて弁護士など法律専門職の仕事をさせる②弁護士、検察官、法律学者からの任官を推進し、任官希望者には判事補や調査官などとして裁判所内部で経験を積ませる④判事を補佐する裁判所調査官制度を新設する——などの具体策をまとめた。

さらに適任者を選考・推薦する委員会を中央に設け、選考結果を最高裁に意見として提出する仕組みも導入することにした。委員会は地域ブロックごとに下部機関を置き、候補者の人事情報などを集める。

一方、候補者には選考基準などを明示して選考過程の透明化を図る。ただし委員の構成や選任方法は今後の検討にゆだねられた。

裁判官制度の改革は骨格ができたが、二つの課題が残っている。一つは人事評価をめぐる基準の明確化と手続きの整備だ。最高裁の評価基準は審議の中で明らかにされたものの、一層の透明性が求められる。評価に不服な場合の審査手続きの検討も必要だろう。

もう一つは最高裁判事の選任の在り方だ。最初の最高裁判事任命は裁判官任命諮問委員会（一九四八年廃止）の諮問を経た。このような市民の意見を反映させる道が最高裁判事の選任に開かれてもいい。

夢の裁判所目指しシンポ

裁判官の有志で組織する「日本裁判官ネットワーク」は二〇〇一年一月二十八日、東京都内で「夢の裁判所をめざして」と題するシンポジウムを開いた。

大津地裁の安原浩判事は「三十年前に比べると事件が増え、負担は二倍になった」と述べ、「フランス並みにすれば裁判官は七千人必要。最高裁は直ちに今の倍の年間二百人を採用するべきだ」と増員を訴えた。

このように裁判所の内部から具体的な改革ビジョンが提示された例はほとんどない。パネリストになった裁判官らからは「最高裁の人事制度には透明性、客観性がない」などと改善を求める声も相次いだ。

裁判官の定員は一九五〇年に二千二百六十一人（簡裁判事を含む）だったが、二〇〇〇年は三千十九人（同）になった。人口は五〇％以上の増加をしたのに三三％しか増えていない。

各国の裁判官制度を見ていくと、英国は弁護士などの法律実務経験を積んだ者から任命する法曹一元制度を採用している。軽微な刑事事件を処理するパートタイム裁判官や、地域を回る巡回裁判官もいる。

米国も連邦裁判官は法曹一元で実務家から大統領が任命する。州の裁判官は公選制か、諮問委員会の推薦を受けて知事から任命を受けた後、州民の審査で罷免の可否が決まる「州民審査制」を採用する州が多い。

ドイツはキャリアシステムを採り、有資格者から司法官試補を任命し、五年後には終身の裁判官とする。フランスもキャリアシステムを基本としている。

日本の制度は、キャリアシステムに戦後、最高裁判事国民審査の形で米国の州民審査制を付加した折衷型だ。改革審の裁判官選任諮問委員会の構想も米国の州諮問委員会に類似する。

改革審は「判事の大幅増員が必要」という判断だが、それには弁護士らの任官が欠かせない。一月のシンポでも「適任者が転身しやすくなるような経済的、組織的な諸条件の整備が必要」とする意見が聞かれた。

法曹一元や諮問委員会など英米の制度の根底には、地域の法的紛争は地域で選んだ人が解決するという地方分権の理念がある。日本で裁判官選任諮問委員会がどこまで根付くかも市民の意識にかかるところが大きい。

藤田耕三・司法制度改革審議会委員インタビュー

――最近の裁判官批判をどう受け止めていますか。

「非常識と批判される判決もあるし福岡の事件もあるので、裁判官が国民の意思から離れていると批判されるのも仕方がないかもしれない。しかし意識的に外部の圧力を排除し、憲法の保障する『裁判官の独立』を維持してきた面もある」

「上ばかり見ている〝ヒラメ裁判官〟が多いと言うのは誤解ですよ。組織の中で最も自由なのは裁判所でしょう。自分の信念を貫いて仕事をしたいという人がなるのですから、最高裁や高裁がどう思うかなんて大方の裁判官は考えません」

――新しい制度の感想は。

「裁判官の供給源が弁護士や検察官、学者らに多様化するのは大賛成。閉鎖社会であってはいけない。しかし裁判官には転勤があるし、今まで弁護士からの任官はうまくいかなかった。英米の巡回裁判所のような制度にしないと弁護士は任官できないのではないか」

「裁判官選任諮問委員会を通じて民意を反映させるのは結構です。客観的基準を設けて、利害関係のない人が判断することはいいでしょう。しかし既に裁判官になっている人の再任の場合は問題です。裁判官には世の中から非難される判決でも言い渡さざるを得ないときがある。それを取り上げると、裁判官の独立に抵触することがあり得る」

――特例判事補の廃止は。

「判事補は時限的に始めたのだからなくすべきだというのは、論理としてはその通りかもしれない。しかしキャリアシステムの国ではどこにも判事補制度はなく、そもそもその合理性に疑問がある。ドイツやフランスのように、最初から判事として研さんを積ませるのがいいと思うのですが」

「裁判官制度も大変な改革です。司法改革全体が、外国のまねではなく、日本に根付くものにしなければならない。いきなり理想的な制度を立てるのではなく、現実に効果を発揮する制度設計をし、より良い方向へ改善していくのがよいのではないか」

ふじた・こうぞう　弁護士。元広島高裁長官。公安審査委員会委員長。

◆メモ

特例判事補　判事の人員不足を解消するため、一九四八年の特別法により判事補が設けられた。任期十年。一人では裁判ができず、裁判長にもなれない。判事は経験十年以上の判事補、検察官、弁護士から選任されるが、特別法は当分の間、経験五年以上なら、最高裁の指名を受けた特例判事補は判事と同等の職権を行使できるとした。二〇〇〇年十二月現在、判事補七百九十三人のうち三百九十八人がこの指名を受けている。

［注］特例判事補の制度そのものは廃止されなかったが、単独裁判官から合議制メンバーへと運用が変更された。

第六回　民事司法を使いやすく

（二〇〇一年四月二十七日）

審理期間を大幅短縮へ

時間も費用もかかり、何かと面倒な民事司法。その欠点を克服しようと、政府の司法制度改革審議会は多くのビジョンを描き出す。提訴前でも証人尋問ができるようにし、離婚などの人事訴訟は家裁へ一本化、計画審理で判決までの期間を大幅短縮する……。裁判所の機能を強化し、市民が使いやすい民事司法へと変えるのが、これらのプランの狙いだ。

団体訴権を新たに導入

民事司法をめぐる改革審の提案は五つの側面に力点が置かれている。裁判の充実・迅速化、裁判所へのアクセスの拡充、専門訴訟への対応の強化、裁判外紛争解決手段（ＡＤＲ）の拡充、判決執行制度の強化だ。

改革審は二〇〇一年四月二十四日の会議で、今後十年間に少なくとも裁判官を約五百人増やすことを決めた。一人の裁判官が担当する訴訟の数は現在の四分の三に減る。

民事訴訟の審理期間は裁判所の努力で一九九六年以降、短くなっているが、二〇〇〇年に終結した訴訟の第一審は、証人尋問を行った場合、平均一九・七カ月になる。難しい訴訟はさらに長期化し、医療関係は約三年、特許などの知的財産権関係は二年近くかかっている。

今月の審議では、早い段階に終結時期を見通した審理計画を定め、期間を大幅に短縮することや、相手方への「提訴予告通知制度」を導入し、提訴前でも証人尋問ができるよう、証拠収集手続きを拡充することなどを決めた。いずれも裁判の迅速化と充実が目的だ。

アクセスの面では、二〇〇〇年十一月の中間報告で、人事訴訟を家裁へ一本化することを決めている。離婚、婚姻取り消し、子供の認知などの人事訴訟はまず家裁へ家事調停の申し立てをし、不調に終わったとき地裁へ提訴するとされているが、手続きの重複を解消する。

新しい制度も導入し、悪徳商法などで被害を受けた多数の人を保護するため、一定の団体に差し止め請求訴訟を起こさせる「団体訴権」を認めた。また①提訴手数料などの負担を軽減する②相談窓口の拡充や夜間・休日の開廷で利便性を向上させる③貧しい人の訴訟を援助する法律扶助を充実させる――ことも決まった。

知的財産権、医療、建築の各専門訴訟では、専門家の関与を求める「専門委員制度」を導入。特許と実用新案の訴訟は東京、大阪両地裁の専属管轄とすることにし、機能の強化を図る。

仲裁などのＡＤＲについては、裁判手続きとの連携強化のため「ＡＤＲ基本法」の制定を求める。

簡裁の姿も変わる。扱える訴訟の上限額が大幅に引き上げられ、地裁の事件が簡裁へ回ってくる。登記事務が中心の司法書士にも、試験や研修を経た後、簡裁での代理人資格が与えられ、その役割が重要になる。

敗訴者負担めぐり激論

「弁護士費用の敗訴者負担制度は、訴えの提起を委縮させるので、導入を全面的に見直すことを提案します」。二〇〇一年四月六日に開かれた司法制度改革審議会で、主婦連合会事務局長の吉岡初子委員が熱心に訴えた。

昨年秋の中間報告以降、改革審へ寄せられた意見で最も多いのは、訴訟に負けたら相手方の弁護士費用の一部も支払う敗訴者負担制度を「基本的に導入する」とした提言への反対だ。

吉岡委員の発言が終わると反論が続いた。「敗訴者負担でないことが、逆に、提訴しにくくさせている面もある。弁護士費用の負担を一定限度までとしたり、裁判所の判断で額を決めたりするなどの手当てをした上で、原則的に敗訴者負担にするべきだ」と元広島高裁長官の藤田耕三委員。

民事法学者の竹下守夫会長代理は「弁護士報酬の一部を訴訟費用化する趣旨であり、日弁連の報酬規定にある着手金の限度で負担させることも考えられる。それならそれほどの負担ではない」と私案を出した。

元日弁連会長の中坊公平委員は「多くの弁護士が争いたくても争えなくなると言う。考え直さなければいけない」と吉岡委員を応援。激論が続いた後、佐藤幸治会長（近畿大学教授）が「考えさせていただく」と述べ、結論は持ち越された。

中間報告は労働訴訟、少額訴訟など提訴を委縮させるおそれのある一定種類の訴訟は敗訴者負担の「例外」としている。今後は、そこに含める訴訟の類型と負担の範囲が焦点になる。

敗訴者負担が導入されると、環境訴訟など政策変更を追求する「政策形成型」の訴訟は起こしにくくなり、市民運動などに与える影響は大きいと言われる。原告の支払い能力が足りないときは弁護士が訴訟を引き受けない事態もあり得る。

その一方、このような歯止めがないと、乱訴の心配があるという指摘もある。改革審はアクセス改善の視点から原則的な導入を考えたが、適正な当事者間の負担配分という観点などから、多角的な検討が必要だ。［注］

吉岡初子・司法制度改革審議会委員インタビュー

――消費者代表ですね。

「市民の声を改革審に反映させていくのが私の役割です。弱い立場の個人がどれだけ権利の主張を認められるか、それが非常に重要です。消費者団体の関心は生活や平和、環境にありましたけれども、司法への関心も高まってきています」

「一般の市民には裁判は非常に遠いもの。できれば一生かかわりたくない。『裁判沙汰』とか、特別の目で見る風潮がありますものね。矛盾があっても裁判の利用は考えない。改革審がやっているのは、そういう司法を市民が利用しやすいものにすることなのです」

――収穫はありましたか。

「一定の団体に団体訴権を認めることは意義が大きい。例えば消費者契約法は五年後をめどに見直されますが『団体訴権を入れろ』と言いやすくなる。足掛かりとしてしっかりしたものになり、とてもよかった」

「刑事裁判でも裁判員制度を採ることになり、国民から無作為抽出で裁判員を選ぶなど、陪審裁判的な要素が入りました。陪審員になった人は司法への考え方が変わるそうです。いつ自分に順番が回ってくるか分からないから、裁判への関心が全く違う。皆の関心が司法を良くするのです」

――検討課題は何ですか。

「問題なのは弁護士費用の敗訴者負担ですね。これが原則になると消費者訴訟などは起こしにくくなる。私は全面的な見直しを求めていますけれども、そこまでいけない雰囲気が改革審にはあります。悪質な場合は賠償額を多くする懲罰的損害賠償制度の導入なども、委員の方々に理解していただきたい気がします」

「法曹三者それぞれに痛みはあるでしょうけれども、これからの市民にとって良い司法にしていくのが法曹の責任です。長期的な視点で考えてほしい。もっと国民が積極的に参加し、意見を言い、納得できる司法制度にしたい。市民に利用される方向が出てこないといけないと思っています」

よしおか・はつこ　主婦連合会事務局長、情報通信審議会委員。

◆メモ

団体訴権　消費者や地域住民ら多数の被害を救済する制度。ドイツで発展した。悪徳商法の場合、不正競争防止法や約款法などに基づき消費者団体などが差し止め訴訟を起こせる。団体が勝訴すれば、個別の消費者らも契約の無効を主張できる。フランスなど欧州諸国で認められている。

［注］政府は、弁護士報酬の弁護士負担制度を当事者が合意した場合に導入するとした法案を国会に提出したが、二〇〇四年一二月、野党側の反対が強く、廃案になった。

第七回　刑事司法も大きく変ぼう

（二〇〇一年五月二十五日配信）

検察審の一部決議に拘束力

市民の司法参加が刑事司法から始まる。司法制度改革審議会は、国民が裁判官とともに判決する「裁判員制度（仮称）」の導入を決めているが、それに伴い捜査から公判までの刑事手続きを全面的に見直した。容疑者に公費で弁護士をつける「公的弁護制度」が創設され、検察審査会の決議の一部に拘束力も認められる。刑事司法が大きく変ぼうする。

連日開廷で審理迅速化

刑事司法の改革で注目されるのは、市民感覚を反映させる方向だ。それはまず日本型参審制である「裁判員制度」の導入に表れている。

裁判員制度は、選挙人名簿から無作為抽出を経て選任された「裁判員」が、死刑など法定刑の重い重大犯罪を裁判する。権限はプロの裁判官と対等とされる。

二〇〇一年五月二十二日の改革審の審議で刑事司法の詰めが行われたが、裁判官と裁判員の数を何人ずつにするか、評決はどのような方法で決めるかなどは、六月の最終意見提出後、内閣に設けられる予定の「司法制度改革推進本部（仮称）」に決定をゆだねることになった。

裁判員制度の導入で刑事司法全体の姿は変わらざるを得ない。仕事を持っている一般市民が参加するのだから、公判は原則として連日開廷の集中審議になる。

最高検察庁の資料によると、一九九九年七月現在、審理に三年以上かかっている事件はオウム真理教公判（約六年）など百二十四件もある。多数の証人がいたり、鑑定に時間がかかったりするのが長期化の原因だ。改革審は、審理の充実・迅速化を実現するため、初公判前の準備手続きを充実させ、十分な争点整理をした上で、検察側と弁護側が相互に手持ち証拠を明らかにし、計画的に審理を進めることを求めている。

公判は素人の裁判員にも分かりやすくなければならず、検察・弁護双方の立証活動は活発化せざるを得ない。自白調書を重視する傾向は改められ、裁判所の訴訟指揮も強化される。

こうした見直しは起訴後の公判段階だけではない。容疑者段階では、調書とは別に、取り調べの状況について毎日、捜査当局が書面で記録することが義務付けられる。取り調べの公正さを確保し、違法な自白強要などを防止する効果があるとみられる。

資力のない容疑者の「公的弁護制度」が創設される。現在は、起訴後に国選弁護人をつける制度があるが、その趣旨を容疑者にも拡大し、弁護体制を整備する試みだ。少年事件についても、公費で付添人（弁護人）をつけることになった。［注］

市民で構成される検察審査会の権限強化も大きな特徴だ。検察官が不起訴とした事案について、検察審査会が「起訴相当」の議決をした場合、検察官は起訴することを義務付けられる。現在、検察が独占している起訴、不起訴の決定権限にも、市民の目が光る。

増員構想が財務省を刺激

「中間報告では裁判官と検察官の増員を『他の行政分野とは異なる取り扱いをする必要がある』と書いてあったのが、これでは抽象的になってしまう」。二〇〇一年五月二十二日に開かれた改革審で、中坊公平委員（元日弁連会長）が最終意見の原案に批判的な意見を述べた。

佐藤幸治会長（近畿大学教授）から示された原案が単なる「大幅増員」に修正されていたことへの疑問だった。「もう少し具体的に書く必要がある」というのが中坊委員の注文だ。

修正には背景があった。四月の審議で、最高裁が今後十年間に裁判官約五百十人、法務省が検察官千十人の増員をそれぞれ提案したことが、行政改革を進めている財務省や総務省を刺激したのだ。

財務総務両省は増員に批判的な見解をまとめ、国会議員らに働き掛けを始めた。見解は、一九八五年以降、国家公務員の定員が三・八％削減された中、裁判官定員は五・六％、検察官定員は六・三％それぞれ増えていることを指摘し、既に「大幅な増員が行われている」と述べている。

また裁判員制度は裁判員への日当が必要なこと、公的弁護制度は経費支出が生じることを指摘し、財政負担への懸念も表明した。

二〇〇一年四月現在、裁判官（簡裁判事を除く）は約二千二百人、検察官（副検事を除く）は約千三百人おり、改革審は裁判所書記官、家裁調査官、検察事務官の増員も不可欠としている。

裁判官の増員は、経験豊かな弁護士が多数任官するかどうかにかかっている。日弁連は五月、任官希望者を募るこれまでの方法から、適格者を発掘して送り出す方向へと方針転換し、二〇〇一年五月二十四日、東京で任官推進全国大会を開催した。

改革審は五月二十二日、討議の結果、増員を具体的表現にすることを全員一致で決定した。「会長がんばれ」という発言も飛び出した。

公務員削減や財政の問題は難関だが、それは最終意見提出後、内閣の内部で厳しい立法論議をすればいいことだ。ここは改革審の大詰めの討議を見守りたい。

山本勝・司法制度改革審議会委員インタビュー

——審議の結果、よかったと思う点は何ですか。

「現代はグローバル化、スピード化が進んでおり、裁判の充実・迅速化に加えて、知的財産権など専門訴訟の強化が望まれています。それらを実現するには司法の基盤を拡充し、法曹（裁判官、検察官、弁護士）人口を増やさなければなりませんから、二〇一〇年ごろに新規法曹を年間三千人へと増員することを目指し、養成のために法科大学院（仮称）をつくるとしたことはよかったと考えます」

「ただ、われわれ企業の立場からすれば、裁判所の役割や訴訟手続きの改革とともに弁護士の改革も大きな問題です。裁判の迅速化を妨げているのは、相手の出方を見たりする弁護士のやり方にも原因があるのです」

「今の弁護士は一人で何でもやらなければならないから、専門性の低い分野の事件も扱わざるを得ません。私が、自社や自社グループの訴訟代理を企業法務の担当者ができるようにしてほしいという意見を出したのも、そういうことでは困るからですよ」

——個人的には反対という事項はありますか。

「議論の仕方に違和感を覚えたことはありますね。例えば、審議会は国民の司法参加について取り上げましたが、これには憲法論議のように広さと深みのある論議が必要で、時間的にもどうだったのでしょうか」

——積み残された重要課題はありますか。

「大きな積み残しはないと思いますが、強いて言えば裁判員制度と裁判官改革でしょう。法廷を構成する裁判員と裁判官の数などは、具体的な制度設計の段階で論議になるでしょうね」

「司法を考えるとき重要なのは、判決の予測可能性が確保され、判断に法的な安定性があることです。現在の裁判に決定的な信頼を欠いてはおりませんが、それでも、より良いものにしていこうという観点から、制度設計を進めていってほしいと願っています」

やまもと・まさる　東京電力副社長、京大法卒。

◆メモ

公的弁護制度　資力がないため弁護士を頼めない容疑者や被告に、国などが公的な費用で弁護士を選任する制度。米国、英国、ドイツ、フランスなど諸外国で行われている。米国には公務員として雇われた弁護士が刑事弁護を専門に行う「公設弁護人」の制度があり、ドイツでは容疑者が国選弁護人を請求する権利が認められている。

［注］少年事件にも公費で付添人を付ける「少年付添人制度」は、政府が提出した司法改革関連法案には盛り込まれなかったが、近く立法化する方向で法務省が準備を始めており、早ければ二〇〇五年の通常国会に提出される見通しになっている。

第八回　意見書の波紋

（二〇〇一年六月二十二日配信）

三年以内に関連法整備

司法制度改革審議会が二〇〇一年六月十二日、小泉純一郎首相に意見書を提出した。それ以降、提言の波紋が各界に広がっている。政府は十五日、司法制度改革推進の閣議決定を行い、政府声明で提言実現の「固い決意」

を表明した。年末にも内閣に推進本部を設け、三年以内に関連法の整備をする構えだ。終戦直後以来の抜本的な大改革がこれから現実化する。

司法制度改革大綱を制定

司法制度改革審議会の意見書は、現在二万二千人の法曹（裁判官、検察官、弁護士）人口を二〇一八年ごろまでに五万人規模へ拡充するなどと提言した。

画期的な改革案であり、これを受けた政府、国会などの動きが加速している。政府は改革推進法案を秋の臨時国会に提出する予定で、法律が成立すれば二〇〇一年末にも内閣に推進本部が設けられ、司法制度改革大綱が決定される見通しだ。

本部には法務省など各省庁のほか最高裁、日弁連も加わる可能性がある。市民団体も参加を希望し、異例の体制になりそうだ。

意見書はわが国で初めて本格的な「国民の司法参加」を打ち出したのが大きな特色だ。死刑など重大な刑事事件の裁判に限定して、市民が裁判官と同じ権限を持って判決する「裁判員制度」の実現を求めている。ただ、裁判員の選出方法、法廷を構成する裁判員と裁判官の数、評決方法など核心の部分については今後の検討にゆだねられた。

実施に当たって、裁判員の日当などの財政上の問題や、仕事を休まなければならない市民の負担も考慮する必要がある。引き続き突っ込んだ論議が必要だ。

法曹の飛躍的な拡充は司法の世界を根本から変えそうだ。改革審は大詰めの審議で、二〇一〇年ごろ新規法曹を年間三千人に増やす、高度な法学教育をする法科大学院（仮称、ロースクール）は二〇〇四年四月に開校するなどと、タイムスケジュールを決定した。

民事裁判は、提訴前でも鑑定などができる新制度を導入し、審理期間を「おおむね半減」させる。特許などの知的財産権関係も東京、大阪両地裁の専属管轄となり、大幅に強化される。

改革審が最後まで論議したのは、裁判で敗れた者が相手側の弁護士費用の一部も負担する制度の是非だったが、これは「一定の条件の下に」導入されることになった。その条件の明確化も重要な宿題となった。

裁判官制度の改革が行われる。選考過程に国民の意見を反映する新たな機関が設けられ、弁護士からの大量採用が進められる。

これらの提言の実現に備え、関係者の手で態勢づくりが進んでいる。最高裁は事務総局に担当者を置いて対応する構えだ。日弁連も近く、外国の法制度などを研究する常設の調査室を設置し、長い目で改革に取り組んでいくという。

法科大学院、四年開校へ

「実際は一年半。準備に大変短い時間しか残されていない」。日弁連法務研究財団が二〇〇一年六月十六日、東京で開いた法科大学院の入学試験をめぐるシンポジウムで、同財団理事長の新堂幸司・東大名誉教授は、全国の大学関係者、弁護士ら約三百人を前に、こう強調した。

改革審の意見書は、二〇〇四年四月に法科大学院を開校するとともに、入学試験に際し統一的な適性試験を実施するよう提言している。その具体的なモデルは、米国でロースクール受験者に課しているエルサット（ＬＳＡＴ）試験であり、このシンポはそれを紹介する初めての試みだった。

エルサット試験は日本の公務員試験に似ており、法律知識ではなく思考力などをみる。結果と入学後の成績との相関関係が高いという。法曹としての適性のない人をふるいにかける役割を果たしているようだ。

新堂理事長は「エルサット試験を参考とすることは欠かせない」と述べ、「開校時期から逆算すると、法科大学院は二〇〇三年早々に制度設計を終え、その夏ごろには全国で適性試験を実施、それを踏まえて秋ごろに入試を行う必要がある」と厳しい日程を予想した。もし実施するのなら、実施主体の決定や問題作成を大急ぎでしなければならない。

改革審は①二〇一〇年ごろには新規法曹が現在の三倍の年間三千人となることを目指す②法曹の質と量を確保するために法科大学院を開校し、高度な教育を行う③〇六年春に予想される初めての修了生を対象に、法科大学院の教育内容を踏まえた新しい司法試験を実施する——としている。

現行の司法試験は新しい司法試験と並行して五年程度行うが、その後は廃止する。ただし経済的な事情のある人らに配慮して予備的な試験を設け、合格者に新司法試験の受験を認める。

法科大学院の成功は、改革審が目指す「大きな司法」の基盤をなしている。予備的試験が、法曹への特急ルートに変質しないような制度的工夫が必要だ。

石井宏治・司法制度改革審議会委員インタビュー

——意見書の評価ですが。

「今の時代で考え得るかなり常識的な内容です。知的財産権関係の制度の強化とロースクールの創設が決まってよかった。経済界が困っているのは、国際化が進んでいるのに、日本は知的財産権関係があまりにも遅れていることなのです」

「日本の司法は法律家が中心になって考えていますが、今は技術が進み、技術者でも専門が違うと理解できないことが多い。法学部出身者だけで判断するなんてとても無理。ロースクールがきちんと機能し、理科系の人たちも法律家になれば司法の判断は良くなる」

「これからは知的財産権を扱う弁理士がロースクールで学んで、弁護士資格も取ればいいと思います」

――たった一人の理科系出身委員らしい感想ですね。

「国際化への対応が非常に重要。ロースクールをつくっても、最新の実務と理論を教えられる教員が現在あまりいないから、若い法曹や学者らの必修科目として海外のロースクールに留学させることが大切です」

「研修派遣ではお客さま扱いで役に立ちません。外国に住み、外国の考え方を知らないといけない。学生として頑張って外国の法曹資格を取り、ローファーム（法律事務所）で仕事をし、鍛えないとだめです」

――意見書には財務省などから批判も聞かれます。

「むちゃな提案と思われるかもしれませんが、司法を直さないと世の中は良くならない。国の予算も重点配分するしかありません」

「今の日本には非常な危機感を覚えます。私たちの案は最善とは言えないかもしれないが、それでも実行に移すことが一番大切。政府は強力なフォローアップ体制をつくってほしい」

「半分祈るような気持ちです。十年後、二十年後になって〝ああいう変な提言をしたから日本はおかしくなった〟と言われはしないか、それだけが心配です」

いしい・ひろじ　石井鉄工所社長、米国マサチューセッツ工科大大学院を経て慶大大学院博士課程修了（工学博士）。

◆メモ

エルサット（LSAT）試験　米国でロースクール一八〇余りが行っている Law School Admission Test という統一試験。一九四八年に始まり、入学希望者は受験義務がある。判断力、思考力、表現力などが試され、大学の成績証明書などとともに選考資料となる。年間一〇万人が受験し、そのうち四万三千人が入学する。

第九回　残された課題

（二〇〇一年七月二十七日配信）

内閣府に改革推進準備室

司法制度改革審議会の意見書を受けて政府は二〇〇一年七月一日、内閣府に司法制度改革推進準備室を設置した。改革審の委員の任期は七月二十六日に終了、改革は具体化の段階を迎えている。意見書には現実的な提言もあれば、残された課題も多い。秋の臨時国会で司法制度改革推進法が成立し次第、政府は準備室を推進本部に切り替え、早期の実現を目指す。

民事は一年で法改正も

政府は閣議決定などで、改革審の意見書を最大限尊重すること、三年以内に立法などの措置を取り、最大限努力することを表明した。早ければ二〇〇二年一月、小泉純一郎首相を本部長として内閣府に司法制度改革推進本部を設置する構えだ。［注二］

準備室には法務省、財務省など十省庁から約三十人が出向。日弁連推薦の弁護士二人も検事に採用されて加わり、改革審の佐藤幸治会長（近畿大学教授）ら委員三人が顧問として残った。推進法案などの立法準備と推進計画作りに当たる。

日弁連は二〇〇一年七月、司法改革調査室準備室を設立した。正式発足後は十五人の弁護士が立法作業に備える。最高裁も九月、裁判官の人事評価制度を検討する研究会をスタートさせる予定だ。

改革審の意見書は法曹（裁判官、検察官、弁護士）養成制度として法科大学院（ロースクール）を提言した。九州大、新潟大が地元弁護士会と協力の約束をするなど二〇〇四年開校に向け、動きが高まっている。しかし来年、何校が設立認可を受けるかは不透明だ。

また二〇一八年ごろまでに法曹人口を五万人規模へ増やす計画も、法科大学院の立ち上がり状況や新しい司法試験などと関連し、流動的な面がある。これらの関連立法は最優先になる。

直ちに立法作業に入れる提言としては、裁判の迅速化を図る方策や知的財産権の対応強化などがある。民事訴訟関係は最も作業が早く、一年程度で法改正などは終わるとみられている。

内容を詰めなければならないのは、市民が職業裁判官とともに刑事裁判の手続きに関与する「裁判員制度」だ。市民の数について自民党はドイツ型（裁判官三人に市民二人）、民主党は「裁判官の二倍以上」を主張するなど、各界の意見が割れている。調整にはかなりの時間がかかりそうだ。

行政訴訟の見直しなど、ほとんど手付かずに終わったテーマも多い。最高裁や家庭裁判所の関係では言及の不十分さも指摘されている。司法書士、弁理士、税理士、行政書士、公認会計士など隣接法律関係職種の資格の整理・統合などについても論議が続きそうだ。

地自法改正案に強い批判

「地方自治法改正案が成立したら住民訴訟は困難になる」。元裁判官の浜秀和弁護士が住民百人を前に静かな口調で注意を促した。

東京都世田谷区で二〇〇一年七月二十日に開かれた「補助金行政をただす市民集会」。区長の補助金支出を違法とし、住民側が勝訴した東京地裁判決の報告が行われた。

同区には賃貸住宅の建設者に補助金を出す制度があり、被告の元区議は妻を申請人として建設予定のマンションへの補助金を申請。区は一九九四年以降計一億六千二百万円を支払った。

議員が役員を務める企業に自治体が補助金を出すことは地方自治法で禁止されている。東京地裁は「補助金は実質的に元区議に交付された」と判断し、区長らに全額返還と以後の補助金の差し止めを命令した。

住民訴訟の住民側勝訴率は七％。裁判所が補助金を差し止めた例はほとんどなく、判決の影響は大きい。

しかし住民訴訟には市町村長らの反発が強い。政府は、違法行為をした職員を相手に住民がまず「履行請求訴訟」を起こし、勝訴すれば、首長や監査委員が職員に損害賠償などを請求する訴訟ができるとする改正案を国会に提出している。

だが、浜弁護士らは「自治体行政のチェックをしにくくする」と批判的だ。

改革審の意見書は住民訴訟を含む行政訴訟について「見直しは不可欠」としたものの、具体案は示せなかった。論議は続きそうだ。

二〇〇一年七月二十四日朝、東京地裁周辺で「司法試験について意見表明をする弁護士の会」が、「丙案廃止」と書いたうちわを配った。丙案というのは、論文式の合格者のうち下位二百人は受験期間が三年以内の人を採る合格枠制だ。若い検察官の確保を主眼として導入された。

合格者が七百人だった九六年に初めて実施され、成績順位が五百二十四番だった受験四年以上の人が落ち、千六十六番だった三年以内の人が合格したという。

意見書は丙案を「二〇〇四年度から廃止」とした。公平、平等は司法の命である。同会事務局長の芳賀淳弁護

士は「すぐやめるべきだ」と訴えている。［注二］

保岡興治元法相インタビュー

――自民党司法制度調査会の会長として司法改革の意義をどう考えますか。

「二十一世紀の日本にとって大切なのは自立した個人です。その個人が自由、公正な社会の中で活力を得て、より高度な時代を築いていく。それを担保するのが『透明なルールと自己責任』の原則です」

「日本の『和の精神』と伝統文化を調和させることが大事。国家への信頼は司法への信頼から生まれるということが時代の要請です。小泉純一郎首相は、司法が重要な国家的インフラだとして、国家戦略の重要課題と位置付けています」

「改革審の意見書はきちっとフォローすべきです。議論を尽くせば必ず良い制度ができる。特に、大勢を担う弁護士会の意見は最大限尊重する必要がある」

――今後の主な課題は。

「重要なのは法曹養成。これからはますます、社会や人間の本質を分かる人が司法を担い、国の内外の信頼を守っていかなければならない。法曹の量を着実に拡大するとともに質も高め、ロースクールを中心に大学、司法試験などそれぞれの使命と役割の連携をつくっていく必要がある。司法書士など隣接法律職の活用も重要な工夫の一つです」

「裁判では行政問題の解決が早急な検討課題。憲法訴訟や行政訴訟などは工夫が難しいが、議論を深め、良い制度の構築へ前広に踏み出さなければいけない」

「裁判外紛争処理手段（ＡＤＲ）は特に重要です。当事者が話し合って解決する仕組みが、裁判と連携して車の両輪のように動くのを、二十一世紀のわが国司法の特色にするべきです。できるだけ速やかにＡＤＲ基本法を成立させたい」

――財政的懸念から反対する意見もありますが。

「質量共に司法の強化だから財政負担が伸びるのは当然です。今までの司法関係予算は九千億円程度で、国家予算の一％にすぎない。効率化を図りつつ無駄を省く努力が大切だが、必要なものにはきちっと措置し、時代のニーズに的確にこたえていくべきです」

やすおか・おきはる　衆院議員、自民党国家戦略本部事務総長、弁護士。

◆メモ

住民訴訟　地方公共団体の長、職員が違法・不当な公金支出、財産処分などをした場合、住民が差し止めや損害賠償などを求めることができる訴訟。行政訴訟の一つ。納税者の権利に基づく米国の制度にならい、地方自治法に規定された。官官接待、カラ出張、玉ぐし料支出などをめぐり毎年三百数十件の提訴がある。

［注一］司法制度改革推進本部の設置は二〇〇一年十二月一日となった。

［注二］丙案は意見書通り二〇〇四年度から廃止になった。

第十回　法曹のすそ野

（二〇〇一年八月二十四日配信）

司法書士に簡裁訴訟代理権

司法の中枢は法曹と呼ばれる裁判官、検察官、弁護士で構成されている。その数計二万人余。しかし法曹のすその野には、その七倍を超える隣接法律専門職種が広がる。司法制度改革審議会の意見書は、司法書士に簡裁での訴訟代理権を認めるなどし、弁護士法が定めている弁護士の法律事務独占が崩れる。隣接職種も巻き込んで改革は進められていく。

弁理士も侵害訴訟代理権

司法制度改革審議会の二〇〇一年六月の意見書は隣接法律専門職種の活用を求めている。法曹だけでは法的サービスの提供が十分ではないという基本認識が背景にある。

登記や訴訟書類の作成などをする司法書士には①簡裁での訴訟代理権②簡裁の扱う九十万円以下の民事事件を基準として調停・即決和解事件の代理権——をそれぞれ与えるべきだとした。

司法書士は約一万七千人いる。全国どこにでも事務所があり、庶民の相談役としての役割を強めそうだ。

知的財産権を専門とする弁理士にも、弁護士が代理人になっている特許権などの侵害訴訟に限り、代理権が認められる。四千人余の弁理士には既に審決等取り消し訴訟の代理権が与えられているが、今後、特許訴訟などで弁理士の比重がさらに高まるのは確実だ。

税務書類の作成などを行う税理士には税務訴訟で代理人の弁護士とともに出廷し、補佐人として陳述する権限が認められた。約六万五千人いる税理士の場合、五月に成立した改正税理士法にこの制度が盛り込み済みで、来年度実施される。

しかし行政書士、社会保険労務士、土地家屋調査士などの訴訟手続きへの関与は検討課題となった。

注意すべきなのは司法書士にも弁理士にも「信頼性の高い能力担保措置」を講じるという厳しい条件が付けられたことだ。特許庁の懇談会が六月にまとめた報告書は弁理士に対し①法曹の司法修習を参考として民事訴訟実務の研修を行う②研修の骨格は国が定める③修了者に国が効果確認の試験を実施する――としている。司法書士にも同じような制度が求められるだろう。

弁理士法と司法書士法はこの方向で改正される。弁護士の法律事務独占などを見直す弁護士法の改正は二〇〇三年ごろの見通しだ。［注］

司法を動かすのは司法試験の合格者である法曹だけではない。裁判官の中には、裁判所調査官らからも選考される簡裁判事がいる。検察官にも、検察事務官らが選考試験を経て任命される副検事や、副検事の中から特別考試で登用される特任検事がいて重要な地位を占めている。司法改革はすそ野の強化が欠かせない。

資格の整理・統合を視野に

「明治以来、法曹三者以外の法律専門職種が法廷で活動していいと言われたのは初めてですよ」。日本司法書士会連合会の北野聖造会長は感慨深げに話す。

「簡裁で弁護士がつく事件は極めて少なく、国民の『裁判を受ける権利』の保障はとても無理。その穴を司法書士が埋めてきた」

北野会長は「不足しているのは訴訟代理権と法廷内活動の経験であり、特別研修をして、その能力を高めていく。消費者問題、個人の民事再生（破産）、法律扶助などで十分な役割を果たしていきたい」と言う。

弁護士不足を補うような形で法務省は司法書士、旧通産省は弁理士、旧大蔵省は税理士などと隣接職種をつくった。しかしわが国独自の資格が多く、弁理士以外は海外で通用しにくい。

日本弁理士会の小池晃会長は国際的な対応強化が重要だと指摘し、「他国に先んじた知的財産制度の改革が大きな希望です」と強調する。そして「訴訟代理人制度が一般事件は弁護士、知的財産権関係は弁理士になるのが

主な法律専門職種の状況（人数）

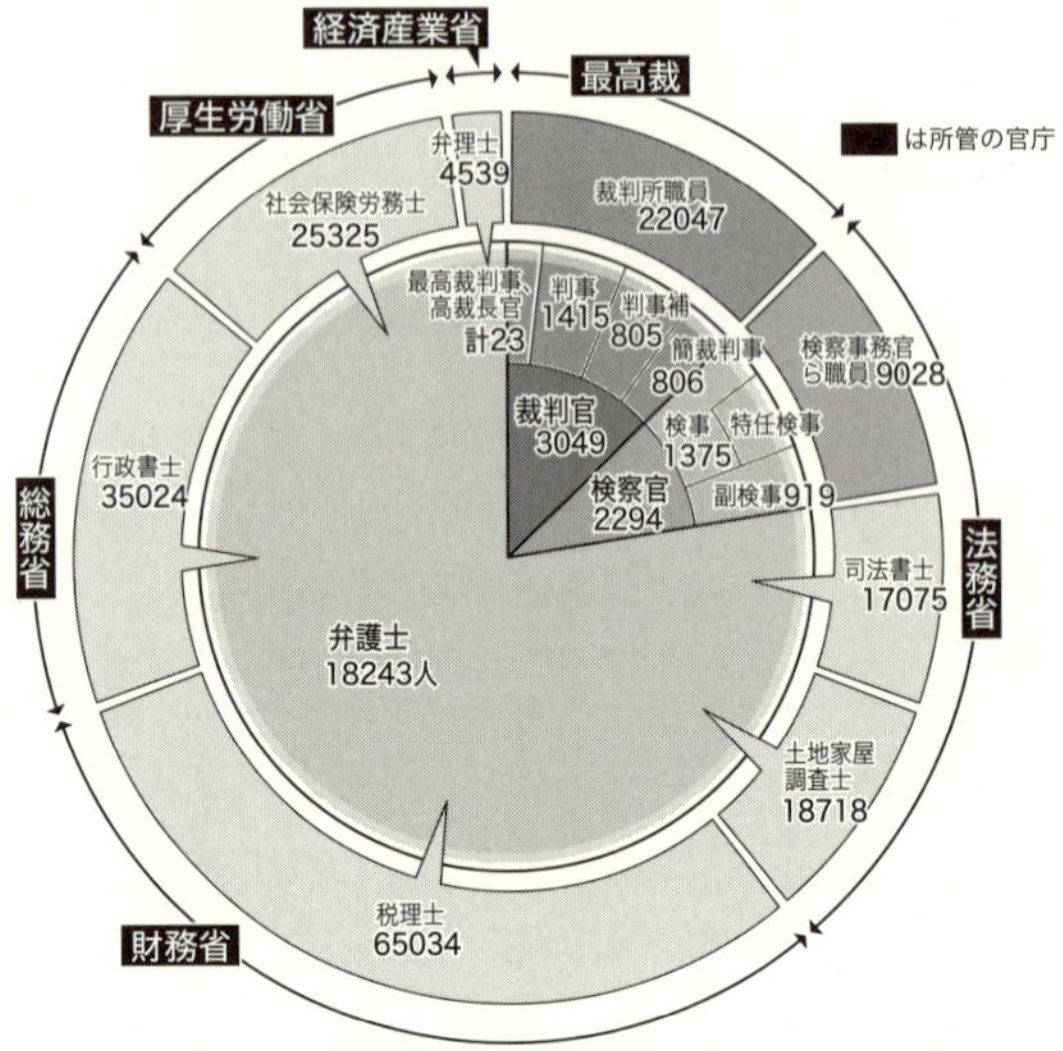

（裁判所と検察庁は2001年度の定員数。司法書士と土地家屋調査士はことし4月1日現在の登録数。弁理士、税理士、行政書士、社会保険労務士はことし3月31日現在の登録数）

理想的。中長期的には単独の訴訟代理権を目指したい」と意欲を語る。

税理士は日本、ドイツ、オーストリア、韓国にしかない制度だ。日本税理士会連合会の宮口定雄専務理事も「ドイツでは日本の申告手続きと同じことを税理士が裁判でしている」と話し、出廷陳述権を歓迎する。

司法改革市民会議が二〇〇一年七月に開いたシンポジウムでは、意見書に対し「法律家間の社会的分業という発想が皆無」と強い批判が出た。

日本の法律職種は世界貿易機関（ＷＴＯ）の規制下に置かれている。サービス貿易一般協定に基づき数年以内にＷＴＯが行うとみられる最終合意では、特殊な職種が多い日本は加盟国間の資格の相互承認などで不利になる可能性が大きい。

経済同友会は資格を整理・統合する法務サービス法の制定を訴えている。将来的には一定レベルの隣接職種を特許や税務などの分野に限定した弁護士へと統合する方向が必要だろう。

原田明夫検事総長インタビュー

――改革審の意見書をどう受け止めていますか。

「現実性を持った意見として画期的なものになったと思います。法曹以外の人が司法の問題にこれほど真剣に取り組んでくれた例はない。それだけ事態が深刻で重要なことの表れです。法務省や日弁連があおられてしまった。最高裁も問題ないとは言えなくなっています。検察としても前向きに取り組んでいきたい」

「特に意味があるのは、伝統的な捜査や公判の在り方について全体的な見直しが求められたことです。犯罪の形態が変わってきて、いろいろな問題が出ている。事件をきちんと解明できる装置と能力を持った検察でないと、これからは国民が納得しないでしょう」

「本当の悪い部分を摘出するため、急所をきちっと切れるメスを、つまり効果的な事実解明の装置を持たせてほしい。米国で行われている、証言強制、刑事免責を与えて証言させる制度などですね」

――市民が裁判官とともに審理し、判決する「裁判員制度」はどうですか。

「国民の意見を反映させたいというのは大変意味のあることだと思う。伝統的な凶悪犯のみならず、技術的、専門的な要素をはらんだ問題にはもう少し参加してもらうことがあってもいい。ただ、国民の立場からすると新たな負担が生じるわけです。財政的な負担だけでなく、本当の意味で主体となってやってもらえるのか、よく議論した上で制度を構築してもらいたい」

「検察審査会の一定の議決に拘束性を認めることは一つの考えとしてあり得ると思う。英米では大陪審が起訴を決めるのですから、国民の側が公判に付すべきだと言うならば、それはそれで意味があってもいい」

――今後の司法の姿は。

「新時代を迎え、司法が一国のみならず国際的にも経済発展などの基盤として意味を持ってきています。不必要な争いを予防し、紛争を解決する役割は大きくなっていくでしょう。国民の期待にこたえる司法を構築しなければいけません」

「制度だけではない。物事を分析して何が問題かを認識し、それを解決する手段を考え、提案し、説得できる人間が必要です。そういう新しい時代の法律家が多数いて、はじめて司法がうまく機能するのではないかと考えています」

はらだ・あきお　東大法卒。米国大使館勤務、法務事務次官などを経て七月から検事総長。

◆メモ

サービス貿易一般協定（GATS）　世界貿易機関の下でサービス貿易を国際的な共通ルールで規制するため一九九五年に発効した条約。通信、金融などの分野とともに弁護士、公認会計士、建築士などの自由職業サービス分野が対象となる。日本も加入しており、二〇〇〇年から加盟国間での専門職資格の相互承認問題などが検討されている。

［注］弁護士法一部改正は二〇〇三年七月十八日に成立した。

第十一回　ＡＤＲの現実性

（二〇〇一年九月二十一日配信）

「ＡＤＲ基本法」制定も

法的トラブルの解決に有力な制度として、裁判のほかに仲裁、調停、あっせん、相談など「裁判外の紛争解決手段（ＡＤＲ）」が注目を集めている。司法制度改革審議会は六月の意見書で、「ＡＤＲ基本法」の制定を視野に入れるよう求めた。ＡＤＲの拡充は司法の利便性向上につながる。立法が現実性を強め、一つの大きな焦点として浮上してきた。［注］

裁判手続きとの連携が焦点

改革審の意見書は「事案の性格や当事者の実情に応じた多様な紛争解決方法を整備することは司法を国民に近いものとし、紛争の深刻化を防止する上で大きな意義を有する」と述べ、ＡＤＲは、プライバシーや営業秘密を保持した非公開の解決、簡易・迅速で廉価な解決などの「柔軟な対応」を可能にすると指摘した。

わが国のＡＤＲは司法型、行政型、民間型に分けられる。戦前から機能を発揮してきたのは司法型で、裁判所中心の姿は日本のＡＤＲの大きな特徴だ。全国の高裁、地裁、簡裁で行われる金銭貸借などの民事調停と、家裁で行われる離婚などの家事調停があり、二〇〇〇年には申し立てが計四十三万件に達している。

戦後、発展したのは行政型だった。国の中央労働委員会などは利用度が高い。

最近は、公益法人などが運営する民間型が成果を挙げている。交通事故紛争処理センターへの相談は一万八千件を超え、全国貸金業協会連合会などへ寄せられる金融、クレジット関係などの苦情が目立つ。

各弁護士会の仲裁センター、著作権やホームページ（ＨＰ）のドメイン名紛争などを扱う日本知的財産仲裁センター、国際取引紛争を処理する国際商事仲裁協会なども実績を残している。

しかし意見書は「一部の機関を除いて必ずしも十分に機能しているとは言えない」と分析し、「ＡＤＲが国民にとって裁判と並ぶ魅力的な選択肢となるよう、その拡充・活性化を図るべきである」と提言した。

政府は近く設置される見通しの司法制度改革推進本部で三年以内にＡＤＲ基本法案（仮称）の作成を進めると

みられる。法案のポイントは、民間型を主な対象として、裁判手続きとＡＤＲをどう連携させるかだ。具体的には①ＡＤＲ担当者には当事者から聞いた秘密を守る法的義務を課す②当事者が行った意思表示は、その後の裁判では利用しない③調停などが不調に終わり、当事者が裁判所へ提訴したときは、ＡＤＲ開始時に提訴があったとみなし、時効を成立させない――などの規定が必要だ。調停人の資格制度をつくることや、暴力団などを排除する工夫もしなければならない。

意見書はまた、仲裁法の改正も求めている。現行の仲裁法は百年以上前の明治時代の法律で現状にそぐわない。国連国際商取引法委員会は「国際商事仲裁に関するモデル法」を公表しており、日本もこれを参考に改正を急ぐ必要がある。

愛称は「まちかど奉行」

「まちかど奉行」。親しみやすい愛称をつけて、兵庫県弁護士会が二〇〇一年四月から、紛争解決センターをスタートさせた。札幌、山梨、福岡の各弁護士会でもセンター設立の動きが出ている。

「全国十五カ所に弁護士会の仲裁センターなどが設置され、申し立ても増えている。取り組みを各地に広げていきたい」。二〇〇一年九月十日、日弁連が設置した「ＡＤＲセンター」の初めての全体委員会で、久保利英明副会長は「弁護士会型ＡＤＲ」を充実させていく決意を表明した。

日弁連のセンターはＡＤＲが抱える諸問題を協議、調査し、その在り方について企画、立案をする目的でつくられた。「望ましくない官主導、業界主導のＡＤＲには日弁連として意見を述べていく」と久保利副会長は話す。

政府の「規制改革推進三カ年計画」は、「ＡＤＲの整備」を検討項目に掲げている。しかし、実態はまだ手探りの状況だ。経済団体も、経団連が「国際仲裁の充実・強化」を求める程度にとどまっている。

米国では裁判よりもＡＤＲを利用する傾向が強まっているという。ウィスコンシン州で裁判所の調停人をしているレビ小林さんの話を聞いたことがある。

調停人には「当事者の主張をよく聞く」「どちらが悪いかの黒白をつけない」「未来志向で話し合う」という三つの心掛けが大切だそうだ。「判決だと負けた方が納得せず、弁済をしないことがあるけれど、お互いに了解した調停なら実行される」とレビさん。日本のＡＤＲ拡充に、この視点も取り入れたい。

久保井一匡・日本弁護士連合会会長インタビュー

――改革審の意見書をどのように評価しますか。

「日弁連が目指している市民の司法に沿うものとして、高く評価をしてよいと考えます。具体的には四点あります。一つは、法曹人口の拡大と、新しい法曹養成制度としてロースクール（法科大学院）を提唱したこと。二番目は、市民が裁判官とともに刑事事件の判決に関与する裁判員制度の導入。三番目は、弁護士から裁判官を任用する『法曹一元』の理念を取り入れた裁判官制度の改革。四つ目は、資力の乏しい人を援助する法律扶助の拡大など市民のアクセス拡充です。この四点は大変大きな前進で、ぜひ実現していきたい」

――ＡＤＲ基本法など、抽象的な提言もありますが。

「紛争解決の基本は裁判ですので、その充実を忘れてはなりません。しかし訴訟にはなじまない紛争もあります。また既に確立した判例に沿って、裁判によらなくとも大量に処理が可能な紛争もあります。そのような紛争解決手段の選択肢を増やすという観点から、ＡＤＲの充実にぜひ取り組むことが必要でしょう」

「意見書には、弁護士費用の敗訴者負担を導入するなど問題だと思う部分があります。刑事司法や行政訴訟の改革は不十分ですし、最高裁の司法行政権にもメスが入っていない。そういう面はありますが、それでも全体的には、後退させてはならないと思います」

——改革に向けた抱負を。

「提言を実現する上で二つのことが守られなければなりません。ガラス張りの立法作業が行われることと、国民あるいは国民に代わる弁護士が政府の推進本部へ参加することです。今回の改革は日本で初めて実質的に『法の支配』を確立する重要な使命を負っています。為政者の統治の手段という側面が強かった司法制度を真に国民のものにする。それが究極の目的です」

「弁護士が社会の担い手になる時代です。専門性を高め、懲戒制度を整備し、国際化にふさわしい研修を行うなど、するべきことが山ほどある。今まで弁護士は裁判所に改革を求めるところに力点を置いてきましたが、自分も変わらなければなりません。弁護士自治を守り、市民の声を最大限取り入れ、魅力ある弁護士会、社会から尊敬され役に立つ弁護士会、輝いた弁護士会をつくっていきたい」

くぼい・かずまさ　東北大卒。大阪空港公害訴訟弁護団事務局長などを経て昨年から日弁連会長。

◆メモ
ＡＤＲ　英語のALTERNATIVE DISPUTE RESOLUTION（代替的紛争解決）の略。国家の「強制」を背景とする裁判と違い、個人の私的自治に基づく「合意」が根拠となる。契約で第三者に解決をゆだね、その判断に従う「仲裁」、第三者が間に立って合意を成立させるが、当事者が異議を唱えれば合意は効力を失う「調停」などが含まれる。
［注］国会で成立したＡＤＲ法は、ＡＤＲを「裁判外紛争解決手続」としている。

第十二回　提言実現に向けて

（二〇〇一年十月二十六日配信）

三年以内に改革実現へ

司法制度改革審議会が二〇〇一年六月に提出した意見書を受けて政府がまとめた「司法制度改革推進法」は十月二十六日、衆院法務委員会を通過した。三年以内に総合的、集中的に改革を進めることをうたっている。政府は十二月にも内閣に司法制度改革推進本部を設置する予定だ。刑事裁判へ市民が参加する裁判員制度の導入、法科大学院の創設など改革審の提言が実現へ向け、一歩を踏み出す。

有識者の顧問会議も

改革審の意見書は法曹（裁判官、検察官、弁護士）人口を現在の二万一千人から二〇一八年ごろまでに五万人規模へ拡充するなどの新構想を打ち出している。

これを受けて内閣府に設けられた司法制度改革推進準備室では、室員約三十人が立法準備などに当たっている。元大分地検検事正の樋渡利秋室長の下、裁判官と弁護士も参加し、法曹三者の協力態勢が敷かれた。

政府は推進法に基づき、首相直属の推進本部を立ち上げる。本部長には小泉純一郎首相、副本部長には官房長官と法相が就任し、閣僚全員が本部員となる。

本部には顧問会議と事務局が置かれる。顧問会議は外部の意見を反映させるのが狙いとされ、有識者三人程度で構成される。［注］事務局は約五十人の陣容になる見通し。テーマごとに学者、弁護士らで構成する「検討会」も置き、その意見を参考に法案を練り上げる。

日弁連などは会議や議事録の公開を求めているが、政府には反対論も強い。顧問会議の委員には、改革審の会長を務めた佐藤幸治近畿大学教授らが有力だが、その人選と立法過程の透明化が当面の焦点になる。

改革審の意見書は①制度的基盤の整備②人的基盤の拡充③国民的基盤の確立——を三本柱としている。このうち「裁判の充実・迅速化」などの制度的整備は、さいたま地裁が保険金殺人事件で集中審理を採用するなど実行に移されつつある。

しかし基盤づくりは時間がかかる。政府は推進計画を閣議決定し、優先順位に従って法案約二十本を国会へ提出していく構えだ。

急ぐのは法科大学院である。二〇〇四年四月開校とされ、〇二年中には国会へ設置関連法案を提出しなければならない。中教審の法科大学院部会は年内に答申の骨子を作る方向で、これを待って立法作業が加速する。

反対に、じっくり検討しなければならないのは裁判員制度である。〇四年中の法案成立に向け、裁判員の数をはじめ、多岐にわたるち密な論議が必要だ。

司法を身近なものにするには裁判官制度の改革が重要になる。最高裁は二〇〇一年九月、裁判官の人事評価制度を見直す研究会を始めている。

弁護士から裁判官への任官を進めようと近畿弁護士会連合会は任官推薦協議会を設け、最高裁へ五人を推薦した。東京弁護士会も任官推進の基金をつくった。

弁護士改革も大きな課題だ。弁護士法が改正され、法律事務所の法人化が二〇〇二年四月実施される。弁護士の少ない地域にも支店を開設でき、市民のアクセス拡充に役立つとみられている。

国際的に通用する制度へ

司法制度改革推進法案は二〇〇一年十月二十四日から衆院法務委員会で本格審議が始まり、参考人として出席した戒能通厚早稲田大学教授が「司法改革は一国的な視点だけでも構造改革的な視点だけでも不十分。戦略的な措置が必要だ」と指摘して注目された。

改革審の意見書には賛否両論あるが、双方に共通して弱いのは、戒能教授の指摘する国際的視点だ。

安全保障は国連を中心に構想され、人権保障は各種条約で定められる時代である。日本だけの司法に閉じこもっていては、もはや通用しない状況が来ている。

日本の会社で顧問弁護士を置くのは一％にすぎず、法的には無防備同然だ。大企業の法務でも、弁護士が担当する欧米の法務には対抗できないといわれる。

税務・会計は「ガリバー」と呼ばれる欧米五大会計事務所の寡占状況にあり、自由化されれば日本はひとたまりもない。金融・保険の自由化に続き、弁護士などサービス業種の自由化も世界貿易機関（ＷＴＯ）で協議され、目前の問題だ。

これらの波にも対処できる国家的制度を築くのが今回の重要な課題である。政財界による構造改革の一環という側面だけに目を奪われず、国際的に通用する司法、自立した市民に基盤を置く司法へと体質を改善していかなければならない。

成否は法科大学院にかかっている。うまく機能すれば法曹人口増なども順調に達成できるが、大学法学部に屋上屋を架しただけに終わる心配もある。

二〇〇一年十月五日、埼玉県和光市の司法研修所で五十四期司法修習生の終了式が行われた。二〇〇〇年四月採用の九百六十三人が判事補、検察官、弁護士などに分かれ、全国で活動を始めている。過疎地への赴任に関心を持つ若い法曹も多くなった。

将来の法曹は裁判所だけではなく、国会、官公庁、企業、民間団体など幅広い分野で活躍するのが理想的だ。そうなってこそ司法が本当に市民のものになる。

堀籠幸男最高裁事務総長インタビュー

——意見書をどのように受け止めていますか。

「司法制度全般にわたる課題について改革のメニューや方向性が示され、極めて大きな意義があります。法的紛争が複雑多様化していくことから、司法制度もその機能を一層向上させることが求められています」

「裁判手続きの分野では、迅速な解決に向けた方策、紛争内容の専門性に対応できる制度づくりなどを目指し、法曹の質的量的な充実を目指す提言が行われています。これらの方策は裁判所の考える改革の方向と基本的に一致しています。裁判所は、内閣での検討に協力するとともに、意見書の趣旨を踏まえて検討を進めていきたいと思います」

——裁判官制度は将来どのようにあるべきですか。

「司法を担う高い質の裁判官を安定的に確保するため、今後とも判事の供給源となるべき判事補に裁判所の外の世界で多様な経験を積ませることや、弁護士からの任官を推進することなどが重要です。供給源を多様化する方策を進め、総体として柔軟で多様性に富み、足腰の強い裁判官を確保していきたいと考えています」

「下級裁判所の裁判官の指名について最高裁の諮問機関を設け、また人事制度についても人事評価の在り方などに透明性を図る方策を検討していく必要があります。諸課題の中でも特に裁判官制度の改革は、裁判所自らが責務を負っているものが多く、鋭意検討を進めたいと思います」

「このような改革を進めるとともに、これまで諸先輩が実績を積み重ねてきた、公平・廉直さ、独立の気概、論理的で説得力のある判決といった、裁判官の職務の中核となるところも維持発展させなければなりません。国民に身近で一層信頼される制度を構築していきたいと考えています」

――これからの司法はどう在るべきだと考えますか。

「何よりもまず、利用者である国民のニーズにどのようにして的確に対応していくかが基本です。意見書が示す改革の方向性を実践していくことで、その展望が開かれていくでしょう」

「どのような制度も完全無欠ということはあり得ないのですから、改革も継続的に検討していかなければなりません。速やかに実践すべき方策を進める一方で、長期的かつ継続的な努力が必要です。そのような努力の中で、より良い司法制度を育てていくことが重要だと考えています」

ほりごめ・ゆきお　東京地裁判事、内閣法制局参事官などを経て二〇〇〇年、最高裁事務総長。

◆メモ

司法制度改革推進法案　推進本部の構成のほか基本理念として「国民の司法制度への関与の拡充」、基本方針として「法曹人口の大幅な増加」などを定めている。改革を「国の責務」としたのが特徴。日弁連が必要な取り組みをする責務も盛り込まれたが、「政府の干渉を受け、弁護士自治が損なわれる」との批判もある。政府が財政上の措置を講じる義務も明記された。

[注]　顧問会議は十人となった。

第二章　新立法の道程（二〇〇二年七月から二〇〇三年六月まで）

第一回　司法制度改革推進計画（二〇〇二年七月十九日）

次期国会から新法案提出

政府の司法制度改革推進本部（本部長・小泉純一郎首相）は、二〇〇一年十一月に成立した司法制度改革推進法に基づき、三年の期限で法案作りを進めている。二〇〇二年三月、工程表に相当する司法制度改革推進計画が閣議決定され、推進本部内では、テーマ別に設けられた十の検討会で詰めの討議が進行中だ。政府は次の国会に法科大学院関連法案を提出、それを皮切りとして、二〇〇四年秋までに約三十本に及ぶ各種法案の成立を図る。司法の未来を決定付ける新立法の過程を報告する。

最初に法科大学院関連法案

司法制度改革は、内閣に二〇〇一年十一月設置された推進本部を中核としている。本部内には事務局が置かれ、そこで新しい法律の立案作業が進行中だ。

政府の基本法案は、普通は法制審議会を通した上で、内閣法制局や与党各党の〝事前審査〟を受けながら各省庁が立案するが、短期集中の作業となる司法改革は、この過程を踏まない。

その代わり、事務局内には、十の主要なテーマ別に法曹（裁判官、検察官、弁護士）、学者、実務専門家ら各十一人の委員からなる検討会が置かれ、その討議結果を踏まえて法案作りが行われている。

推進本部の外には、お目付け役の顧問会議がある。座長は、司法制度改革審議会の会長だった佐藤幸治近畿大学教授が務め、顧問には今井敬・日本経団連名誉会長、佐々木毅・東大学長ら十人が名を連ねている。

改革審が二〇〇一年六月に提出した意見書で特に注目されるのは①二〇一八年ごろまでに法曹人口を五万人規模へと拡充する②法曹の質と量を確保するため法科大学院を創設し、その修了を前提として新しい司法試験を実施する③刑事裁判で市民が裁判官とともに判決する「裁判員制度」を導入する――の三点といえる。

推進計画はこうした意見書の構想を実現するため作られた。計画によると、二〇〇四年四月開校予定の法科大学院と新司法試験に関連した法案は二〇〇二年末までに国会へ提出する。提訴手数料の見直し、簡裁が扱う訴訟の範囲拡大、裁判外紛争処理手続き（ＡＤＲ）の活用、労働調停制度の導入といった民事関係の法案は二〇〇三年の国会へ提出予定だ。

裁判員制度の創設や、容疑者・被告に公費で弁護士をつける「公的弁護制度」の導入など刑事関係の法案は二〇〇四年の提出となる。

各検討会は二〇〇二年一月以降、意見書の内容を具体的に固める作業を開始した。進行の速い法曹養成制度検討会は秋ごろまでに法科大学院と新司法試験の概略をまとめる。

法曹制度検討会は、不祥事を起こした弁護士を対象とする新しい綱紀・懲戒制度を決めた。行政訴訟検討会は行政訴訟の在り方について広く意見を募集中だ。裁判員制度検討会も職業裁判官と市民の数などについて概括的な論議を始めた。

検討会以外でも、最高裁が下級審裁判官の指名について諮問機関を設置するなど、法曹三者が推進計画に従って必要な措置を実施に移している。また隣接法律専門職種でも、二〇〇三年四月から簡裁での訴訟代理権が認められる司法書士が研修を開始するなどした。

最近、法科大学院のバイパスになる、新司法試験受験資格の予備的試験について、自民党が対象者拡大案を示すなど、推進本部の外でも提言が活発化している。今後一年半の作業で司法改革の姿は事実上決まる。

機能発揮へ顧問会議

「裁判の結果が必ず二年以内に出るように改革していきたい」。二〇〇二年七月五日開かれた第五回顧問会議の席上、推進本部長の小泉純一郎首相が具体的な指示をした。司法改革の成果を国民に見える形にしようという〝政治主導〟の固い決意を示す行動だ。

この前日、政府内からは翌日の首相発言に関する示唆が漏れてきた。顧問会議を首相のリーダーシップ発現の場にするシナリオが描かれていた。ある関係者は「法曹主導を排除する意味があった」と説明する。

二〇〇一年十一月の推進本部発足後、改革の動きは水面下に隠れた感がある。十ある検討会が報道機関にしか傍聴を認めず、そのうち法曹養成、司法アクセス、仲裁、裁判員制度・刑事、公的弁護制度の五検討会は議事録で発言者名を伏せると決めたことも影響した。

法曹関係者中心に内輪の作業が進んでいるのではないか。不信感が募り、政治の側から衝撃を与える選択が行われたのだという。

裁判の長期化には市民の批判が最も強い。当事者間に争いのある難事件を見ると、二〇〇〇年には一審の審理期間が平均で民事裁判は二十一・七カ月、刑事裁判は九・八カ月かかっている。二年を超えた刑事裁判は二百七十六件もあった。

実情からすれば、二年以内の判決は大胆な限定といえる。法曹関係者の中には「急ぎ過ぎて、真実発見がおろそかにならないか」と懸念する声があるほどだ。

「裁判が遅い」との批判は、これまでの顧問会議で強く出されていた。それを受けた首相の指示だ。

これは、顧問会議が単なる監視の枠を超え、首相を動かす提言機能も発揮し始めたことを示している。顧問会議の役割が重要になりつつある。もし事務局作成の法案が改革審の意見書と大きくかけ離れるようならば、また顧問会議に出番が回ってくるかもしれない。

絶対に後退は許されない　笹森清・推進本部顧問

改革審の意見書は重みがあります。数ある審議会の中で「改革」という言葉がついたのは司法と教育しかない。絶対に後退が許されないということなのです。

意見書の趣旨を徹底的に尊重し、それが曲げられないように監視を続けながら、十ある検討会から上がってくる各法案の内容をチェックするのが、顧問会議の役割です。主権在民の基本に立ち、国民に身近で、分かりやすく、利用しやすい、そして紛争解決の速い司法へと変えていかなければなりません。

労働の側からすれば、個別労使紛争の法律相談は年間百万件もあるのに、裁判になるのは三千件ほどしかない。泣き寝入りの件数が圧倒的です。司法が市民からほど遠く、信頼されていないということです。

労働事件の審理に、専門的な知識・経験を有する人が関与する「労働参審制」は絶対実現してもらいたい。司法試験の科目から労働法が消えてしまったなんて、とんでもないことです。先進国の名に値しない。

検討会は専門的、技術的、セクト的になりがちです。法曹関係者以外の委員は発言しにくく、事務局主導になってしまう。各検討会は論議の経過と結果を、できればリアルタイムで情報公開する必要があります。

ささもり・きよし　連合会長、司法制度改革推進本部顧問、元東京電力労組委員長。

司法に国民的な基盤を　中坊公平・元司法制度改革審議会委員

構造改革の根本にあるのは国民の主権者意識であって、それがすべての原点にならなければならない。改革審の意見書は、司法改革の三本柱を掲げているけれども、核心は国民的基盤の確立です。刑事裁判で国民が裁判官とともに判決する裁判員制度が実現するなどし、司法が国民のものになってくれれば、政治も行政も国民のものになるのです。無から有を生み出す視点で、われわれが意見書に描いた〃地図〃を見てほしい。

しかし、推進本部は何事も事務局主導で、各検討会は意見を言うだけに終わっています。全体が見えにくくなっている。わざわざ迷路に入ろうとしているようで、道筋そのものが曲げられるおそれも出ています。非常に危険な状態にある。

推進本部にしても五十六人の事務局員のうち、法律家でない民間人は一人しかいません。司法改革は、司法を専門家の手から利用者の手へと返すものでなければならない。法律家だけで行ってはいけないのです。事務局から独立しているのは顧問会議しかありません。顧問会議が力を持たないとチェックはできない。しかし改革審の委員で顧問会議に残ったのは佐藤会長だけ。引き継ぎがうまくできていないのが心配です。

なかぼう・こうへい　元司法制度改革審議会委員、元日弁連会長、元住宅金融債権管理機構社長。

諸改革の「最後の要」（改革審意見書要旨・総論部分から）

一、司法制度改革は、諸改革を憲法のよって立つ基本理念の一つである「法の支配」の下に有機的に結び合わせようとするものであり、一連の諸改革の「最後の要」と位置付けられる。
一、法曹がいわば「国民の社会生活上の医師」として、各人の置かれた具体的な社会状況ないしニーズに即した法的サービスを提供することが必要である。
一、改革の三つの柱
①「国民の期待にこたえる司法制度の構築（制度的基盤の整備）」司法へのアクセスを拡充するとともに、より公正で適正かつ迅速な審理を行い、実効的な事件の解決を可能とする。
②「司法制度を支える法曹の在り方（人的基盤の拡充）」幅広い教養と豊かな人間性を基礎に、さまざまな分野で厚い層をなして活躍する法曹を獲得する。
③「国民的基盤の確立（国民の司法参加）」国民は各種の関与を通じて司法への理解を深め、これを支える。

◆メモ
司法制度改革推進本部　首相を本部長、官房長官を副本部長、各閣僚を本部員として構成。事務局長は裁判官出身の前法務省民事局長で、各省庁や最高裁などから派遣された計五六人の事務局員からなる。そのうち民間からは弁護士四人を含む計五人が参加。最高裁、日弁連などと連絡を取り、検討会の庶務や立法を担当するほか、一般からの意見も受け付ける。事務局のホームページは http://www.kantei.go.jp/jp/singi/sihou/index.html

（二〇〇二年八月十六日配信）

第二回　法科大学院

二〇〇三年六月から設立受け付け

二〇〇四年開校を目指して法科大学院の制度設計が具体化してきた。政府の司法制度改革推進本部が法曹養成検討会を柱に立法作業を進める一方、中央教育審議会が設置基準などについての答申を二〇〇二年八月五日にまとめた。与党三党も七月三十一日、合意文書を交わし、ほぼ内容が固まった。秋の国会で法科大学院関連法案が成立すれば、直ちに設置基準が公表され、二〇〇三年六月からは設立の受け付けが始まる。米国のロースクールのような法曹（裁判官、検察官、弁護士）養成専門の大学院が日本にも誕生する。

理系出身や社会人らを歓迎

司法制度改革審議会が二〇〇一年六月の意見書で打ち出した構想の目玉の一つが法科大学院だ。現在は二万人規模の法曹人口を二〇一八年ごろまでにフランス並みの五万人規模へと拡充し、質量ともに豊かな法曹を育てていく。そのために重要な柱となるのが、法科大学院の創設とされている。修了生には新しい司法試験の受験資格が与えられる。

中教審の答申によると、法科大学院は高度専門職業人を養成する専門職大学院とされる。専任教員は十二人以上必要で、その約二割以上は法曹関係者ら実務家教員でなければならない。

学生は専任教員一人当たり十五人以下の少人数。法学部卒業生だけを受け入れるのではなく、医学、工学といった理科系出身者や、文科系でも経済を学んだ者、社会人らを歓迎し、一定割合以上入学させる。標準修学年限は三年だが、法学既習者は二年の短縮型コースとすることもできる。

講義は①憲法などの法律基本科目群②判決文作成や法律相談、模擬裁判などの実務基礎科目群③外国法などの基礎法学・隣接科目群④知的財産法、環境法などの展開・先端科目群——の四つに大別。法律基本科目群は、憲法・行政法などの公法系、民法・商法・民事訴訟法などの民事系、刑法・刑事訴訟法などの刑事系に分け、実体法と手続き法を総合的に教える。講義のほかに演習、調査・リポートなども組み合わせる。国の認証を受けた「第三者評価機関」が教育水準を継続的にチェックする。この機関は法的サービスの利用者らで構成され、その適格認定を受けられない法科大学院には文部科学省が改善・閉鎖命令、設置認可取り消しなどの措置を取る。

推進本部の調査によると、法学関連の学部・学科がある百十七大学のうち、設置予定を明確にしているのは七十三大学（国立二十四、公立二、私立四十七）。このほか第二東京弁護士会なども開設を検討中だ。

推進本部は学校教育法改正案などの関連法案を起草し、二〇〇二年秋の国会に提出する。これらが成立すれば、各法科大学院は二〇〇四年二月ごろ入学試験を行い、二〇〇四年四月に開校の見通しだ。

推進本部の法曹養成制度検討会は、二〇〇六年三月に二年短縮型コースを修了する学生を対象として、その夏にも、法科大学院の教育内容を前提とした新しい司法試験を実施、合格者は同年九月から司法研修所で一年程度の実務修習に入ることとする方向だ。早ければ二〇〇七年秋には法科大学院出身の法律家が誕生する。

与党三党は政策責任者によるプロジェクトチーム（与党ＰＴ）の検討結果を踏まえ、法科大学院を経由しない者も予備試験に合格すれば新司法試験の受験を認めることで合意している。

創設か不要か危機の一カ月

「そもそも法科大学院なんか要らないんだ」。ある自民党議員が「国会に法案がきたらひっくり返す」と、いきまいた。二〇〇二年七月十二日に始まった与党ＰＴの会議。「早く法曹増員をしないと国際競争に負ける。法学部教育を充実させることこそ重要であり、現行制度のままでいい」という立場からの不要論だった。

推進本部の法曹養成検討会は、七月中にも原案をまとめる方向で急ピッチの作業を進めていたが、自民党内の反発を横目ににらみ、足踏み状態になった。予算を握る財務省の反応も鈍く、思い切った提案は打ち出しにくい状況が生まれた。

「法科大学院はできないのではないか」「改革審会長だった佐藤幸治・推進本部顧問会議座長が、抗議の意味で辞職しそうだ」などといった観測が流れた。

公明、保守両党がそれぞれ別の案を出し、混迷が深まった。改革審の意見書では、資力の乏しい人らに限定して実施されるはずだった予備試験が、自民党案の新司法試験では大幅に拡大され、法科大学院が有名無実化する懸念があった。

与党ＰＴの谷垣禎一座長（自民）が示した素案に、公明党は予備試験の拡大を抑える趣旨の修正などを加え、七月三十一日、やっと「法科大学院修了者と予備試験合格者は同一の基準で合否を判定する」などとする合意が成立した。

推進本部事務局の幹部は「ほっとした。国会を通らない法案を作っても意味がない」と話す。危機は回避され、慶応大が八月二日、定員二百三十人で二〇〇四年開校と公表するなど動きが表面化。大学教員のスカウトは「大移動」と呼ばれるほど激しくなっている。

しかし政府が予算措置を決定していないため、依然として不安はくすぶる。日本弁護士連合会内には「法科大学院ができて、もたらされるのは、弁護士の独立を危うくする生活破たんと自治破壊だ」とする反対論も根強い。

特権階級化してはいけない　漆原良夫公明党衆院議員

改革審の意見書は基本的指針であって、制度設計はそこから大きく離れるべきではありません。意見書は法科大学院を法曹養成の「中核」と位置付けており、そこから離れるとすべての政策がぶれてきてしまう。

自民党のように自由競争の考え方で、法曹希望者は全く自由に競争せよと言うのでは、そもそも法科大学院構想の意味が損なわれてしまいます。そこで与党ＰＴの座長試案に対し、法科大学院が法曹養成の「中核」であることを明記するなどの修正案を出したのです。自民、保守両党がよくのんでくれました。

法科大学院は必要ですが、その修了者だけが新しい司法試験の受験資格を持ち、特権階級化してはいけない。「社会で苦労し、法科大学院へは通えない人を対象にした予備試験の受験資格を設けろ」と主張しましたが、立法化が技術的に難しかった。そのため一歩譲って、司法試験では法科大学院修了者を優遇するのではなく、予備試験合格者も「同一の基準で合否を判定する」と修正したのです。

心配なのは、第三者評価機関がしっかりとできるかどうか。駄目な法科大学院はふるい落とすのでないといけません。法律の素養のない人が三年間で今の法曹と同レベルに達するかどうかも心配。能力低下が起きない教育が必要です。

うるしばら・よしお　衆院議員、公明党法務部会長、弁護士。

政府の志が見えない　佐々木毅・東京大総長

いろいろな改革の中で、司法制度改革は人づくりを進める改革であることが他と決定的に違います。しかし、その意識が政府全体で弱いのが大きな問題です。

法科大学院をつくる大学や、そこで学ぶ学生に対して、政府がどうサポートをするか、それがはっきりしない。そこをはっきりさせずに、教育内容をどうするかという、注文を付ける論議ばかりしている。やや本末転倒の感がします。政府の志が見えません。

政府が人づくりの音頭を取りながら、他人任せのような態度であるのはよろしくない。しかるべき形でコストを負担するべきです。授業料が高くて、学生が誰も来ることができない法科大学院をつくっても、仕方がないでしょう。

法科大学院はできるだけ良いものにしたい。法曹の質の低下は深刻で、今のまま数を増やすのでは、競争力のない法曹ばかりをつくることになってしまう。政治、経済、社会の動きに対して確固たる認識と見解を持った人が必要です。専門家としての資質の充実を含め、今まで国民から離れていた司法のイメージを払しょくする人材をつくらなければなりません。大きな責任を大学は負っています。

ささき・たけし　東京大学総長（政治学）、司法制度改革推進本部顧問。

プロセスとしての養成重視（改革審意見書要旨・法科大大学院関連部分）

一、司法試験という「点」のみによる選抜ではなく、法学教育、司法試験、司法修習を有機的に連携させた「プロセス」としての法曹養成制度を新たに整備すべきである。その中核を成すものとして、法曹養成に特化した教育を行うプロフェッショナルスクールである法科大学院を設ける。

一、法科大学院は二〇〇四年四月からの学生受け入れ開始を目指して整備されるべきである。入学者選抜の公平性・開放性・多様性や法曹養成機関としての教育水準、成績評価・修了認定の厳格性を確保するため、適切な機構を設けて、第三者評価（適格認定）を継続的に実施する。

一、（大学に基盤を置かない）独立大学院や（各大学の）連合大学院も認め、全国的な適正配置に配慮し、夜間大学院や通信制大学院を整備すべきである。

一、標準修業年限は三年とし、法学既習者には二年での修了も認める。

◆メモ

第三者評価制度　大学の教育・研究水準の維持・向上を図る観点から、国の認定を受けた第三者による継続的な評価認定（アクレディテーション）を受ける制度。米国、英国、ドイツ、フランスなど海外で急速に整備が進んでいる。米国では十九世紀からこの制度があり、現在は約六〇の民間団体が活動している。その評価は連邦政府からの研究費などの受給要件とされる。日本では二〇〇〇年に「大学評価・学位授与機構」が設立されたが、主に国立大学を対象としており、私立大学なども含む第三者評価機関は未整備な状態だ。

第三回　新しい法曹の誕生　（二〇〇二年九月二十日）

企業、官庁などへ広く進出

「裁判法曹」という言葉がある。法廷だけを仕事の場とする裁判官、検察官、弁護士のことをこう呼ぶ。日本の法律家は明治以来ずっと「裁判法曹」だったが、その姿が今、根本的に変わろうとしている。政府の司法制度改革推進本部が作成している新法案では法律家が企業、議会、官庁、団体、国際機関などに広く進出し、法的問題の処理に当たることが予定されている。法律家が脱皮することにより日本の社会に構造変化をもたらす可能性がある。重要な転換点が目前に来ている。

一定範囲で資格条件緩める

政府の司法制度改革審議会は昨年の意見書で法曹人口を現在の二万人規模から二〇一八年ころまでには五万人規模へと増やすこととし、二〇〇四年四月をめどに法科大学院をつくるとした。

推進本部で二〇〇二年九月十八日に開かれた法曹養成検討会では、法科大学院を「中核的な教育機関」と位置付ける「法曹養成に関する法律」の立案方針がほぼ固まり、司法試験法改正案（骨子）も大筋で合意された。秋の国会にはこれらの法案のほか、司法試験合格者に裁判実務の修習を行う司法研修所に関連した裁判所法改正案などが提出される。

この日は最高裁が、司法修習の期間を現在の一年半から一年へと短縮する新構想を明らかにし、法曹養成の全体像が明確になった。

これまでの論議をまとめると①政府は二〇〇六年から法科大学院の教育を踏まえた内容に司法試験を切り替える②現行司法試験も並行して実施するが、五年程度で廃止する③その後は法科大学院修了生と、誰でも受けられる予備試験の合格者が新司法試験を受験できる――という制度になる。予備試験の受験には資力の乏しい人などの資格は設けない。

新しい法曹に必要な専門性の検討が各分野で進んでおり、試験科目として公正取引委員会は独占禁止法を、日本税理士会連合会は租税法を新たに組み込むよう、推進本部へ求めている。

大学関係者らは法科大学院協会をつくり、二〇〇三年九月に適性試験を実施する計画だ。適性がないとみられる学生の入学は認めない。

二〇〇二年二月に始まった法曹制度検討会では弁護士制度から見直しが行われた。公務就任や営業活動などの許可制を届出制へと緩めることと、会員を縛っている報酬規定を会則から削除することが決定された。自由化を進める方向の改革だ。

綱紀・懲戒制度の強化も決まった。市民からの懲戒請求については、日本弁護士連合会が新設する市民参加の綱紀審査会が下した結論に拘束力を認め、それに従って各都道府県弁護士会で懲戒審査が行われる。

法曹資格の条件を一定範囲で緩める決定もされている。司法修習を終えないと与えられない法曹資格は、司法試験合格者が企業や官庁などで法律実務を七年程度経験していれば、未修習でも認めることになった。また法務省が検察事務官らを対象に試験をし、合格すると検事と同じ権限を与えている「特任検事」にも弁護士研修などをする条件で法曹資格が与えられる。

秋からは裁判官制度の改革に重点が移る。最高裁は二〇〇二年七月の報告書で下級裁判所裁判官に人事評価の内容を開示することにした。裁判官の任命過程に国民の声を反映させる「裁判官選考委員会」の設立も決定。日弁連との間では、弁護士が民事と家事の調停をパートタイムで担当する「非常勤裁判官制度」の導入も合意されている。

多様化迫られる法曹資格

「民事事件も刑事事件もすべてできる〝フル規格〟の弁護士が、これからの世の中に必要なのだろうか。専門分野だけを扱う弁護士が多数いた方が国民のためになるのではないか」

中川英彦・住商リース副社長が弁護士資格の見直しに言及した。二〇〇二年九月十日の法曹制度検討会。元日弁連副会長の平山正剛弁護士は「フル規格が基本と押さえておくことが大事」と強く反論し、静かなやりとりの中、激しい火花が散った。

これまでの法曹は〝フル規格〟であることが当然の前提だった。しかし司法改革の過程では、権限を絞った法律職種の資格が具体化し始めている。既に司法書士法改正によって、二〇〇三年四月からは簡裁での民事訴訟代理権を司法書士も行使できるようになった。

この検討会では今後、簡裁判事と副検事にも退職後、簡裁の事件を扱うことに限定した「準弁護士」のような法曹資格を与えるかどうかが焦点となる。

国際化検討会も、日本弁護士と外国弁護士との提携・共同に際して要求されている厳しい承認要件を緩和する方向だ。外国弁護士の活動範囲も広がっていく。

政府の総合規制会議は二〇〇二年七月、法律事務の取り扱いを弁護士に限定している弁護士法を改正すると決定した。こうした状況を日弁連は「弁護士資格を変質させかねない重大な問題」ととらえ、対策本部を設置して対応策を練っている。

日弁連のある幹部は「法曹資格の拡大は利害関係者の職域拡大であって司法改革の対象ではない」と言う。そうした面は否定できないが、運転免許証にマニュアル車用、オートマチック車用などがあるように、法曹資格も分化、多様化が迫られているのではないか。

ただし、弁護士資格は公共の利益に深い関係があり、日弁連内には「将来的にはすべて弁護士資格に統一するべきだ」という意見も強い。どうすれば社会的利益にかなうのか、しっかりした検討が必要だ。

弁護士の専門職域団体を　　諸石光煕・住友化学専務

「法科大学院は数多くつくることはありません。内容の充実した立派なものができるところだけでいい。一度つくった法科大学院は廃止しないとか、学生は全員卒業させるとかいうのはおかしい。規格外品を合格品と偽って出荷したら、企業だったら倒産してしまいます。厳しい言い方ですが、ついていけない学生は退学させ、早い時期に別の道へ進んでいける社会にしなければなりません」

「現在の大学法学部では、司法試験受験組以外に法律を本当に勉強してきた人はほとんどいません。企業の法律問題を担当する法務部門に必要な人材がなかなかいない。しかし、これからは法科大学院修了生の時代です。

裁判法曹以外でも米国のように企業や官庁などに活躍の場がいくらでもありますが、そこでは法曹資格の有無は問題にはならない。例えば経験三年の弁護士と経験十年の法務部員と、どちらが信用できるかといえば法務部員です」

「法律家に必要なのは多様性。その専門分野は知的財産権、金融、証券、保険、国際商取引、倒産、企業買収、環境、医療過誤、独占禁止法、労働法などと大変広い。外国には専門分野によって団体があり、一定レベルの法律家でないと加入できないようにして質の保証をしていますが、日本でも弁護士会の中に専門職域ごとの権威ある団体が多数できてほしい」

もろいし・みつひろ　住友化学工業専務、弁護士、弁理士、法曹養成制度検討会委員。

使命感を植え付けたい　奥島孝康・早大総長

「今の法曹に一番欠けているのはフィロソフィー（哲学）です。『くやしいけれど、やらなければならない』という〝やせ我慢〟の精神がないから、使命感も生まれない。それに競争社会ではないからモラール（士気）が低い。世のため人のために汗を流そうという気概がもっと欲しい。エリート意識が生まれるのは法曹の数が少なすぎるからで、数の問題が質の問題をつくり出しているのです」

「まず法曹の増員、特に裁判官と検察官の増員が必要ですが、その見通しが全く見えないのが寂しい。次は規制緩和。法科大学院は、一定の基準を満たしたものはすべて認可する方式であるべきで、その方向にあるのは心強い」

「司法試験の受験予備校が学生を集めています。『法科大学院ができても貧乏人は通えない』という意見がありますが、経済的に苦しい学生は予備校に通えない今の方が、公平ではない。予備試験を太いバイパスにはしないようにしなければならない。人を押しのけても自分が法曹になるのだというのではなく、法科大学院で豊かな人権感覚、使命感をしっかり植え付けたい。外国語に強く、国際感覚に富んだ法律家を育て、知的財産権とか独占禁止法とか、特色を持った法科大学院をつくりたい」

おくしま・たかやす　早稲田大学総長（商法）、司法制度改革推進本部顧問、法科大学院協会設立準備会会長。

二〇一〇年ころ年間三千人に（改革審意見書要旨・法曹養成関連部分）

一、高度の専門的な法的知識を有することはもとより、幅広い教養と豊かな人間性を基礎に十分な職業倫理を身に付け、社会のさまざまな分野において厚い層をなして活躍する法曹を獲得する。

一、司法試験を法科大学院の教育内容を踏まえた新たなものに切り替える。法科大学院修了者には新司法試験の受験資格が認められる。経済的事情や既に実社会で十分な経験を積んでいるなどの理由により法科大学院を経由しない者にも、法曹資格取得のための適切な道を確保すべきである。

一、新司法試験は二〇〇五年度に予想される法科大学院の初めての修了者を対象とする試験から実施。その後五年間程度は並行して現行司法試験を実施する。

一、二〇一〇年ころには新司法試験の合格者の年間三千人達成を目指す。おおむね一八年ころまでには実働法曹人口は五万人規模に達することが見込まれる。

◆メモ

法科大学院協会　入学者選抜、教育内容、教員研修、司法試験、学生の奨学援助、財政基盤など各法科大学院に共通する諸課題について共同で努力し、各方面に提言と要望を行うために結成される。二〇〇二年四月、設立準備会合が東京で開かれ、東大、京大などの国立大や慶大、関西大など私立大の関係者ら多数が出席した。会長は早大の奥島孝康総長。米国ロースクール協会などを参考として、二〇〇三年九月に入学希望者の統一適性試験を実施する計画。二〇〇三年十二月の法科大学院設置認可後に設立総会が予定されている。

第四回　身近になる家庭裁判所

（二〇〇二年十月十八日配信）

家庭事件はすべて家裁で

家庭に関する紛争は、家裁の家事調停を経てから地裁へ提訴する場合や、地裁へ直接提訴しなければならない場合などに分かれている。しかし地裁と家裁との間には手続きの連携がなく、科学調査を専門とする家裁調査官も地裁では活用できない。政府の司法制度改革審議会が昨年六月の意見書で、こうした不便さの改善を求めてから、改革の動きが具体化した。法制審議会は人事訴訟の管轄を家裁へ一本化する中間報告をまとめ、二〇〇二年十一月から詰めの作業に入る。政府の司法制度改革推進本部では改善策が練られている。「家庭事件はすべて家裁で」が合言葉になる。

戦後初の質的管轄変更へ

法制審議会の民事・人事訴訟法部会は二〇〇二年八月、「人事訴訟手続き法見直し等に関する要綱中間試案」を公表し、広く意見募集した。ポイントは三つある。

第一は、家庭事件のうち婚姻、養子縁組など身分関係の形成・存否にかかわる「人事訴訟」の裁判権を地裁から除き、家裁の権限に加えることだ。請求金額など量的理由で裁判管轄が変更されたことはあったが、訴訟類型という質的理由での変更は戦後初になる。

第二は、家裁の調査官が心理学、教育学などの専門家として担当する「事実の調査」を拡充し、人事訴訟でも行えるようにすることだ。親権者の指定や財産分与などで、より実態に合った判断が可能になる。

しかし調査官は全国で約千五百人しかいない。現在受け持っている少年事件、成年後見事件などのほかに人事訴訟が加わるのは大変な負担増だ。最高裁は調査官三十人増員という異例の来年度予算要求を出しているが、実現が望ましい。

第三は、一般国民から選任した「参与員」を審理や和解に立ち会わせることができるようにすることだ。参与員は、高齢者ら責任能力を欠く人の成年後見人選任などの「家事審判」で意見を述べるが、実際には活用されていない。積極的活用は、市民感覚を生かす家裁の性格にかなっている。

改革案の背景には家庭事件の急増がある。二〇〇一年、家事審判事件は四十五万六千件を数え、十年前に比べると一・七倍になった。離婚、遺産分割、子の監護者（保護者）の指定など「家事調停」は十二万二千件で一・三倍に上っている。早急な手当てが必要だ。

政府の司法制度改革推進計画によると、「人事訴訟の家裁への一本化」「離婚訴訟への参与員制度の導入」「少額定期給付債務（子供の養育費など）の履行の確保」などに関連する法案は、二〇〇三年度通常国会へ提出するとされている。

新制度は二〇〇四年施行の見通し。司法制度改革推進本部は法制審の動向をにらみながら、司法アクセス検討会などでさらに改善点の検討を続けていく方向だ。

しかし論議が続きそうな課題は残されている。例えば家事調停は任官間もない特例判事補の担当となることがあるが、「若い裁判官では夫婦の心の機微は分からない」といわれる。裁判官不足であっても人事配置の工夫を求める声は強い。

離婚訴訟などは提訴の前に家事調停を経なければならない（調停前置主義）。この制度に変更はなく、訴訟の場合はゼロからやり直しになる見通しだ。調停の場では双方の主張を十分吟味できないからだといわれるが、反対論もある。［注］

心配されているのは、民主的性格が大きな特色である家裁が、普通の民事・刑事裁判所化してしまうことだ。実質的には窓口で市民の法律相談役をすることもある書記官、調査官らの専門性は尊重していきたい。

半数近くが調停で合意

「定年離婚と言いますが、ずっと前から家庭内離婚だったのです」。石田敏明・東京家裁判事が解説した。「定年で離婚が多くなる理由は、諸外国に比べて圧倒的に大きな夫の退職金にあります」。軽妙な話しぶりにどっと笑いが起きた。

調停制度施行八十周年などを記念して二〇〇二年十月七日、日本調停協会連合会が東京・霞が関で開いたシンポジウム。「これからの家族と家事調停を考える」がテーマだ。全国から集まった調停委員らを前に石田判事は「調停が訴訟の前哨戦になってはいけない。過激な対立構造を持ち込まないことが大事」とアドバイスした。

家事調停は、訴訟のような白か黒かの決着ではなく、話し合いによる歩み寄りと将来の関係修復が狙いだ。非公開で行われ、半数近くが合意に達している。

一般に家裁の調停室は二十平方メートルほどの広さ。テーブルに裁判官と当事者、調停委員、書記官が着席する。以前は申立人と相手方から別々に話を聴くのが普通だったが、最近は「同席調停」といって、一緒に呼ぶ場合も増えてきた。相互理解を深める有効な方法として注目されている。

家事事件の流れ

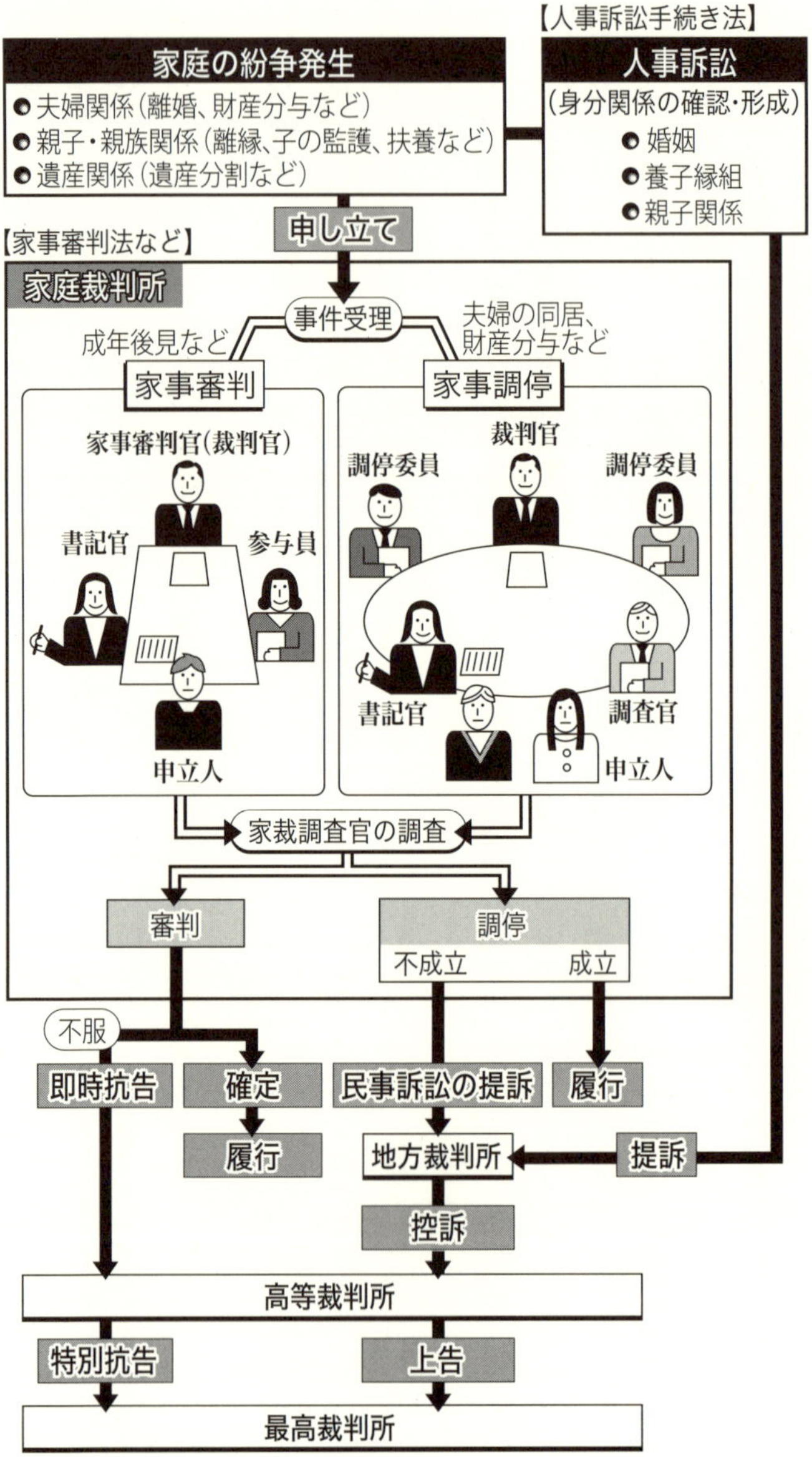
【人事訴訟手続き法】
家庭の紛争発生
夫婦関係（離婚、財産分与など）
親子・親族関係（離縁、子の監護、扶養など）
遺産関係（遺産分割など）
人事訴訟
（身分関係の確認・形成）
婚姻
養子縁組
親子関係
申し立て
【家事審判法など】
家庭裁判所
事件受理
成年後見など
夫婦の同居、財産分与など
家事審判
家事調停
家事審判官（裁判官）
書記官
参与員
申立人
裁判官
調停委員
調停委員
書記官
調査官
申立人
家裁調査官の調査
審判
調停
不成立
成立
不服
即時抗告
確定
履行
民事訴訟の提訴
履行
地方裁判所
提訴
控訴
高等裁判所
特別抗告
上告
最高裁判所

家事調停委員は全国に約一万二千人おり、定年退職者や主婦ら無職の人が約五千人と最も多い（二〇〇一年度）。調停技術を磨くため二〇〇二年十月九日、東京都内で開かれた研修会では、家庭内暴力（ＤＶ）と精神障害の例が取り上げられ、「ＤＶの受け止め方は個人差があり、ＤＶを前面に出すと相手を硬化させてしまって調停は難しくなる」などと活発な意見交換が行われた。

最近はこのような難しい事案が多く、単なる地元の名士では対応が難しくなっている。ある家裁関係者は「調停委員に人を得るのが何よりも重要。裁判所退職者ではなく、民間会社などで人生経験を積んだ人や不動産鑑定士、公認会計士、税理士などの専門家が入ってほしい」と話している。

国民参加の参与員制に期待　竹下守夫・法制審議会会長

「家庭裁判所は日本の裁判所制度の中では最も国民に親しまれていますけれども、国民の目からは利用しにくいと感じられている面もあります。中間試案が改善を提案していることのうち最も影響が大きいのは、人事訴訟の地裁から家裁への移管です。家庭事件をすべて家裁で扱うことができるようになり、不便な面が改善されることでしょう」

「もう一つは、家裁の調査官を人事訴訟でも生かせるようになることです。ただ、試案では調査官は家事審判事項の調査には使えるものの、離婚原因などには使えないとされていますが、何らかの形で調査官の調査の結果を利用できることが望ましいでしょう」

「家裁改革に大きな意味があるのは参与員制度の拡充です。もう少し実質的に『国民の司法参加』という意味を持つようにしたい。普通の民事訴訟はいろいろな行為が積み重なっていて、裁判官でないと判断に難しいところがありますが、家庭事件は一般国民にも分かりやすく、司法参加に適しています。誤解を招いてはいけないが、参与員制度が、裁判官と国民が一緒に裁判をする諸外国の『参審制度』に近いものとなるよう、期待しています」
たけした・もりお　駿河台大学長（民事法）、法制審会長、一橋大学名誉教授、元司法制度改革審議会会長代理。

物的・人的な整備を　　橋本佳子弁護士

「人事訴訟の家裁への移管は家族の法律関係を専門的な裁判所で一括して扱うことになり、賛成です。しかし移管さえすればいいのではありません。物的・人的な整備がなければ、家裁はパニック状態になってしまうでしょう。審理は遅れ、きちっとした救済に手が届かなくなるのは目に見えています」

「調停室が空いておらず、家事調停の期日がなかなか入らないことがあります。まず調停室や法廷の確保が必要です。争っている夫婦が顔を合わせずにすむ待合室の整備も重要です」

「今後、女性の経済的自立が進む中で離婚が増えてくるでしょう。裁判官、書記官、調査官を大幅に増員しなければ身動きがとれなくなります。特に成年後見制度が開始されてからは、事件が急増し、調査官は大変な負担増になっていて、手続きが遅れ気味です」

「調停委員、調査官、裁判官の研修を充実してほしい。男性の調停委員から『夫の暴力は多少あっても当然』『浮気くらいで我慢が足りない』など、ジェンダーバイアス（性に基づく差別や偏見）や男女の役割分担が当たり前と思っている発言が今も聞かれます。ジェンダー、社会学など人権感覚を養う研修が欠かせません」

はしもと・けいこ　日本弁護士連合会「両性の平等に関する委員会」委員長、弁護士。

調停委員の人材確保（改革審意見書要旨・家庭裁判所関連部分）

【国民の期待にこたえる司法制度の構築（制度的基盤の整備）】国民にとってより利用しやすく、分かりやすく、頼りがいのある司法とするため、国民の司法へのアクセスを拡充するとともに、より公正で、適切かつ迅速な審理を行い、実効的な事件の解決を可能とする制度を構築する。

一、家庭裁判所については、管轄の見直しを含め、その機能の充実を図る。

一、離婚など家庭関係事件（人事訴訟など）を家庭裁判所の管轄へ移管し、離婚訴訟などへの参与員制度の導入など体制を整備すべきである。

一、民事・家事調停委員、司法委員および参与員について、その選任方法の見直しを含め、年齢、職業、知識経験などにおいて多様な人材を確保するための方策を講じるべきである。

一、家事審判・調停により定められた義務など少額定期給付債務（扶養料など）の履行確保のための制度を整備すべきである。

◆メモ

家事審判・家事調停　家事審判法によると、家庭内のもめ事のうち成年後見人の選任、養子・離縁の許可など身分関係の事項は、家裁で「家事審判」の対象とされる。特別の場合を除き、単独の家事審判官（家裁裁判官）が、民間から選任した一人以上の参与員を立ち会わせ、その意見を聴いて行う。「家事調停」は家事審判以外の家庭事件が対象。一人の家事審判官と、民間から選ばれた二人以上の家事調停委員で構成する調停委員会が、申立人と相手方の言い分を聴き、双方の合意による実情に即した解決を目指す。家事調停の手数料は九百円。

［注］家庭裁判所で調停が成立しなかった場合、調停申し立てのときに家事審判の申し立てがあったとみなす規定が改正家事審判法に新設されるなどし、訴訟などと連携させる制度がつくられた。

第五回　変ぼうする簡易裁判所

（二〇〇二年十一月二十二日配信）

限度額引き上げへ

身の回りの小さなトラブルを簡単な手続きで迅速に解決するのが簡易裁判所だ。九十万円以下の民事事件と罰金以下の刑事事件などが対象とされ、民事事件のほとんどは弁護士が付かない本人訴訟で行われている。政府の司法制度改革推進本部は、簡裁で扱う民事事件の限度額（事物管轄）を二十年ぶりに引き上げる方向だが、百万円から百三十万円程度までになる公算が大きい［注一］。来年四月には司法書士にも簡裁での訴訟代理権が与えられる。民事を中心に簡裁が大きく変ぼうする。

少額訴訟も引き上げへ

簡裁が扱う民事事件は金銭の貸し借り、建物明け渡し、隣家とのもめごとといった軽微な事件だ。東京簡裁は受け付け相談センターを設け、書記官らが訴状作成の相談などに応じている。

民事手続きには大きく分けると①裁判官と市民の調停委員二人でつくる調停委員会が話し合いによる解決を行う民事調停②裁判官が市民の司法委員の補助も得て判決や和解をする民事訴訟③三十万円以下の金銭トラブルを即日判決する少額訴訟④金銭の紛争を書面審査で解決し、相手が不満なら訴訟へと移る支払い督促――という四種類がある。

昨年、全国四百三十八カ所の簡裁が受理した件数は民事調停が十年前の五倍になるなど急増している。

政府の司法制度改革審議会は昨年の意見書で「簡裁の機能の充実」を求めた。焦点は事物管轄と少額訴訟のそれぞれ上限の引き上げ、司法書士への代理権付与、簡裁判事への「準法曹資格」の付与という三点だ。

このうち司法書士関係は既に法改正が行われた。残りの主な案件は来年の通常国会へ法案提出の予定だ。

政府の司法制度改革推進本部に置かれた司法アクセス検討会では事物管轄引き上げの討議が進んでいる。二〇〇二年十月末のヒアリングで日弁連は百万円程度を提案、委員からは百三十万円までの意見が出た。この範囲での改正が有力とみられる。

少額訴訟の限度額引き上げは、法制審議会の民事・人事訴訟法部会が二〇〇二年六月にまとめた民事訴訟法改正要綱中間試案に明記された。東京、大阪両簡裁は貸金・信販関係を除いた九十万円までの「市民型紛争」を「準少額訴訟」とし、少額訴訟とほぼ同様の簡易な手続きで裁判する工夫をしており、この例に従って九十万円程度となる公算が大きい。［注二］

この中間試案はまた、金銭支払いの訴えについて相手方が争わない場合に分割払いを命じることができる「和解に代わる決定」の導入なども課題としている。

司法書士への代理権付与問題では、それに見合う質の確保策が実行に移される。日本司法書士会連合会は二〇〇二年九月、憲法などの講義のほか金銭や不動産をめぐる訴訟の実務などを内容とする研修の基本方針をまとめた。二〇〇三年四月にこれを終え、法相の認定を受ければ訴訟代理ができる。全国の司法書士は一万七千人。地方の弁護士不在地域では住民の力になると期待をかける司法関係者も多い。

全国に約八百人を数える簡裁判事の中には、法曹資格を持たない裁判所書記官などの出身者がいる。推進本部の法曹制度検討会では、簡裁判事が定年退職後、簡裁の仕事に限って弁護士と同じ活動ができる「準法曹資格」を認めるかどうかが論議になっている。［注三］

日弁連は反対だ。しかし最高裁などからは「司法書士に代理権を与えたのに裁判官に認めないのはおかしい」

という声が聞かれる。

関心集めた模擬調停

東京・霞が関の東京簡易裁判所で二〇〇二年十月六日の日曜日、現職の簡裁判事、調停委員による「模擬調停」が一般公開された。簡裁の調停は関係者の秘密を保護するため非公開とされており、その様子を見ることができる機会は珍しい。

会場に充てられた庁舎七階の会議室は予定の百席が満員。立ち見の約四十人を入場させたが、それでも多数の人が入りきれなかった。「庶民の裁判所」と呼ばれる簡裁への関心は高い。

模擬調停の事案は、スーパーで自動ドアに指を挟まれた主婦が治療費と慰謝料など計三十八万円の支払いを求めたという架空の事件。「ドアの整備を怠り、応対にも誠意が見られない」というのが主婦の主張だ。三回の期日を開き、男女二人の調停委員が双方に歩み寄りを求めた結果、スーパー側が解決金八万円を支払うことで話がまとまった。

簡裁の民事調停は、平均すると三回通い、二・四カ月で結論が出ている。不調に終われば正式な裁判に訴えることもできる。もっと活用されてもよく、全国の多くの簡裁が一般公開を行って、市民の理解を得るよう努力してほしい。

厳格な証拠判断をする地裁や高裁と違い、簡裁には独特な制度がある。民間人が参加する手続きは一つの特徴だ。司法委員は昨年、全国で約六千人に委嘱された。約半数は弁護士ら法曹資格のある人だが、税務などの専門家も多く、全事件の五分の一程度に関与している。民事調停委員は一万三千人を数える。

もう一つの特徴は本人訴訟だ。訴状の定型用紙は簡裁に置いてあり、中立人と相手方の住所、氏名、請求の趣

簡易裁判所の仕事

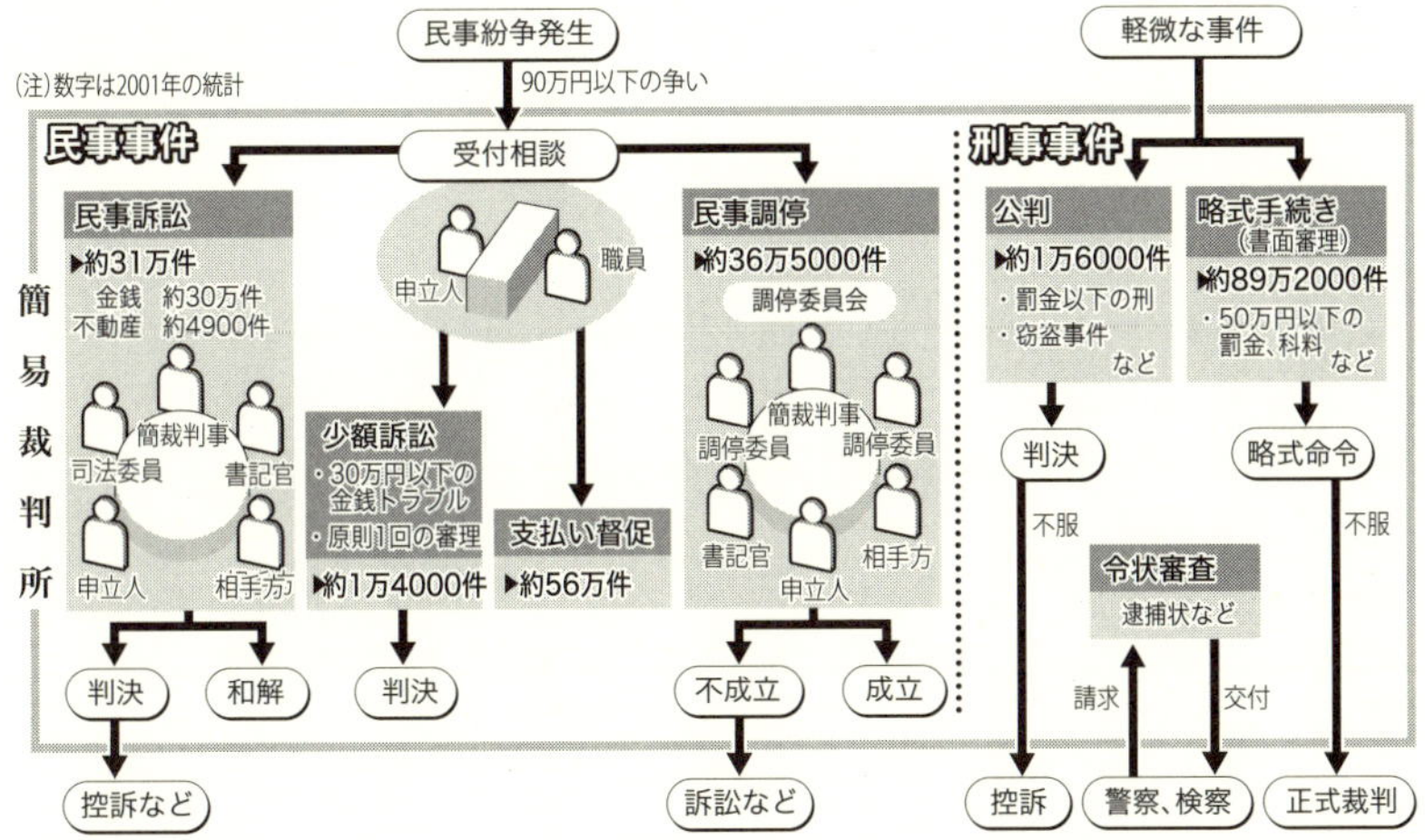

旨、紛争の要点などを記入するだけでいい。手数料も十万円までなら訴訟は千円、調停は六百円と安い。三十を超える簡裁ではファクスで手続きを案内するサービスも始めている。

司法書士にもっと役割を　北野聖造・日司連会長

簡裁の扱う民事事件を九十万円以下と決めたのが一九八二年ですから二十年もたちます。この間、国民生活の幅は広がり、九十万円でくると、多様なトラブルが簡裁では処理し切れなくなっています。

事物管轄を数字で測るのではなく、国民生活のトラブルをほとんど充足でき、しかも簡易・迅速に処理できるようにすることが基準になるべきです。司法書士は当面、九十万円の範囲内で一生懸命努力しますが、もっとわれわれに役割を果たさせてほしい。

簡裁の訴訟代理権が与えられたことで、これまで泣き寝入りをしてきた人たちに公正な裁判を受けられる場が広く提供できるようになりました。利用者の選択範囲が広がったのです。住民のニーズに応じ、訴訟代理に限定されない法律相談、書類作成などの支援をしていきたい。気楽に利用できる制度をつくりたい。

司法の一翼を担う大きな責務が司法書士に生まれました。二〇〇三年四月、訴訟代理の能力担保のため研修を百時間実施します。法相の認定資格を取得するために行うだけではなく、今後の自治的な継続研修の土台にしたい。全国で約一万人の司法書士が参加するでしょう。個人の能力を向上させ、専門家としての倫理観を一から問い直し、会員全体に力を蓄えていきます。

きたの・せいぞう　日本司法書士会連合会会長、最高裁一般規則制定諮問委員会委員。

庶民が気楽に行けるように　亀井時子弁護士

簡裁の事件のうち約八割はクレジットカード会社や金融業者の債権取り立てです。クレ・サラと呼ばれるこれらの事件は金融業者などの専門的な社員が特別代理人許可をもらって臨みますから、法律知識のない庶民が相手では、ほとんど業者側の言い分通りになってしまう。そういう事態を解消するのに、司法書士がお手伝いをできるようになるのはいいことです。

庶民が解決を望んでいる事件は、家の敷金を返してほしいとか、パートの賃金を払ってほしいとか、いっぱいあります。もっと気楽に簡裁へ持って行ける制度にした方がいい。地方では常勤の裁判官がいない簡裁が見られますし、多くの簡裁で法廷が毎日開かれていないのは、使い勝手がよくありません。設置場所を含めた見直しが必要です。

少額訴訟は良い制度ですが、事前に必要書類を関係者にそろえてもらうなど書記官の負担が大きくなっています。裁判所の態勢も整えないといけません。

けれども、簡裁の事物管轄を大幅に引き上げる必要はないでしょう。権利関係についてきちんとした判断をしなければならない商工ローンのような事件が、新たに簡裁へ来るのはよくありません。庶民が気楽に解決を望むのは、百万円程度が限度だと思います。

かめい・ときこ　司法アクセス検討会委員、法律扶助協会東京都支部審査委員長、元日弁連常務理事。

事物管轄引き上げを（改革審意見書要旨・簡易裁判所関連部分）

一、家裁・簡裁については、管轄の見直しを含め、その機能の充実を図る。

一、簡裁における司法委員制度・民事調停制度などを充実させ、幅広く国民各層から適任者を得る見地から、委員の選任方法の見直しを含め、年齢、職業、知識経験などにおいて多様な人材を確保するための方策を講じるべきである。

一、簡裁の事物管轄については、経済指標の動向などを考慮し、訴額の上限を引き上げるべきである。

一、少額訴訟手続きの訴額の上限を大幅に引き上げるべきである。

一、司法書士への簡裁での訴訟代理権については、信頼性の高い担保措置を講じた上で、これを付与すべきである。簡裁の事物管轄を基準として調停・即決和解事件の代理権についても同様に付与すべきである。

一、特任検事、副検事、簡易裁判所判事の経験者の有する専門性の活用などを検討すべきである。

◆メモ

少額訴訟　三十万円以下の金銭トラブルについて簡裁で原則として一回審理を受けるだけで即日判決となり、迅速に解決できる制度。証拠は領収書など、その場で調べられるものに限られる。証人も審理の日に法廷に立てることが原則。何人もの証人を調べる複雑な事件は対象とならない。判決が不服でも控訴は認められないが、同じ簡裁へ異議申し立てはできる。一九九八年から始まった。申し立て件数は毎年増え続け、二〇〇一年には一万四千件に達している。解決まで平均一カ月半。申立人の負担は手数料と郵便代程度。

[注二]　簡易裁判所が扱う民事訴訟の事物管轄は、裁判所法の一部改正で、百四十万円までとなった。

[注二]　少額訴訟の限度額は六十万円に引き上げられた。

[注三]　簡易裁判所判事への法曹資格の付与は見送りになった。

第六回　関心高まる裁判員制度

（二〇〇二年十二月二十日配信）

二〇〇三年夏ごろ概要固め

市民が「裁判員」となって裁判官とともに判決をする「裁判員制度」について、政府の司法制度改革推進本部内に設けられた「裁判員制度・刑事検討会」で具体的な制度設計が進められている。主な論点をめぐる粗ごなしの第一ラウンドが終わり、二〇〇三年一月からは詳細な第二ラウンドの討議に入る。政府の司法制度改革推進計画は二〇〇四年通常国会に関係法案を提出するとしており、二〇〇三年夏ごろには法案の概要が固まる見通しだ。国民参加の刑事裁判構想が、実現に向け、加速し始めた。

争点整理、集中審理を徹底

裁判員制度は、選挙の有権者名簿から無作為抽出で選ばれた国民が、裁判官とともに重大事件の事実認定や量刑判断などを行う新しい制度だ。二〇〇一年六月、政府の司法制度改革審議会が意見書で提案し、これを受けて検討会が細部の制度設計に取り組んでいる。

国民参加の裁判について法律家の間では「憲法は職業裁判官だけによる裁判を想定している」という違憲説もあるが、検討会の各委員の意見は「憲法が保障しているのは裁判所の裁判を受ける権利であって、国民参加を否定してはいない」などとする合憲論だった。

市民参加型の刑事裁判には、国民が有罪か無罪かの事実認定をし、量刑の判断は裁判官がする「陪審制」と、国民が裁判官と一緒に量刑判断も行う「参審制」がある。英米は陪審制、ドイツやフランスは参審制の代表国だ。裁判員制度は陪審制と参審制の利点を取り込んだ独特のものになる。

対象とする重大事件の範囲は、殺人や強盗など現在三人の裁判官で審理されている「法定合議事件」とする意見が多いが、汚職なども対象とするべきだという意見もある。法定合議事件に限れば、全国で年間四千件程度になるとみられる。

焦点は裁判官と裁判員の数だ。検討会では「裁判官は一人か二人でもいい」という意見もあったが、裁判官三人が多数派。「裁判官三人に裁判員二、三人のコンパクトな法廷」にすべきだという意見がやや多い。しかし陪審制のように「十二人程度は可能」とする意見にもかなり支持がある。

日弁連は「裁判員は裁判官の三倍以上」を要望。司法改革国民会議は「裁判官一人に裁判員十一人」を示すなど、流動的な情勢だ。

裁判員制度は法律の素人が参加するので、分かりやすい公判にしなければならない。検討会では、初公判前の準備手続きで検察側が証拠を開示し、弁護側との間で徹底的に争点整理を行ってから公判に臨む新たな手続きが模索されている。

現在の刑事司法は、捜査当局の取り調べ調書に頼る「調書裁判」だと批判されている。調書よりも公判での証拠調べや証人尋問を重視する「直接主義、口頭主義の徹底」をどう実現するかが、今後、大きな論点になる。

重要なテーマは刑事裁判の充実・迅速化だ。争点整理を徹底し、「連日的開廷」によって集中審理を行うことで、それは可能になる。政府はすべての裁判の一審判決を二年以内に出す「裁判迅速化促進法案」を国会に提出することを決めたが、速度だけでなく内容の充実も図るには、刑事手続き全体の見直しが不可欠だ。

二〇〇三年の検討会では、裁判員に事件について予断や偏見を抱かせないための方策も論議される。報道を制限することの是非も一つの焦点として浮上している。

活発、ち密に評議し評決　裁判体の構成で微妙な違い

「悔しいと思っただけで、殺そうとは思っていません」。市民団体の関係者が被告役で熱演した。被害者役は元司法書士会長。「私が〝この野郎〟と言ったら鉈（なた）で顔を切られたのです」と真剣に訴えた。

「開かれた裁判を求める市民フォーラム」が二〇〇二年十一月三十日、京都弁護士会館で開いた裁判員制度の模擬裁判。一九二八年に起きた殺人未遂事件が、記録に従って再現された。作業員宿舎でけんかになり、鉈でけがをさせたのが殺人未遂か傷害か。犯意の有無が争点だ。

評議は「裁判官二人に裁判員九人」の大きな法廷と「裁判官三人に裁判員二人」の小さな法廷に分かれて始まった。裁判官役は現職判事や弁護士が務めた。

大きな法廷では裁判員二人と裁判官一人が「鉈で頭を殴っているのは殺意があるからだ」「殺意の自白調書がある」などと殺人未遂を主張。裁判員七人と裁判官一人は「切りつけたのは、大きくて力の強い相手から身を守るためだった」などと反論した。活発な討論の末、傷害罪で懲役一年六月、執行猶予五年の判決。

小さな法廷ではち密な法律論が展開され、裁判員二人が「脅しにすぎない」という意見。裁判官の一部が同調し、傷害罪で懲役二年、執行猶予四年になった。

裁判体の構成が違うと評議内容や結論が微妙に違った。評決でどの意見も過半数を獲得できなかったら無罪か、裁判をやり直す必要があるのかなど制度づくりの課題も明らかになった。

参加した現職判事は裁判員が「加害者を作業員宿舎へは戻さない〝所払い〟の解決」を求めたと紹介し、「市民感覚を教えていただいた」と感慨深げ。裁判員の立命館大生は「一般の人が多くないと意見を言いにくい」という感想だった。

この一年間に模擬裁判は約四十件行われた。秋には山形大、平成国際大などの大学祭でも実施され、関心が徐々に高まっている。

二十年先の司法の姿論議を　矢口洪一・元最高裁長官

「殺人など刑事の重大事件を処理するために不可欠な資質は健全な社会常識です。司法改革国民会議は裁判員制度について裁判官一人に裁判員十一人の裁判体を提案しています。経験豊かな裁判官が法律の専門的な問題点を説明して全員の合議が行われれば、自然に妥当な結論が出ると思います。どちら側の意見が通るかなどと、それぞれの考えが不動のものと決めて、国民と裁判官の意見を対立的にのみ見るべきではないでしょう」

「陪審制では裁判官は事実の認定について陪審員に示唆することはできません。参審制ですと裁判官の力の方が強過ぎるようです。裁判員制度は国民が裁判官と一緒になって議論をすることになりますから、陪審、参審の欠点を十分克服でき、これら以上の良さがあるのではないですか」

「今回の司法制度改革については、法曹の間に現状維持的な意見がかなりあるようです。顧問会議や推進本部はもっと積極的に改革審意見書実現の方向を進めてほしいと思います。検討会も意見書を控えめに論じるのではなく、意見書の改革の精神をどう実行に移すかを考えるべきでしょう」「この改革は、現在の法曹のための改革を超え、十年先、二十年先の司法がどうあるべきかを論じるのでなくてはなりません。国際的見地も含めて国民的視野に立って進めていかなければならないと思います」

やぐち・こういち　元最高裁長官。最高裁事務総長などを歴任した。

普通の人に分かりやすく　清原慶子・東京工科大学教授

「日本は法の下の平等に基礎を置く民主主義の国家ですから立法、行政、司法の三権分立が大事です。ところが司法への参加は今まであまり議論されてきませんでした。多くの人にとって司法は遠い存在でした」

「裁判員制度は私たちが司法へ参加する大きな第一歩です。三権分立を尊重し、国民としての責務を持って参加することは民主主義の向上に不可欠で、この制度をきっかけに民主主義が進展することが望ましい」

「ただ、ほとんどの国民は裁判の詳細について知る機会がありませんでしたから、裁判員制度は普通の人に分かりやすく、しかも裁判の進行が意味のある関連性を持ったものとして構成されなければなりません。裁判官を中心に検察側と弁護側が争点を煮詰める十分な事前準備や、証拠の適切な開示が行われなければなりませんし、専門用語に片寄らない説明の仕方であるとか、刑事裁判そのものの改革と合わせて進めていく必要があります」

「私たちも責任を果たせるよう、学校教育や地域で、裁判員制度をともに理解し、正しく運用できるような自発的な学びの取り組みをしていかなければならないと思います。そうしたことが積み重ねられていけば、司法に関する知識や理解が深まり、社会全体の犯罪の抑制にもつながることになると期待しています」

きよはら・けいこ　東京工科大学メディア学部長（メディア政策）。裁判員制度・刑事検討会委員と公的弁護制度検討会の両委員。

裁判官と責任を分担し協働（改革審意見書要旨・裁判員制度関連部分）

一、刑事訴訟手続きにおいて広く一般の国民が、裁判官とともに責任を分担しつつ協働し、裁判内容の決定に主体的、実質的に関与することができる新たな制度を導入すべきである。

一、裁判員は選挙人名簿から無作為抽出された者を母体として具体的事件ごとに選任され、一つの事件を判決まで担当する。裁判所から召喚を受けた裁判員候補者は出頭義務を負う。

一、対象事件は法定刑の重い重大犯罪とする。公訴事実に対する被告の認否による区別は設けない。

一、裁判官と裁判員は共に評議し、有罪・無罪の決定と刑の量定を行う。裁判員は評議において裁判官と基本的に対等の権限を有し、審理の過程においては証人らに対する質問権など適当な権限を有する。ただし少なくとも裁判官または裁判員のみによる多数で被告に不利な決定はできない。

一、事実誤認または量刑不当を理由とする上訴（控訴）は認めるべきである

◆メモ

裁判迅速化促進法案　すべての裁判で一審判決を二年以内に出すことを明記する法案。司法制度改革推進本部が来年の通常国会へ提出する方針で立案作業を進めている。刑事事件の被告数は最近伸び続け、昨年は全国の地裁で七万一千人を超えた。平均審理期間は三・三カ月だが、判決まで二年を超えた被告は約二百六十人いた。法案は手続きの公正さに配慮しつつ迅速な判決を実現するため「国による施策の策定・実施」「裁判当事者の協力」などの責務を明確にし、結審までの段取りを決める計画審理や、連日的に開廷する集中審理の導入などを定める。

第七回　揺れる裁判官の世界

（二〇〇三年一月十七日配信）

指名諮問委員会を創設

裁判官の人事評価制度が変わる。最高裁は従来公表してこなかった評価の在り方を開示制度へと切り替える方針を固め、二〇〇三年一月二十日から全国の高裁所在地で裁判官の会議を開催、意見交換を始めた。任命に国民の意見を反映させる「下級裁判所裁判官指名諮問委員会（仮称）」の新設も二〇〇二年十二月、最高裁の一般規則制定諮問委員会で決まった。日本弁護士連合会との間では、民事の調停に限定して弁護士が非常勤の裁判官を務める新制度の合意もできた。司法の中枢を担う裁判官の世界が今、改革に揺れている。

十月の判事補採用から活動

三権分立の一翼をなす最高裁には、司法事務処理などについて法律とほぼ同等の効力を持つ「規則」を定める権限が憲法で認められている。その役割を果たすのが一般規則制定諮問委員会で、法曹（裁判官、検察官、弁護士）のほかに一般人も加えた二十人で構成されている。最高裁の諮問にこたえ、二〇〇二年十二月二十四日、「下級裁判所裁判官指名諮問委員会の設置に関する規則要綱案」をまとめた。

要綱案によると、最高裁は任官希望者全員について指名の適否をこの委員会に諮問しなければならない。委員会は採用希望の司法修習生や再任希望の判事、判事補から意見を聴き、検察庁や弁護士会など関連機関からの情報収集もして、最高裁へ意見を述べる。

関連事務は最高裁が担当し、二〇〇三年十月に予定されている新任判事補の採用から活動を開始する。委員は十一人。裁判官二人、弁護士二人、検察官一人、学識経験者六人の構成が有力で、最高裁の人選が今後の焦点になる。この委員会は全国の高裁所在地に地域委員会を置き、広く各地の情報も集めて判断する。地域委員は五人とされている。

新任用制度の対象となるのは判事補、判事らいわゆるキャリア裁判官だ。裁判官には①最高裁判事②下級裁判所の判事、判事補③裁判所書記官らからも選任される簡裁判事――という三種類があるが、簡裁判事は既存の選考委員会を国民参加型に近づけることとし、対象からは外された。

最高裁判事については、政府の司法制度改革推進本部に置かれた顧問会議や法曹制度検討会で取り上げられ、選任に透明性、客観性を確保する措置や○×式の国民審査を見直すことなどが論議されている。

人事評価制度も大きく変わる。最高裁が設置した「裁判官の人事評価の在り方に関する研究会」は二〇〇二年七月、裁判官の自己申告書に基づき、地裁・家裁の所長や高裁長官らが評価を行う新制度の導入を提案した。

評価書面の開示を希望する者へは写しを渡すとともに不服を述べる機会を保障するなどとしたが、制度として異議申し立て手続きがないことなどに批判がある。最高裁は研究会提案に修正を加えた上で規則制定諮問委にかけるとみられる。

裁判官を質量ともに充実させることは改革の最も重要なテーマだ。弁護士からの任官は一九八八年以降、五十七人を数えるだけだが、最高裁と日弁連は大幅に拡大させたい意向だ。弁護士がパートタイムで裁判官を務める非常勤裁判官制度も近く実施に移される。

政府の司法制度改革推進計画によると、判事補に多様な経験を積ませる措置を年内に講じることとされている。従来の民間企業などへの派遣に加え、来年度からは弁護士事務所への派遣も実施される見通しだ。

日弁連が支援センター

「乾いた雑巾みたいで、絞ってもほとんど滴が出てこないのではないか」。弁護士任官推進運動の現状についてパネリストの一人がちょっと悲観的な報告をした。二〇〇二年十一月十五日に日弁連が開催した司法シンポジウム。裁判官の適任者として日弁連が推薦できる候補者はほとんど出尽くしたという意味の発言だ。

参加した各地の弁護士たちから笑い声が起きた。弁護士たちは「任官しやすい条件さえ整えれば希望者はもっと出てくる」と、明るい表情で討議を進めた。

この日は中山隆夫最高裁総務局長がパネリストとして出席。最高裁幹部が日弁連の催しに参加したのは初めてだ。期待の大きさがうかがえた。

弁護士任官制度は一九八八年にスタートし、毎年数人が採用されている。二〇〇一年度も、判事と判事補へは計三百二十五人が任命されたが、そのうち弁護士からの任命は六人にすぎなかった。しかし日弁連は昨年、任官者と任官予定者を計三十二人確保し、二〇〇三年の任官者も二十人を超える見通しだとしている。

弁護士任官は悩みが多い。脂の乗った時期に法律事務所をたたむのは、顧客との関係や事務員らの雇用の整理が難しい。また十年の任期を終えて弁護士に戻るときの生活不安も大きい。

このため日弁連は二〇〇三年一月十日、「弁護士任官等推進センター」を発足させ、本格的な支援に乗り出した。東京の弁護士会は「公設事務所」を二カ所つくり、裁判官への送り出しと任期満了後の受け入れが容易にできるようにした。任官を支援する法律事務所も全国に百十以上生まれている。

市民が参加して適任者を推薦する「裁判官候補者選考委員会」も二〇〇二年六月までに、全国のすべての弁護士会にできた。条件づくりは着々と進んでいる。

採用、養成過程を多様化　竹崎博允・最高裁事務総長

いま論議されている裁判官制度に関するいくつかの問題は一つの脈絡でつながっています。改革審の意見書は、司法制度の人的・物的な基盤を整備して、裁判をもっと国民に利用しやすく、分かりやすくし、その上で国民の信頼を高めることを求めています。その最も基礎となるのが法曹養成制度の改革ですが、裁判官制度の改革もこれとほとんど同じ問題なのです。

まず裁判官の量的拡大、つまり裁判官の増員が必要です。次は裁判官の採用や養成過程を多元化することだと考えています。弁護士任官を推進し、判事補も研修や外部派遣などを行って、もっと多様性を持った裁判官に成長できるような制度を実現していきたい。

裁判官の採用手続きは、国民の目を通し、その理解が得られるものになっていかなければなりません。最高裁には裁判官の指名権が与えられていますが、指名に先立ち、法曹以外の有識者も加わって国民的な基盤の上に適任者が選任される手続きが設けられれば､極めて望ましいといえましょう｡下級裁判所裁判官指名諮問委員会は、その活動を通じて国民の求める裁判官像が明らかにされるという大きな意義があります。

人事評価に関する問題も、どういう裁判官が望ましいかという問題と表裏一体の関係にあります。評価を多面的、客観的なものとすることがここでも非常に重要で、基礎となる情報を正確に把握し、裁判官をきちんと評価するシステムを考えていきます

たけさき・ひろのぶ　最高裁事務総長。東京高裁判事などを歴任。

国民世論を反映した制度に　宮本康昭・弁護士

新しい裁判官任用制度について一応の結論が出るところまで来たのは、国民の関心が一般規則制定諮問委員会

の討議を通して反映された結果です。国民世論の動向を受け止めなければ裁判官制度は成り立たないことを最高裁も自覚し始めたものと思います。いくら望んでも実現できないと思っていたことが実現していっていると感想を述べた裁判官もいます。良い方向に変わってきていることは事実です。

ただ裁判官指名諮問委には問題も残っています。その一つは事務担当が最高裁事務総局となり、独立組織ではないこと。任用は中立・公正だと国民に感じてもらうには独立性が大切です。二つ目は外部評価を持ち込むルートがあいまいなままに残されたことです。

人事評価に関する研究会の報告書は、現状を肯定した上で若干の手直しをしたにとどまり、不十分です。外部の人から評価を受ける仕組みは絶対に入れるべきで、報告書よりも透明性、客観性を確保した制度の提案を最高裁に望みます。

非常勤裁判官制度の合意ができたことは相当大きな意義があると考えています。ある時期、弁護士の仕事をしながら裁判官もやるということであれば、裁判官のイメージも変わっていくことでしょう。

みやもと・やすあき　日弁連司法改革実現本部本部長代行。最高裁一般規則制定諮問委員会委員。判事補当時の一九七一年、最高裁から再任を拒否された。

選任・人事評価に透明性を（改革審意見書要旨・裁判官制度関連部分）

一、多様で豊かな知識、経験を備えた判事を確保するため、原則としてすべての判事補に裁判官の職務以外の多様な法律家としての経験を積ませる。（特別に判事の権限を持たせる）特例判事補は計画的かつ段階的に解消すべきである。判事を増員するとともに、弁護士などからの任官を推進するべきである。

一、下級裁判所裁判官の指名過程に国民の意思を反映させるため、最高裁に、その諮問を受け、指名されるべき適任者を選考し、その結果を意見として述べる機関を設置すべきである。

一、裁判官の人事評価について評価権者および評価基準を明確化・透明化するなど、可能な限り透明性・客観性を確保する仕組みを整備するべきである。

一、裁判所運営について国民の意見を反映する仕組みを導入すべきである。

一、最高裁裁判官の選任過程について透明性・客観性を確保するための適切な措置を検討すべきである。

◆メモ

判事補の外部派遣　新任の判事補は二年間、主に大都市の裁判所に配置され、その後、原則として大中小の裁判所に三年ずつ勤務してから判事になる。裁判官には豊富な社会経験が求められることから、最高裁は判事補を日本銀行、民間企業（製造業、鉄道業、銀行など）、報道機関へ派遣して研修させている。日銀へは一年間。民間企業へは一年間、四カ月、約二週間の三つのコースがある。報道機関へは約三週間。二〇〇一年度は三八社へ四二人が派遣された。推進計画では判事補の他職経験を拡大する方向が打ち出されている。

第八回　急進展する弁護士改革　（二〇〇三年二月二十一日配信）

国民参加の綱紀懲戒を導入

弁護士制度の改革案が次々と固まってきている。政府の司法制度改革推進本部は弁護士資格付与の特例を国会議員や企業法務担当者らへ広げたり、不祥事を審理する国民参加の綱紀・懲戒制度を導入したりする弁護士法改正案などを二〇〇三年の通常国会へ提出する予定だ。日本弁護士連合会も、会員を拘束する報酬規定を削除し、代わりに市民に分かりやすい目安をつくろうと作業を進めている。外国弁護士の活動範囲が広がるなど規制緩和が進む。

外国弁護士との事業を承認

推進本部が法曹制度検討会などの討議を経てまとめた弁護士制度改革の関連法案は、弁護士法と外国弁護士特別措置法のそれぞれ一部改正案だ。

弁護士資格は原則として司法試験の合格後、司法修習を経て与えられるが、現行法は例外として大学で法律学の教授、助教授を五年以上務めた場合などにも認めている。

改正案はその例外を拡大し①司法試験に合格している公務員や企業法務担当者が法律関係事務に七年以上従事するなどの一定の条件を満たした上、特別な研修を終えたとき②司法試験に合格している国会議員が五年以上在職したとき③司法試験に合格していなくても法務省の特別試験に合格した「特任検事」が五年の経験を積んだとき――にも資格を与えることにした。［注］

非行行為などがあった弁護士、弁護士法人の懲戒を行う綱紀・懲戒制度は強化される。二〇〇一年に出された懲戒請求は八百八十四件。そのうち六十二件が退会命令（弁護士活動停止）や二年未満の業務停止などを受けた。

各弁護士会は綱紀委員会を置き、懲戒請求事案の調査に当たっている。今後は委員に裁判官や検察官、有識者を加え、市民の意見を反映させる。

日弁連にも、弁護士と外部委員で構成される「綱紀委員会」を新設、各地の弁護士会が懲戒をしない場合に異議申し出を受け付ける。綱紀委が異議を退けたときはさらに、日弁連内に新設される「綱紀審査会」に審査請求ができ、学識経験者の委員十一人が三分の二以上で懲戒相当の議決をすると、各地の弁護士会が懲戒を行う制度になる。

公務員との兼職の制限は撤廃される。企業経営などの営利業務も、原則禁止の許可制から届け出制に緩められる。

外国法事務弁護士が日本の弁護士を雇うことは弁護士法で禁止されているが、その規定は削除される。外国の弁護士と日本の弁護士、弁護士法人との共同事業なども認められる方向だ。

現在の弁護士法は弁護士会の会則に報酬規定を記載しなければならないとしており、その違反には懲戒もあり得る。しかし公正取引委員会は「違法な価格カルテルの疑いがある」との見解を示し、報酬規定は会則から削除されることになった。

報酬規定がなくなると、暴利をむさぼる弁護士が現れかねない。そこで日弁連は二〇〇二年十二月、具体的な事例を挙げて、どのくらいの金額を請求するか、全会員にアンケートを実施した。それを基に「目安」作りを進め、報酬ガイドブックも作製することにしている。

一見（いちげん）さんの飛び込み寺

東京・新宿の繁華街にあるビルの六階。エレベーターのドアが開くと、まるで銀行のような、明るく、開放的なオフィスが広がる。受付の女性の席に、「東京フロンティア基金法律事務所」と書かれた小さな表示板が置かれている。

ここは第二東京弁護士会が設置した「都市型公設事務所」だ。東京では弁護士は多いのに、利益の薄い仕事などの引き受け手は見つけにくい。こうした都市部特有の障害をなくそうと、二〇〇一年九月にオープンした。

法律相談は電話、電子メールが無料。面接の場合は三十分で五千円だ。「高級料亭では一見のお客さんは上げ

新しい綱紀・懲戒手続

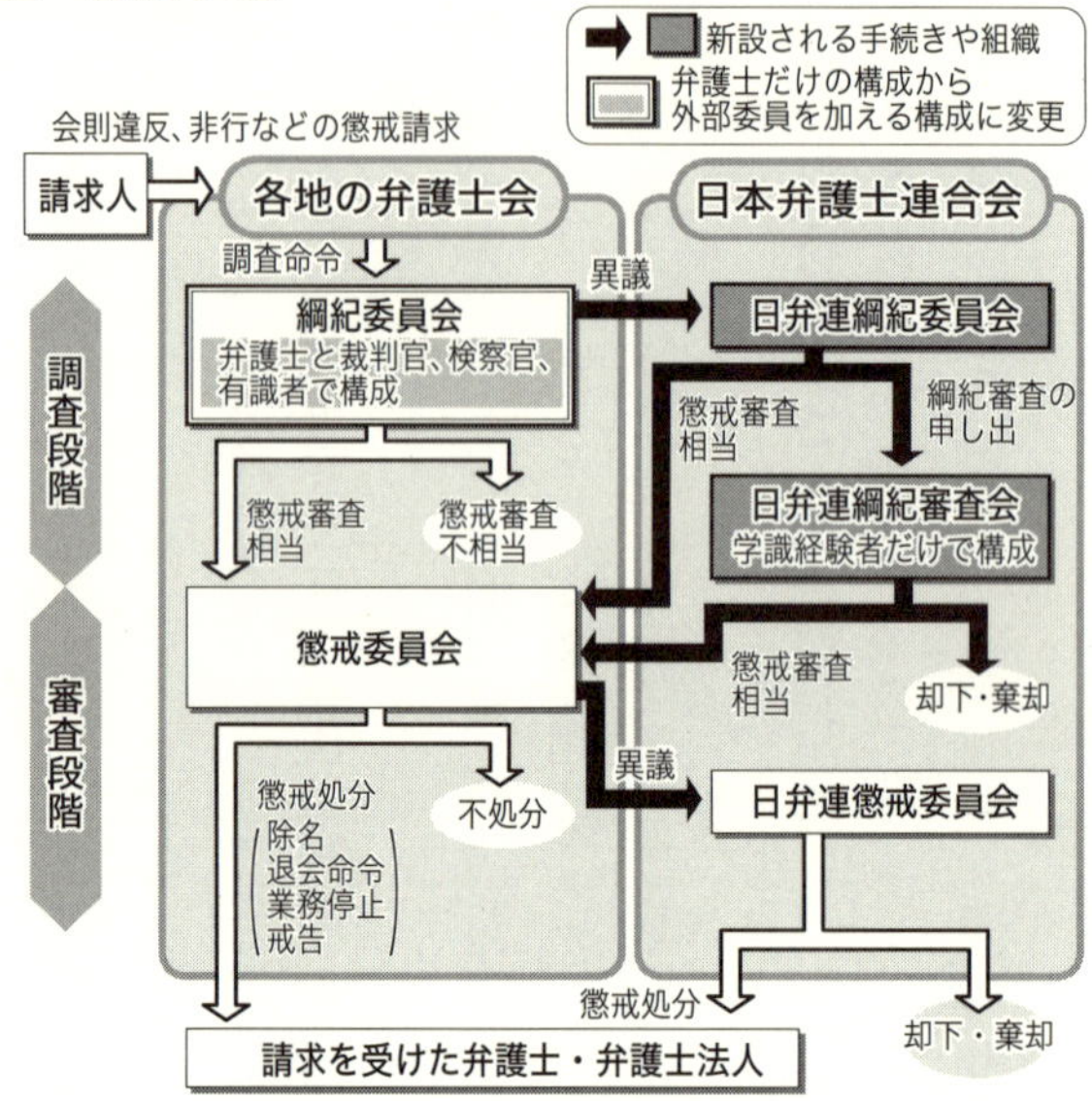

ませんが、ここは一見さんばかり。〝飛び込み寺〟なんですよ」。丸山輝久所長は事務所の特徴を「扱う事件の金額が少ないこと」と説明した。

二〇〇三年一月までの約一年半で法律相談は千四百件余。引き受けた事件は自己破産、夫婦や親子の紛争、刑事事件など七百九十五件に及んだ。四人だった弁護士では間に合わず十一人に増員した。「それでも需要に応えきれない」と丸山所長。

都市型公設事務所に期待されている役割は普通の法律事務所とはだいぶ違う。設立当時はアクセス障害の解消と、全国の弁護士不在地域へ派遣する弁護士の養成が主眼だった。しかし司法改革が進む現在では、裁判官への任官者が任期を終えて弁護士へ戻るときの受け皿になるほか、法科大学院の実務教育や裁判官の他職種経験の場などとしても期待されている。

都市型公設事務所は東京に二カ所、大阪に一カ所しかない。丸山所長は「早く全国に公設事務所の網の目をつくることが弁護士制度を発展させていく道」と力を込めた。

【東京フロンティア基金法律事務所は東京都新宿区新宿三の一の二十二、ＮＳＯビル六階。電話〇三(五三一二)二八二〇】

容認できない資格制度否定　本林徹・日弁連会長

弁護士会は審議会意見書を踏まえて着実に改革を進めています。公正さ、透明さを大切にする法曹に対する国民のニーズは格段に高まっており、その質と量を大幅に拡充することが不可欠です。意見書に従い、新司法試験の合格者数を順次増加させ、二〇一〇年に年間三千人、二〇一八年には法曹人口五万人規模を目指します。

このような大きな潮流を考えれば、法科大学院で幅広く質の高い教育を受け、司法試験に合格した弁護士こそが、『頼もしい権利の守り手』『信頼しうる正義の担い手』として、法的サービスの提供と法の支配の実践に中核的役割を果たしていくことが基本に据えられるべきです。資格制度そのものの否定につながる弁護士法七二条の廃止論や安易な法曹資格希薄化論は、国民の真の利益を守る観点から容認できるものではありません。

弁護士の綱紀・懲戒手続きについては、より透明性のある制度にするために、法律家以外の学識経験者で構成される日弁連綱紀審査会を設置すること、懲戒の結果を官報で公表することなどの改革を行います。弁護士報酬についても企業・マスコミ・市民の代表の参加を得て目安づくりを工夫しています。弁護士が報酬についてきちんと説明し、依頼者との間で契約書を交わすことを徹底したいと考えています。

もとばやし・とおる　日本弁護士連合会会長。

法律事務の独占は廃止を　鈴木良男・旭リサーチ社長

弁護士法で見直さなければならないポイントは三つあります。一つは法律事務の独占ですが、これを定めた七二条は廃止するべきです。法律事務は弁護士だけの業務ではないのですから司法書士、税理士、弁理士、企業法務担当者にも認める法律にしなければなりません。第二は公務就任制限や営業許可制などの個別規制です。弁護士を聖職者扱いする必要性はどこにもなく、窮屈な規制は緩和すべきでしょう。第三は外国人弁護士が日本人弁護士を雇用するのを認めること。英米の巨大法律事務所が進出してくるのは心配でしょうが、日本の弁護士はまず国際的に通用するように専門性を高めるべきです。

法律家の最大の特徴は、多くの証拠の中から客観的な事実を見つけだし、事実と社会的規範を対比させて結論を導く技術にあります。そのようなリーガルマインドを持った弁護士を増やさなければなりません。

法曹人口を現在の二万人から九万人に拡充するためのスケジュールを明確にする必要があります。優秀な若い人を早く世に出し、実務の中で磨いていくことが大切です。未完成で迷惑をかけるというのならば若葉マークを着けさせればいい。優秀な人材を集めるには入り口で広く採用することです。堅苦しい参入規制をやると、司法制度改革は失敗します。今はその大事な境目なのです。

すずき・よしお　旭リサーチセンター社長。総合規制改革会議議長代理。

公務就任など自由化を（改革審意見書要旨・弁護士制度関連部分）

一、弁護士法三〇条に規定する公務就任の制限、営業などの許可制は届出制に移行することにより自由化すべきである。

一、倫理研修の充実、綱紀・懲戒制度の適切な運用などにより弁護士倫理の順守を確保するべきである。懲戒請求権者が綱紀委員会の議決に対する異議申し出を棄却・却下された場合、国民が参加して構成される機関に不服申し立てができる制度を導入すべきである。

一、弁護士報酬の透明化・合理化の見地から個々の弁護士の報酬情報の開示・提供の強化、契約書作成の義務化、依頼者への報酬説明義務などの徹底を行うべきである。
一、弁護士法七二条については少なくとも、隣接法律専門職種の業務内容や企業法務などとの関係も含め、規制内容を何らかの形で明確化するべきである。

◆メモ
外国法事務弁護士　外国の弁護士は三年以上の職務経験がある場合、法務大臣の承認を得た後、日弁連の外国法事務弁護士名簿へ登録されてから、その外国法に関する法律事務を行うことができる。日本法の法律事務はできず、訴訟代理や刑事弁護もできない。日本の弁護士を雇うこともできないが、一定の国際性のある法律事務については、五年以上の経験のある日本弁護士との特定共同事業に限って提携・協働が許される。二〇〇二年十一月現在、米国百十二人、英国三十人、中国十三人など計百八十六人が登録している。
［注］国会議員と特任検事らに法曹資格を与える際、研修を受けることが、国会の修正で義務付けられた。

第九回　ＡＤＲの拡充・活性化
（二〇〇三年三月二十一日配信）

使い勝手の良いものに
仲裁、調停などの「裁判外紛争解決手続き（ＡＤＲ）」が使い勝手の良いものに改められる。政府は新しい仲裁法案を二〇〇三年三月十二日に閣議決定。明治時代の公示催告仲裁法が一世紀ぶりに改正される見通しになった。また政府の司法制度改革推進本部は、基本的な理念や手続きを盛り込んだ「ＡＤＲ基本法案」要綱の中間報告が二〇〇三年七月までにできるよう検討を進めている。二〇〇三年年度中に国会へ基本法案を提出する計画だ。ＡＤＲが新時代を迎える。

電子メールで仲裁契約も

ＡＤＲは必ずしも法的に拘束されず、法律家や各種専門家の関与により簡易・迅速・安価に解決できるのが特徴だ。当事者が望む柔軟な結論を得られる上、非公開のため企業秘密やプライバシーを守れる利点もある。

その種類はさまざまだ。「仲裁」は当事者双方が解決を第三者の仲裁人に委ね、その判断に従うとの合意（仲裁契約）をする方式で、仲裁人の判断に不服でも裁判は起こせない。これに対して民事・家事の「調停」は、第三者が間に立って当事者の譲歩によって解決を図る。不調な場合、提訴できるのが大きな違いだ。「あっせん」は第三者の判断に拘束力がない。

推進本部の仲裁検討会がまとめた仲裁法案は国連の国際商事仲裁モデル法に沿っている。日本には一八九一年施行の公催仲裁法があるが、企業からは「古くて利用しにくい」と批判が強く、改正を望む声が強かった。

仲裁法案は①文書か書簡（ファクスを含む）などの書面以外の仲裁契約は無効とする②仲裁手続きが始まると時効の進行は中断する——とした。ただし電子メールなどの電磁的記録は書面として扱い、現代化を図った。

また当事者間に合意がない場合の仲裁人の数について、当事者双方が選ぶ二人とされているのを、第三者を含む三人に改めた。仲裁判断の取り消し理由なども整備した。

法案には二つの特則がある。一つは消費者契約の特則で、仲裁契約の解除権を消費者側だけに認めた。商品を買う際、消費者と事業者の間で「紛争が発生した場合は仲裁で解決する」という契約書が交わされることがあるが、消費者はこの契約を受け入れないと商品そのものを売ってもらえない弱い立場にある。

解除権を認めたのは、仲裁契約を結ぶと消費者の「裁判を受ける権利」が侵されることへの配慮だが、逆に、「解除されるのでは事業者側が仲裁自体を使わなくなる」と懸念する関係者もいる。

二つ目は個別労働関係紛争の特則だ。就職のとき労働者が「将来の紛争は仲裁で解決する」という契約をしても、その契約は無効とした。拒否すれば就職できない場合があるからで、これも弱者への配慮といえる。

日本のＡＤＲは、裁判所が行う司法型が主役だ。労働委員会など行政機関による行政型、消費者団体などの民間型はともに利用度が低い。民間型の拡充は今後の重要課題となっている。

推進本部のＡＤＲ検討会は基本法の適用範囲、国の責務、解決がつかない場合の裁判への円滑な移行方法などを基本法案で規定する方向だ。

諸団体が立ち上げを検討

「私の町では簡裁が統廃合されて、なくなってしまった。住民が身近に法律問題を相談できるところがないといけない。ＡＤＲを構築することが必要になっている」

三重県司法書士会の坂昌寛副会長は地方の実情を紹介しながら「紛争解決にはいろいろな分野の専門家が関与していくのがいい。新しいＡＤＲは専門知識を生かした仲裁型にならざるを得ないのではないか」と述べた。

日本司法書士会連合会が二〇〇三年二月二十八日、東京で開いた「ＡＤＲの実践に向けて」と題するシンポジウム。五人のパネリストがＡＤＲの将来性について熱心に討議した。

山田文・岡山大助教授（民事訴訟法）は「ＡＤＲの多くは法律相談のレベルにとどまり、紛争解決のレベルにない」と問題点を指摘し、「司法書士は総合病院の初診のようなことを行い、紛争解決のコーディネーターとして弁護士などの専門医につなげていく役割がある」と提案した。

裁判と主なADR

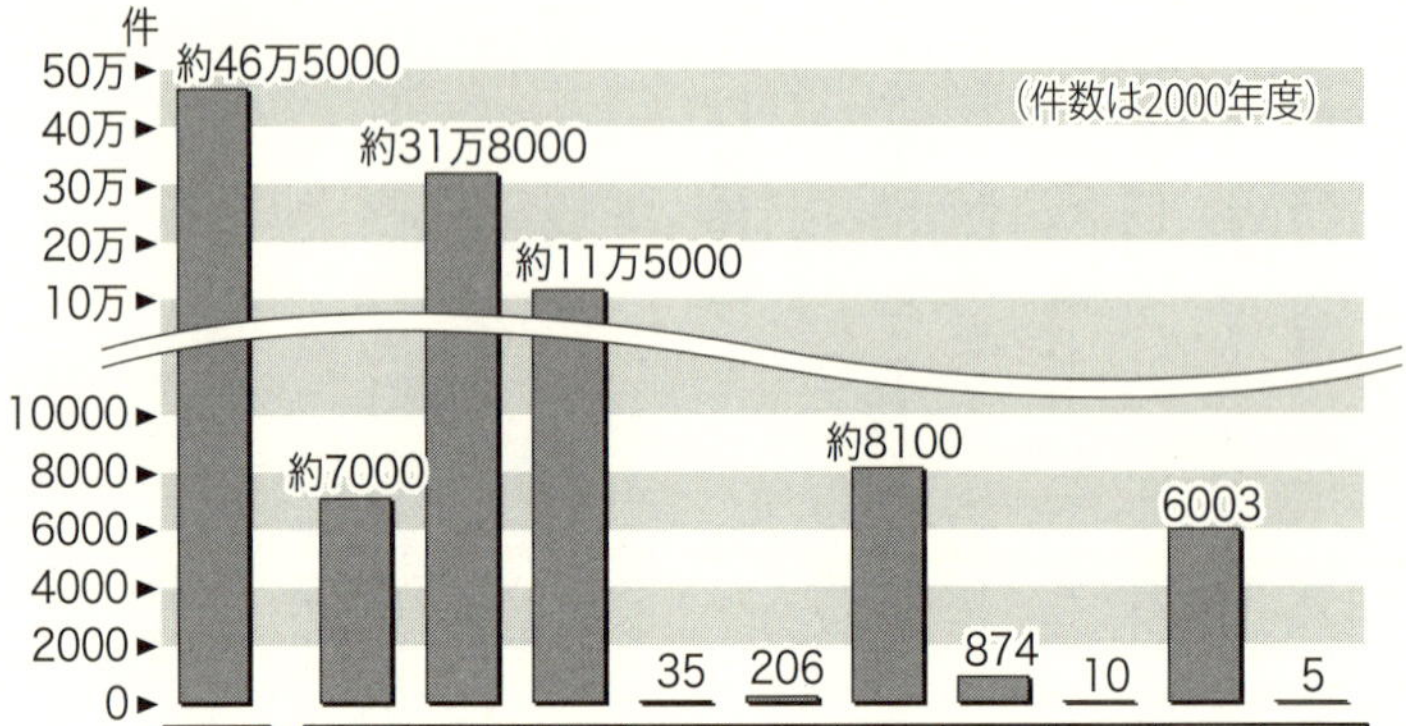

	裁判	主なADR									
		司法型ADR			行政型ADR			民間型ADR			
類型	民事訴訟	提訴前の和解	民事調停	家事調停	公害紛争処理	建設工事紛争	消費者の苦情	仲裁センター	国際商事仲裁（国際取引）	交通事故紛争	知的財産紛争
主体	•簡裁 •地裁	•簡裁	•簡裁 •地裁	•家裁	•公害等調整委 都公害審査会 など	•中央建設工事紛争審査会	•国民生活センター	•各地の弁護士会	•国際商事仲裁協会	•交通事故紛争処理センター	•日本知的財産仲裁センター
					•元裁判官や学識経験者など	•弁護士 •専門家 など	•消費生活専門相談員など	•弁護士 •専門家 など	•学識経験者 •実業家 など	•弁護士 •学者 など	•弁理士•弁護士 •学者 など

諸団体がさまざまなＡＤＲの立ち上げを検討している。例えば日司連は「暮らしの紛争解決を支援するセンター」、日本不動産鑑定協会は借地・借家の仲裁センター、日本土地家屋調査士会連合会は境界問題相談センター、日本行政書士会連合会は行政手続きの調停機関といった構想だ。

しかし、本当に市民の権利を守っていくＡＤＲに育つかどうか、心配する関係者は多い。手続きが透明性を欠いたり、判断が公正でなかったりすると、かえって弊害を生み出すおそれがある。当事者の納得も得にくい。ＡＤＲでは「紛争が解決された」という当事者の満足度が重要になる。懸念をどう克服するのか。その道筋を示すのが今後の検討会の主要テーマになる。

柔軟な活動が可能に　青山善充・検討会座長

仲裁法案の特徴は三つあります。一つはモデル法に従ったことですが、モデル法は国際仲裁だけ、しかも商事に限っています。しかし仲裁法案はもっと対象が広い。日本の仲裁は国際的な標準に従って一挙に現代化、国際化されます。仲裁機関はこれから大いに活躍していただきたい。二つ目は、強行法規ではなく、柔軟な活動を可能にする任意法規であることです。自由に創意工夫ができます。三つ目は、強制執行をするときに裁判所の判決をもらうのではなく、決定ですむこと。簡易で使いやすい仲裁に仕上がったと思います。

二十一世紀は日本と外国の区別がなくなる社会です。紛争はあらゆるところで発生しますから、迅速にコストを安く解決していくＡＤＲが重要になります。日本では司法型と行政型が膨れ上がっていますが、今後は民間型が主流になっていくでしょう。

ＡＤＲ基本法案は理念を掲げることと使い勝手をよくすることに主眼があります。ＡＤＲ検討会では、ＡＤＲの手続きが始まると時効の進行は中断するようにすることを検討中ですが、これはその一例です。

司法制度改革には三つの柱があります。第一は人の養成。第二は司法制度のリニューアル。第三は新しい制度がうまく動くようなワーキングです。これから問われるのはワーキングだと考えています。市民レベルの支え、熱意が制度と人を動かしていくのです。

あおやま・よしみつ　成蹊大学教授（民事訴訟法）。東京大学名誉教授。仲裁とＡＤＲの両検討会座長。法制審議会委員。

第三者の質がＡＤＲの質　田中圭子研究員

ＡＤＲという言葉は使わない。そういう意気込みが必要だと感じています。ＡＤＲと言う限り、主体は裁判であって、それ以外の紛争処理手続きとされてしまう。そうではなくて、裁判と並んで市民が自由に選択し、主体的にトラブルを解決できるのが仲裁や調停などの役割だと思います。各機関は市民が適切に選択できるよう、十分な情報を開示する必要があります。裁判と対抗的に考えるのではなく、どちらも充実させていかないと、両方とも使い勝手が悪くなってしまいます。

ＡＤＲ検討会を見ていますと、まずＡＤＲ基本法ありきのようで、危ぐされます。理念を書くことに異論はありませんが、基本法は本当に必要なのでしょうか。基本法という限り、各機関の要件を整理するなどの縛りが出てきます。そうなると、市民のために広がっていかないような気がしてなりません。

あっせん、調停、仲裁のどれを機能させるときでも、人によって良くも悪くもなります。人の問題が基幹であり、仲裁人や調停人など第三者の質が、その紛争解決手続きの質なのです。第三者のトレーニングがとても重要。どういうトレーニングをしているかがセールスポイントになるでしょう。司法改革は市民主体であるべきですから、トレーニングを積めば市民が調停人などをできるというところに重点を置いてほしいと思います。

たなか・けいこ　日本消費生活アドバイザー・コンサルタント協会消費生活研究所研究員。

非法曹の専門家を活用（改革審意見書要旨・ＡＤＲ関連部分）

一、司法の中核たる裁判機能の充実に格別の努力を傾注すべきことに加えて、ＡＤＲが国民にとって裁判と並ぶ魅力的な選択肢となるよう、その拡充、活性化を図るべきである。

一、国際的動向を見つつ仲裁法制（国際商事仲裁を含む）を早期に整備すべきである。

一、総合的なＡＤＲの制度基盤を整備する見地からＡＤＲの利用促進、裁判手続きとの連携強化のための基本的な枠組みを規定する法律（いわゆる「ＡＤＲ基本法」など）の制定を視野に入れ、必要な方策を検討すべきである。

一、隣接法律専門職種など非法曹の専門家のＡＤＲにおける活用を図るため、弁護士法七二条（非弁護士の法律事務取り扱いなどの禁止）を見直す一環として、職種ごとに実態を踏まえて個別に検討し、法制上明確に位置付けるべきである。

◆メモ

国際商事仲裁モデル法　仲裁法制の現代化と国際化を進めるため国連国際商取引法委員会（ＵＮＣＩＴＲＡＬ）が一九八五年六月に採択した。模範法とも呼ばれる。国際的な取引の紛争を主な対象とし、当事者が仲裁の合意をする場合は書面でしなければならないこと、仲裁人の数を当事者が決めていないときは三人とすることなど、迅速・適正に解決する仲裁手続きのルールを示している。しかし各国の国内で商事以外の分野にも適用できるように作られており、国連は総会決議で各国に採用を求めている。

第十回　労働紛争と敗訴者負担

（二〇〇三年四月十八日配信）

「労働調停」の骨格固まる

解雇や賃金などの労働紛争を簡便に解決できる「労働調停」の骨格が固まってきた。雇用・労使関係の専門家調停委員を中心メンバーとして地裁か簡裁に労働調停委員会を設置、話し合いで解決を図る新制度だ。しかし専門家が裁判官とともに判決する「労働参審制」の導入問題は、政府の司法制度改革推進本部で各委員の意見が対立。敗訴者が相手方の弁護士報酬を負担する制度の可否も平行線だ。何が良い法的サービスか。制度づくりがヤマ場を迎えている。［注一］

労働訴訟に専門参与員も

労働関係のトラブルは中央や地方の労働委員会、労働基準監督署、労政事務所などに持ち込まれている。厚生労働省によると相談の件数は二〇〇一年十月から十二月までの三カ月間に約十二万一千件。相談だけで年間約五十万件に上る計算だ。

しかし裁判となると激減し、全国の地裁に起こされた労働訴訟は二〇〇一年度に二千百十九件にとどまった。それでも十年前の三倍以上の急増だ。

最高裁は東京、横浜、名古屋、京都、大阪、神戸、福岡の各地裁に専門部や集中部を設置。十年前は平均二十カ月かかった審理期間が二〇〇一年度は十三カ月に短縮された。

労働紛争長期化への不満は根強い。不当労働行為で労働委員会の救済命令が出ても、使用者側が取り消し訴訟を起こすと、労委段階の二回に加え地裁、高裁、最高裁と三回の審理を経ることになる、いわゆる「五審制」の弊害も見られる。

推進本部の労働検討会は①労働訴訟の充実・迅速化②救済命令に対する司法審査の在り方の見直し——など総合的な対策の強化を討議している。救済命令の取り消し訴訟は高裁を省き、上訴先を最高裁とする案もある。

これまでに「労働調停」の新設が決定。労働紛争の特殊性を考慮し、簡裁で行われている一般の民事調停とは別に、地裁で扱うことを検討中だ。

専門家調停委員の候補者としては経営者団体の役職員ら数十人、労組関係者ら五百—千人、産業医ら学識経験者数十人がそれぞれ確保できる見通し。その中から最高裁が選任する方向だ。

労働調停が不成立の場合、当事者は正式に訴訟を起こせるが、資料は訴訟には引き継がれない。

このほか、裁判で労使の専門家が「専門委員」として裁判官に協力する制度や、専門家が裁判官と同じ評決権は持たない「参与員」として加わる制度も実現の可能性がある。しかし欧州諸国のように専門家が裁判官と同じ評決権を持つ「労働参審制」にまで踏み込むかどうかは微妙な状況だ。

敗訴者の負担金額から討議

労働紛争の改善策は、利用しやすい司法を討議している司法アクセス検討会の課題とも共通する。同検討会では弁護士報酬の敗訴者負担が最大の問題になっているが、弱い立場の者が起こす労働訴訟や消費者訴訟、住民がより良い政策の実現を求めて提訴する「政策形成型訴訟」などへの導入には批判がある。

このため同検討会の事務局からは①労働事件や行政事件のように類型を設けて敗訴者負担を排除する②裁判所が政策形成型訴訟と認めるときは敗訴者負担を免除する——などの案が示されている。

司法制度改革推進本部が置かれている東京・永田町の合同庁舎で二〇〇三年四月十五日、弁護士報酬の敗訴者負担に反対する市民団体がビラまきをした。第十四回司法アクセス検討会の開催日。推進本部では珍しい光景だった。

「裁判に負けたとき、相手方の弁護士の報酬が三億円だったとすると、三億円も払わされます」と市民団体の関係者。

検討会が始まると、新日本製鉄取締役の西川元啓委員が「びっくりした。弁護士に三億円かかったとしても敗訴者負担はその一部。三億円などあり得ない。支払うべき金額の議論を終息させておくべきだ」と提案した。弁護士の亀井時子委員は「最初に金額の議論がくるのはおかしい。金額よりも、導入すべき訴訟と、導入すべきではない訴訟とについて、並行して議論するべきです」と反対意見。京都大学教授の山本克己委員は「何らかの基準で額を決め、それでは当事者間で公平ではない場合に修正する原理を考えるのがベストだ」と述べるなど、さまざまな意見が飛び交った。

敗訴者負担を実施している外国では制度の仕組みはいろいろだ。米国などでは「片面的敗訴者負担」といって、公共的な訴訟で市民が敗訴しても訴訟費用の負担はさせず、市民が勝訴した場合に限り、行政側に市民の分も支払わせている。

激しい討議の結果、検討会は二〇〇三年五月三十日、負担金額から本格的な検討に入ることになった。事務局は①上限金額を定め、その範囲内で裁判所が決定する②請求額を基礎に一定の割合を定める③判決の認容額を基礎に一定の割合にする——という三案を示しているが、委員間の見解の調整は容易ではなさそうだ。

優しい社会をつくる司法に　建築家の長谷川逸子さん

市民と会話しながら建物を造っていると、市民が自由になったなと感じます。一九九五年ごろからですね。デパートが『今年の流行ファッションは白』などと言っても、その色を買わなくなりました。日本は政治や企業といった大きくて強いシステムが有利な社会ですが、それを、個性を大事にするように組み立て直すことで、新しい共同体ができてきています。

建築でも集合住宅を考えるとき今までは集合から入っていきました。しかし現在では、一人ひとりが良い生活ができるようにしなければ、集合住宅は良くはなりません。司法も同じです。利用する立場に立たないと、うまく動きはしません。

日本では建築の公害などを企業が認めませんから、訴えてもなかなか勝てないですね。しかし米国では公衆衛生法などで企業に情報開示が義務付けられていますし、弁護士報酬は片面的な敗訴者負担です。環境や身体にかかわることは個人が訴えやすくしてほしい。

設計競技で欧州へ行くことが多いのですが、欧州は政治の力が強くて『歴史あるオペラハウスを外国人に造らせるものか』という意志を感じます。ところが日本では良いものを選んでくれる。欧州の人はうらやましがっています。外国に負けないものが日本にはあります。弱者に優しい社会をつくる司法にすれば、世界のどこにもない良い司法ができるのです。

はせがわ・いつこ　建築家。米国ハーバード大客員教授などを務めた。十九九九年度日本芸術院賞受賞。司法アクセス検討会委員。

労働参審制度の実現を　高木剛・労働検討会委員

労働調停は裁判所を使うＡＤＲ（裁判外紛争解決手続き）ですから、簡便さだけではなく、地裁を使うことによって簡裁の民事調停よりも裁判官の関与を強める仕組みにすることが必要です。労働調停で解決できなければ正式裁判に委ねられるので、裁判とのスピーディーなつなぎ方が重要。労働調停が入ったことで解決が遅れたりしたら本末転倒です。

司法改革の大きな理念の一つは司法の国民的基盤を強化することです。労働裁判へも国民参加の視点を導入する意義があり、労働参審制度をぜひ実現しなければなりません。今世紀前半をにらんで労働参審制が導入され、その成果が現場へ還元されれば、労働秩序の安定に役立つでしょう。

労働紛争の場合、証拠は一方的に経営側にあります。けれども、訴えるのは労働側が多いという片面性が非常に強いので、労働事件に弁護士報酬の敗訴者負担を導入することには強く反対せざるを得ません。敗訴者負担は労働事件や消費者訴訟、行政事件訴訟といった分野では訴えを委縮させる懸念があります。

改革審の意見書で書かれたものが少し後退しているのではないでしょうか。あまりにも実務サイドに偏り、改革の目指す根本理念が薄まっているようです。このままではプロのブラックボックスへ入ってしまいかねず、心配でなりません。

たかぎ・つよし　連合副会長。ＵＩゼンセン同盟会長。労働検討会委員。元司法制度改革審議会委員。

労働事件の対応強化を（改革審意見書要旨・労働事件と敗訴者負担の関連部分）

【労働関係事件への総合的な対応強化】民事調停の特別な類型として、雇用・労使関係に関する専門的な知識経験を有する者の関与する労働調停を導入すべきである。労働委員会の救済命令に対する司法審査の在り方、雇用・労使関係に関する専門的な知識経験を有する者の関与する裁判制度の導入の当否などについて早急に検討を開始すべきである。

【裁判所へのアクセスの拡充】当事者の負担の公平化を図って訴訟を利用しやすくする見地から、一定の要件の下に弁護士報酬の一部を訴訟に必要な費用と認め、敗訴者に負担させることができる制度を導入すべきである。不当に訴えの提起を委縮させないよう一律に導入することなく、敗訴者負担を導入しない訴訟の範囲と取り扱いの在り方、敗訴者に負担させるべき額の定め方などについて検討すべきである。

◆メモ

弁護士報酬規定　弁護士法は各弁護士会が会則で報酬の「標準を示す規定」を定めるとしている。しかし公取委から独禁法違反の疑いが指摘されたため、報酬規定を会則から削除する弁護士法改正が行われる見通しだ。改正後に市民が不便を感じないよう日弁連は全国の弁護士に訴訟類型ごとに請求する金額のアンケートを実施、二〇〇三年三月末「報酬の目安」をまとめた。例えば交通事故で一千万円の損害賠償請求訴訟を起こすと着手金三十万―五十万円が弁護士の約八〇％、報酬金百万円前後が約五〇％だと分かる。目安は近く冊子の形で公表される。［注二］

［注一］労働参審制度は実現しなかったが、労働審判制度ができ、労使の審判員が参加する国民参加型の制度ができた。弁護士報酬の敗訴者負担制度を導入する法案は廃案になった。

［注二］日本弁護士連合会は二〇〇二年アンケートを小冊子「市民のための弁護士報酬の目安」にまとめ、公表している。

第十一回　浮上したリーガルサービスセンター構想　（二〇〇三年五月二十三日配信）

全国的に司法ネットを整備

全国どこでも法的救済を受けられる相談窓口「司法ネット（仮称）の整備」を小泉純一郎首相が打ち出した。実施主体として政府与党内では「リーガルサービスセンター（仮称）」を設立する構想が浮上、自民党のプロジェクトチームは近く、素案を公表する見通しだ。このセンターには、政府の司法制度改革推進本部で検討中の、容疑者・被告に公費で弁護士をつける「公的弁護制度」の運営主体が組み込まれる可能性も出てきた。司法のすそ野が広がる。

独立行政法人の新設が有力

起訴後の被告には、弁護を受ける権利を実質的に保障するため、裁判所が公費で国選弁護人をつける制度がある。これを容疑者にも拡充するのが公的弁護制度の狙いだ。

身体拘束された容疑者の事件は年間十二万件。そのうちどの程度の事件を対象とするのか。推進本部の検討会が二〇〇三年二月に行ったヒアリングでは意見が割れた。

日弁連は「全部の事件」と主張。しかし法務省（検察庁）は「弁護士が約二万人しかおらず対応能力に限界がある」として「一定の重大犯罪に限るべきだ」と反論した。傍聴した司法関係者は「弁護士をつければ報酬を払わなければならないが、国の負担には限度がある」と解説している。

これまでの検討会で、資力不足などの明確な判断基準を定めること、弁護人は原則一人とするが難事件では追加も可能なことなどが固まった。少年事件にも公費で付添人の弁護士をつけるが、ここでも法務省は「重大な事件だけ」と主張する。

最大の難問は公的弁護を担う公正中立な運営主体をどうつくるかだ。

ヒアリングで最高裁は「運営主体が相当数の常勤弁護士を確保し、さらに契約弁護士に一定数の事件を請け負わせたり、事件ごとに一般弁護士にも担当させたりする」と提案した。運営主体に全部の責任を負わせる立場だ。一方、法務省は「国選弁護は今まで通り裁判所が担うが、常勤弁護士などの部分は運営主体に担わせる」と、裁判所と運営主体で責任を分担するプランを述べた。

論議が難航する中、政府内で浮上してきたのがリーガルサービスセンター構想だ。独立行政法人として設立し、常勤弁護士らを雇用。公的弁護のほか法律相談、弁護士紹介、資力が乏しい人の民事訴訟を援助する法律扶助、調停・仲裁なども行うという。

二〇〇三年二月の推進本部顧問会議で小泉首相は「市民が気軽に相談できる窓口を広く開設することにより司法ネットの整備を進める必要がある」と述べた。センター設立構想を後押しする発言だ。

自民党のプロジェクトチームが四月に開いた会議では「法律扶助協会への依頼事業は独立法人へ移さざるを得ない」「最高裁は判事補の三割程度を独立法人へ派遣してほしい」という意見が相次いだ。判事補らに公的弁護を担当させ、これから導入される国民参加の「裁判員制度」に不可欠な弁護士の供給源ともする考えだ。

日弁連は二〇〇三年二月、独立法人について積極的に取り組む基本方針を表明した。法律扶助協会も二〇〇三年六月から全国でブロック会議を開き、対応を詰める方針だ。

韓国の公益法務官に注目

自民党司法制度調査会の司法アクセス等プロジェクトチームメンバーらが二〇〇三年五月中旬、韓国を訪問した。ある司法関係者は「司法ネットの参考にするのが目的」と話す。

韓国は司法制度改革の先輩だ。経済発展に伴って法律サービスの充実が求められ、一九八一年に司法試験合格者を数十人から三百人に増員。二〇〇〇年には、三倍の人口を持つ日本と同水準の千人台へと拡大し、法律サービスの水準を一挙に国際レベルへ引き上げた。

韓国を調査したことのある弁護士は「改革の中で注目されるのは大韓法律救助公団」と言う。法務部の認可を受ける特殊法人で、法律相談のほか下級軍人らの裁判援助などを実施している。

公団には所属弁護士のほかに、法曹有資格者で専門職公務員の「公益法務官」がいて、民事・刑事の裁判などを担当し、弁護士不在の地域へ優先的に派遣されている。「韓国では徴兵制が敷かれているので、兵役を終えていない若い法曹有資格者が兵役免除のある公益法務官になる」と、弁護士は説明した。

韓国の制度は日本の公的弁護制度のモデルになり得るともみられている。米国や英国にも刑事弁護専門の公設弁護人がおり、諸外国の例は重要なヒントを与えそうだ。

二〇〇三年五月八日、大阪で「国費による弁護制度を担う」と題し、日弁連などが主催するシンポジウムが開かれた。討議の結果、日弁連が経費を援助する「公設事務所」を充実させ、地方へ弁護士を派遣すること、刑事専門事務所を設置することなどが合意された。

公的弁護制度の関連法案は二〇〇四年通常国会に提出され、関係者の動きも活発になっている。

弁護の自主独立性を　浦功・検討会委員

弁護を受ける権利は、少なくとも身体を拘束された容疑者には保障されなければなりません。国費を投入するのですから、資力の乏しい容疑者であることを要件とすることも、一定の範囲で認めざるを得ません。そのような制度構想自体は正しいと考えます。

危ぐされるのは、公的弁護制度の運営主体ができることで国家権力の介入が考えられることです。弁護権は自主性・独立性が保障されなければなりません。国家権力の介入を排除することが一番大きな問題です。

公的弁護制度の運営主体について日弁連は、裁判所に付設するか独立行政委員会とすることを提案していましたが、行政改革の状況下では、そのどちらも難しい。現在は独立行政法人も視野に入れ、それがリーガルサービスセンターの一角となることの是非も論議しているところです。しかし弁護権の自主性・独立性の点で疑問とする意見もあり、現在のところ、もろ手を挙げてそちらへ行こうという方向には向いていません。

身体拘束された容疑者の事件をすべて引き受けられるようにすべきだと考えています。弁護士の対応能力の問題がありますが、刑事事件専門の弁護士事務所を設置することなどによって何とか克服したいのです。

日弁連が求めてきた司法改革はなかなかうまく実現しません。しかし公的弁護制度や国民参加の裁判員制度が前進であることは間違いありませんので、ぜひ良い制度を実現したいと思っています。

うら・いさお　公的弁護制度検討会委員。日弁連刑事弁護センター委員長。弁護士。

十分検討に値する　藤井範弘専務理事

民事法律扶助法が二〇〇〇年に施行されてから国の補助金は格段に増え、二〇〇三年度は三十五億円と四年前の四倍近くになりました。しかし法律扶助協会が行う民事裁判の代理援助などの事業は、自己破産など事件数が急増したため申請が増え、協会も財源不足に悩んでいます。経済的弱者の援助をするという社会の需要にこたえきれていません。法律扶助を担う指定法人は民間活動活用型と国が考えているために事務局の管理費などを十分に手当てできず、全国均質なサービスを提供できない制約があります。

協会は組織の在り方を含めて抜本的に見直さなければなりません。その手法の一つとして、協会が中核的な役割を果たす形でリーガルサービスセンターを独立行政法人として設立することは十分検討に値します。センターの自主性と国からの独立性が確保されれば、公的弁護制度を担うことも検討され得るでしょう。独立行政法人といっても国立大学法人のような、より独立性の高い法人が望ましいと考えます。

司法へのアクセス障害を克服して利便性を高めることが必要です。センターの基本理念は、民事法律扶助事業の拡充に資する制度であること、公的弁護制度の適切な整備が行われること、弁護士や司法書士らサービス提供者の活動の自主性が確保されること、需要に応じた事業が実施できるような予算が手当てされることの四点です。正しい制度設計ができるように、協会としても積極的に制度構想を提言していきたいと思います。

ふじい・のりひろ　法律扶助協会専務理事。日弁連元事務次長。弁護士。

利用相談窓口を充実（改革審意見書要旨・関連部分）

政府の司法制度改革審議会が二〇〇一年六月に提出した意見書の司法ネット関連部分要旨は次の通り。

【司法アクセス拡充】

一、司法の利用相談窓口（アクセスポイント）を充実させ、ネットワーク化の促進により、各種の裁判外紛争解決手段（ＡＤＲ）、法律相談、法律扶助を含む司法に関する総合的な情報提供を強化すべきである。

【民事法律扶助制度】

一、対象事件・対象者の範囲、利用者負担の在り方、運営主体の在り方などについて総合的・体系的な検討を加えた上で一層充実すべきである。

【公的弁護制度】

一、被疑者に対する公的弁護制度を導入し、被疑者段階と被告人段階とを通じ一貫した弁護体制を整備すべきである。運営主体は公正中立な機関とし、公的資金を導入すべきである。

◆メモ

法律扶助　資力が乏しく、法律問題で権利の保護が十分に受けられない人を援助する制度。二〇〇〇年から施行された民事法律扶助法は対象を民事事件に限定している。事業者には法律扶助協会が指定され、弁護士らが裁判手続きをする代理援助、司法書士らによる裁判関係書類の作成援助、弁護士らの法律相談などを行っている。二〇〇三年度は国庫補助金三十五億円を受け、約十二万件の事業を予定。刑事事件の容疑者の援助や少年事件の付添人活動の援助に国庫補助はないが、協会独自に実施している。

第十二回　進展と難航と

（二〇〇三年六月二十日配信）

知的財産訴訟の審理充実

特許などの知的財産訴訟を東京、大阪両地裁に集中し、迅速で充実した審理をする民事訴訟法の改正案が二〇〇三年五月に衆院を通過した。成立確実の情勢となり、知的財産訴訟の改革は大きな進展を見せている。その一方、行政訴訟の見直しは意見の対立が激しく、難航しそうな気配だ。これらの大型テーマは秋に新法案の中身が固まり、二〇〇四年春の通常国会に提出される。法科大学院の設置申請も二〇〇三年六月から受け付けが始まるなど、司法改革は進展と難航の両面を抱えながらピッチを速めていく。

知財高裁の設置有力に

全国の地裁が受理した知的財産訴訟は二〇〇二年に三百五十二件。審理期間は短縮されているものの、難しい技術的判断が必要なことから十五カ月ほどかかっている。

民訴法の改正が成立すると、来年から一審は東京、大阪両地裁、二審は東京高裁と、いずれも知的財産専門部がある裁判所に絞られる見通しだ。政府の司法制度改革推進本部は「専門性をもった裁判官を集中的に配置し、審理のレベルを上げる。判例の統一も行って、企業などが判決の予測をしやすくする」と話す。

政府の知的財産戦略本部は二〇〇三年六月二十日、推進計画案を公表した。東京高裁の四つの専門部を独立させて特別な「知的財産高裁」を設けるほか、特許庁の審査を迅速化する法案や、アニメーション、ゲーム、音楽などコンテンツビジネスの振興法案を作ることなどを提案している。二〇〇三年七月に計画を決定、三年間で実行する予定だ。

推進本部の知的財産訴訟検討会は、戦略本部の動向をにらみながら、別個に立法作業を進めている。焦点は知的財産裁判所の新設のほか、技術的な知識・能力を有する「技術系裁判官」の制度を設けるか、企業秘密の保護措置をとった上で証拠調べの非公開審理などを行う証拠収集手続きを設けるか、などだ。

知的財産裁判所の構想には「今の専門部を充実させることで対応できる」とする反対があり、技術系裁判官についても「法的判断力は不可欠」と慎重な意見が聞かれる。証拠収集手続きの強化は産業界の強い要請だ。

行政訴訟検討会は難航している。事務局からメールで委員に送られてきた資料に「最高裁案で確定」「法制局修正」などの記載があり、一部の委員が二〇〇三年四月の検討会で「なぜ調整したのか」と追及、日弁連が抗議するなど紛糾した。二〇〇三年六月に入って混乱は収拾され、それまでの第一ラウンドで全員の意見が一致した論点以外にも踏み込む第二ラウンドの議論が始まった。

実現が有力になっているのは①訴える相手として行政庁を特定しなくても国だけでよいことにする②提訴の期間制限を現行の三カ月より延長する③行政を義務付けできる型の訴訟を導入する――ことなどだ。しかし本質的な見直しには程遠い。

このほか、訴訟を起こせる資格を拡大することや、訴訟の対象を行政処分だけでなく行政計画や行政立法にも広げることなどにも賛成意見がかなりあり、法案に盛り込まれる可能性がある。

被告になることをいとわず

「行政は裁判が嫌い。だから行政が不透明になっている。鳥取県では、ある段階で施策の実現がだめだと思ったら、裁判で司法的に解決することを実践している。県も被告になることをいとわず、ということです」

片山善博鳥取県知事が大胆な発言をした。二〇〇三年六月五日、東京の司法制度改革推進本部で開かれた「司法ネット（仮称）に関する有識者懇談会」。森山真弓法相や推進本部の顧問らを前に、現職知事から〝行政訴訟の勧め〟が飛び出した。

「絶対に非を認めないのが行政の特徴だったが、トラブルの解決は司法に委ねる謙虚な姿勢でなければならない」。旧自治省官僚出身の片山知事だけに、顧問会議座長の佐藤幸治近畿大学教授が「歴史的発言」と語るほど衝撃的な発言だった。

行政訴訟は国民から縁遠い。年間の提訴は千四百件から二千件程度と少ない。しかも裁判所が「訴訟を起こす資格（原告適格）がない」などとして門前払いしたケースが判決の十五％を占める。勝訴判決は十三％しかない。行政に遠慮がちな「司法消極主義」だと批判されている最高裁は二〇〇三年二月、行政訴訟担当の裁判官を集めて意見交換した。最近は東京都の外形標準課税条例を無効とした東京高裁判決など、行政を厳しくチェックする判決が出されるようになった。

官庁側の抵抗は根強いが、自民党国会議員の「若手の会」は二〇〇三年三月、「行政を義務付ける訴訟、差し止めを求める訴訟などを設けるべきだ」とする提言を発表。日弁連も二〇〇三年三月、独自の行政訴訟法案を公表し、行政の違法を確認してそれを正す「是正訴訟」を導入することなどを提案した。改革の機運が高まっている。

証拠収集手続きの強化を　阿部一正・新日鉄知財部長

特許裁判所をつくれ、という主張があります。特許の裁判は技術を早く正確に理解することが重要です。技術の分かる裁判官とそれを補佐する調査官を一つの裁判所に集中して、特許の裁判はすべてここで行われることにすれば、迅速で公正な裁判が期待できますので、産業界では積極的に賛成しています。

知的財産権訴訟では証拠収集手続きの強化が重要です。特許権の侵害を立証するのに必要な証拠はなかなか手に入りにくい。わが社のように中間製品を作っているところでは、工場に入って製造プロセスを見ないと特許権が実際に侵害されているのかどうか分からないのですが、相手には企業秘密があります。

しかし、どれほど権利が与えられていても、必要な証拠の収集をできなければ〝絵に描いたもち〟です。企業秘密だから見せないという責任逃れの弁解は認めないが、証拠を見た者は秘密を絶対守ることにしたい。代理人だけに見せるとか、証拠開示手続きを非公開にするとかの手続きを新設することになります。

技術の分かる法律家が必要です。そうでないと国際的な競争で不利な立場に立たされます。米国には知的財産権を扱う弁護士が数万人もいますが、日本でも将来的には法科大学院から多数の専門家が育っていくことを期待しています。

あべ・かずまさ　新日本製鉄参与知的財産部長。知的財産訴訟検討会委員。日本知的財産協会副理事長。

「国民訴訟」を導入すべき　福井秀夫・政策研究大学院大学教授

建設省に勤務していたころ国側の指定代理人になりましたが、行政訴訟は百パーセントの勝訴。あんなに国側が勝っていいのか、反省点があります。とにかく原告側のハードルが高過ぎ、被告適格などの間違いやすい落とし穴もたくさんある。門前払いの判決を誘発しやすい構造的な問題が見られます。行政活動のチェックは最終的には司法がよりどころなのですから、このような事態は国民にとっても行政にとっても不幸です。

国民の利益を図る観点から改革すべき点は五つに集約できます。一つは取り消し訴訟中心主義の見直し。救済方法は取り消し以外に確認、差し止めなど多様であるべきです。第二は提訴期間を原則的に三カ月以内としている制限の廃止です。行政の安定は重要ですが、最低でも期間は半年や一年とするべきです。

第三は原告適格。たまたま条文に書いてあるかないかで提訴できるかどうかが分かれるのはおかしい。第四は行政の幅広い裁量権限ですが、行政裁量に対する司法の統制をもっと強化するべきです。五つ目は財政上の違法を正す〝国民訴訟〟の導入。会計検査院の審査を経た後、それに不服な国民は提訴できるようにしたらいいでしょう。

行政訴訟検討会の議論は技術的な話に収れんしすぎています。行政訴訟の受益者は国民だという原点がゆがまないような制度設計をしなくてはなりません。

ふくい・ひでお　政策研究大学院大学教授（行政法）。工学博士。行政訴訟検討会委員。

審理期間をおおむね半減（改革審意見書要旨・知的財産訴訟と行政訴訟の関連部分）

政府の司法制度改革審議会が二〇〇一年六月に提出した意見書の行政訴訟と知的財産訴訟の関連部分要旨は次の通り。

【知的財産訴訟】

一、知的財産権関係訴訟事件の審理期間をおおむね半減することを目標とする。

一、東京、大阪両地裁の専門部を実質的に「特許裁判所」として機能させるため、専門性が強化された裁判官や技術専門家である裁判所調査官の集中的投入、専門員制度の導入、訴訟事件の東京、大阪両地裁への専属管轄化などにより、裁判所の専門的処理体制を一層強化するべきである。

【行政訴訟】

一、行政事件訴訟法の見直しを含めた行政に対する司法審査の在り方に関して「法の支配」の基本理念の下に司法および行政の役割を見据えた総合的多角的な検討を行う必要がある。

◆メモ

知的財産戦略本部　特許権、実用新案権、著作権などの知的財産権の創造、保護、活用を推進し、産業の国際競争力を強化するため、内閣が知的財産基本法に基づき二〇〇三年三月に設置した。政府が取り組むべき基本政策を決定する。小泉純一郎首相を本部長とし、全閣僚のほか御手洗冨士夫キヤノン社長、阿部博之・前東北大学長ら十人の民間人で組織。二〇〇三年五月に公表した推進計画案の骨子で、知的財産を専門に審理する高裁の創設を提案するなど「知的財産立国」の実現を目指している。

第三章　改革の到達点（二〇〇三年十月から二〇〇四年九月まで）

第一回　弁護士の値段

（二〇〇三年十月二十四日配信）

自由化進む弁護士報酬

弁護士を頼むと、いくらかかるのだろうか。相談したくても費用の心配があって、ためらう人は多い。そこで日本弁護士連合会は各弁護士に料金表の明示などを義務付けることにした。国会では二〇〇三年七月、全弁護士を縛っていた報酬規定を弁護士会の会則から削除する弁護士法改正が行われ、二〇〇四年四月から施行される。日弁連は二〇〇三年十一月十二日の総会で報酬規定の廃止を決議。二〇〇四年二月の総会では、代わりに弁護士会内部の基本ルールを決める構えだ。報酬は自由化が進み、分かりやすくなる。

弁護士会規定の縛りを廃止

改正前の弁護士法は、全国の弁護士会がそれぞれ「報酬に関する標準」を会則に載せるよう義務付けていた。市民が弁護士を利用しやすくするとともに、弁護士が不当に高額を請求する事態も防ぐためだ。これを受けて日弁連が基準規定を定め、それを基に各弁護士会が標準を作っている。

基準規定によると、弁護士の報酬は①法律相談料②書面での鑑定料③事件を引き受けたときに受け取る着手金④訴訟などが終わったときに成功の程度に応じて受け取る報酬金⑤一回程度の手続きで終わる事件の手数料⑥会社などと契約して受け取る顧問料⑦遠い所へ調査に行く場合などの日当――という七種類がある。

そのうち着手金と報酬金を例にとると、民事裁判の場合、請求金額が三百万円以下ならば着手金は請求額の八％、報酬金は一六％などと、請求額に応じて四段階の割合が決められている。つまり三百万円の裁判ならば、着手金と報酬金の合計で二十四％の七十二万円となる。

ただしこれは標準なので、実際の請求額はもっと低いようだ。計算方法としては、時間給（タイムチャージ制）も認められる。最近では米国のように「勝訴したらいくら」という成功報酬だけの契約も認めるべきだという意見が出されている。

ところが弁護士会が報酬額を決めることについて公正取引委員会は二〇〇一年十月、弁護士会が弁護士の強制加入団体であることを指摘して「市場での競争を実質的に制限し、独占禁止法違反の疑いがある」とした。政府の司法制度改革推進本部でもこの意見が出され、法改正につながった。

二〇〇四年四月から基準規定は廃止され、料金設定は自由になる。腕に自信のある弁護士は高料金で、サービス精神に富んだ弁護士は低料金でなどと分かれていくことだろう。

しかし規制緩和に伴い、依頼者との間で金額をめぐるトラブルも起きやすい。日弁連は市民のためには何らかの「目安」を示す必要があるという考えだ。これまでの報酬規定に代わるものとして、料金表の内容について解説する弁護士用のガイドブックを近く配布。また二〇〇二年秋、全弁護士に報酬の相場を尋ねたアンケートの結果をリーフレットにして法律相談窓口などに置き、ホームページにも掲載する予定だ。

相場アンケートを目安に

日弁連がまとめた報酬相場のアンケートを見てみよう。この調査は二〇〇二年秋、全国約二万人の会員を対象に実施、約二千三百人から回答を得た。典型的な事件の型ごとに計二十八の事例が設定され、選択肢の中から各弁護士が回答を選んだ。

建物明け渡しの事例を紹介すると——。

【設定】Aさんは Bさんに一戸建ての建物（時価は土地千五百万円、建物一千万円）を貸していたが、月十万円の家賃がずっと払われていない。

【回答】Aさんの依頼で弁護士が裁判所に民事調停を申し立て、建物明け渡しが認められた場合、着手金については二十万円前後か三十万円前後と答えた弁護士が最も多く、それぞれ四〇％を占めた。次は四十万円前後と五十万円前後で、それぞれ八％と差が出た。

報酬金は四十万円前後が四〇％で最多。次は六十万円前後の二十五％だった。

調停ならば、着手金と報酬金を合わせた報酬は六十万—九十万円必要という相場がうかがえる。

調停がうまくいかず、裁判に移った場合、Aさんが全面勝訴してBさんが建物を明け渡したという設定では、着手金三十万円前後の五〇％、報酬金六十万円前後の四〇％が最多の回答だった。もし裁判もするならば、調停とは別に、さらに九十万円程度は覚悟する必要があるということになる。

ただし通信費、収入印紙代のほか、弁護士が遠くへ出張したときの宿泊料、交通費などの実費は別であることに注意しなければならない。依頼するときは、しっかり確認することが大切だ。

弁護士の報酬は専門性、経験年数、知名度などによって違ってくる。アンケートは一つの目安にすぎないが、日弁連は今後も定期的に実施する方向で検討している。

藤井克巳・日弁連副会長インタビュー

――弁護士報酬規定が見直されますが。

「できたら報酬規定は弁護士会の会則や会規で維持した方が良いと考えていました。弁護士は金銭のためだけに活動するのではなく、社会正義を実現し、経済的弱者のために活動するのでもありますから、弁護士会で適切な額を決めても違法だとは考えておりません」

「けれども弁護士法の規定が削除され、公取委から独禁法上、疑問があると指摘されましたので、それぞれの弁護士の料金決定に弁護士会は関与しないことにします。こういう事件はいくらと決めることは一切せず、各弁護士が自由に決められることになります」

――それでは庶民はいくら請求されるか予測が立たずに困るでしょう。

「何でも自由というのは良くないですね。きちんとしたルールをつくり、依頼者に報酬の内容を説明する責任があります。見積書を出してほしいと言われたら、具体的な事件を引き受けるかどうかは別として、最初の着手金はいくら、時間給ならいくらなどという見積書を渡すように努力すべきだという規定を置きたい。これまで大部分の弁護士は、事件を引き受けても契約書を作成しない場合が多かったのですが、契約書の作成を義務付けたい。訴訟などが終わったときの精算の仕方も、事前に定めておくことを義務化したい」

――弁護士さんのイメージが変わりますね。

「一人ひとりの弁護士が事務所などで料金表を提示するようにしますから、国民が比較して選べるようになります。全国の弁護士に金額をアンケートしていくと料金設定の〝目安〟が分かります。それを集約してリーフレットにまとめ、一般の方によく知っていただくようにします」

弁護士の報酬アンケート（2002 年秋実施）

	▶類型	▶事例	▶回答数が最も多かった金額
民事事件	法律相談	1時間で完結	1万円（61%）
民事事件	金銭貸借	知人に貸した300万円の返還を求め提訴	着手金20万円前後（41%）＋報酬金30万円前後（53%）
民事事件	交通事故	負傷した被害者が1000万円の損害賠償請求訴訟を起こし、全額回収できた	着手金30万円前後（34%）＋報酬金100万円前後（50%）
民事事件	離婚	夫の暴力に耐えられないと離婚の調停を求め、成立	着手金20万円前後（48%）＋報酬金30万円前後（39%）
民事事件	成年後見	痴ほう症の高齢者をかかえる家族からの申し立て	20万円（40%）＋鑑定費用
民事事件	遺言	不動産など5000万円の資産について遺言したい	遺言書作成手数料10万円前後（40%）
民事事件	欠陥住宅	2000万円で購入した一戸建て住宅が傾き、売り主に補修費など900万円を求めた訴訟で勝訴した	着手金50万円前後（50%）＋報酬金100万円前後（33%）
民事事件	解雇	10年間勤め、月給30万円をもらっていた会社から解雇され、その無効を求めた訴訟で勝訴した	着手金30万円前後（46%）＋報酬金30万円前後か50万円前後（ともに40%）
刑事事件	傷害	居酒屋でけんかし、相手にけがをさせて起訴され、有罪判決を受けたが、執行猶予がついた	着手金30万円前後（50%）＋報酬金30万円前後（44%）
少年事件	傷害	少年鑑別所に収容されている少年の付添人を引き受け、審判で保護観察となった	着手金20万円前後（43%）＋報酬金20万円前後か30万円前後（ともに38%）

「しかし問題点も残っています。例えば契約書にしても、顧問先のクレジット業者から依頼される立て替え金請求のようにパターン化された場合などは、毎回作成する意味も薄いですから、例外扱いが認められます。公害訴訟、行政訴訟なども経費の見通しが立てづらく、形式的に『契約書を作らないのはいけない』と言われても困ります」

――暴利を請求する弁護士はどうしますか。

「弁護士会の綱紀・懲戒委員会が違法性の有無を判断し、違法ならば業務停止などの処分をする可能性があります。ただし綱紀・懲戒と報酬とは基本的には別問題です」

ふじい・かつみ　日本弁護士連合会副会長。前福岡県弁護士会会長。

第二回　知的財産高裁

（二〇〇三年十一月二十一日配信）

紛争急増、専門的に対処

有名デザイナーの偽バッグが売られていたり、人気アニメーション作品の海賊版ビデオが出回ったり……。特許権や著作権など知的財産権（知財）をめぐる紛争が急増している。企業などの権利を守り、産業政策の将来の基盤を築くために「知的財産高裁」が誕生する。政府や最高裁などは創設でほぼ一致しているが、独立した高裁とするか、それとも東京高裁の中につくるかをめぐっては意見が割れている。「知財立国」を掲げる政府は海外へのアピール効果も狙う。関連法案は二〇〇四年の通常国会へ提出の予定だ。

独立型か東京高裁内部型か

知的財産関係の訴訟は数年前から急増し、企業からは「もっと速く、もっと専門的な判断を」と訴える声が高まった。最高裁は東京、大阪両地裁の専門部に裁判官や調査官を大幅増員するなどの対策を取り、十年前に比べると昨年は事件数が倍増したのに平均審理期間は十七カ月と半減した。

二〇〇三年七月、民事訴訟法の改正が行われ、さらに改善策が施された。高度な技術が争われる特許権などは全国の訴訟を一審は東京、大阪両地裁に、二審は東京高裁にすべて集める。また地方事情に配慮し、商品マークの商標権、デザインの意匠権、出版の著作権などは各地裁だけでなく、東京、大阪両地裁にも提訴できるようになった。

その結果、判決内容が統一されることや、企業などの関係者が判決の予測を立てて行動しやすくなることなど、各界の要請が基本的に満たされる状況が生まれている。

しかし産業界は、この方向をさらに推し進め、独立した九番目の高裁として設置してほしいと要望。これを受けて政府の知的財産戦略本部と司法制度改革推進本部が法案の内容を固めている。

独立した知財高裁の利点としては、知財重視の政策を内外に明らかにする〝看板効果〟が挙げられる。その一方で①著作権などの事件も集中させれば地裁に提訴できなくなり、地方の切り捨てになる②裁判官の研修時に他の部から応援をもらうなど人事や予算の柔軟な運営ができなくなる――といった不都合も生じる。

そこで「東京高裁の四つの専門部は既に実質的に知財高裁なのだから、そう呼べば足りる」という〝看板掛け替え案〟が提示された。しかし独立案の声は強く、二〇〇三年秋になって、東京高裁内部に知財高裁という名前の部門を置く折衷案が出された。

独立型の高裁を創設することは、地域ごとに置かれている八つの高裁のほかに、特定の分野の訴訟だけを扱う特別な裁判所を新たに設ける意味がある。現在の裁判所組織を根本から変える選択であり、反対論も多い。

二〇〇四年四月から始まる強化策の一つは、学者ら「専門委員」のサポートだ。医薬、機械、化学、コンピュータープログラムなどを専攻する学者ら百人が審理に協力する。

調査官の権限も強化される。しかし技術の専門家を裁判官に充てる「技術判事」の導入は見送られる公算が大きい。

逸失売り上げ、推定二兆円

中国などで作られる模倣品や海賊版。日本が失った売り上げ額は二兆一千億円にも上ると推計されている。知財を守る高裁を日本がどうつくるかは国際競争力の確保にも影響する重大な問題だ。

世界には知的財産を中心に扱う特別な裁判所がいくつもある。しかし、その独立性や専門性は国によってさまざまだ。

設立が早かったのは一九六一年のドイツ連邦特許裁判所。知財事件の一審を専門的に担当する独立した裁判所だ。一九九八年にできた韓国の特許法院もよく似ている。

米国の連邦巡回控訴裁判所（ＣＡＦＣ）は一九八二年の創設以来、国の特許重視政策を支えている。特許訴訟の一審判決を審査する二審の裁判所だが、独立型ではあっても専門型とはいえない。他の民事事件も扱い、知財の割合は三〇％にとどまる。

最近では昨年、シンガポールに知的財産裁判所がつくられたが、ここは高裁の一部門とされている。英国のパテンツコートも高等法院の一部門だ。これらは専門型ではあるが、独立型ではない。知財訴訟でも必要なのは総合的な判断であり、一般民事事件と同じに扱うのが望ましいという考え方が根本にあるようだ。

数年前、日本では知財訴訟の〝空洞化現象〟が起きていると指摘された。紛争の速やかな解決を求めて、各企業はＣＡＦＣなどに提訴していた。しかし今は日本の裁判所の利用度が高まり、最近では「米国よりも処理が速い」と言われている。

下坂スミ子・日本弁理士会会長インタビュー

――知財高裁についてどう考えますか。

「日本弁理士会は、知財専門の独立した九番目の高裁を設立するよう主張しています。使い勝手も良いでしょうし、知財重視という国家戦略のシンボルとして海外へのアピールにもなります。知財関係は外国との間の事件が多く、技術的な要素のほかに、外国法の適用の問題なども絡んできます。国内の事件とは違う面があって、裁判官には特別な訓練が必要です。信頼性の高い裁判をしないと、外国企業などから日本の裁判所が選ばれません。日本の企業などにとっても日本で裁判するのが一番便利です」

――しかし東京高裁の中に知財高裁を設ける案も出ています。

「それは表札だけを掛け替える案です。私たちの考え方とは違い、知財重視にはならないので反対です」

――技術判事の構想はどうですか。

「技術の分かる裁判官が必要です。今は知財高裁の設立が最優先ですが、将来は技術判事を置くべきでしょう。裁判所には弁理士の調査官がいるし、これから専門委員もできると言われても、裁判官が技術の分かる人であれば、そのような助けは要りません。最近の関係訴訟は処理が早くなっておりますが、判断内容が粗っぽい印象も持ちます。これでは納得がいきません。十分な審議をしつつ紛争解決を迅速化するには裁判官に技術的知識が必要なのです」

「理工系出身の学生が法律家になろうとするインセンティブ（刺激）を与えないといけません。しかし、このままでは何のインフラストラクチャー（産業基盤などの下部構造）もないままです」

――来年開設される法科大学院で知財教育に力が入れられるようです。

「今の法科大学院構想では技術系の裁判官は生まれてこないでしょう。専門の法科大学院をつくり、知財司法試験を始めるならばできるでしょうが、法学部の学生を重視する姿勢が続く限りは無理でしょうね」

「日本の国を強くするには今が良いチャンスなのです。ここでお茶を濁したら、期待を寄せてくれている多くの方々の失望が大きいと思います」

しもさか・すみこ　日本弁理士会会長。知的財産戦略本部員。下坂・松田国際特許事務所所長。

◆メモ

弁理士　知的財産権の特許庁への出願、ライセンス契約の代理などを行う専門家。特許法や著作権法など工業所有権関係法と、機械工学をはじめとする技術系科目などの国家試験に合格すれば資格が得られる。弁護士のほかに一定の条件を満たした特許庁審査官経験者らにも資格が与えられる。二〇〇四年四月からは、特別な研修を終えて試験に合格した弁理士に、特許権などの侵害訴訟で弁護士との共同代理をすることが認められる。日本弁理士会には約五千三百人が登録。そのうち約三百人が弁護士。

第三回　労働審判制度

（二〇〇三年十二月二十六日配信）

三回程度の審理で迅速解決

景気が低迷し、賃金不払い、解雇、配置転換などのトラブルが多発している。このような「個別労働紛争」を解決するため、政府の司法制度改革推進本部は「労働審判制度（仮称）」を新設する。裁判官と労使関係の専門家が一緒に合議。三回程度の審理で、調停を図ったり解決案を示したりし、当事者が解決案に異議を申し立てれば訴訟にも移れるようにする制度だ。「解雇などの問題が簡易・迅速に解決できる」と関係者の期待は大きい。法案は二〇〇四年の通常国会へ提出される予定だ。

簡易な個別労働紛争が対象

政府の司法制度改革審議会は二〇〇一年の意見書で労働関係事件への総合的な対応強化を求めた。これを受けて推進本部の労働検討会（座長・菅野和夫東京大学教授）が制度づくりを進めたが、多くの問題で使用者側、労働者側の委員の意見が分かれ、調整は難航した。

しかし、二〇〇三年秋になって、法学者ら中立的立場の委員が提案したのが「労働審判制度」であり、これを軸に労使の歩み寄りが可能になった。

労働紛争は、労働組合争議などの「団体的労使紛争」と、雇用など個人の労働関係をめぐる「個別労働紛争」に大きく分けられる。そのうち労働審判制度で取り上げられるのは個別労働紛争だ。

この制度は、当事者同士の話し合いで自主的な解決を目指す「調停」を基礎としており、裁判所の判断によって強制的に決着を図る「訴訟」とは異なる。裁判官である「労働審判官」と、使用者側、労働者側の専門家である「労働審判員」の計三人がそれぞれ評決権を持って合議体を構成し、その多数決で、事案にふさわしい解決案を示す。

申立先は全国各地の地裁。当事者は、訴訟にするか、労働審判にするかを選択できる。労働審判を選んだ場合、相手方が申し立てを拒否しても手続きは進められ、原則として、調停で解決されるか、解決案が示される。解決

労働関係の民事訴訟

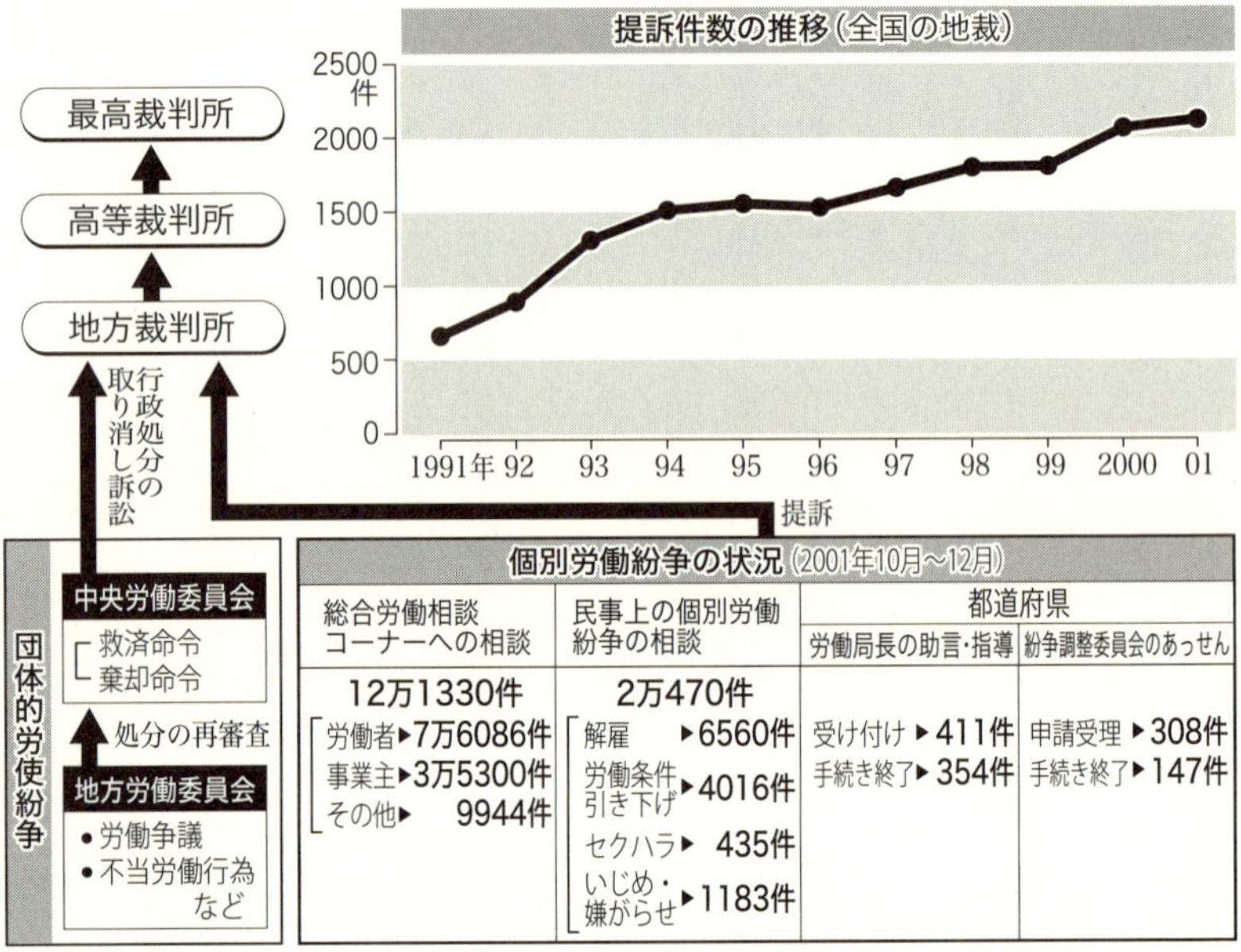

提訴件数の推移（全国の地裁）
2500件
2000
1500
1000
500
0
1991年 92 93 94 95 96 97 98 99 2000 01
最高裁判所
高等裁判所
地方裁判所
行政処分の取り消し訴訟
提訴
団体的労使紛争
中央労働委員会
救済命令
棄却命令
処分の再審査
地方労働委員会
●労働争議
●不当労働行為など
個別労働紛争の状況（2001年10月～12月）
総合労働相談コーナーへの相談
12万1330件
労働者▶7万6086件
事業主▶3万5300件
その他▶ 9944件
民事上の個別労働紛争の相談
2万470件
解雇 ▶6560件
労働条件引き下げ▶4016件
セクハラ▶ 435件
いじめ・嫌がらせ▶1183件
都道府県
労働局長の助言・指導
受け付け▶411件
手続き終了▶354件
紛争調整委員会のあっせん
申請受理▶308件
手続き終了▶147件

案を示さずに終わらせることもできる。

解決案に不満なとき、当事者が二週間以内に異議を申し立てれば解決案は失効し、労働審判の申し立てがあった時に訴訟が起こされたとみなされて、スムーズに訴訟へ移ることができる。納めた手数料も引き継がれる。

しかし期限内に異議申し立てがなければ解決案が確定、直ちに執行が可能になる。また、その内容に反する主張もできなくなる。これは、両当事者が合意して成立した調停の場合も同様だ。

労働審判制度は簡易な紛争が対象となる。労使の話し合いによる解決を試みながら、一方では、権利と義務についての法的判断を示した具体的な解決案を文書で提示できるのが大きな特徴だ。

検討会では、雇用・労使関係の裁判に専門家が裁判官と対等の資格で関与する「労働参審制度」の導入も論議された。労働審判制度は、個別労働紛争に限れば、それにかなり近い制度になる。

年間六十万―七十万件の推測も

解雇、出向、賃金不払い、いじめ、労働条件切り下げ……。個別労働紛争は数多い。ある労働組合幹部は「泣き寝入りで終わっているケースもあり、小さなトラブルを含めたら年に六、七十万件は下らない」と推測する。

産業構造の転換、企業の再編などが急速に進み、パート労働者の増加など雇用のシステムも、労働者の意識も大きく変わってきている。新しい社会情勢に対応するため、個別労働紛争解決促進法が成立、二〇〇一年十月から施行された。

同法によると、当事者が都道府県労働局の「総合労働相談コーナー」に行けば、局長の指導・助言による解決のほか紛争調整委員会の調停、あっせんなどを受けられる。

このコーナーは労基署、公共職業安定所（ハローワーク）、労使団体などと連携、一度の相談で適切な解決方法を示すワンストップサービスが採用されている。開設直後の三カ月に寄せられた相談は十二万一千件を超えており、運営は軌道に乗ったといえるようだ。

個別労働紛争の急増には裁判所も苦慮している。ある裁判官は「労働審判制度ができれば、解雇と賃金不払いの事件をそちらで扱うことができ、裁判所の負担が軽くなる」と期待している。

公益委員が証拠提出命令

団体的労使紛争についても、労働組合法の抜本的見直し案が厚生労働省の労働政策審議会で固まり、一九四九年以来の法改正が行われる見通しになった。長期化している労働委員会の審査期間を短縮、迅速で適切な救済に向けて委員会の権限が強化される。

見直し案によると、地方労働委員会と中央労働委員会は審査前に労使双方の意見を聴いて争点や証人調べの予定などを明確化し、審査計画に従って審理を進める。

現在は労使の合意が必要とされている証拠の提出、証人の出頭も、有識者や弁護士らの公益委員が、労使の合意がない場合でも命じることができるようにする。また当事者に和解させることも可能になる。

審査の現状は速やかな救済には程遠い。労働組合員への差別など使用者による不当労働行為の審査は地労委で平均七百九十七日かかっている。それが中労委の再審査に持ち込まれるとさらに平均千五百二十九日。中労委の救済命令が出されても、その取り消しを求める行政訴訟が起こされれば、地裁の判決までに十三カ月が必要になる。

このような事態を解消するため審査体制も強化。公益委員には労働法研究者、元裁判官らの専門家を活用する。中労委、地労委には公益委員でつくる小委員会を置き、小委員会が証拠提出命令などを出せることとする。

菅野和夫・労働検討会座長インタビュー

――労働審判制度の意義はどこにありますか。

「労働紛争関係に特有の新しい制度が裁判所の中にできることです。労働関係紛争はかつての労働組合的な紛争から個別の紛争へと変化し、それが増加しています。行政機関には促進法で簡易・迅速に解決を図る枠組みができましたが、裁判所にはありません。それがつくられるのです」

「労働検討会が始まったとき、関係者の意見の対立が激しく、何もまとまらない可能性がありました。しかし皆さんが一生懸命考えてくださった。当初は誰も考えていなかった制度ができ、大変感謝しています。うまく機能する制度へと育て上げていってほしい」

――労働委員会との関係はどうなりますか。

「重なる部分はあるが、きれいにすみ分けできるでしょう。労働組合と経営者の交渉関係、不当労働行為の関係は労働委員会、個別的な解雇や配置転換など労働契約上の諸問題は労働審判というように。労働審判は民事訴訟と連携もされますから、当事者によって、うまく選択と連携がなされていけばいいですね」

――どのようなトラブルに使えますか。

「解雇事件ないしは労働関係の終了をめぐる紛争が典型でしょう。退職金や賃金をめぐる紛争は今、労働関係の民事訴訟の四分の三を占めていますが、それらについて簡易・迅速に答えが出るようにしていきたい」

――課題は何でしょう。

「これからは労働審判員の任命、研修について当事者の協力関係が必要です。制度づくりの中で労使の団体、弁護士会、最高裁、法務省、厚生労働省、法学者がそれぞれの立場を離れて、まとまってくださったことが大変大きい。一つでも反対していたら、この制度はうまくいきません」

「まず、どれくらいの人数が全国的に必要なのか、最低限、地裁の本庁に何人必要なのか、を見定める必要があります。労使関係の現場で知識、経験を積んだ方がいらっしゃるので、制度の施行までに、それらの方々に対して関係者が協力して良い研修ができればいいと思います。労働審判制度の鍵は人材です。労使の審判員と審判官が、うまくチームワークを発揮してほしい」

すげの・かずお　労働検討会座長。東大法学部長。労働法専攻。

◆メモ

調停　第三者が仲介して当事者の間に紛争解決の合意をさせる手続きをいう。裁判所では、民事調停法に基づいて一般の民事事件を解決する「民事調停」と、家事審判法に基づいて家庭内の事件を解決する「家事調停」とが行われる。裁判官である調停主任と民間人の調停委員で構成する調停委員会が尽力。当事者に受諾義務はないが、合意が成立した場合は確定判決と同じ効力を持つ。労働法では、労働委員会の中に設けられた調停委員会が労働争議の当事者から主張を聴いて調停案を作成し、受諾を勧告する手続きがある。

第四回　司法ネット

（二〇〇四年一月二十三日配信）

全国どこでも司法サービス

金銭の貸し借りなど法律に関係するトラブルに直面したとき、どこへ行けば解決できるのだろうか。近くに弁護士はいないし、途方に暮れた人も多いに違いない。こうした悩みに応えようと、政府は「司法ネット」の新設を決定した。法律相談、弁護士紹介、民事裁判の費用立て替え、容疑者・被告に公費で弁護士をつける公的刑事弁護など、あらゆる司法サービスを全国各地の事務所で提供できる。トラブル解決の総合窓口設置によって、司法が利用しやすい身近なものへと変わる。

独立行政法人型で運営

司法ネット構想の制度設計を行ってきた政府の司法制度改革推進本部は二〇〇三年十二月末、新法案の概要を取りまとめた。

自民党も司法アクセス等プロジェクトチームの「司法ネットの骨子」を二〇〇四年一月十六日に了承。それを受けて小泉純一郎首相が二〇〇四年一月十九日の施政方針演説で「全国どこでも気軽に法律相談できる」制度として、導入を確約した。

このようにして固まった司法ネットの業務は五つある。一つは「法律相談」で、司法ネットの事務所へ行けば誰でも相談を受け付けてもらえ、情報提供や弁護士会など関係機関への紹介などが受けられる。

二つ目は、資力が乏しい人を対象とした「民事法律扶助」であり、訴訟書類の作成、弁護士らによる訴訟代理の費用の援助などをする。

三つ目は公的刑事弁護だ。現在、起訴された後の被告に裁判所が公費で弁護士をつける国選弁護の制度はあるが、それを前倒しして、警察などに逮捕された容疑者の段階から公費で弁護士をつけられるようになる。容疑者・被告の人権保障を手厚くする意味がある。

四つ目は、弁護士が足りない「司法過疎」地域への対策だ。全国各地の事務所が地元の弁護士会、司法書士会などと協力し、司法サービス提供の地域格差解消に努める。

五つ目は犯罪被害者支援だ。政府与党は今後、現在は認められていない公判での被害者の質問権を法律に明記することなどについて検討する。

運営主体としては、独立行政法人型の、公正中立で特別な法人が設立される見通しだ。東京に本部を、各都道府県に少なくとも一カ所の地方事務所を置く。弁護士会のほか司法書士、弁理士、税理士、行政書士ら隣接法律職種の団体、ＡＤＲ（裁判外紛争解決手続き）関連諸団体、地方自治体などと提携していく。

刑事弁護など公正中立が求められる事項を扱うため、内部に法律家や有識者らによる第三者的な「委員会」が置かれ、弁護士の雇用・解任、報酬基準などを審議する。

運営主体は常勤の弁護士を雇い、国からは若手の裁判官、検察官も派遣される。扶助事業を行ってきた財団法人「法律扶助協会」も合流し、事業が引き継がれる見通しだ。

運営主体の名称は未定。予算規模は二百億円程度とみられ、二〇〇六年にも業務を開始する。関連法案は二〇〇四年二月にも国会へ提出される。

拘置段階から公費で弁護人

司法ネットとの関連で刑事事件の弁護の仕組みが大きく変わる。新たに「公的弁護制度」が誕生し、司法ネットの業務の一部となるからだ。

公的弁護制度は起訴以前の身柄拘置段階から始まる。容疑者が貧しくて弁護人を頼めないとき、本人からの請求で、公費による公的弁護人が原則的に一人選任される。

容疑者は資力申告書を裁判所へ提出、裁判所が所定の貧困要件に該当するかどうかを判断する。弁護人の任務は基本的に判決までで終了となる。

有罪判決の場合は、弁護士報酬に相当する金額を被告に負担させ、検察官が回収する。どのくらいの額にするかの基準は、司法ネットの運営主体内に設けられた公平中立な委員会が決定する。

事件が複雑で、裁判所が弁護士会に推薦を依頼したものの弁護の引き受け手がいないときにも、裁判所の判断で公的弁護人をつけることができる。

運営主体は一般の弁護士に事件ごとに依頼するほか、特定の法律事務所と契約して一定数の事件を引き受けてもらう。また常勤弁護士が、一般の弁護士は引き受けたがらない難事件を担当するケースもありそうだ。

ただし具体的な弁護活動の中身については指揮命令できない。不適切な弁護が行われ、弁護人を解任する必要があるときなどには「委員会」の議決が必要になる。

この制度の対象は、弁護士不足の現状を踏まえて、当面、最低でも一年以上の懲役・禁固に当たる重大事件に限定される。年間約八千件になるが、制度の施行後三年程度を経た後、弁護士がいないと審理が行えない事件（年

司法ネットのイメージ

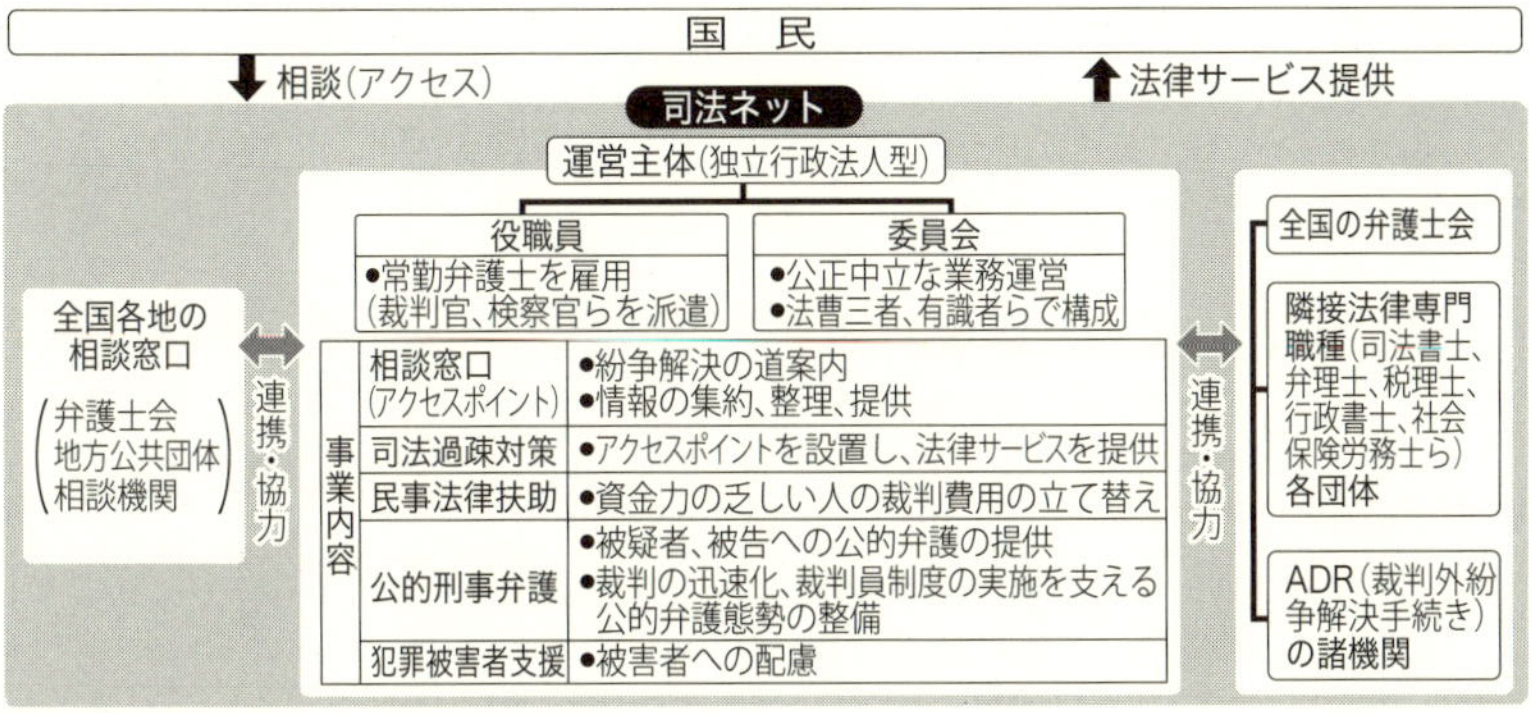

間約九万件）へと段階的に広げる方向だ。

推進本部の公的弁護制度検討会では、資力のない家庭の少年に公費で弁護士らの付添人をつける「公的付添人制度」についても討議した。今回、導入は見送られたが、今後、少年法の改正問題と絡んで論議することになる。

杉浦正健・自民党ＰＴ座長インタビュー

――どのような司法ネットをつくりたいですか。

「今は大変革の時代ですが、個人の在り方についても自己責任の時代が来ています。その自己責任を支配するのは法律だという基本認識に立って、国民と司法の在り方を見直していく必要があります。司法が〝白い巨塔〟にこもっているように見えるのではよくありません。司法改革の柱は、国民の立場に立って使い勝手の良い司法をつくることで、司法ネットも国民の意見を反映させるものでないといけません」

「国民からのアプローチを容易にし、法の下の平等を実現するシステムが司法ネットなのです。現在の制度は、国選弁護は最高裁、法律扶助は法律扶助協会、法律相談は弁護士会や地方自治体などというようにバラバラです。それを改め、国が関係している事業はすべて一つの運営主体に統合して、窓口を全国津々浦々に張り巡らせる。司法書士会をはじめ、法律相談などの国民支援をしている団体などとの連携を密にし、そこへさえ行けば、国民が求める多くの問題に法的な解決の道が開けるような組織をつくります。もちろん、資力のない人には費用の援助もします」

——財政措置や人的な手当てはどうなりますか。

「この制度が画期的なのは、若手の裁判官や検察官を派遣してもらい、弁護士とも契約して、二百—三百人の法律家のプロ集団を抱えることができることです。若い法律家が世間と接触し、経験を積む場になります」

「施設は国のものを利用する。本部は裁判所の外になければなりませんが、支部は全国の地裁、簡裁のほか法務省法務局に置いてもいい。現在、国選弁護の費用は二割程度しか回収されていませんが、厳格に回収するようにします。国選弁護の予算が最高裁から運営主体に移りますし、法律扶助の補助金なども新しい運営主体の財源になりますから、それほど財政負担を増やさなくてもすむでしょう」

——関係者らに何か注文はありますか。

「国民のアクセスを良くする制度ですから、一言でいえば、〝お役所仕事〟は駄目だということです。役員は民間人にして、元裁判官や元検察官の就任は制限しますし、職員の報酬・給与も実績主義にすることを考えています。困っている国民の相談に親切に温かく乗ってあげる制度でなければ、つくる意味がありません」

すぎうら・せいけん　衆院議員。自民党司法アクセス等プロジェクトチーム座長。自民党国家戦略本部事務局長。

◆メモ

拘置　容疑者、被告の身柄を施設に拘禁する強制処分をいう。刑事訴訟法の「勾留（こうりゅう）」のこと。裁判に不当な影響を及ぼさないよう、裁判所が被告らを証拠に触れさせないようにするのが目的。罪を犯したと疑う相当の理由があり、罪証隠滅や逃亡の恐れがあることなどが要件とされている。検察官が請求し、裁判所は容疑者らの言い分を聞く拘置質問を行って決める。容疑者の拘置期間は十日だが、十日の延長ができる。被告の拘置は二カ月で、一カ月ごとに更新もある。

第五回　裁判員制度

（二〇〇四年二月二〇日配信）

社会常識を裁判に反映

選挙人名簿から無作為抽出（くじ）で選ばれた国民が裁判員になり、裁判官とともに重大事件の判決をする「裁判員制度」の骨格案が政府の司法制度改革推進本部（本部長・小泉純一郎首相）で了承された。政府は二〇〇四年二月末、関連法案を国会へ提出、夏前の成立を目指す。刑事裁判に国民の健全な社会常識を反映させることで、司法への理解と信頼が高まると期待されている。欧米など約八十カ国で行われている国民参加の裁判が、日本でも二〇〇九年ごろ全国の地裁で始まる見通しだ。

裁判官三人、裁判員六人

裁判員制度が行われるのは一審の地裁段階だけだ。裁判員がくじで選出される点は米国などの陪審裁判と同じ。しかし裁判官と裁判員が一緒に有罪か無罪かの事実認定をして刑を決める手続きは、陪審裁判とは違い、ドイツやフランスなどの参審裁判に似ている。

骨格案によると、審理されるのは重大犯罪に限られる。殺人、放火、傷害致死、危険運転致死といった、死刑か無期の懲役・禁固に当たる罪などで起訴された場合だ。全国で年に約二千八百件起きている。

法廷を構成するのは原則的に裁判官三人と裁判員六人。ただし被告が起訴事実を認めており、検察官、弁護人にも異議がないときは、裁判官が相当と認めれば、裁判官一人と裁判員四人の小さな合議体で審理することもできる。

裁判員の候補者は事件ごとに裁判所がくじで選ぶ。必要な人数の五倍程度に当たる年間約十二万人に召喚状と、資格の有無に関する質問票が送られる。有権者約八百人に一人の割合になる。

指定の日に裁判所が質問手続きを行い、裁判官が候補者に犯罪歴の有無、家庭の事情などを質問、中学を卒業しているなど、所定の欠格事由や辞退事由などに当たらないときは、裁判員に選任する。出頭しないと過料を納めなければならない。

初公判の前に準備手続きで争点が整理され、日程も決定。審理はほぼ連日、集中して計画的に行われる。裁判官と裁判員は対等の一票を持ち、判決は多数決で決める。しかし法律判断は裁判官が行い、判決書に署名するのも裁判官だけだ。

裁判員には任務終了後も、各人が述べた意見、採決の数など職務上知り得た秘密を守る義務がある。違反には懲役か罰金が科される。また裁判員に秘密を知る目的で接触することも禁じられる。

裁判員と候補者には日当、交通費が支払われる。裁判員休業の制度がつくられ、雇い主は裁判員らの休業の申し出を拒否できない。裁判員の氏名、住所などの個人情報は、本人が同意した場合を除き、公表されない。

制度の内容を広く国民に知ってもらうため、政府は五年の周知期間を置くことにしている。この間に模擬裁判、説明会などが行われる見通しだ。

「著しい損害」辞退認める

裁判員はどのようにして選ばれるのか。基礎とされるのは、市町村が作成する衆院議員選挙の有権者名簿だ。

裁判委員制度の概要

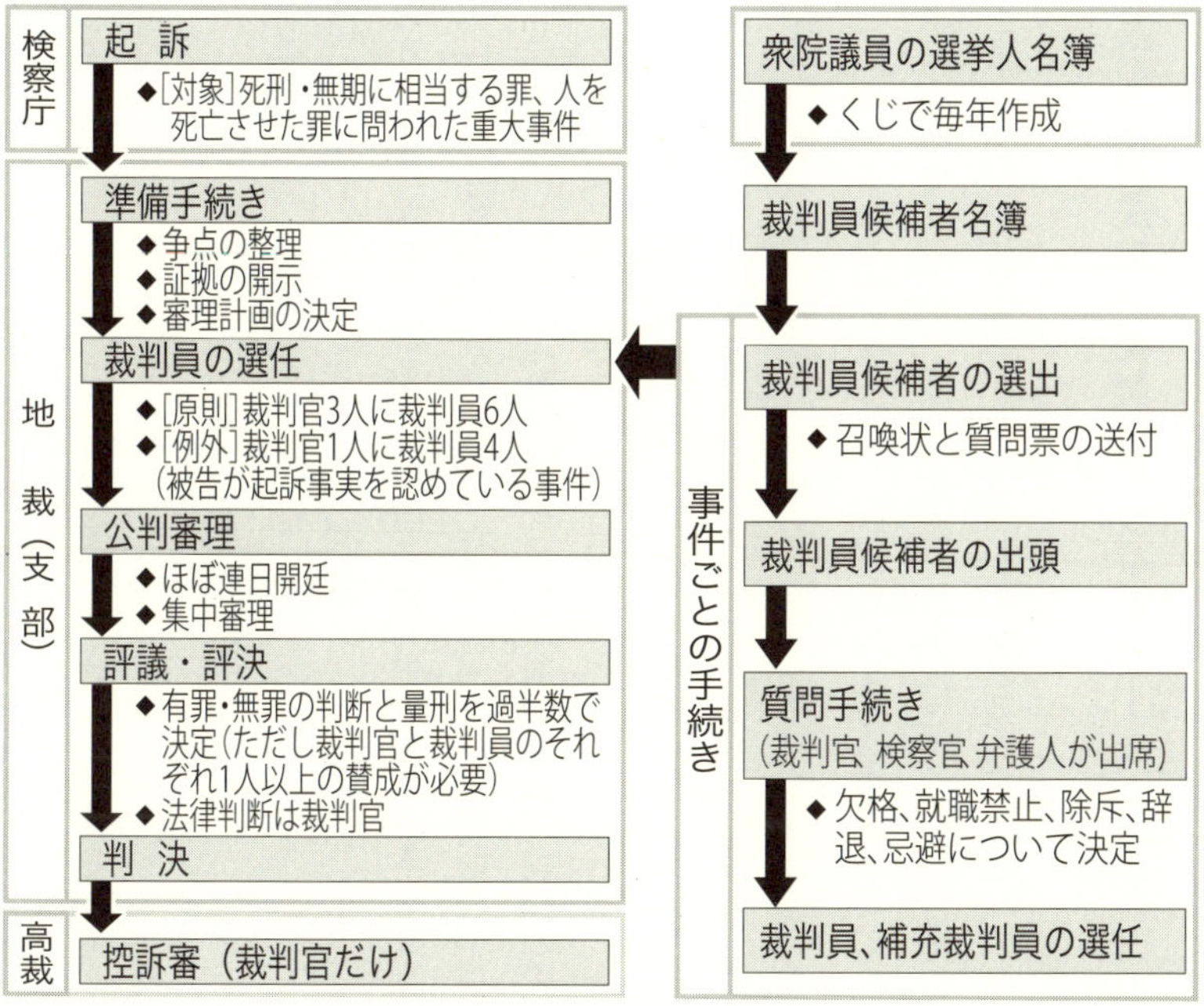

これを基に毎年一回、コンピューターなどを使ったくじで各地裁がリストを作る。

ある事件の裁判日程が決まると、各地裁はリストから再びくじで裁判員候補者を選び、召喚状と質問票を送る。裁判員はその中から選任される。

裁判員になるには中学卒業程度の学識があればよい。しかし禁固以上の刑を受けたことのある人などは欠格事由に当たる。また被告や被害者の肉親、雇い人らも除外される。

職業などによる「就職禁止事由」があり、①国会議員ら立法関係者②閣僚、都道府県知事、市町村長ら行政関係者③裁判官、検察官、弁護士、警察官、法務省職員ら司法関係者——などは除かれる。

辞退事由も設けられる。七十歳以上の高齢者、同居の親族の介護・養育に当たらなければならない者、事業に著しい損害を受ける恐れのある者などは辞退できる。

国民の間で負担の平等を図ることは重要だ。推進本部に設けられた裁判員制度・刑事検討会では「中央官庁幹部の除外は民間人と均衡を失していないか」「自衛官、公証人、司法書士、弁理士の除外には合理的な理由があるのか」と、疑問視する意見が出されている。

罰則の見直し、焦点に

「国民が司法権に参加するための制度なのに、主権者を愚弄（ぐろう）した話だ」。作家の佐木隆三さんが、裁判員の守秘義務違反を処罰する政府の裁判員制度骨格案を批判した。

日本民間放送連盟が二〇〇四年二月十日、東京で開いた「事件・裁判報道を考える」シンポジウム。出席者からは「行かないと罰則、討議内容を話せば罰則では、戦前の赤紙（兵隊の召集令状）と同じだ」という意見も飛び出した。

自民党司法制度調査会副会長の下村博文衆院議員は「党内には（罰則付きの守秘義務が定められている）国家公務員と同じ条件で考えるべきだとの声がある」と反論し、今後も議論を深める必要性があると述べた。

裁判員制度がうまく機能していくには、国民の負担を軽くして、参加しやすくする工夫が必要になる。守秘義務をどのように定めるかなどは、国民の負担感と直結する。

日本新聞協会は二〇〇四年二月十三日、「守秘義務の範囲、期限が明確化されていないなど不十分」として、是正を求める見解を推進本部に提出した。罰則の見直しなどが今後の大きな焦点になりそうだ。

長勢甚遠・自民党小委員長インタビュー

——裁判員制度をなぜ実施するのですか。

「裁判で基本的に大事なのは国民の信頼です。裁判員制度を始めるからといって、今の裁判が信頼されていないということではありません。しかし、やや専門的になり過ぎているきらいもあります。裁判員制度は国民一般の常識を反映させ、裁判への信頼を高める意義があると考えています」

「国民に分かりやすい裁判にする意味で、初公判前の準備手続きや争点整理、計画審理を導入したことが大きい。評価すべき骨格案です。国民から遠いところにあった裁判が、皆の裁判になれば、司法の信頼性を高めることになるでしょう」

――国民の負担を懸念する声がありますが。

「物理的な負担と心理的な負担があるでしょうね。裁判員に当たった人は大変だが、確率はそれほど高くはないですから、皆で裁判を支えていくようにまず理解をしていただきたい。しかし仕事が忙しい人まで首に縄を付けて引っ張っていくようなのはまずい。そこで、合理的理由がある場合は辞退ができるようになっています。物理的負担をできるだけ少なくすれば国民から支持されるのではないですか」

「心理的負担もあるでしょう。多数の人が重荷を感じ、裁判員になりたくないと言うのなら、この制度はできなくなりますが、それほどではないだろうと考えています。

もう一つの負担は守秘義務でしょうが、『裁判は大変だった』などと感想を話すのは違反行為ではありません。評議の秘密を外部に漏らすと裁判全体を壊してしまいますから、刑罰を科すことになっているわけです」

――財政などの国の負担も大きいですね。

「裁判員の日当は適正な水準を確保しないといけません。候補者の選定は大変な作業でしょうし、裁判所の法廷を増改築するのにもお金がかかります。準備は丁寧にしなければなりません。模擬裁判を実施したり、裁判員裁判のマニュアルを作成したりすることは制度運用の要になることですから、最高裁はしっかりやってほしい。

法案成立の暁には、政府も制度の実施に協力していかなければなりません。橋本龍太郎元首相を会長として超党派の国会議員がつくっている裁判員制度推進議員連盟も、一つの役割を果たせると思います」

ながせ・じんえん　衆院議員。自民党「裁判員制度と国民の司法参加のあり方に関する小委員会」委員長。裁判員制度推進議員連盟幹事長。

◆メモ

質問手続き　裁判所へ出頭した裁判員候補者に、裁判員となる資格があるかどうかを確認するため、裁判官が行う非公開の手続き。裁判官は候補者が返送した質問票の回答などに基づいて質問し、欠格事由や辞退事由などがあるときは裁判員に選任しないことを決定する。この決定には不服申し立てができる。また検察官と弁護人は理由を示さずにそれぞれ四人（小さな合議体では三人）を忌避（不選任）できる。残った候補者の中から再びくじで裁判員が選任される。

第六回　弁護士制度

（二〇〇四年三月一九日配信）

企業法務担当に弁護士資格

基本的人権の擁護と社会正義の実現。二つの柱を掲げる弁護士法の改正が進み、二〇〇四年四月からは新しい弁護士の世界が広がる。公務への就任制限の撤廃、営利事業制限の緩和、報酬の自由化、不祥事を起こした場合の綱紀・懲戒制度の整備、外国法事務弁護士に対する規制の緩和など、先の国会で成立した自由化志向の改正法が施行。それに加えて、企業法務担当者や公務員らに一定の条件の下で弁護士資格を与えるなどの一部改正法案も、今の通常国会で成立後、二〇〇四年四月からの施行になる。

公務就任、報酬など自由化

弁護士制度の改革には重点が三つある。その一つは、市民が頼みやすい弁護士に変わることだ。まず料金などの自由競争が進む。今まで弁護士の報酬は各弁護士会が会則で基準を定めて会員を縛っていたが、これからは依頼者との契約で自由に金額を決定できる。

官公庁で法案作成に当たったり、民間企業で働いたりすることも可能になった。上場企業の取締役に就いている弁護士は約二百人いるが、企業活動にとってコンプライアンス（法令順守）が重要な地位を占めるにつれ、社内弁護士、取締役、監査役などを務めるケースが増えてくる。

最近、事件処理などに不満な依頼者との紛争が増加しているため、弁護士倫理に反する行為を処分する綱紀・懲戒制度が整備された。各地の弁護士会で懲戒の申し立てが認められなかった場合、その判断が妥当かどうかを審査する綱紀審査会が二〇〇四年四月、日弁連に設置される。法曹以外の有識者十一人で構成され、市民の意見が反映される。

二つ目は社会の隅々への進出だ。二〇〇四年二月現在、全国の弁護士は二万二百四十人。しかし法曹（裁判官、検察官、弁護士）人口を二〇一八年ごろ、今の倍の五万人規模へと拡充するのに伴い、弁護士の数も飛躍的に増える。

法曹人口の拡大は、弁護士資格を与える条件の見直しとも関連する。今回の改正で、司法試験に合格している企業の法務担当者、公務員、国会議員らには五―七年以上の在職と、日弁連が行う一カ月半の実務研修の修了を条件として、資格を認めることになった。

弁護士の七五％は東京、大阪など大都市に集中している。地域によって大きな司法サービスの格差をなくそうと、日弁連は弁護士の少ない地域に、法律相談などを行う公設事務所を二十カ所以上設置した。さらに今後、政府が設立を予定している日本司法支援センターが全国でサービス事業を始めれば、市民サービスは飛躍的に拡充される。

三つ目は弁護士の国際化を進めることだ。商取引、企業の合併・買収（M＆A）、知的財産権、税務など国際的な紛争が多発している。日本の弁護士と外国法事務弁護士との共同事業を現在よりも自由化し、外国の弁護士が日本人弁護士を雇うこともできるようになった。

国会議員、公務員らに特例

裁判官、検察官、弁護士になる資格は、司法試験に合格した後、最高裁の司法研修所で一年半の修習を修了したときに与えられるのが原則だ。

しかし弁護士法には、司法試験に合格していなくても認める特例が定められている。対象は最高裁の元裁判官と、法律の指定する大学で教授、助教授を五年以上務めた人だ。今回の改正では、この特例が見直された。新たに加わったのは、司法試験に合格している企業法務担当者と国、地方自治体の公務員。これらの人々は、司法修習をしていなくても、資格が認められる。ただし七年以上在職していることと、弁護士事務所での実務の研修が条件となる。司法修習の時間がなかなか割けない社会人に配慮した措置といえる。

また司法試験に合格していれば、国会議員、衆参両院法制局参事、内閣法制局参事官、大学の法律学教授・助教授にも資格を認める。法務省の特別試験に合格している特任検事も同様だ。これらの場合は五年の在職経験と研修が条件になる。

しかし司法試験に通っていない教授・助教授の特例は廃止され、これからは研究者と実務家が資格上明確に分けられる。維持されたのは元最高裁判事の特例だけだ。

厳しさ増す社会の目

社会的使命を尊重して弁護士会には強い自治が認められている。会則に違反したり非行があったりした場合には、その弁護士を所属の弁護士会が懲戒することができる。

懲戒処分には退会命令・除名、業務停止、戒告がある。弁護士法で弁護士会への加入が義務付けられているから、退会・除名は失業を意味し、打撃は極めて大きい。

その懲戒処分の申し立てが増加傾向にある。依頼者への説明不足、事件処理の遅さ、対応の悪さなど理由はさまざまだ。

日弁連によると二〇〇三年には千百二十七件を数え、そのうち五十九件が各地弁護士会の綱紀委員会で懲戒相当とされた。懲戒相当の場合、各弁護士会の懲戒委員会が実際に懲戒処分を行うかどうかを決める。二〇〇三年には七件が退会命令・除名だった。弁護士に対する社会の目が厳しさを増しているようだ。

本林徹・日本弁護士連合会会長インタビュー

――これからの弁護士像を聞かせてください。

「法改正により、弁護士が公職などを兼ねることが自由になりました。行政、企業、国際団体などに活動分野が広がり、社会の期待に応えなければならない時代が来ました。これまで法廷中心にやってきた弁護士の意識改革が必要です。東京の三弁護士会が公益活動をすることを義務化しましたが、非常に重要な流れです」

「私はあらゆる弁護士に共通すべきものは三つあると考えています。中核になるのは弁護士が高い能力を持ち、腕を磨くこと。もう一つは厳しい職業倫理。そして人権感覚。この三つがあれば、どこにいようと大丈夫」

——綱紀・懲戒の申し立てが増えていますが。

「非行が増えたというよりも、弁護士の数が増え、活動範囲が広がって、国民の関心も高まっている証拠でしょう。綱紀・懲戒制度は弁護士自治の根幹です。国家権力と対峙（たいじ）することもある刑事裁判など人権活動をきちんと行うには、弁護士会が懲戒権を持つことが大切。日弁連の綱紀審査会が新設されますが、委員は一般からの有識者だけです。綱紀・懲戒手続きに国民の意見を反映させ、透明性を高めていくことは、弁護士に対する国民の信頼を高めることにつながります。開かれて強くなることが大事です」

——今回の司法改革をどう評価しますか。

「歴史的な改革です。日弁連は積極的に、組織を挙げて取り組んできました。国民参加の裁判員制度の創設、日本司法支援センターの設立、行政訴訟の改革など重要な法案が国会に提出され、ほっとしています。これからは、卵をひなにかえす大事な作業。必要な修正をして、今国会で成立を、と願っています」

——二〇〇四年三月いっぱいで二年間の会長の任期が終わります。

「日弁連の力量が問われた二年間でした。今は組織のトップが自ら行動する時代。国会議員、マスコミ、学者などにお会いし、市民の視点からの改革という理念を訴えてきました。日弁連の総力を挙げた取り組みで、着実な成果に結び付いたと思います。新制度を動かしていく実施体制をつくることが今後、最大の課題となるでしょう」

「行政訴訟の改革はもっと進めたかったですし、密室捜査をめぐって争いが絶えない刑事手続きの現状も裁判員制度を契機に変えていきたい。まだまだ多くの改めるべき問題が残されています」

もとばやし・とおる　二〇〇二年四月から二〇〇四年三月末まで日弁連会長。東大卒業後、弁護士となり米国ハーバード・ロースクールへ留学。

◆メモ

外国法事務弁護士　外国で弁護士資格を取得した者（外国弁護士）で、法相の承認を受け、日弁連の名簿に登録された者をいう。日本国内で原則的に、自分が資格を持つ国（原資格国）の法律事務を行うことができる。日本の弁護士と共同して渉外的な法律事務を営むこともできるが、日本の裁判所で訴訟代理人となることなどはできない。二〇〇三年三月現在、登録しているのは百八十九人。資格を持つ国別では米国が百十四人と最多で英国、中国、フランス、オーストラリアの順。

第七回　法科大学院開校

（二〇〇四年四月二十三日配信）

全国六十八校へ医師、会社員ら

法科大学院が二〇〇四年四月、開校した。全国六十八校で法曹（裁判官、検察官、弁護士）を育てるための新しい教育が始まった。総定員は五千五百九十人。医師、公務員、会社員ら社会人経験者が大学新卒者に交じって多数入学した。二年後には最初の修了生が誕生、法科大学院の教育を踏まえた新しい司法試験に挑戦する。合格者はその翌年、司法修習を終え、新時代の法曹として巣立っていく。法曹が法廷から飛び出し、国際機関、行政、企業などで広く活躍する新制度が動き始めた。

今年も十余校が認可申請

法科大学院を含む法曹養成制度の設計は、政府の司法制度改革推進本部に設けられた法曹養成検討会で進められ、そこでまとまった内容は法科大学院法や改正司法試験法などとして実を結んだ。

法科大学院は法曹養成を主な目的とする専門職大学院だ。大学法学部の卒業生ら法学既習者の二年制コースと、他の学部卒業生ら法学未習者の三年制コースがある。

少人数教育が行われ、教官には現職の裁判官、検察官、弁護士も派遣された。民法、刑法などの基本科目のほか知的財産法、国際取引法、環境法、社会保障法など先端的な法分野も教えられる。

修了すると「法務博士」という称号が授与され、二〇〇六年から始まる新しい司法試験を受験できる。現在の司法試験は受験資格に制限がないが、二〇一一年まで五年間、新司法試験と並行して行われた後、廃止になる。ただし二〇一一年からは、新司法試験の受験資格を与える予備試験が始まり、これは誰でも受験できる。

司法試験の合格者は二〇〇三年度が千百七十人。政府は二〇一〇年ごろには毎年三千人に増やし、二〇一八年ごろには法曹人口全体を現在の倍の五万人規模へと拡充する計画だ。

法科大学院の質を確保するため、教育研究活動を評価する第三者評価機関が本格的な活動を始める。夏前には大学評価・学位授与機構、大学基準協会、日弁連法務研究財団の三団体が文部科学省から認証を受ける見通しだ。判定結果は公表され、基準に満たないところには国から改善勧告、閉鎖命令などが出される。

二〇〇四年も六月には筑波大、静岡大、信州大など十数大学が文科省に設置認可の申請をする見通し。法科大学院間の競争はさらに激しくなりそうだ。

政府は二〇〇四年度予算で二十五億円の私学助成を決定。この結果、私立の授業料は国立の年間約八十万円をやや上回る額に収まった。日本学生支援機構にも支援が行われ、奨学金は月額最大二十万円の支給が決まった。

司法試験に合格した者には、実務を身に着ける司法修習が司法研修所で行われる。期間は一年半だが、一年に短縮されることが決まっている。

東大は四分の一が社会人

満開の桜の下で学生たちが折り詰め弁当を広げ、お互いに自己紹介をした。二〇〇四年四月五日午後、東京の小石川植物園で開かれた東大法科大学院の開校祝賀会。午前中の入学式で「世界に冠たる水準に」と抱負を述べた佐々木毅学長ら教授陣も、学生に囲まれて談笑した。

「弁護士になりたくて、思い切って仕事を辞めました」。早大文学部の卒業生だという二十代の女性は「早稲田の先輩たちに『東大へ行くなんて裏切り者』と言われてしまった」と苦笑しながら、「三年間頑張ります」と決意のほどを語った。

東大では二年制コースに二百二人、三年制コースに百六人が入学した。そのうち四分の一の七十五人が社会人。官公庁や企業から休職扱いで〝派遣〟されてきた人、医師など他の資格を持つ人、新聞記者らがおり、他の大学の出身者も多い。

高橋宏志法学部長は「法学部以外の人がいるので、半年ほど様子を見ないと教育内容をどのように改めていったらいいか決められない」と言う。まだ試行錯誤のようだ。

卒業生が出身校へ戻らない流動化現象も生まれている。東京の有名私大では入学者の大半が他大学の卒業生。ある職員は「うちの卒業生がかすんでしまう。なんとか手を打たないといけない」と深刻な表情で話した。

修習生へ貸与制も

「司法修習生の給費制（月給制）を（返還義務のある）貸与制へ移行することが了承されれば、裁判所法の改正案を国会に出せるのですが」。二〇〇四年二月の法曹養成検討会で事務局員が言いにくそうに討議の口火を切った。

日弁連の川端和治委員は「勉強に専念しなければならない修習生は、給費制でないと生活ができない」と激しく反論。これに対して他の委員からは「当人にとって資格取得は利益であるのに、生活費の面倒までみる必要があるのか」「年間三千人の法曹が生まれる時代を考えたら、給費制は財政的にもたない」などと批判が出された。

司法修習生には国から月額約二十万円の月給が支払われ、六十億円ほどの予算が組まれている。法曹が豊かな階層の出身者に偏ることを避けるとともに、知識と技能の取得に専念できるようと実施されてきた制度だ。

年間の修習生採用が今の倍の数に増えても、これを継続すべきかどうか。推進本部の十一の検討会はほぼ討議を終えたが、法曹養成検討会だけがまだ揺れている。

田中成明・京大副学長インタビュー

――法科大学院開校の感想を聞かせてください。

「法学部以外の学部の卒業生や社会人の入学者が予想以上に多く、質も高くて、京大でも三五％を占めています。多様な背景を持つ人たちを積極的に法曹界へ吸収しようという戦略が成功したようです。教授たちは『学生の目の輝きが違う』と言います。法曹になるという目的がはっきりしていて、教える者との一体感が生まれています」

「法科大学院での人材養成は司法の基盤強化になるだけでなく、行政、企業などいろいろな領域に影響を及ぼします。文科系では遅れていた高度専門職業人教育を大学が本格的に始めた意義が大きい。日本ではこの面が弱く、外国へ留学しなければならなかったのが実情です。それが打破されるようになるでしょう」

「開校した数も予想以上です。毎年の入学者総数は四千人くらいが適正規模であり、今は多い感じがしますが、しばらくすると、しかるべきレベルの法科大学院とそうでないところとに分かれ、安定していくでしょう。長い目で見てほしい」

――新しい司法試験、司法修習に注文は。

「将来的には、法曹になるのに必要な一定のレベルに達した者は司法試験に合格させるような資格試験にしないと、学生は落ち着いて幅広い勉強ができません。医師国家試験のような七〇％から八〇％の合格率になることが、法科大学院が安定する前提条件だと思います」

「司法修習のうち座学的な集合研修は法科大学院が一定程度引き受けられますが、裁判・弁護などの実務修習的なものは司法修習に残さざるを得ません。修習生への給費制を維持するかどうかが難問ですが、夏前には法曹養成検討会で一定の方向性を出さなければならないでしょう」

――司法改革の評価は。

「新しい法曹養成制度と裁判員制度の二つが、司法制度全体の体質を改善していく起爆剤になるでしょう。改革の出発点は閉鎖的な専門家支配への反省にありました。法曹は今までやってきたことに固執する考え方を変える必要があります」

「弁護士事務所の共同化を進めるなどして活動スタイルを変えていかないと、多様な社会的ニーズに応えられません。法曹全体の活動領域の拡充が必要で、その戦略拠点として法科大学院ができた意義は大きいと考えています。法曹三者は社会的使命を自覚し、司法制度の利用者の声に耳を傾ける姿勢を忘れずに、一体感を持って改革に取り組んでいってほしい」

たなか・しげあき　京大副学長。法哲学専攻。法曹養成検討会座長。

◆メモ

司法研修所　司法修習生の実務教育と裁判官、書記官ら職員の研修を行う最高裁の施設。埼玉県和光市にある。広さ六万五千平方メートルの敷地に司法修習棟、裁判官研究棟、寮、体育館などが建つ。修習生の増加に備えて二〇〇五年、新しい修習棟も完成する予定。司法修習は一クラス約七十五人で一年半実施され、裁判官、検察官、弁護士らの教官の下、判決文の作成指導や模擬裁判などが行われる。裁判官の場合は判事補採用時と判事任官時などに裁判実務、パソコン技術などの研修を受ける。

第八回　裁判所の変ぼう

（二〇〇四年五月十九日配信）

裁判官の人事評価始まる

全国の裁判所で二〇〇四年四月から新しい制度が動き始めている。人事訴訟法が施行され、これまで地裁の管轄とされてきた離婚などの人事訴訟は取り扱いが家裁へと移されて、家事事件の処理が家裁に一本化された。各地の家裁では、一般市民から選任された「参与員」が人事訴訟で裁判官に意見を述べる新制度の準備も完了した。また裁判官の人事評価制度が実施され、個別の〝勤務評定〟が二〇〇四年六月ごろから始まる。裁判所の改革は制度の骨格づくりが一段落し、これから肉付けの時期に入る。

パートタイム裁判官二十九人

人事評価は高裁、地裁、家裁、簡裁の長官、所長らが各裁判官の事件処理、部内運営、執務の能力などについて行う。評価権者が同僚裁判官や書記官らから情報を集め、評価結果は本人に開示する道ができた。

任官・再任の審査でも新制度がスタートした。最高裁の下級裁判官指名諮問委員会は二〇〇三年十二月、六人の再任を不適当と答申。そのうち四人は再任希望を取り下げ、二〇〇四年三月、最高裁は答申通り二人の再任を拒否した。

この委員会は学識経験者らが加わって構成されている。人事面での透明度は飛躍的に高まった。

裁判官の世界には、「家事調停官」「民事調停官」という非常勤の職種が二〇〇四年一月に誕生し、弁護士から二十九人が転身した。週に一回勤務して調停を担当するため「パートタイム裁判官」とも呼ばれる。最高裁は二〇〇四年も三十人を採用する予定で、こうした弁護士からの任官の流れが広がることを期待する関係者は多い。

若手の判事補と検事が弁護士事務所へ派遣されて経験を積むことを認める法案が二〇〇四年四月一日、衆院を通過した。今国会に内閣が提出した総合法律支援法案（司法ネット法案）によって全国に張り巡らされる支援センターに勤務し、資力のない人の民事訴訟の支援、法律相談などに従事することも想定されている。［注］

家裁の機能が強化された。離婚、子供の認知などの人事訴訟はまず、家裁での家事調停を経ることとされており、これまでは家事調停が不調に終わると、地裁へ提訴し直さなければならなかった。しかし人事訴訟法の施行で今後は家裁だけで紛争解決が可能になった。

また、心理学や社会学などの専門家である家裁調査官が職権で、子供の家庭環境などの調査をすることもでき、解決策を立てやすくなった。

人事訴訟では二〇〇四年六月末、参与員が加わった裁判が始まる見通しだ。参与員制度は、重大な刑事事件の裁判に国民が参加する「裁判員制度」に似た、民事事件への国民参加であり、社会の良識が家庭の紛争にも反映される。

全国の家裁へ二〇〇四年四月上旬に起こされた訴えは計三百八十件を数え、昨年同時期の約三〇％増になっている。新制度への期待がうかがえる。

簡裁でも、取り扱う民事事件の最高額が九十万円から百四十万円に引き上げられたことから、大きな事件が持ち込まれるようになっている。

参与員千六百人を新任

離婚の件数が急増している。厚生労働省によると、二〇〇二年には約二十八万九千八百件に上り、人口千人当たりの「離婚率」は一・九四と、一九七〇年ごろの二倍だ。

夫婦間の話し合いでは解決できず、全国の家裁に持ち込まれるケースも増えている。昨年、家裁が受理した家事事件は約六十八万件。これとは別に、全国の地裁に起こされた人事訴訟は約一万七百件もある。

東京家裁では裁判官が増員され、人事訴訟を担当する全国唯一の専門部がつくられた。一部の審判廷が改装され、地裁のように、中央の裁判官の両脇に男女の参与員二人が並び、その前の両側に提訴者と相手側の席を設けた法廷が二つになった。また、これらの関係者が話しやすいように、一つの大きな卓を囲むラウンドテーブルの法廷も二つ新設された。札幌、千葉など全国二十八カ所の家裁でも同じように法廷が新設されている。

人事訴訟などに参加する参与員は地方自治体、社会福祉協議会、商工会議所などの推薦に基づき、家裁が選任した。会社役員、公務員ら全国で約千六百人が新たに任命され、計約千七百人が待機している。参与員は開廷前に裁判官から争点などの説明を受ける。証人尋問に立ち会うなど、一つの事件で二回ほどの出廷になりそうだ。

評価基準を明確化

人事評価制度は判事、判事補の異動、昇給、任命などを適正に行うために導入された。これまでは地裁所長らが日常の仕事ぶりを見ながら非公式に行ってきたが、裁判官についても「評価基準の明確化、透明化」を求める司法制度改革審議会意見書に従い、最高裁の一般規則制定諮問委員会が外部委員を交えて検討し、内容を決定した。

事件処理、組織運営の能力など所定の項目について各裁判官から地裁所長や高裁長官らが書面の提出を受け、面談した上で評価をする。裁判官が申し出れば評価書は開示され、不服申し立てがあれば修正などをして本人に通知する仕組みだ。

憲法は公正な裁判が行われるように、裁判官の職務の独立、その身分などを保障している。判決や訴訟指揮には当事者などから不満、批判が寄せられることもあるが、裁判内容などの当否を問題にすることは憲法上許されず、この制度も細心な運用が必要になる。

竹崎博允・最高裁事務総長インタビュー

――二〇〇四年四月から人事訴訟法が施行されました。

「家裁へ持ち込まれる家事事件は増えましたが、まだ始まったばかりで、新しい制度が設けられたからだといえるかどうか、分析ができる状態ではありません。ただ、新制度が浸透しているとはいえるでしょう。家裁職員らの空気が盛り上がってきていると感じます」

「簡裁の事件も民事事件の上限額が引き上げられたので、今後、かなり増えると予想しています。便利なように、使いやすいように、十分な態勢を取っていきます」

――裁判官の世界は変わりつつありますね。

「民事調停官と家事調停官の仕事ぶりは、始まったばかりで評価できる段階ではありませんが、将来は、弁護士から裁判官への任官を推進するパイプの役割を果たすようになってほしい。裁判官になりたいが不安があるという場合に、この制度を活用してほしいと思います」

「再任の際、今までにない数の不適格者が出たことは急激な変化に見えたかもしれませんが、これまでも実質的には同じような判断が行われてきました。きちんと外部の方に議論をしていただくことに意味があり、裁判官が特に不安を持っているということはありません」

「人事評価制度の理解は得られていると思います。自分はこのような裁判官になりたいという裁判官像は自己決定するものですから、それが評価の対象になるからといって委縮することはないでしょう。ただ、評価に当たっては、裁判官の職権の独立をいささかも損なうことのないよう十分注意しなければならない」

「知的財産権や労働紛争をめぐる事件などで、裁判官は専門性が高くなければいけないといわれます。しかし裁判所は民事事件も刑事事件も取り扱わなければなりません。多様なニーズに的確に対応するため裁判官が果たさなければならない役割は、これまで以上に重大です。各裁判官は、それに応えられるように、自らをつくり上げていってほしい」

――司法改革の評価は。

「改革には光と影があります。本来の目的をきちんと果たし、副作用は少なくすることが重要です。とりわけ法科大学院をはじめとする法曹養成制度と、国民参加の刑事裁判である裁判員制度は、今後さらに検討を加えていかなければなりません。不完全なものを完全にしていく視点が大事です。本当に国民のための司法になるかどうかは新制度の運用、実務への定着にかかっています。大変な仕事が始まります」

たけさき・ひろのぶ　東大卒業後、裁判官となり、二〇〇二年から最高裁事務総長。

◆メモ

参与員　夫婦の同居、子の親権者の指定といった家裁の家事審判などに参加する一般国民のこと。一九四八年に導入された。裁判官とともに審理や和解協議に加わって、当事者に質問したり、意見を述べたりすることができるが、評決権は持たない。「徳望良識」のある人から家裁が選任する。非常勤の国家公務員であり、職務上知り得た秘密を漏らすと一年以下の懲役か罰金に処される。これまでは、例えば遺産分割の事件で不動産鑑定士が選任されるなど、専門家がほとんどだった。

［注］　総合法律支援法は二〇〇四年五月二十五日、国会で成立した。判事補と検事の弁護士事務所派遣法も二〇〇四年六月一日、国会で成立。

第九回　変わる刑事訴訟手続き

（二〇〇四年六月十九日配信）

国民参加にふさわしい姿へ

通常国会で刑事司法の新しい法律が多数成立した。国民が重大事件の裁判に参加する裁判員制度法、初公判前の準備手続きを導入した改正刑事訴訟法、資力の乏しい容疑者にも身柄拘置段階から国費で弁護人をつける業務を盛り込んだ総合法律支援法などだ。二〇〇九年ごろからの裁判員裁判実施を視野に入れ、捜査と公判が国民参加にふさわしい姿へと変わる。最高検には二〇〇四年六月、「裁判員制度等実施準備検討会」が設けられるなど、司法関係者の間で新法を踏まえた態勢づくりが始まった。

新たに公判前整理手続き

裁判員法は、裁判官三人と、一般国民からクジで選ばれた裁判員六人で審理する法廷を基本とし、被告が起訴事実を認めている場合は裁判官一人と裁判員四人の法廷でもよいとした。仕事を持った国民の負担を軽くするため、法廷を原則的に連日開くなど、計画的で集中的な審理が行われる。

国民に理解しやすい刑事手続きに改める必要があり、刑訴法の大幅改正が行われた。長期化しがちな刑事裁判の充実・迅速化を図るのも狙いだ。

まず新たに「公判前整理手続き」が設けられた。裁判を始める前に検察官と弁護人が集まり、裁判官の主宰で争点を整理し、双方の主張を明らかにする。取り調べる証拠と証人を決めた上、審理計画も立てる。

現在は、検察側には取り調べを請求する予定のない証拠の開示義務はないが、今回の改正によって、検察側が取り調べ請求する予定の証拠はもとより、予定のない証拠も事前に開示を可能とする手続きが置かれた。弁護側は公判準備がしやすくなり、争点に絞った中身の濃い審理が行われると期待されている。

また、軽微な事件で警察などに逮捕された容疑者が事実関係を認めているときは、起訴の直後に裁判所が判決を出す「即決裁判手続き」も新設された。容疑者と弁護人の同意が必要で、検察官が起訴と同時に申し立てる。原則的に開廷当日の判決言い渡しになる。

容疑者・被告の防御権を侵すことなく、こうした手続きを円滑に進めていくには、弁護士がついていなければならない。現在は、弁護士を頼める資力がない人には、起訴された後でないと裁判所が国選弁護人をつけることはできないが、刑訴法の改正で、容疑者の段階でも国選弁護人を選任できるようになった。容疑者の身柄を警察留置場などに拘置することを裁判所が決定したときから、選任が可能になる。

このような公的弁護を担う弁護士の確保は司法ネット構想の柱の一つだ。総合法律支援法はネットの運営主体として独立行政法人型の「日本司法支援センター」（本部・東京）を新設するとしている。二〇〇六年十月から業務を開始する予定だ。

法務省内には二〇〇四年六月、総合法律支援準備室ができ、同センターの設立準備作業が始まった。最高裁や日弁連から裁判官、弁護士も派遣され、全国の都道府県庁所在地などへの支部設置に向け、動きが加速している。

最高裁が裁判員の模擬裁判

新しい刑事訴訟手続きは司法の現場に大きな波紋を投げ掛けている。裁判員が加わった模擬裁判を二〇〇四年四月から六月までに二回行った最高裁事務総局では、ある裁判官が「裁判員役から良い意見が出されて、結果としては判決が分かりやすくなった印象はあるが、途中の審理のやり方はもっと工夫しなければいけない」と話す。

実際に起きた殺人事件などを基に、現職の判事と判事補が裁判官、検察官、弁護士の役を務め、裁判員には職員がなった。裁判員役からは殺意の認定などについて多くの質問が出され、裁判官も考えさせられたという。

最高裁の分析では、裁判員に記録の中身や証人尋問の争点をどう理解してもらうかなど、多くの課題が浮かび上がっている。最高裁は、できるだけ早く対応策を示したいとしている。

熊本県では二〇〇四年三月、弁護士会が裁判官や検察官の協力を得て、裁判員制度の模擬裁判を実施した。最近は各地で、裁判員制度の紹介にとどまらず、刑事司法をより良いものにしようと問題点を探る動きが目立っている。

新しい手続きをめぐる法曹三者（最高裁、法務省、日弁連）の協議は三月から始まった。裁判員制度の運営を

新しい刑事裁判の流れ

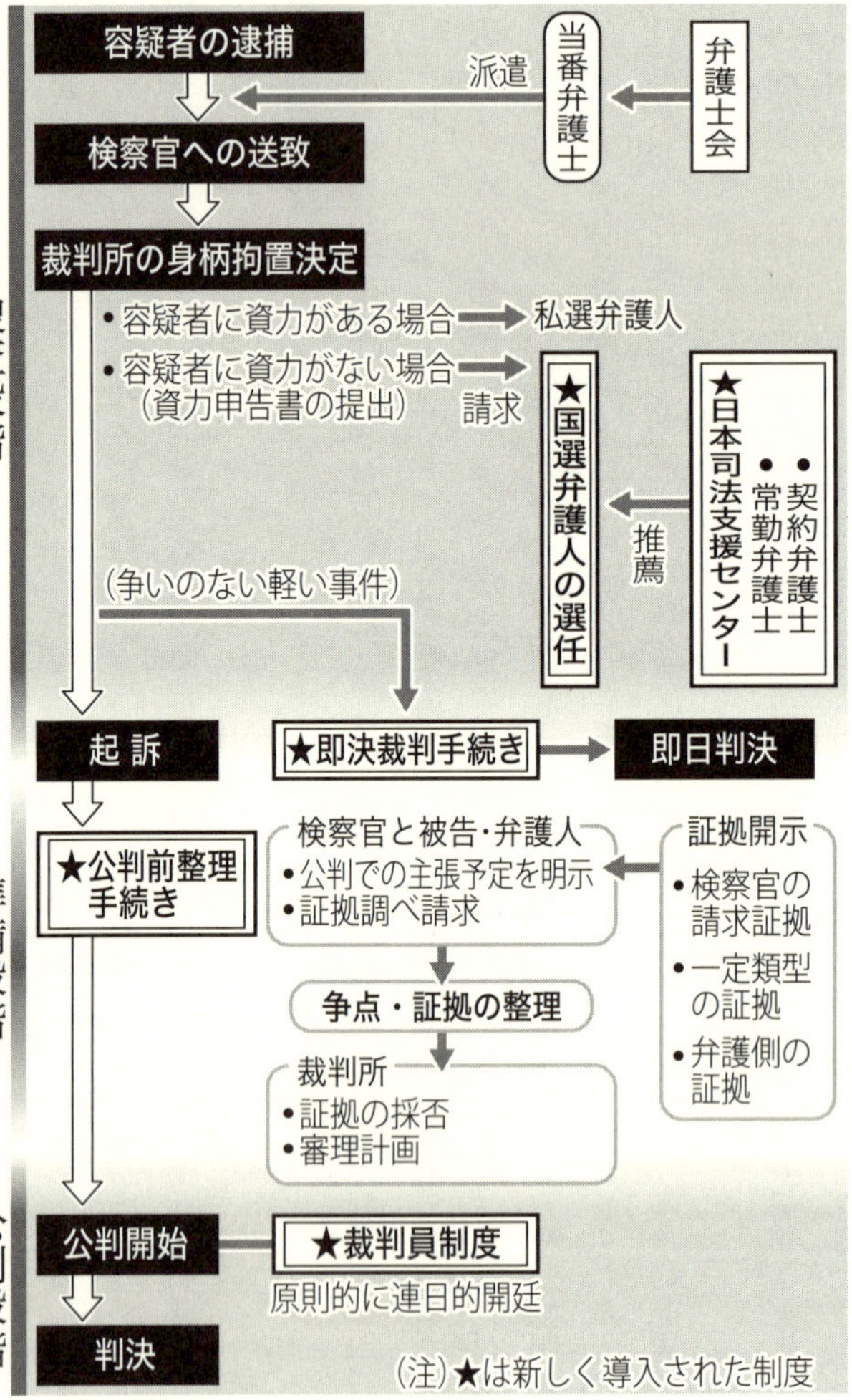

捜査段階
容疑者の逮捕
派遣
当番弁護士
弁護士会
検察官への送致
裁判所の身柄拘置決定
•容疑者に資力がある場合
私選弁護人
•容疑者に資力がない場合
（資力申告書の提出）
請求
★国選弁護人の選任
推薦
★日本司法支援センター
•契約弁護士
•常勤弁護士
（争いのない軽い事件）
起訴
★即決裁判手続き
即日判決
準備段階
★公判前整理手続き
検察官と被告・弁護人
•公判での主張予定を明示
•証拠調べ請求
証拠開示
•検察官の請求証拠
•一定類型の証拠
•弁護側の証拠
争点・証拠の整理
裁判所
•証拠の採否
•審理計画
公判段階
公判開始
★裁判員制度
原則的に連日的開廷
判決
（注）★は新しく導入された制度

主なテーマとして定期的に意見交換が続けられるが、日弁連は将来、取り調べ状況のビデオ録画を導入することなども求めるという。

日弁連では「裁判員制度実現準備本部（仮称）」を設立し、広報や研修などに集中的に対応することが、全国各弁護士会の正副会長レベルで既に承認されている。

二年後めどに対応案

新法成立を受け、最高検は二〇〇四年六月一日、ナンバー２の古田佑紀次長検事をキャップとする「裁判員等実施準備検討会」を発足させた。

最高検検事四人らがメンバー。新制度の検討課題を洗い出し、検察側の対応を検討する。警察側とも意見交換した上、裁判員制度については約二年後をめどに、捜査や公判の在り方などを考えていくことにしている。

最高検は昨年七月、「刑事裁判の充実・迅速化に向けた方策に関する提言」を公表。チャート図などを使ったビジュアルな冒頭陳述、争点を明確化するための早い段階での被告人質問、争いのない事件での口頭での論告求刑などが全国の検察庁に示された。それをさらに具体化する。

法務省も最高検と協力して二〇〇四年六月一日、法務・検察の連絡協議会を立ち上げた。専従スタッフを置き、裁判員制度の実施を前にした広報活動などについて案を練るという。

古田佑紀次長検事インタビュー

――新しい法律はどのような意義がありますか。

「目玉は裁判員法です。これまでの刑事司法は裁判官、検察官、弁護士などの専門家の間で処理されてきました。

判断の安定性、目配りのきめ細かさなどプラスの面があったのは間違いない。しかしその一方、世界にあまり例を見ないほど、緻密（ちみつ）になって、国民の目からは理解しにくいものになっていた面がある。国民の皆さまに参加していただき、世の中の出来事を一緒に解決していくことが、これからの社会の安定につながるのではないか。それが最も大きな意義だと考えています」

「刑訴法などの改正は、裁判員制度を支える仕組みをつくった意味があり、裁判の充実、迅速化にもつながります。容疑者、被告に弁護士がつくことは防御権の行使にとって大事なことですが、捜査機関にとっても適正な解決がしやすくなる面があり、総合法律支援法は重要です。犯罪が増えると、それが必要な事件に捜査機関の人的・物的資源を注ぎ込めるようにしなければならない。そういう合理化につながる期待も持てます」

――どのように新制度を運用していきますか。

「法廷で耳で聞き、目で見ることを中心とする立証にシフトするでしょう。裁判員に分かりやすい証拠のまとめ方、証拠化の仕方が必要になる。それが一番のポイントです。供述調書の取り方にしても、要点を絞った短い調書をいくつか作っていくやり方になる可能性がある」

「もう一つの問題は、裁判員が加わる裁判ではコアの部分に絞って審理し、負担を軽くしなければならず、そのためには主張の整理、証拠開示など準備手続きを適切に行わなければならないことです。そのような中で『事件の背景』などの立証がどこまでできるのか、またするのか、よく考えないといけません」

――今後の課題ですが。

「専門家の間にも、緻密な手続きの中に裁判員が加わるとどうなるか、不安もあるでしょう。そういう手続きの中で裁判員という重い仕事をすることに不安を持つ人もいるでしょう。緻密さの必要なところは、その理由をご理解いただければ、不安も解消できます。専門家と国民との意思の疎通をいろいろな機会に図ることが当面、非常に重要です。完ぺきな制度はありませんから、手直しがあれば柔軟に考えることが必要でしょう。国民の皆さまのご協力をぜひお願いしたい」

ふるた・ゆうき　次長検事。法務省刑事局長などを務めた。裁判員制度等実施準備検討会の責任者。

◆メモ

証拠開示　改正刑訴法によると、検察官は法廷で取り調べを請求する予定の証拠はすべて、公判前整理手続きで弁護側に明らかにしなければならない。請求予定のない証拠でも、被告や証人の供述調書など一定類型の証拠は、弁護側から請求があれば、検察官が重要性、弊害の程度などを考慮して相当と認める場合に開示される。弁護側も提出予定証拠を明らかにする。開示をめぐって争いがあるときは裁判所が開示の必要性を判断する。これらの証拠を弁護側が担当事件の審理準備以外の目的で使うことは禁止されるが、これに違反した場合の措置については目的や証拠の内容などが考慮される。

（二〇〇四年七月二十四日配信）

第十回　検察審査会

「起訴相当」二回で起訴へ

検察官の不起訴処分が妥当だったかどうかを一般国民が審査する検察審査会の制度が大きく変わる。審査会の議決には拘束力がなかったのを改め、起訴を相当とする議決が二回行われたときは、裁判所の指定した弁護士が起訴し、検察官の職務を行うことになった。二回目の議決の際は、弁護士の「審査補助員」から協力を受けることも義務付けられた。刑事司法は終戦直後以来の大規模な改革が一段落。しかし一方では、取り調べ状況をビデオなどに記録する「捜査の可視化」など、いくつかの重要課題が先送りされている。

再度の議決前に検察官聴取

検察審査会は終戦後、連合国軍総司令部（ＧＨＱ）から司法の民主化を求められた政府が考案した日本独自の制度だ。世界的にも例がない。

一九四九年から実施され、これまでに約四十九万人が審査員と補充員を務めている。全国の地裁所在地などに計二百一の審査会が置かれている。被害者らから申し立てを受けて非公開で審査に当たるほか、検察事務の改善すべき点を検事正に申し入れることも行う。

審査員は衆院議員の選挙人名簿を基礎に、くじで十一人が選ばれる。議決には①起訴すべきだとする「起訴相当」①不起訴は納得できないとする「不起訴不当」③検察官の結論は妥当だとする「不起訴相当」――の三種類がある。過半数の賛成で決めるが、起訴を求める議決だけは八人以上の多数が必要だ。

二〇〇一年には全国の審査会が計二千百八十六件の議決をした。そのうち起訴相当は一件、不起訴不当は百四十九件。再捜査の結果、起訴されたのは三十三件だった。

二〇〇四年五月の国会で改正検察審査会法が成立、起訴相当の議決に初めて拘束力が認められた。ただし検察部内には「起訴するかどうかは検察官の権限」とする消極論も強く、政府の司法制度改革推進本部は、起訴を求める議決を二回必要とする慎重な仕組みを採用した。

起訴相当の議決を受けた検察官は再捜査をしなければならないが、再び不起訴にした場合と、三カ月を経ても起訴しなかった場合、審査会は二段階目の審査を始める。

その際は必ず審査補助員から法律に関する専門的見解を聴いて検討しなければならない。また再度、起訴すべきだという議決をするときは必ず検察官を呼んで意見を聴くこととされている。この「起訴議決」が行われると、認定した犯罪事実を記した議決書が地裁へ送られる。議決書作成は審査補助員が手助けする。

地裁は弁護士の中から公判の担当者を指定。その弁護士が起訴状作成、立証活動などを行う。

推進本部では捜査から公判まで刑事司法全体の見直しが行われ、公判前の証拠開示の範囲が広がるなど問題点の多くが新立法で改善された。しかし日本弁護士連合会が求めている「捜査の可視化」には警察・検察部内で「真実の発見を難しくする」として反対論があるなど対立も見られる。改革論議は今後も続く。

辞退は七十歳以上に引き上げ

検察審査員には閣僚、知事、市町村長、法律家、警察官、自衛官などは就任できない。欠格事由などが検察審査会法で細かく決められている。

辞退できる年齢は今回の改正で、六十歳以上から七十歳以上に引き上げられた。五年以内に審査員をした者も辞退が認められるようになった。

また、国民が重大事件の刑事裁判に参加する裁判員制度の関連法が成立したのに伴い、五年以内に裁判員を務めた者や一年以内に裁判員候補者として選任手続きに出頭したことがある者なども辞退できるとされている。

審査員の任期は六カ月。日当は八千円。旅費と宿泊費も支払われる。

現行法では、審査員が会議の模様などを漏らしたときは一万円以下の罰金と定められているが、適用例はほとんどない。

しかし今回の改正で、審査員には各審査員の意見など「評議の秘密」と「職務上知り得た秘密」を守る義務があるとされ、違反すると六カ月以下の懲役か五十万円以下の罰金に処されることになった。これは裁判員の場合

新しい検察審査会制度

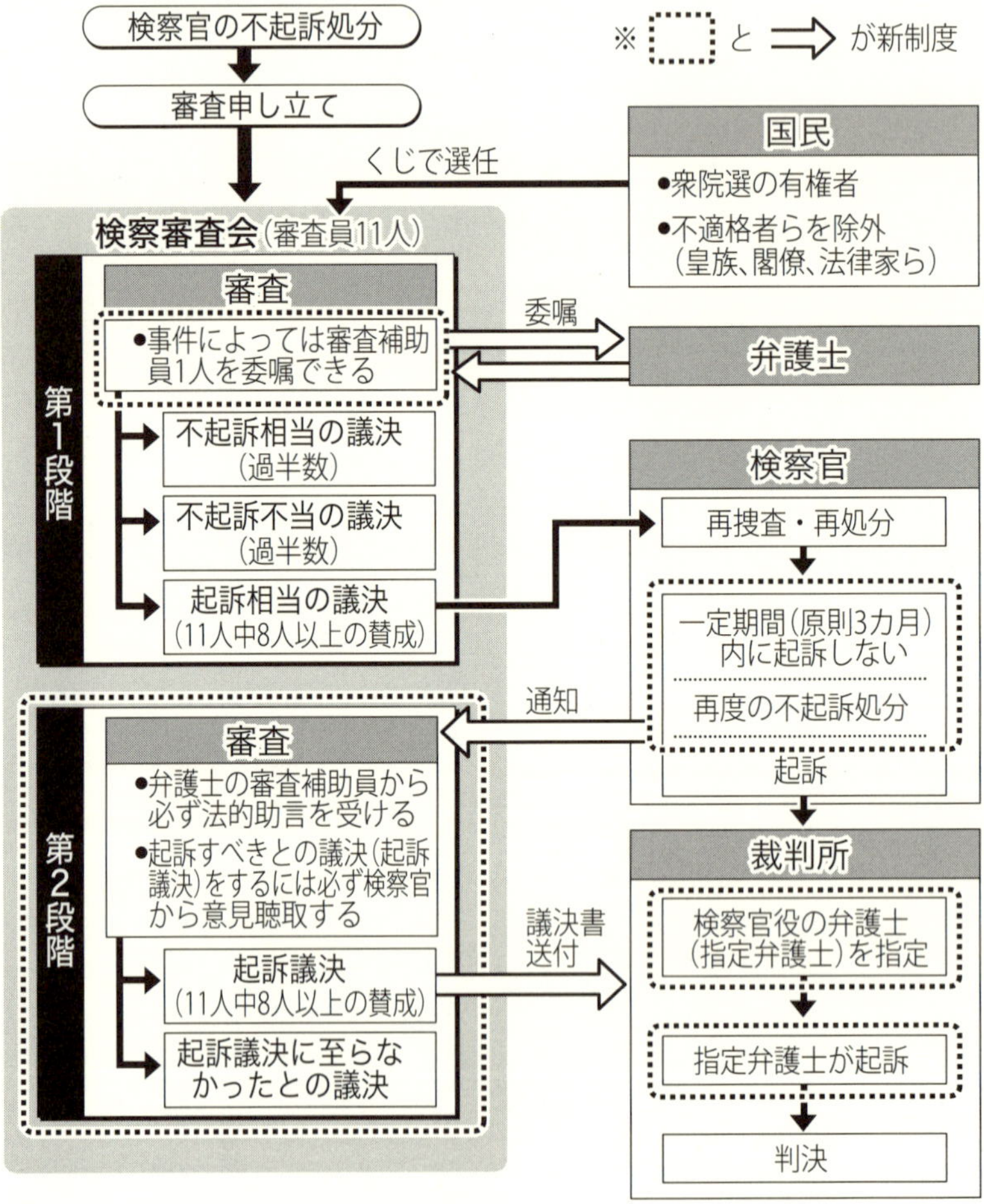

※ と が新制度
検察官の不起訴処分
審査申し立て
くじで選任
国民
●衆院選の有権者
●不適格者らを除外（皇族、閣僚、法律家ら）
検察審査会（審査員11人）
第1段階
審査
●事件によっては審査補助員1人を委嘱できる
委嘱
弁護士
不起訴相当の議決（過半数）
不起訴不当の議決（過半数）
起訴相当の議決（11人中8人以上の賛成）
検察官
再捜査・再処分
一定期間（原則3カ月）内に起訴しない
再度の不起訴処分
起訴
通知
第2段階
審査
●弁護士の審査補助員から必ず法的助言を受ける
●起訴すべきとの議決（起訴議決）をするには必ず検察官から意見聴取する
起訴議決（11人中8人以上の賛成）
起訴議決に至らなかったとの議決
議決書送付
裁判所
検察官役の弁護士（指定弁護士）を指定
指定弁護士が起訴
判決

と同じ内容だ。

その一方、守秘義務違反の事項を掲載した新聞の編集人や出版物の発行者らを罰金とする現行法の規定は削除された。「報道の自由」に配慮した措置といえる。

「公的付添人制度」見送り

傷害致死で十五歳が二人、強盗強姦（ごうかん）で十五歳が一人。最高裁が二〇〇四年六月、二〇〇一年四月から二〇〇四年三月まで三年間の少年法の運用実態をまとめたところ、全国の家裁が、成人と同じ刑事処分にするべきだとして、検察官に送致した十六歳未満の少年は計三人だった。

三年前の改正少年法施行で、家裁が検察官送致できる年齢は、それまでの「十六歳以上」から「十四歳以上」に引き下げられた。しかし全国の家裁は少年の未成熟性に配慮し、極めて悪質な事件に限って送致する慎重な運用をしているようだ。

この時の改正では、事実認定手続きが強化された。二年以上の懲役・禁固に当たる事件の審理には家裁の判断で検察官を関与させることができ、少年に弁護士の付添人がいないときは家裁が国選付添人をつけることとされた。この三年間に検察官が関与した七十二人のうち十八人に国選付添人が選任されている。

推進本部の公的弁護制度検討会では、資力のない少年などに公費で付添人をつける「公的付添人制度」を設けるべきかどうかが論議された。

日本弁護士連合会からは「事件を起こす少年は家庭環境に問題があることが多く、弁護士が相談に乗るのが理想的。すべての少年事件に弁護士を」という要望が出された。しかし「弁護士の数が足りない」などと反対論が出され、今回の制度化は見送られた。

大出良知九州大法科大学院長インタビュー

――検察審査会制度の改正をどう評価しますか。

「検察審査会は、検察官の公訴権について公正性を確保するために市民的視点を導入する制度なのに、検察当局はそう見ていないのではないか。問われているのは検察官の権限行使の妥当性ですから、検察自身がきちんと市民的審査を受け止めるべきでした」

「ところが二段階審査という迂遠（うえん）な方法が採用されました。起訴するかどうかはあらためて検察に判断させろというのです。しかも二回目の起訴議決が行われると、後は弁護士にやらせるという。市民の判断に対する審査権は主張しながら、市民の最終的判断には応じないというのでは、市民の批判に正面から答えたことにはならないでしょう。弁護士に任せるのならば、起訴相当の議決が行われたら直ちに担当させる方が筋が通っています」

「起訴相当の議決に拘束力を与えることは、起訴の方向で効力を与えることですから、容疑者にとっては不利益になります。いったん不起訴という地位を得た容疑者の人権保障の面からは、それでいいのかという疑問がある。容疑者の意見陳述権を認めるなど権利保護措置を講じながら、制度全体の機能を考えなければなりません」

――検討会委員として制度設計を終えた感想は。

「資力の乏しい容疑者に公費で弁護士をつける公的弁護制度の適用は当面、重大事件に限定されました。弁護士不足の現状、国の財政負担を考えると、すべての身体拘束事件について実行できるだけの基盤はなかったと言わざるを得ません。少年事件の公的付添人制度も、できるならすべての事件で実施すべきですが、状況は公的弁護と同じです。今後、弁護士の大幅増員や、資力のない人を援助する法律扶助の拡充などの条件整備をしていく必要があります」

――刑事司法の残された課題は何ですか。

「公判前に開示される証拠の範囲が広がりました。弁護士が十分に活用できれば、ほとんどの証拠が検察側から出るはずです。今回の到達点は次の足掛かりとし、満点に近づく努力を続けていく必要があります。『捜査の可視化』は検討会での議論の対象から外され、文書での記録という最低限に終わりました。紛議を生まない仕組みを考えなければなりません。報道の問題も残されています。法的に規制するのは避けるべきですが、報道機関の側も暴走には自ら倫理規範で対応するルール作りが必要です」

おおで・よしとも　九州大学法科大学院院長（刑事訴訟法）。裁判員制度・刑事検討会と公的弁護制度検討会の両委員。

◆メモ

捜査の可視化　容疑者の取り調べ状況をテープ録音やビデオ録画などの方法で記録し、捜査の過程を外部からも目に見えるようにすることをいう。英国など諸外国で実施されている。法廷での証拠調べの際、自白の強要が行われたかどうかなどの検証が可能になる。日本の刑事司法の特徴は密室での取り調べにあるとされ、密室で作成された調書による「調書裁判」が最大の問題点と指摘されている。国連国際人権（自由権）規約委員会からは電気的方法での記録が日本政府に勧告されている。

第十一回　秋の国会提出法案

（二〇〇四年八月二十八日配信）

ＡＤＲ基本法案など審理へ

秋の臨時国会が二〇〇四年十月から始まる見通しだ。これまでの国会で計二十二本の司法制度改革関連法が成立しているが、政府は残る関連法案をすべて臨時国会に提出する。新たに審理されるのは、調停など「裁判外紛争解決手続き（ＡＤＲ）」の事業者を国が認証する新制度を盛り込んだＡＤＲ基本法案のほか、司法試験に合格した司法修習生に国が給与を支給している「給費制」を返還義務のある「貸与制」に切り替える裁判所法改正案などだ。最後まで残されたこれらの法案の審理で、今回の司法改革は最終段階に入る。

基準満たした事業者を認証

ＡＤＲ基本法案は、国による認証で、利用者が紛争解決事業者を選ぶ際の目安を提供し、ＡＤＲを活性化させて、当事者間での自主的な解決を促進するのが狙いだ。ＡＤＲは米国などに比べると利用実績がまだ低いが、裁判所が扱う訴訟に比べ、簡易・迅速に紛争を解決できる利点がある。

認証制度ではまず、公正・的確にＡＤＲが行われるよう、政府が政令や省令で審査基準を定める。その基準をクリアした事業者には法相から認証が与えられる。しかしＡＤＲを行えるかどうかは認証の有無とは関係がなく、事業者が申請するのもしないのも自由だ。認証を受けた事業者には組織内容の公表、法相への報告などの義務がある。

この制度の対象は、民間が行う「調停」と「あっせん」に限られる。「仲裁」は別に国際的な基準があり、臨時の仲裁機関が設けられる場合もあることから除かれた。

認証事業者の調停・あっせんには法的効果が与えられる。手続きの進行中は時効が中断。紛争を解決できずに訴訟へ移った場合は、調停・あっせんを申し立てた時に提訴したとみなされるため、時効の完成が近い場合にも利用しやすくなる。

また、提訴の前に必ず調停手続きを踏まなければならないとされている人事訴訟、労働争議などの事件についても、認証事業者の調停・あっせんが不調に終わったときは、あらためて調停手続きを踏むことなく、直ちに提訴できることとした。

これらの手続きは弁護士だけでなく司法書士、税理士、社会保険労務士、土地家屋調査士なども行える。法律事務の取り扱いを弁護士だけに限定した弁護士法の規制は緩和されるが、その場合でも弁護士と共同で行うか、弁護士の助言を受けることが必要となる。

このようにして作成された合意文書に強制執行の効力を認めるかどうかについては賛否両論があり、二〇〇四年十月までに政府の司法制度改革推進本部が検討して法案に仕上げる。

ＡＤＲには、裁判所が行う民事調停などの「司法型」、官庁が行う「行政型」、民間団体が行う「民間型」がある。基本法の効力は司法型、行政型には及ばない。

今でも民間型のＡＤＲは、弁護士会の仲裁センター、家電製品などの製造物責任（ＰＬ）センターなどが実施しているが、基本法が成立すればさまざまな民間型が育ってくると期待されている。

司法修習生の給費制を廃止

秋の臨時国会で焦点になるとみられるのは、司法修習生への給費制（月給制）廃止と弁護士費用の敗訴者負担制度導入を求める二つの法案だ。

法曹（裁判官、検察官、弁護士）の卵である修習生への給費制は、修習生が資力のある家庭の出身者に偏ることなく、安心して専門的な能力と技術の取得に専念できる経済的な環境をつくってきた。最高裁の司法研修所で一年半の修習を受ける間、国から月額約二十万円が支払われている。

しかし政財界からは「そもそも資格は自己負担で取得するべきものだ」と見直しを求める意見が出され、また二〇一〇年に司法試験合格者を今の倍以上の年間三千人に増やすことが決まってからは、「将来も給費制を維持していく財源がない」として、強い廃止論が聞かれるようになった。

政府の司法制度改革推進本部に置かれた法曹養成検討会では、日弁連の委員が廃止に反対した。しかし大半の委員は賛成。法案では給費制は二〇〇六年度から廃止され、貸与制になる見通しだ。

先の通常国会には、当事者が合意した場合には、民事訴訟で敗訴した側が相手方の弁護士費用も支払う敗訴者負担制度の導入を盛り込んだ民事訴訟法改正案が政府から提出された。しかし消費者団体などが「相手方の分も負担するのでは、弱い立場の者が訴訟を起こしにくくなる」と反対し、審理は行われなかった。

団体訴訟などさらに検討

「行政訴訟の改革は終わったということではない。後世の行政訴訟検討会から『大変いいところを議論しておいてくれた』と評価してもらえるようなものを残したい」

二〇〇四年七月末に開かれた推進本部の行政訴訟検討会で座長の塩野宏・東大名誉教授は今後の改革にかける強い熱意を語った。

新たに差し止め訴訟や義務付け訴訟を設けるなどした行政事件訴訟法改正案は二〇〇四年六月の国会で可決、成立。これで検討会は作業を終えたはずだったが、推進本部の設置期限が切れる二〇〇四年十一月まで、積み残しテーマについてさらに検討を加えることとなり、討議を再開した。

各委員からは主に三つの検討テーマが提案された。一つは、消費者ら多数の人の共通の利益が行政処分によって侵害された場合、それらの人々で結成された団体が代表して起こせる「団体訴訟」を導入するかどうか。もう一つは、行政の幅広い裁量に対してどのような司法審査を加えていくか。三つ目は、行政計画や行政立法などに対する司法審査の在り方だ。

十一ある検討会のうち、法律ができた後も論議を重ねる検討会はここだけになった。二〇〇四年十一月までに三回程度開催し、これらの重要テーマについて、ある程度の方向性を打ち出す見通しだ。

江田五月・民主党参院議員インタビュー

——司法改革をどのように受け止めていますか。

「民主党がやりたかった制度改革は、弁護士から裁判官を採用する『法曹一元』と、被告は有罪か無罪かを市民が判断する『陪審制度』の導入という二つでした。どちらも、願った通りにはならなかったけれども、調停に限って弁護士から非常勤裁判官を採用する新制度ができるなど裁判官の給源は多様化しましたし、国民と裁判官が一緒に刑事裁判を行う裁判員制度も実現しました。市民の方を向いた司法への道は開けたと思います。司法改革は試行錯誤なので今後も与党的立場で引っ張っていきたい」

——ＡＤＲ基本法案など秋の国会での対応は。

「裁判所へ行かないと法的解決ができないのでは市民も裁判所も大変。裁判所が示した紛争解決の方向にのっとり、具体的解決はＡＤＲで行う手法は必要です。例えば利息制限法違反の貸金について裁判官が金額の計算をしていたのでは、裁判官の負担が重すぎます。別の組織に任せてもいいでしょう。そのためにはＡＤＲについて時効、執行力の付与などを法律で決めていかなければなりません。秋にはぜひ基本法を仕上げたい」

「裁判官時代にオックスフォード大学で英国行政法を勉強したのですが、そのとき、日本の行政法は戦後改革で取り残された世界だと痛感しました。戦前の行政法の教科書が、憲法の部分を書き換えただけで通用している。行政の優位性が大前提としてあり、そこからすべて導き出されてくるのです。そのような行政法を、国民主権の下で『法の下の平等』を実現させる構造に書き換えなければなりません」

「改正行政事件訴訟法はそこまでいっておらず、中途半端です。訴えの利益、当事者適格が広げられるなど、市民がかなり使いやすくなる行政訴訟へと踏み込んではいますが、理想からいえば全面的に変えたい」

――今後の課題ですが。

「地裁の裁判官の任用過程にもっと市民的チェックを入れていかなければなりません。最高裁も女性を増やすなど任命手続きの改革が重要ですし、裁判官が市民生活の中で育っていく『裁判官の市民化』も必要です。家庭裁判所の活力を一層増すなどして、裁判所への信頼を高めていきたい」

「しかし将来、憲法に手を入れることがあれば、憲法裁判所をつくって抽象的な憲法判断の権限を持たせることは、検討に値する制度設計でしょう。基本的人権の保障をすべて裁判所が扱うというのも、使い勝手が良くない装置です。人権救済機構を憲法上の制度として立法、行政、司法とは別個につくることもあり得ると考えています」

えだ・さつき　参院民主党・新緑風会議員会長。弁護士。

◆メモ

ＡＤＲ　裁判所以外の第三者（機関）の関与によって当事者同士で自主的に法的な紛争の解決を図る手続きを全体としてＡＤＲと呼ぶ。Alternative Dispute Resolution の略。米国、英国などではよく利用されている。具体的には①当事者が仲裁人の判断に従うことをあらかじめ合意して行われる「仲裁」②裁判所の調停委員会などが間に立ち、成立した合意に裁判上の和解と同一の効力が与えられる「調停」③当事者は第三者の仲介案には拘束されない「あっせん」―などがある。

第十二回　新制度とその課題（二〇〇四年九月二十五日配信）

敗訴者負担導入など三法案

政府の司法制度改革推進本部（本部長・小泉純一郎首相）は二〇〇四年十月召集の秋の臨時国会に二つの法案を提出、司法改革は最終段階に入る。新たに国会へ提出されるのは、裁判外紛争解決手続き（ＡＤＲ）を行う民間の事業者に国による認証制度を導入する法案と、法曹（裁判官、検察官、弁護士）の卵の司法修習生に支払う給与を貸与制に切り替える法案だ。推進本部の設置期限は二〇〇四年十一月末まで。その間に政府は、継続審議となっている、弁護士報酬の敗訴者負担制度を導入する法案も含め、すべて成立させる構えだ。司法制度改革審議会の発足から約五年。近く半世紀ぶりの大規模な司法改革が終了する。［注］

団体訴権、実現へ

裁判外紛争解決手続き法案はＡＤＲに関する基本法案だ。国の認証制度は、法的紛争に悩む市民が民間事業者の調停、あっせんを利用する際、選択の目安となるようにするのが目的とされている。認証事業者が行う調停、あっせんには、時効の進行を止めるなどの法的効果が与えられる。

しかし①認証事業者の調停などに基づき強制執行ができることとするか②司法書士、社会保険労務士、行政書士など弁護士以外の隣接法律関係職種にどの程度の代理権を認めるのが妥当か――などについては結論が出ていない。ＡＤＲへの不信感もある現状では、強力な権限を付与したり、代理権を拡大したりすることがＡＤＲの活性化につながるかどうか、意見が割れているからだ。今後、国会審議と並行して関係者の調整が進められる。

司法試験に合格した司法修習生への給費制を廃止する裁判所法改正案には日弁連などから「給費制は充実した修習の基盤となり、経済的事情から法曹への道を断念する志望者が出ることを防ぐためにも必要だ」として反対がある。しかし財務省は四月、「裁判員制度の実施、法曹人口の拡大などに伴い、中期的にも財務負担の拡大が見込まれる」と指摘、給費制の継続に難色を示している。

弁護士報酬の敗訴者負担は、民事訴訟で敗訴した側が相手方弁護士の報酬の一部も支払う制度で、民事訴訟費用法改正案に盛り込まれた。提訴後、両当事者が合意した場合に適用される。

二〇〇四年秋の臨時国会で初めて本格的な論議が行われるが、消費者団体などからは「敗訴者負担になったら費用が心配で、勝敗の見通しが立たない公害裁判などには踏み切れない。それでは、国民の裁判を受ける権利が妨げられる」と反対が出ている。

このほかにも最高裁や各省が新たな改革を進めている。一例は、多数の人に共通した損害が生まれたとき、それらの人々の団体に提訴権限を与える「団体訴権」の導入が国民生活審議会で基本的に認められ、細部の詰めが行われていることだ。米国、欧州などの「クラスアクション」と同趣旨の制度であり、政府は二〇〇五年にも国会へ関連法案を提出するとみられる。

推進本部は二〇〇四年十一月末で解散する。日弁連も司法改革実現本部を解散し、今回の改革を発展させていくため新たに司法改革総合推進会議、裁判員制度実施本部などを発足させた。今後は法務省が主体となり、最高裁や日弁連などと協議しながら改革の継続、新制度の見直しなどを進めていく。

実行態勢の整備を注文

「非常に内容の難しい多くの法律が成立し、言いようのないほど、うれしく思っています」。司法制度改革推進本部の顧問会議が二〇〇四年九月八日、東京・永田町の合同庁舎で開かれ、座長の佐藤幸治近畿大学教授が感慨を漏らした。

佐藤座長が会長を務めた政府の司法制度改革審議会は二〇〇一年に意見書をまとめたが、その内容は二十二本の法律として結実した。この日は、残る最後の裁判外紛争解決手続き法案と裁判所法改正案も了承された。

顧問会議は推進本部の法案作成が意見書の線から外れることがないように監視を続けてきた。刑事裁判に国民が参加する裁判員制度の法案が決まる直前、裁判官と裁判員の人数をめぐって調整が難航していたとき、一部の顧問から「顧問会議が乗り出したらどうか」という趣旨の意見が述べられたこともあったが、そのような事態は一度もなしに済んだ。

この日は司法改革関連の来年度予算概算要求についても報告があった。最高裁は裁判官七十五人の増員と、五年後の裁判員制度実施に向けた準備費二十一億円などを要求中。また法務省は総合法律支援法に基づき、全国で法律扶助などの司法サービスを展開する「日本司法支援センター」の設立準備費七億円などを要求している。

最後に佐藤座長は顧問会議として「推進本部の解散後も内閣で所要の体制を整備し、司法制度改革の取り組みをフォローしていかなければならない」と注文を付ける見解を取りまとめた。

負担は一人分、金額に上限

敗訴者負担制度は司法改革の最後の大きな争点になりそうだ。

民事訴訟費用法改正案は、提訴した人と相手側の両方に弁護士が付いていることを前提として、双方が提訴後に裁判所で合意をし、共同で申し立てた場合に限って、この制度を利用できるとしている。相手の弁護士が複数でも負担するのは一人分だけ。金額にも、提訴したときの請求額に応じて上限が設けられた。乱用されないよう一定の歯止めが掛けられている。

しかし反対論は強い。日弁連は「合意制に基づく敗訴者負担は、提訴前の契約に『訴訟になれば弁護士報酬は敗訴者負担とする』という条項が盛り込まれることを誘発し、司法の利用を阻害する恐れがある」と懸念を表明、①消費者契約②労働契約③一方が優越的地位にある事業者間の契約に絡む訴訟――では、敗訴者負担を認めないなどと、改正案の修正を求める提案をしている。

先の国会では野党の反発もあって、改正案は継続審議になった。しかしこれらの批判を考慮し、修正が行われる可能性もあるとみられている。

野沢太三法相インタビュー

――司法制度改革をどう受け止めていますか。

「日本の社会を根本から変える大きな改革だと思います。国際化が進み、構造改革をしないと、経済を含めて日本はやっていけません。幕末の黒船来航、戦後のマッカーサーの占領に次ぐ第三の開国です。民間の活力を生かし、民間の知恵と力を制度に取り込む。自由にやってもらうことで最大限の力が発揮でき、間違えたら司法が正す。これが、今後の日本が発展していく一番の原動力だと考えています」

「幸いなことに司法制度と法曹に対する国民の信頼は高いのですが、裁判は時間がかかるし、法曹の数も足りない。そこで半世紀ぶりの抜本的な改革になったわけです。既に法科大学院がスタートし、裁判員制度法と総合法律支援法などが成立しました」

「司法制度関連として提出した法案は二十二本。そのほとんどが成立し、改革はひと山越した感じです。一つ俳句を詠みました。

たどり来て　道なおはるか　雲の峰

郷里の八ケ岳に登ると、やれやれひと山越したと思ってもまた山がある。雲もムクムクとわき上がって、前途多難と感じさせられる。そのような今の心境です」

――法務省の今後の取り組みはどうなりますか。

「まだ司法制度改革推進本部として残っている課題があります。秋の臨時国会には裁判外の紛争解決手続きに関する法案と、司法修習生の給費制を貸与制に切り替える法案を提出する予定です。弁護士報酬の敗訴者負担の法案もあります」

「法律で決めたことを政令、規則、省令などで具体化することが重要です。一番大変なのは裁判員制度。人を裁くのは厳しいことですが、裁判に参加することは大変大事なことであります。選ばれることは誇りであるという自覚を国民の皆さまに持っていただけるようにすることが大きな課題です。ＰＲのパンフレットやビデオを作り、模擬裁判をするほか、高校、中学、小学校で裁判の模擬訓練をするなど、何よりも学校教育が重要だと考えています」

――将来の司法の姿は。

「身近で利用しやすく、分かりやすく、頼りがいのある司法制度にすることが第一。第二は、それを支える法曹の数と質を充実させること。三つ目の柱は、裁判員制度に象徴される国民参加の制度です。国民の期待にこたえられる司法制度にすることが最も大事です」

のざわ・だいぞう　法務大臣。司法制度改革推進本部副本部長。前参院議員。工学博士。元参院憲法調査会長。

◆メモ

敗訴者負担　民事裁判で勝訴した側の弁護士報酬の一部を敗訴した側に負担させる制度。英国、ドイツなど欧州の国々を中心に行われている。裁判の乱用を防ぐのが目的。米国などには、例えば公共的な訴訟で市民が勝訴した場合、行政側に市民の訴訟費用も支払わせる片面的敗訴者負担の制度もある。日本では原則的に、敗訴者が負担する訴訟費用には弁護士報酬は含まれないが、大手企業などからは「無理やり訴訟に引っ張り出され、勝っても自己負担となるのでは不公平」と批判がある。

［注］弁護士報酬の敗訴者負担制度を導入する法案は廃案になった。

第四部　司法改革の評価と課題

司法制度改革推進本部の素案をめぐり集中的なおさらいの論議をした裁判員制度・刑事検討会＝2003年9月18日、東京・虎ノ門

第一章　全体的な評価

第一．市民の目から

(一) 改善の発想

今回の司法改革は、日本の司法が初めて、その利用者である市民の視点から点検を受けた歴史的な意義を持つ。戦前の明治憲法下で行われた司法は、「統治権の総覧者」である天皇の統治権を貫徹するために官僚支配を徹底させる機能を果たし、市民は統治される立場にしかなかった。その体制は第二次世界大戦で日本が敗戦を迎えることによって崩壊したが、こと司法に関する限りは、ある意味ではさらに徹底された。第二部で述べたように戦後改革、臨時司法制度改革審議会の二つの山があったが、そこでは法曹たちが自らの住む法曹世界をいかに合理化し、いかに住みよいものにするかに腐心し、市民のための司法に変えていくという発想はほとんどなかったように思われる。

第三部の連載「市民の司法へ」で取り上げたような経過を経て、徐々に形成されていった司法改革をどのように評価したらいいのだろうか。政府は「司法制度改革審議会」を設けて基本方針を決め、それを「司法制度改革推進本部」によって具体化してきた。その名称にみられるように、政府が指向したのは「司法制度」の改革であり、司法そのものの改革では必ずしもなかったことに注意しておかなければならない。現行の制度の悪いところは直し、より良いものに変えていくという「改善の発想」が歴然としていた。言い換えれば、政府の指向する「司法制度改革」は根本的な「司法改革」ではなく、統治する側からの改善にとどめるという限界を最初から抱えていたように思う。

(二) 基本的に高く評価

そのような視点から見れば、今回の司法改革は一応の成果が上がったといえるに違いない。現代の政治・経済状況に照らして立ち遅れが懸念されていた知的財産権の保護について知的財産高等裁判所を創設するなど全体的な保護法制を強化できたほか、民事司法を中心として訴訟手続きの円滑化も図られた。

一方、司法の現状を批判してきた側からしても、新たに導入された諸制度は、実際の運用によっては評価が変わりかねない流動的な要素があるにしても、ある程度前向きな評価に値するものになっているようだ。これまで司法による救済の手があまり差し伸べられていなかった解雇、賃金未払いなどの個別労働紛争について新たな労働審判制度ができたし、行政の過誤を正す義務付け訴訟、差し止め訴訟などの新しい類型の訴訟が行政訴訟の分野で導入された。こうした新制度は将来きっと、市民の見方になってくれるだろうと思う。もちろん、改革に対する評価は、その人その人の置かれている立場によって違ってくるし、世界観などの違いはいかんともし難い。しかし少なくとも、かつてのような、時の政権が何をしても、その施策である限り、どれも問答無用と切り捨てるようなあからさまな反対は、今は少なくなったと感じられる。

司法制度改革推進本部が二〇〇四年十一月三〇日で解散し、五年以上にわたる作業が一段落したのを振り返ると、私は今回の一連の新しい法律や改正法、運用規則などを基本的には高く評価したいと考える。重視したいのは市民の目から見る視点であり、それが十分ではないにしろ司法の世界に導入されているからだ。推進本部が国会へ提出した法案のうち、どうも賛成しがたく感じていたのは弁護士報酬の敗訴者負担制度だけだったが、それは、利用者である市民の立場からすると、〝幸いにして〟廃案となって終わった。

今回の改革は多くの不十分な点があり、また将来に多数の課題も残してはいる。しかし、根本的な「司法改革」へとつながり得る「市民の司法」への萌芽だったと感じている。法科大学院ができ、これまでにはなかった新しい法学・実務教育が始まっている。市民サービスを向上させる司法ネット「日本司法支援センター」の設立が決まり、国民参加の刑事裁判「裁判員制度」の骨格もできた。これらの新制度は、その正確な評価は今後の運用を見ないと明確には下せないが、少なくとも豊かな可能性を将来に秘めていることは確実だ。その可能性を現実のものにしていくことこそ、われわれ市民の責任だろう。できあがった新制度の細かい欠点をあげつらって非難するよりも、今はその将来の可能性を評価し、新制度を育てていくべきだと考える。

第二　評価の基準

（一）個人的な基準

このような評価をする根拠はいったいどこにあるのかという質問を受けるかもしれない。十分な答えを用意しているわけではないが、今回の司法改革を評価するに当たっての個人的な基準について述べてみたい。

第一部で説明した通り、政府の司法制度改革審議会は①制度的基盤の整備②人的基盤の拡充③国民的基盤の確立（国民の司法参加）――という三本柱を掲げた。この理念がどこまで達成されているかが、重要な評価基準になることは言うまでもない。しかし、それは改革審自身が定めた政府側から見る基準にすぎず、それとは別に、政府による改革の対象とされる側から見る評価基準もあってしかるべきだろう。

制度的基盤の整備は、どれだけ運用者側にとって使い勝手の良いものに仕上がっているかという観点から見るのではなく、利用する側、運用される側からはどう見えるかが大事だ。人的基盤にしても、拡充された中に放り込まれた法科大学院生らからどうみえるかは無視できない。さらに国民参加にしても、裁判員ら参加する側から新制度がどう見えるかが重要だ。

(二) 六つの視点

これらのことを前提として、私には、さらに次のような六つの視点から新制度を見ていくことが大切だと思われる。

第一は、「市民」の視点だ。統治を行う行政側からの利便性ではなく、利用者である市民の側から評価を下す視点こそ大事なのだと考える。ここで注意しておかなければならないのは、司法制度改革推進本部などの政府側が使った用語は「市民」ではなく、「国民」であることだ。裁判員候補者となる資格など、ほとんどの場面で「国民」が使われている。これは日本国籍を持つ人だけが主体あるいは客体になり得るのであって、日本国籍を持たない在日の韓国・朝鮮人、中国人ら外国籍の人は除くという意味である。司法権という国家の基本権を行使するのは、その構成員である国民に限られるという基本思想がそこにある。

しかし、これら外国籍の人々も日本社会を構成し、行政・司法などとのかかわりが深い市民社会の構成員であることには違いがない。第三部の連載で「市民の司法へ」というタイトルを掲げたのは、新しい制度は外国籍の人々、とりわけ在日の人達のような「日本国との平和条約に基づき日本国籍を離脱した者等の出入国管理に関する特例法」に定める特別永住者らも視野に入れた仕組みでなければならないという考え方からだった。どの制度も、日本社会に暮らす人からの視点で評価されなければならないと思う。

第二は、市民サービスの向上という視点だ。今までの司法は訴訟中心、法廷中心で、あまりに裁判に比重がかかりすぎた。庶民が解決してほしい法的な紛争はたくさんあるのに、司法が十分に役立ってはいなかった。私から見ると、一刻も早く「裁判所司法」から脱却しなければならない。今回の司法制度改革では仲裁法が作られ、調停などの裁判外紛争解決手続き（ＡＤＲ）の拡充なども行われたが、それらを現実に機能させていくことが急務だ。新制度がどこまで市民サービスを向上させているか、それをしっかりと見ていきたい。

第三は、地域格差解消の視点だ。どこに住んでいても、日本国内にいる限り、同じレベルの司法サービスを誰でも受けられるのでなくてはおかしい。ところが司法の世界では弁護士が東京、大阪などの大都市に集中するなど、地域によって受けるサービスに大きな格差が生じている。市民は半分あきらめの気持ちでこれを見ていたが、その差別がどこまで解消されているのか、それも新制度を評価する大きな物差しになる。

第四は、「法曹ムラ」からの脱却という視点だ。裁判官、検察官、弁護士ら法曹仲間では、自分たちの共通の利害にとらわれた主張が目につきすぎるように感じる。司法研修所で「同じ釜の飯」を食ったせいか、最後の場面ではお互いにかばい合うようなところが時に見られる。私が山形支局長をしていたとき、横浜市で弁護士をしている大学の同級生が訪ねてきたことがあり、「どうしたのか」と聞くと、「山形市内の人が起こした民事訴訟の審理で来たが、依頼者は、山形県内には弁護士は数が少なく、皆顔見知りなので、相手方の弁護士と適当なところで妥協してしまうことが心配だと言って、頼んできた」ということだった。法曹には、このような心配を抱かせる特殊な閉鎖社会の意識をなくし、市民のために在るべき司法制度を目指す論議をしてほしい。

第五は、司法の情報公開という視点だ。「密室裁判」という言葉が死語ではないように、とかく裁判では秘密が強調される。確かに被害者、証人ら関係者のプライバシーなど、裁判では、守られなければならない秘密が数多く取り扱われる。それらの秘密がしっかりと守られなければ、誰も真実を述べたりはせず、公正妥当な判断に到達できない恐れがある。人権の侵害が起きないような細心の配慮が必要なのは言うまでもない。

法曹関係者が秘密を守る義務を強調するのには一定の理由があることも事実だが、一方で憲法は第三七条（刑事被告人の諸権利）で「公平な裁判所の迅速な公開裁判を受ける権利」も認めている。裁判公開は国民の権利を保護するための大原則であり、その理念に従えば司法全体について合理的な範囲での情報公開が求められていると言えるだろう。秘密性を強調するのではなく、司法についても、主権者である国民の監視の目が行き届くような、適切な情報公開の道が開かれていかなければならない。現在の司法はまだまだ閉鎖的に過ぎると考える。

第六は、国際化の視点だ。司法改革論議の中で最も欠けていると感じさせられたのが国際化の問題意識だった。日本国内だけの、しかも、もっと狭い「法曹ムラ」の論議に終わっているならば、国際化への関心度、緊急性の認識は生まれてくるはずもない。例えば、法的サービス業務をめぐる世界貿易機関（ＷＴＯ）での交渉内容はほとんどの国民が知らないが、これは将来の日本という国家の存在に大きくかかわることである。特に弁護士資格など法曹資格の外国への開放問題については、将来、日本が米国などから強い圧力を受ける事態も予想される。情報技術（ＩＴ）をめぐって起きたような国家的施策の立ち遅れが、司法サービスの分野でも起きないようにしなければならない。同じことは国際条約をはじめとする国際性への無関心にも強く表れている。今まで民法など基本法の外国語訳に政府があまり関心を示してこなかったことは信じ難い事態だ。また国連の委員会では国際人権関係諸条約の委員会が日本政府報告書を審理し、勧告などをする状況が生まれているが、政府は「司法権の独立」を根拠として国際的な干渉を排除しようとするかのような主張を繰り返している。このような国際的基準への無関心が、いつまでも通用するはずはない。

以上のような視角から、私の関心に従って新しい諸制度の主な課題を個別に探っていきたい

第二章　裁判員制度

第一．司法参加の意義

(一) 法尊重の意識

制度設計に関係した者のひいき目かもしれないが、今回の司法改革で最も重大な意味を持つのは「裁判員制度」かもしれないと思う。司法への国民参加は、司法に対して民主的なコントロールを働かせる意味があり、参加した国民はその経験を家庭、職場、地域に持ち帰るから、社会全体の法的意識も高めるに違いない。それは社会が法を尊重し、活用し、育てていく精神を養うことにつながっていく。日本の社会にとって、司法への国民参加というのは、かつてない重要な意義を持つ経験だ。

第二部でヒアリングの紹介をした、陪審制度の研究者である三谷太一郎東京大学名誉教授は、日本弁護士連合会の機関紙「自由と正義」五五巻二号所収の「裁判員制度の政治史的意義」で、裁判員制度の背景には「近代日本の法生活を貫く伝統があり、さらにその根底には人類全体の巨大な歴史的経験の蓄積がある」と述べている。大変共感させられる指摘だ。国民参加の裁判は欧米諸国では千年以上前から陪審制度や参審制度の形で実施されており、日本でも戦前、大正デモクラシーの影響下、原敬内閣が陪審法を成立させ、実際に一九二八年（昭和三年）から、戦火の高まりで中止される一九四三年（昭和十八年）まで全国で四百八十四件の陪審裁判が行われた事実がある。陪審法は停止中だが、こういった背景なしに、裁判員法ができるはずはなかった。

（二）裁判員制度の目的

何のために裁判員制度を始めるのだろうか。その目的についての見方はさまざまだ。

刑事訴訟法専攻の後藤昭・一橋大学教授は①裁判所が国民の理解と支持を確保することが目的という考え方②刑事裁判の判決結果を現状より改善するための変更という考え方——という二つの見方を対置させ、前者の立場に立てば裁判員制度は裁判所の広報活動の一環と位置付けられ、後者の立場に立てば、裁判員が加わることによって誤った有罪判決が減ることを期待することに通じるという(現代人文社刊「実務家のための裁判員法入門」二、三頁)。後藤教授はさらに、「司法における直接民主制の実現」とする理解、「裁判官が裁判員の多様な意見を参考にできるようにすること」という見方、「裁判の迅速化、あるいは口頭主義・直接主義の実質化」の期待、さらには「制度に批判的な立場からは、国民に政治に対する不満を持たせないように、支配の中に取り込むための手段」とする評価もある、と整理する。そして「裁判員制度の目的についてのこのような理解の差は、刑事裁判の現状に対する評価や民主主義と司法制度の関係についての理解の違い、あるいは裁判官に対する信頼の度合いの違いなどから生じる。しかし、いずれの立場からも否定できないのは、裁判員制度が、刑事司法の民主的な正統性を確保するための制度としての役割を与えられていることである」と述べている。

私も裁判員制度の根拠は、究極のところは「刑事司法の民主的な正統性」の確保にあると考えている。日本の司法は戦後ずっと、弁護士法第一条が掲げているような「基本的人権を擁護し、社会正義を実現すること」を使命としてきた。主に人権擁護の砦として司法を位置付ける見方だが、現代は各界の活動が多様化、広域化し、従来通りの統治機構の運営だけでは司法が正当性を主張できなくなっているように思われる。新しい正当性の根拠を付与しなければ、刑事司法がもたないという危機感が統治者側に高まり、それが国民に参加を求めるという画期的な選択に走らせたのではないか。導入された裁判員制度が実際に民主的な正統性確保の役割を果たせるよう、制度の運用を考えていくことが肝要だ。

二〇〇四年五月十三日、私は参議院法務委員会に参考人として呼ばれ、裁判員法案について意見陳述した。そこでは司法参加の意義について以下のように述べている。

「法案に私は基本的に賛成です。国民の司法参加を実現することが民主政治を徹底させ、司法の国民的基盤を強化する重要な意義を持つと信じるからです。内容には、検討会で私が述べてきた意見と違う部分もありますが、それでも、これらの法案を成立させる必要があり、もし不都合な点があれば、早い時期に見直しをし、改めていけばいいと考えています。どこの世界にもルールを逸脱する者はおり、とかく刑事司法は国民不信の前提に立った制度設計になりがちですが、国民への信頼なしには司法参加はあり得ないはずです。多くの国民は、重大な刑事裁判を担えるだけの良識を備えています。国民を信頼し、その良識に結論を委ねることこそ、司法参加を論じる上で重要な態度だと思います」

国民への信頼を重視する基本的な考え方には今も変わりはない。ただ、正当性の根拠を付与するといっても、それはいわば、統治する側の都合であり、国民の側から生まれた事情ではない。そこに国民の当惑の原因があり、裁判員制度がなかなか浸透しない理由があると感じざるを得ない。国民の間では、経験したことのない司法参加に戸惑いの様子が見られる。自分たちに裁判などできるだろうかという不安。忙しくて裁判などにかかわっている時間はないのに、法律ができて強引に引っ張り出されるのではないかという不満。被告人の関係者からお礼参りをされるのではないかという心配……。他人の面倒な刑事裁判などにかかわりは持ちたくないというのは、恐らくほとんどの人に共通する心情だろう。

共同通信社が二〇〇三年九月、全国の三千人を対象に調査員の個別面接方式で行った世論調査によると、裁判員制度について「よく知っている」「ある程度知っている」と答えた人は合わせても二九・五％しかおらず、認知度はまだ低い。しかし、調査員がこの制度の内容を説明し、導入の是非を尋ねると、「ぜひ必要だと思う」が一五・六％、「どちらかといえば必要だと思う」が四七・一％と計六二・七％が必要性を認めた。つまり、総論としては三人に二人がこの制度に賛成している。ところが、裁判員に選ばれたら「ぜひやりたい」は六・九％、「やってみてもよい」は二七・六％と積極派は合わせても三四・五％にとどまり、逆に、「できればやりたくない」は四〇・三％、「絶対にやりたくない」は二一％と消極派が計六一・三％も占めた。自分のこととなると、総論とは全く逆に、三人に二人が引き受けたがらないということだ。やりたくない理由を尋ねると、「重要な判断をする自信がないから」が五九・七％、「審理に拘束され、仕事などに影響が出そうだから」が一三・四％、「被告の逆恨みにあうと怖い」が九・九％の順に多かった。そして制度導入の際にしてほしいこととして、「裁判員が脅迫や嫌がらせを受けないようにする」が四九・五％、「勤務先から不利益な扱いを受けないようにする」が三五・〇％もあった。国民の間で新制度への不安が大きいことが如実に表れている。

多くの人達から質問、批判などを受けることが多くなった。検討会の委員をしているから裁判員をやりたいと思っているはずだということを、当然の前提としているかのような質問などが飛んでくる。そういう時、「私もできればやりたくない。ほかにやりたいことはいっぱいあるから」と言うと、びっくりした顔をされる。これは本心だが、しかし、そのあとで「でも、くじで当たったら心を決めてやりますよ」と続けることにしている。裁判員が参加する刑事裁判は、真犯人探しをしたり、事件の真相解明をしたりするのが主要な目的ではない。検察官が出してきた証拠によって被告人の起訴事実が疑いなく証明されたといえるかどうかを、国民の常識で判断すれば、それでよい。もし疑問が残るなどして、起訴事実が十分に証明されていないと裁判官や裁判員の過半数が確信すれば、「疑わしきは被告人の利益に」という刑事裁判の鉄則に従って、被告人は無罪になる。それ以上に、何が真実だったのか、真の動機は何だったのか、などを裁判官や裁判員が探り出す必要はない。証拠上、分からないことは分からないと言うしかないから、過重な心理的な負担を背負い込むことはない。素人が量刑など決められるか、と心配ならば、それは、すぐ隣に専門家の裁判官がいるのだから、一緒に相談すればすむ。裁判員は一人ですべてを決めるわけではないし、常識的な意見や疑問を率直に述べれば、それで役割は十分に果たせる。あれこれ心配するよりも、裁判を専門家任せにせず、国民が実際に参加していけば、きっと刑事司法は国民にとって好ましいものへ変わっていくと信じる。国民参加の経験が、将来あるべき司法の姿を国民各人が描き出す契機になっていくと思う。

国民の司法参加は、日本国憲法が定める国の主権者としての国民の地位に淵源がある。裁判員制度は確かに、仕事の面、気持ちの面などで負担がかかる制度ではあるが、将来、きっと日本の社会と市民のために役立つ制度だと信じる。多くの人が、その意義を理解し、参加してほしいと願っている。

第二　裁判員制度の課題

(一)　裁判体の構成

裁判員制度の方向性は望ましくても、現実に出来上がった裁判員法には、まだ不徹底と感じたり、注文を述べたくなったりする内容もいくつかある。その主な点を述べておきたい。

最初は、裁判体の構成だ。裁判員制度・刑事検討会で私は「裁判官の数は二人か三人、裁判員の数は六人以上とし、全体でも一けたの奇数となることが望ましい」という意見を述べてきた。裁判員は六人以上いれば意見を言いやすく、多角的な視点からの評議が期待できる。フランス、イタリア、かつてのドイツなどで、六人以上の人数は経験済みであることが大きな理由だった。裁判官の数も、裁判員裁判では判決に不満がある場合、控訴理由が書けるよう、ある程度詳しく判決理由を書く必要があることから、裁判官一人では負担が大きすぎ、二人か三人が適当ではないかと考えた。

　では、裁判官は二人が良いのか、それとも三人が良いのか。三人ならば、現行の合議制と同じで安心感があり、評議の際に裁判官の間で意見が割れたときでも、多数意見は自然と決まって無理がない。裁判員制度の下でも法律判断は裁判官だけの多数決で決めるので、それを想定したときには三人が優る。このような意見が多数なのだと思う。どちらかといえば、現行制度から大きく踏み出すことは避けようとする考え方といえるだろう。

　しかし裁判官三人が妥当だとする意見には、新しい制度をつくるという視点から見ると、やや弱点もあるように思える。裁判員裁判で裁判官が行う役割は、大きく分ければ、議長役として訴訟指揮をし、合議をまとめることと、審理内容を踏まえて直ちに判決を言い渡せるよう速やかに判決文を書くことの二つに分けられる。それを分担するだけならば裁判官は二人で足りる。また、裁判官の人数が多いと裁判員は意見を述べにくくなり、参加の意味がなくなる恐れもあるから、裁判員の役割を重視するならば、裁判官は少ない方が望ましいという理屈も成り立つ。

　実際に、ドイツで傍聴した重罪事件の参審裁判は裁判官が三人か二人で行われていた。特別に重大な事件は三人だったが、重罪事件の約八〇％は裁判官二人であり、それで不都合だという意見は耳にしなかった。もっとも、ドイツは東西統合の渦中にあり、裁判官不足なので、かつての西側裁判官が東側に赴任せざるを得ず、臨時の措置として行っているという説明だったので、理想型は三人ということなのだろう。

　しかし、イタリアでは裁判官二人に参審員六人の法廷で重罪事件を裁いている。裁判官二人であってもおかしな制度ではないことは、イタリア、ドイツ両国を見れば明らかではないか。裁判官二人だと、意見が割れたとき収拾がつかなくなるというのは理屈だが、両国では、それで困ったという話はほとんどない。日本の裁判官に聞いても、合議が二対一に割れて行き詰まってしまうことはそれほど多くはなく、大半のケースは自然と見解がまとまっていくようだ。そうであるならば、裁判官二人の法廷も、有力な選択肢だった。

裁判員法が基本とした「裁判官三人に裁判員六人」という構成は、検討会の多数意見より裁判員の数が多くなった感があるが、結局は穏当なところに落ち着いたと思う。重大事件の審理をするのにふさわしい数の裁判官と、良識ある国民の目が、これで確保できた。

争いのない事件では裁判官一人に裁判員四人の小さな裁判体でも裁判ができることになった。与党プロジェクトチーム案の取りまとめ段階で自民党と公明党が激しく対立したが、法務省筋の関係者が〝小さい法廷〟をつくるという知恵を出し、互いに譲歩し合ったのが真相だと聞いている。この構成について、その後の検討会で私は「違和感がある」と述べている。それまでに「争いのない事件は被告の権利を損なわない限り、速やかに終結させ、争いのある事件に人材とエネルギーを集中させるべきだ」という趣旨の意見を述べていたが、争いの有無を基準として裁判体の構成を分けることは、それまでの議論から見ると異質なものを感じざるを得なかったからだった。

小さな法廷にすることは被告の人権を軽視することにならないか。その疑問が今もぬぐえない。どのような被告であっても、法廷で十分な審理を受ける権利があり、国はそれを保障しなければならない。その理念が、被告人の自白事件は小さな法廷で裁いてよいとなると、揺らいでしまうのではないかというのが主な理由だ。また起訴事実の認否で法廷を分けることは、被告の選択に事件の処分を委ねてしまうことになる心配もある。

しかし裁判員法では、裁判所が小さな法廷を開く決定をしてもいいのは、被告人が公訴事実を認めているだけでは十分でなく、公判前整理手続きで①弁護士と検察官ら当事者に争いがないと認められる②事件の内容その他の事情を考慮して裁判官が適当と認める――という二つの条件を満たさなければならないとされた。勝手に被告人が決められるのではなく、検察官と弁護人の判断が条件とされていることや、要件の有無は裁判所が判断することなどで、上記のような心配は排除されたということだろう。それに、必要とされる裁判員の人数が六人から四人に減れば、それだけ国民の負担も軽くなる利点がある。

心配が杞憂であるならば、小さな法廷も、あり得る選択である。裁判官が一人でよければ、そこで生じた余力を他の裁判に振り向けることが可能だ。それは裁判官が実質的に増員されたに等しい意味を持ち得ることであり、裁判の迅速化、司法サービスの拡充という別の要請に応える施策ともなるだろう。

もし、被告人が公判の途中で起訴事実の否認に転じた場合、裁判所はあらためて〝大きな法廷〟をつくって、六人の裁判員を選び、裁判をやり直さなければならない。そのような不安が少しでもあれば、裁判官は小さな法廷を選択しないのではないかとも思われる。しかし、現職の裁判官に聞いてみると、「公判前整理手続きで、そのあたりの事情は徹底的に詰めるので、おそらく途中で供述を翻すような事態はほとんど起きないのではないか」「途中で供述を変えたりすれば裁判員の心証も悪くなり、得策ではないから、そのような不利な選択はあえてしたりはしないのではないか」と言う。むしろ〝小さな法廷〟は、かなり利用されると予想する裁判官の方が多いようだ。そうであれば、理論上の問題はともかく、実務的な運用の面では、それほど心配することもなさそうだ。

(二) 裁判員の資格

重要なのは、裁判員の資格だ。まず、裁判員は「衆議院議員の選挙権を有する」（第一三条）必要があり、選挙権は「日本国民で満二十年以上」（公職選挙法第九条）であることが求められているから、日本国籍を持った国民であるという国籍要件が当然、前提とされている。しかし、この国籍要件は、現在はともかく、将来的には見直した方がいいと思う。過去の歴史の所産として、日本の国内には韓国籍、朝鮮籍、中国籍（台湾籍）などの外国籍の人達が住んでいる。日本に来てから四世代目に入っている人達や、永住権や特別在留許可をえている人達は、その人数だけで大都市一つの居住人口に相当するほどだ。これからは日本社会の国際化が進み、長期間居住する外国人の数はさらに増えると予想される。外国人の地方参政権を認めるかどうかが論議されているように、これらの外国人も地域社会の構成員であり、地域で起きた犯罪について判断する資格を与えることを考えてもいいのではないか。司法権は国家権力の行使だから、それができるのは国民だけだという硬直した理屈を、これからは考え直す必要があると思う。

二十歳以上という年齢も、有権者の年齢を十八歳に引き下げる論議がされており、将来は見直される可能性がある。私は裁判員制度・刑事検討会で、裁判員という重大な判断をする責任を持った者は社会的にある程度成熟した経験を持つことが必要と考え、「衆議院議員になるための被選挙権資格である二十五歳が妥当ではないか」という意見を述べているが、もちろん、二十歳以上とすることに反対なわけではない。判断者の年齢は、より慎重に考えた方が良いのではないか、というだけにすぎない。今回、裁判員の有資格年齢を国政選挙の有権者年齢と同じ二十歳にするという選択が行われたからには、将来、国政選挙の有権者年齢を十八歳に引き下げることがあれば、そのときには裁判員の年齢も十八歳に引き下げられてしかるべきだと考えている。

そういう限定付きで、二十歳以上の「国民」であることを必要とする要件はやむを得ないこととするが、できるだけ多数の人が参加するという極めて大事な点から見て、法案には不満が残る。

第一に、就職禁止事由が広すぎることだ。弁護士や公証人、元裁判官、元検察官ら法律関係の職種に現に就いているか、あるいは過去に携わった経験のある人は全部禁止にしてしまっている。しかし、これは少し単純すぎはしないか。米国では弁護士でも陪審員に呼ばれており、私がインタビューした陪審長は実際に弁護士だった。彼は「事件について偏った判断をしなければいいのであって、仕事が弁護士であっても何の問題もない」と話していた。法律関係の仕事であっても、刑事事件を扱わない弁理士、司法書士、既に退職した元裁判官らを就職禁止とする理由は乏しい。自衛官を除外するに至っては、なんとも理解に苦しむ。自衛隊は、その前身が警察予備隊であり、いささか警察と関係があるので除外されたようだが、私には荒唐無稽の理屈のように思われる。自衛隊の中にも、警察的な機能を担う部署があることは承知しているが、実際の裁判では、そのような関係者だけを排除すれば足りることではないか。

第二は、「辞退事由」として掲げられた「政令で定めるやむを得ない事由」（第一六条一項七号）だ。政府は政令に「思想・信条」を理由とする辞退を明記するとしたが、それには、はっきりと反対したい。この制度を動かしていくとき、「国民は裁判員に当たったら、その役目を引き受けるべきものなのだ」というメッセージを送ることこそ大切なのに、これでは、まるで「思想・信条を理由に挙げれば逃げられますよ」と言っているようなものだ。これを認めれば、確かに国民の心理的な負担は軽くなる。しかし、重大な刑事事件の裁判はもともと気持ちの負担の重いものであり、それを国民があえて引き受けてこそ、この制度を行う意味があるのではないか。好んで出てくる人だけを集めていては、裁判員制度が広く国民の信頼を得られるはずがない。簡単に逃げ道をつくるようでは、制度が破たんしかねないとすら考える。

（三）裁判員の個人情報

裁判員、補充裁判員らの個人情報を保護することは重要だ。裁判員やその家族らの住所、氏名など、個人が特定される情報の保護は、外部からの不当な圧力、事件関係者からの脅迫などを避けるため、特に裁判の進行中は不可欠の条件となる。私が見たフランス、ドイツ、スウェーデンなど参審制の国々では、法廷の入り口に掲げる開廷表や書記官室に置かれた開廷期日簿などの公開書類には、参審員の氏名すら一切記されていなかった。

裁判員法でも「裁判員、補充裁判員または裁判員候補者もしくはその予定者の氏名、住所その他の個人を特定するに足りる情報は公にしてはならない」（第七二条）と定められている。違反には罰則もある。

第七二条は続いて、「これらであった者」、つまり裁判員、補充裁判員、裁判員候補者、裁判員候補予定者の任務を修了した後についても、個人を特定できる情報は基本的に秘密にしておかなければならないとしている。しかし過去の裁判員経験者らの氏名も知らせないというのでは、裁判が終結した後、実際に裁判が公正に行われたのかどうかを確認したり、その内容を学問的に検討したり、報道したりする道も閉ざされてしまう。これは秘密裁判にもつながりかねず、さらに言えば、憲法が保障する「裁判公開の原則」にも反することになるだろう。そこで裁判員法第七二条は、任務を終えた裁判員については「本人の同意」があれば公表してよいと、例外的に除外する場合を付け加えた。

これで、それほど個人情報に絡む重大な問題は発生しなくなったといえるかもしれない。しかし、司法の情報公開をもっと進めることこそ、司法への信頼をより高める道なのではないか。そうであるならば、裁判の終了から一定期間が過ぎた後は、裁判員の個人情報でも、本人が同意するかどうかにかかわらず、一定の条件の下に公表されてもよいのではないかと考える。仮に、えん罪を訴える再審事件が持ち上がったと想定したならば、誰が元の裁判に関与したかの情報は、裁判の内実を国民が知る上で極めて重要になる。一定期間をどのくらいに想定するか、公開を認めるための条件はどのようなものが必要か、などは今後も論議されてしかるべきだろう。元裁判員らの個人情報の公表は、公正な裁判が行われたことの何よりの証明になることを忘れてはならないと思う。

（四）裁判員の守秘義務

裁判員には職務上知り得た秘密を守る義務がある。裁判員制度・刑事検討会で再三述べたことだが、裁判員法の「六月以下の懲役または五十万円以下の罰金」（第七九条）という守秘義務違反の罰則は重すぎると思う。確かに、諸外国では陪審員、参審員の守秘義務違反には自由刑を含む罰則があるから、懲役刑があっても不思議はない。そして、裁判員法の規定は、国家公務員の守秘義務違反が「一年以下の懲役又は三万円以下の罰金」であることに比べれば、懲役刑の上限が低く、刑罰が軽くなっていて、裁判員に配慮されているともいえるだろう。しかし、それらを十分考えた上でも、ここは、国民参加の実を挙げるために政策的な配慮をし、懲役刑はやめて、罰金にとどめることが妥当だったと考える。

この部分は国会審議の過程で政府案に重要な修正が行われ、刑の上限が「一年以下の懲役」から「六月以下の懲役」へと軽減されるなどした。国会議員もそれで十分だと考えたのかもしれない。しかし、罰則を重くすれば、国民は恐ろしくて、面倒な裁判員になるのを避けたがるだろう。裁判所の呼び出しがあっても出頭せず、不出頭の場合に課される「十万円以下の過料」（第八三条）に甘んじる道を選ぶかもしれない。その方が処罰は軽く済み、〝触らぬ神にたたりなし〟ですむからだ。これでは、どうも健全な制度の在り方にはならないような気がしている。刑罰を重くしないと、重大なプライバシーの暴露などがどうしても心配だというのならば、それに限って重く罰する条項を作ればよいのではないか。

罰則以上に重要なのは、守秘義務の範囲だと思う。裁判員法は、現職の裁判員と補充裁判員は「評議の秘密その他の職務上知り得た秘密」（第七九条）を守ることが義務だと書き、裁判の中で出されたあらゆる資料、証言などにすべて守秘義務をかぶせた。「評議の秘密」というのは、「構成裁判官および裁判員が行う評議並びに構成裁判官のみが行う評議であって裁判員の傍聴が許されたものの経過並びにそれぞれの裁判官及び裁判員の意見並びにその多少の数」（第七〇条）と定義されている。つまり、どのような判決にするかについて①協議した経過②各人が述べた意見③何体何で決まったかという裁決の数——という三つが「評議の秘密」の中身になる。これならないということを意味することになる。

私は裁判員制度・刑事検討会で守秘義務の範囲を三つの内容に限定すべきだと述べ、委員限定配布の意見書の中でも同趣旨を述べている。三つというのは①裁判官と裁判員の意見②評決の数③特に秘密を守るべきだと合意された事項――だ。第七〇条などと比べて見ると一目瞭然だが、裁判員法の内容から、裁判員らが協議した「経過」を除き、職務上知り得た秘密についても特に全員が合意したものだけを除くことにして、守秘義務の範囲を大幅に狭めるべきだと考える。また義務を守る期間も、例えば裁判終了後十年間というように、一定期間に限るべきだと提案している。法律では、何が許され、何が処罰されるのか、それを誰もが容易に判断できるようになっていなければならない。全部禁止してしまうのは最も簡単な方策だが、それでは事件に関して「自分の意見」すら、述べることができなくなってしまう。「表現の自由」を保障している憲法の趣旨から見て、それは妥当なことなのだろうか。現に、米国では陪審員が判決後に「自分の意見」を述べることは通常、行われていることである。

裁判員法の守秘義務の規定で問題なのは、裁判が終わった後も、「裁判員または補充裁判員であった者」については、現職に準じる守秘義務を残したことだ。第七九条二項は①職務上知り得た秘密（評議の秘密を除く）を漏らすこと②評議の秘密のうち各裁判官・裁判員の意見またはその多少の数を漏らすこと③財産上の利益を得る目的で、各人の意見やその多少の数を除く評議の秘密を漏らすこと――という三つは、任務を終えた裁判員、補充裁判員にも課している。罰則も基本的には現職と同じだが、第三項で五十万円以下の罰金にとどめる場合を記している。この規定は大変分かりにくいが、要するに、既に任務を終えた裁判員、補充裁判員が、財産上の利益を得る目的ではなしに、核心的な部分以外の評議の経過などについて書いたり話したりすると、懲役刑ではなく罰金刑になるということだ。これも国会での修正だったが、罰則が軽減されたことは幸いだった。守秘義務の範囲の単純化と明確化、罰則の見直しについては、今後も、さらに突き詰めた論議をしていきたい。

（五）裁判員制度と報道

裁判員法案からは削除されたが、裁判員制度・刑事検討会では、事件・事故の報道が裁判の審理に及ぼす影響を憂慮し、「裁判員等に対する接触の規制」などを求める意見が出された。概略は第一部の裁判員制度のところで紹介したので、ここでは私の考えを述べておきたい。

報道規制の問題は二〇〇二年五月ごろから検討会の俎上に上がっていた。日本新聞協会は二〇〇三年九月十日、新聞各社の編集局長クラスで構成する編集委員会の名で『裁判員制度の取材・報道指針』について」という文書を公表するなど、計四回にわたって、主に以下の四点を主張した。

第一は、「偏見報道の禁止」で、この規定は、たとえ罰則などが伴わない訓示規定であっても、実質的に事件・裁判に関する報道を規制するものになりかねない上、何をもって「偏見」とするのかも明確ではなく、恣意的な運用を招く恐れの強い規定であり、表現の自由や適正手続きを定めた憲法の精神に触れるうたがいがあるとしている。第二は、裁判員を退いた人にまで接触を禁止すると、公正な裁判が行われたのかどうかを事後的に検証することなどが難しくなるので、元裁判員への接触には禁止の網をかけるべきではないとしたことだ。第三は、裁判員の守秘義務は義務の範囲と期限をより明確にすることだが、その理由は既に述べたことと大筋では変わりがない。第四は、「開示証拠の目的外使用」を罰則付きで禁止することは取材の制限につながる危惧が大きく、懸念されることだった。「開示証拠の目的外使用」というのは、改正刑事訴訟法に第二八一条の四として追加された項目で、被告人や弁護人が、検察官が審理の準備のために閲覧、謄写を認めた証拠の複製を裁判以外の目的で人に交付したり、電気通信回線を通じて提供したりすることが該当する。法案では罰則付きで全面禁止となっていたが、日弁連が「被告人の防御権を不当に制約することはもちろん、裁判公開原則や報道の自由とも抵触するおそれが大きい」（二〇〇四年四月九日付会長声明）と反対したことなどもあり、国会で修正された。違反の場合は「被告人の防御権を踏まえ、複製等の内容、行為の目的および態様、関係人の名誉、その私生活又は業務の平穏を害されているかどうか、当該複製に係る証拠が公判期日において取り調べられたものであるかどうか、その取り調べの方法その他の事情を考慮する」とされた。学問研究、弁護士会の研修、裁判の報道、無罪を訴える被告人が支援を求める文書などへの使用などは、これらの条件に照らして判断されることになるだろう。

新聞協会は、これらに加えて、裁判員制度の施行時までに「取材・報道のガイドラインとなる指針」を決定することも表明した。これは極めて重要な態度表明であって、司法制度改革推進本部事務局の当初案にあった「偏見報道の禁止」規定などが削除された背景には、新聞協会などメディア側が作成する「自主ルール」への期待と信頼があったと理解される。当時、この指針をめぐって新聞協会は既に最高裁、法務省、日弁連との意見交換を始めており、その結果は、二〇〇九年までの裁判員制度施行前には具体的な形をとって公表されるはずである。

裁判員制度について国民の理解と支持を深めるためには、裁判に関する報道は、裁判員制度の定着に大きく貢献するはずであり、新聞協会を中心に新聞、テレビ、出版などの各メディアが自主的に協力していくことが最善だと思う。というのが、新聞協会加盟各社の共通認識といえる。可能な限り多くの情報を提供することが必要だといである。

既に拙稿「裁判員制度と報道の在り方」（現代人文社「刑事司法への市民参加」所収）で述べたことだが、「裁判の公正」と「報道の自由」とのバランスをどうとっていったらいいのかについて、いま私は夢物語のような将来構想を描いている。それは、メディアが歩むべき最初のステップは、新聞協会などの声明や指針を踏まえて、各社がそれぞれ自社の基準を作るということである。例えば英国放送協会（ＢＢＣ）のガイドライン（Producers Guidelines）は、裁判継続中に行うと「法廷侮辱罪」に問われる危険性がある場合として①証人のインタビューを放送すること②陪審員に担当事件について話し掛けること――などを挙げ、注意するようにしている。ＢＢＣ

の報道セクションには弁護士が勤務し、法廷侮辱の問題が起きないよう、日常的にチェックしているが、日本のメディアにも、編集局や報道局に弁護士が常駐し、日々の取材方法、ニュース内容に名誉棄損などの人権侵害の恐れがないかどうかについて、法律家の目で厳しくチェックするときが間もなくやってくるに違いない。企業では他社の不祥事に学んで、コンプライアンス（法令順守）を求める動きが高まっているが、メディアもその例外ではあり得ない。倫理性を欠いた取材や報道が読者や視聴者から支持されるはずはなく、まずは自社基準を作ることからスタートすべきだと思う。

事件、事故の取材について、朝日新聞社や日本テレビなどは既に自社基準を作成し、冊子にまとめている。例えば、朝日新聞社が二〇〇四年六月二十一日付朝刊で公表した「事件の取材と報道２００４」は、事件報道の意義を「犯罪情報の共有化と危険の軽減」と位置付け、何をどこまで報じるか、関係者は実名か匿名か、顔写真や被害者の写真の扱いはどうするか、などを判断する物差しとして、事件の「重大性」と関係者の「公人性」を提示した。事件報道の在り方については、自白の取り上げ方や識者の談話に注意する「犯人視しない報道」と「長期継続的報道」を提唱している。四年ぶりの大改訂だったが、今回は、被害者の理解が得られなければ事件報道は成り立たないという考え方から、被害者の取材と報道について新たな章を設けたのが注目される。

私の所属する共同通信社も、取材・報道の大原則を記した「記者ハンドブック」のほかに、社会部が部内冊子「記事を書くための基準集」を作成し、事件・事故報道の基準を設けているが、裁判員制度のスタート、個人情報保護法の完全実施など新しい社会情勢に即応した内容にはなっておらず、社内的な議論を続けているところだ。新聞、放送、通信、出版、雑誌、広告などのメディア各社が、少なくとも二〇〇九年までには実施される裁判員制度に備え、自社の報道基準を定めておくように望みたい。

第二のステップは、各社の基準をベースとして、新聞、テレビ、雑誌などの媒体ごとにメディア横断的な自主的ルールを作ることである。イタリアでは、職業記者は「全国秩序会議」か「地方秩序会議」に登録しないと活動できないが、全国秩序会議などが一九九〇年に「トレヴィゾ憲章」という倫理規定を設け、違反すると登録が抹消され、記者活動ができなくなる仕組みがつくられた。これによって裁判報道も自主的にコントロールされる結果になっている。

第三のステップとしては、日本でも、メディア各社が協力して団体を設け、報道に従事するジャーナリストはこの団体による認定、研修などを通じて職業倫理を養い、共通のルールに違反した場合には認定取り消しなどの措置を受けるという構想が考えられる。メディア全体がもっと倫理性と自律性を高めることにより、自主ルールに従って公正な裁判が行われる環境をつくっていくならば、国民参加の裁判員裁判はさらに信頼され、歓迎される、親しみやすい姿になっていくはずだ。

第二　新しい刑事訴訟手続き

(一)　裁判員制度実施の準備

改正刑事訴訟法によって、刑事裁判の充実・迅速化を図る方策として、公判前整理手続きの創設、直接主義・口頭主義の実質化など新しい工夫が行われた。しかし、その実際の運用をどうするか、課題は多い。法曹三者の間で、被疑者・被告人の人権に配慮しながら、さらにきめ細かな運用が行われることを期待している。

新しい刑事訴訟手続きは裁判員制度の実施前に施行される。しかし、両者は関係がないのではなく、むしろ密接に結び付いていることに注意しなければならない。刑事裁判を裁判員に分かりやすいものに変え、国民が戸惑うことなく参加できる条件を整えることは、より良い刑事裁判手続きをつくることに通じる。被告人や証人らの供述調書の取り調べが中心になっている公判の審理を、素人が耳で聞き、目で見て理解できるように変えていくことが欠かせない。そのための新しい立証技術、証人尋問方法などが工夫される必要があるし、仕事を休んで通ってきてくれる裁判員の事情に配慮すれば、現在のように毎月一、二回のゆっくりしたペースで五月雨的に期日を決める公判審理のやり方はやめなければならない。連日的・計画的な開廷へ、集中審理へと、大胆に転換されていく必要がある。

新しい刑事訴訟手続きの眼目は、裁判員制度が円滑に実施できるような準備作業にある。裁判官、検察官、弁護士ら実務家は公判前に争点整理、主張の明示がきちんとできるよう、新たな「公判前整理手続き」の活用技術を身に付け、公判での立ち会い技術を磨き、十分習熟をした上で、裁判員制度の実施に備えてほしい。充実した審理が行える審理計画を作成し、公判で適正な事実認定が行えるようにしていかなければならない。

実務家の責任は重大だ。これまでやってきた手続きとは全く違うのだということを深く自覚して、取り組む必要がある。最高裁は二〇〇四年、現職裁判官三人と、裁判員役の裁判所職員ら六人で構成する裁判体をつくり、東京高裁の模擬法廷などを使って、実際の事件記録に基づく模擬裁判を実施した。公判前整理手続き、裁判員の選任手続き、公判審理、評議、判決と続く一連の流れの様子は十六時間のビデオテープに収録され、さらに四時間と一時間半との二種類のビデオに編集されて、部内に配布されている。裁判官らの研修用の教材だが、多くの課題が見つかっているという。

法務省も既に、任官三年目ごろの検察官を対象とする「一般研修」の際、実際の事件記録を基に、教官が証人役をして、若手検察官に証人尋問の技術を磨かせる試みを始めている。いくつかのチームに分かれて一人ずつ約一時間の証人尋問を行い、それをチームの検察官達が批判する相互実践形式で、各人についてチームの全員が「講評メモ」を提出して、問題点を指摘し合う。公判立会技術の向上を目指すものだが、裁判員制度が施行された場合に備えた実技研修の性格も持ってきている。法務省は二〇〇四年九月から、一般研修だけではなく、任官七、八年目ごろの検察官を対象とする「専門研修」でも、証人尋問演習を導入した。今後の研修の力点は、裁判員制度を前提とした新刑事訴訟手続きに移していくという。

日弁連も二〇〇五年一月二十九日、東京の弁護士会館と全国各地の弁護士会を衛星中継で結び、初めて新しい刑事訴訟手続きの特別研修会を行った。公判前整理手続きの解説に続き、弁護士が裁判官役などを務める裁判員制度の模擬裁判を実施、会場の弁護士達が飛び入りで証人尋問、被告人質問、最終弁論などに挑戦した。意欲的な試みであり、各地の弁護士会も、新しい手続きに対応できる弁護士をつくるため、このような研修などを強化していってほしい。

（二）公判前整理手続き

１．証明予定事実陳述書

事件が「公判前整理手続き」にかけられたときは、検察側は、公判で証拠によって立証しようとする事実を記載した「証明予定事実陳述書」（証明予定記載書面）を作成しなければならない。そして、その証明予定事実の証明に用いる証拠の取り調べも請求する必要がある。証明予定事実陳述書は、現在の起訴状のように起訴事実を記載するだけではなく、さらに主要な証拠の内容にも踏み込んで、重要事実を具体的に記述したものが想定されている。ちょうど起訴状と、初公判で検察官が朗読する冒頭陳述書の中間のようなものになるとみられる。

これは公判前整理手続きで争点整理を効果的にできるように、まず検察側から主要な証拠を明らかにして、事件の概要を示し、弁護側に検討を求める意味がある。どのような証明予定事実陳述書を作るべきなのかは難しく、最高検察庁を中心に検討中だが、起訴状程度の中身が薄い内容では弁護側が対応に困る。少なくとも、これを踏まえて弁護側が事件の争点を明らかにでき、主張の明示義務も果たせるようなものでなければならない。

2. 証拠開示のルール

検察官は、取り調べを請求した証拠書類・証拠物（検察官請求証拠）や証人・鑑定人・通訳人の供述録取書を速やかに被告人または弁護人に閲覧・謄写させなければならない。これを手始めに、公判前整理手続きで段階的に証拠開示が行われていく。検察官請求証拠の開示を受けた被告人、弁護人は、公判で予定している証明予定事実や主張を裁判所、検察官に明らかにし、その証明に用いる証拠を速やかに検察官に開示しなければならない。このような、やり取りが繰り返されることを通じて、お互いの手持ち証拠の中身が分かり、主張すべきことが固まって、実質的な争点も浮かび上がってくる。

新制度の重要なポイントは、検察官請求証拠以外にも、一定類型の証拠については、被告人側の「証拠開示請求権」を認めたことにある。検察官は①証拠物②被告人以外の者の供述録取書③検察官や警察官らの検証書面④鑑定書⑤証人の検察官調書⑥被告人の供述録取書⑦身柄拘束を受けた被告人の取り調べ状況を記録したもの――などという各類型の証拠について、被告人か弁護人から類型を指定して開示の請求を受けたときは、その重要性の程度、被告人が防御の準備をするための必要性の程度、開示によって生じるおそれのある弊害の内容と程度を考慮し、相当と認めるときは開示しなければならないとされている。つまり、これらの類型の証拠で、弁護側が争点整理に必要なものがあれば、請求によって入手できるルートが開かれたことになる。

この証拠開示請求権は二つの意味を持っている。一つは、裁判所は、請求にもかかわらず検察官、被告人、弁護人が開示すべき証拠を開示していないと認めるときは、証拠開示の命令を出すことができることだ。その際に裁判所は、検察官が保管する証拠で、裁判所の指定する範囲に属するものの標目を記載した「一覧表」の提出を命じることができる。それを参考として、弁護側の請求に理由があるかどうかを判断するのだが、一覧表を見れば、検察官が持っている証拠の内容はかなり分かる。それに、決定に不満な側は即時抗告ができるから、不開示にした理由が即時抗告審の段階で判明する。いい加減な不開示はできない仕組みになっているといっていい。

もう一つは、弁護側には、主張を明示する前の開示請求を認めたことだ。必要な証拠と認められるものであれば、弁護側に事前に提供し、その後の主張形成を早くしてもらおうという趣旨がある。弁護側は上手に活用して、速やかに態度を明らかにしてほしい。

このルールは検察側と弁護側の間に信頼関係がないとうまくいかない。検察官が平然と、弁護側に有利な証拠を隠すようでは、弁護側もなかなか態度を明らかにはしないだろう。また、弁護側が何のあてもなしに検察側手持ちの証拠漁りをし、検察側立証の抜け道探しに血道を上げるようでも困る。

このような新たな証拠開示制度が設けられた理由は、これからの刑事裁判は、集中審理をしなければ、充実・迅速化の要請に対応できないことにある。その上、裁判員制度が近く開始されることを想定すると、初公判が始まる前に検察側、弁護側の主張が明示され、争点も明らかになっていなければ、円滑な裁判は期待できないという理由もある。

今回の法改正では、こうして、一定類型の証拠について開示範囲の拡大と開示ルールの明確化が行われた意義が大きい。現行制度のかなりの改善だと考えるが、これで十分だとも思えない。将来はさらに開示の方向を押し進め、すべての証拠を事前に弁護側へ開示するところまでいくのが理想的だ。あらゆる捜査資料は国民の血税を使って集められた公共財の性格を持つから、それにふさわしい使い方が模索されるべきだろう。

3. 争点整理

公判前整理手続きは、争点と証拠の整理を実効的に行い、しっかりとした審理計画を立てることが主眼である。その目的に照らすと、争点の整理は、検察側冒頭陳述書ほど詳細でなくてもよく、審理の際に重要な意味を持つ事実について行われていれば足りると考える。まだ公判は始まってはいないのだから、検察側と弁護側がお互いに主張を形成できる程度の密度で争点が明らかにされていればよいはずだ。具体的には、犯罪の構成要件に該当する事実や、その立証に必要な間接事実、重要な情状関係の事実についての整理が思い浮かぶ。

争点整理のもう一つの目的は、裁判員に分かりやすい審理にすることだ。検察側と弁護側の主張が対立する点は何もかも争点とするのではなく、事件の核心的な事実に絞り込んで、何が主要な争点なのかをはっきりさせることが肝心だ。枝葉のような議論に裁判員を引きずりこむようでは、裁判員が混乱するだけで、争点整理の意味はない。ここを、どれだけ、しっかりとできるかは、裁判の進行に決定的な影響を与えるほど大切だ。

ただし、被告人の側には争点を絞り込む義務はない。「すべて争う」と言うことも、「この点だけ争う」と言うことも可能としなければならないが、弁護側も審理計画の作成にはできるだけ協力する姿勢がほしい。

争点整理と絡んで、弁護側の主張明示義務をどう考えるかという難問がある。被告人や弁護人は「証明予定事実またはその他の公判期日においてすることを予定している事実上及び法律上の主張があるときは、裁判所及び検察官に対し、これを明らかにしなければならない」（第三一六条の一七）と書かれている。証明予定事実というのは、犯罪の不成立を裏付ける事実、起訴事実を否定することになるアリバイなどの間接事実、示談成立などの事実のことだ。これらを検察官に事前に示すことは争点を明確にする上で重要だということに異論はないだろう。

問題は「予定している主張があるとき」だが、これを「予定している主張があるときは言わなければならないが、ないときは明示する義務はない」と読んで、具体的には何も言わないでもすむと解釈する人もいるようだ。考え方はいろいろあるだろうが、この規定が置かれた意味からすれば、少なくとも、争点整理が行え、審理計画も立てられるようなところまでは、弁護側も自らの主張を明らかにしなければならないのではないか、と思う。

4．証拠調べ

裁判所は検察官、弁護人に証拠調べの請求をさせ、それに同意するかどうかなどの意見をお互いに出させる。証人尋問が必要なときは尋問事項も出させ、それらを検討した上で、どの証拠、証人を法廷で調べるかなどの決定をし、公判期日など手続きの進行上必要な事項を定める。この必要事項には審理計画が当然含まれるから、この段階で計画審理の日程が決まることになる。

証拠調べは本来、裁判が始まってから行われるものだが、公判前整理手続きで裁判所は被告人の精神鑑定などの鑑定を行うことができるとされている。これも、裁判員を呼んで裁判が始まる前に、できることは終えておこうという趣旨だ。鑑定は時間がかかり、裁判が始まってから実施を決めると、結果が出るまでの間、審理は中断せざるを得ない。そのマイナス面を除こうという工夫である。その鑑定をどのように評価するかは、もちろん、公判での裁判官、裁判員の判断に委ねられる。このように十分な準備をしてから、新しい刑事裁判は始まる。

(三) 公判の課題

1．直接主義・口頭主義の実質化

今回の刑事訴訟法改正は、公判での「直接主義」「口頭主義」を実質化させることが一つの狙いとされた。「直接主義」というのは、判決をする裁判官がその事件を審理する法廷で弁論と証拠調べに立ち会っていなければならないという原則だ。裁判官が直接、耳で聞き、目で見て、判決することが求められる。また「口頭主義」というのは、当事者（検察官、弁護人、被告人）と裁判所の訴訟行為、特に弁論と証拠調べは口頭で行わなければならないという原則をいう。書面審理を排除する趣旨だ。

この二つの原則が強調される理由は、公判審理を活性化させ、裁判員に「審理を迅速で分かりやすいものとする」（裁判員法五一条）必要があるからだ。しかし、現実の日本の法廷は、検察官の冒頭陳述や論告求刑、弁護側の最終弁論など、すべての手続きが、あらかじめ用意した文書の朗読によって行われている。証人尋問などの証拠調べも漫然と長時間続いている。こういう状況は、ぜひとも改めてほしい。

2．重点的な審理

証拠調べは、公判前整理手続きで厳選した証拠を重点的に取り調べるのでなくてはならない。事前に明らかにされた争点に従って行い、裁判官と裁判員がその争点に対する判断を行いやすくしていく工夫が必要となる。証人尋問も、現在のように長時間かかり、少し進まなければ質問趣旨が理解できないやり方は改めなければならない。尋問の趣旨を明らかにし、時間も大幅に短縮して、裁判員が的確な判断をできるようにすべきである。

検察官調書などの書証も、今は裁判官が全部に目を通して判断しているが、裁判員に膨大な書面を読ませることなど不可能だ。法廷では書証は要点だけを取り調べることにならざるを得ない。そうなると、捜査段階の書面も、将来、法廷で読み上げられることを前提として作成することになるだろう。法廷朗読用に別に書面が作られるようになるかもしれない。とにかく書証はコンパクトな内容にし、短時間で読め、法廷での説得力があるものでなければ通用しないことになるだろう。ただ単に骨だけを抜き出したような要約では、印象に残らないし、真相も分からない。その辺りの〝さじ加減〟をどうするか。検察側にとっても弁護側にとっても、難しい問題だ。

外国の法廷を見ると、証拠調べなどはもっと活気がある。なんとか参審員、陪審員を説得しようと、検察側、弁護側とも短時間の審理に集中し、法廷には緊張感がみなぎっている。証拠調べにビデオ、プロジェクターなどの映像機器が使われ、パソコンでのプレゼンテーションも日常的に行われている。実際、米国などでは、証拠の預金通帳をスクリーンに拡大映写して現金の出し入れを立証する場面などを何度も見せられた。日本の法廷も、情報技術（ＩＴ）をもっと活用していく時代になるのは確実だ。

現在の刑事裁判は、検察官調書に基づいて事実認定がされていく「調書裁判」だと批判されている。書面を重視するからこそ、緻密な事実認定もできるという側面があるが、裁判は本来、密室で文書を読んで判決するものではないはずだ。実際に法廷の中で展開される証言、証拠調べから心証を取り、それに基づいて判断するという本来の姿を、新しい刑事訴訟手続きによって実現してほしい。

3．連日的開廷

裁判員が参加しやすいようにする配慮も加わって、「審理に二日以上を要する事件については、できる限り、連日開廷し、継続して審理を行わなければならない」（第二八一条の六）とされている。連日的開廷の確保は、裁判員に分かりやすい審理を実現するため、集中的に審理をしようという要請から来ているといえるだろう。裁判の素人にとって、何日も間をおきながら審理が行われたのでは、以前の心証や記憶を維持していくことが難しい。新鮮な記憶に基づいた的確な判断をするには連日的開廷は欠かせない。

しかし、それを可能にするには、裁判員が公判準備をする部屋、公判前整理手続きを行う部屋、評議をする部屋などの施設面の整備が必要になる。前の公判記録を急いで作成して、次の期日に使えるようにするには、書記官の数も増やさなければならないだろう。予算的な手当てをし、人的、物的な条件整備を進めてほしい。

（四）評議と判決

1．評議の進め方

スウェーデンの裁判長にインタビューしたとき、参審員と裁判官の評議をうまくまとめる工夫について話してくれた。評議をするとき、意見は参審員から言い、その後に裁判官が言う。順番は参審員の若い人から始め、裁判官も若い順とし、裁判長は最後にするのだという。裁判官が意見を述べてしまうと、参審員は話をしにくくなるからだという説明だった。評議は結審した後、一気にやるのではなく、審理の途中で休憩するときに、それまでの証言の評価、疑問点などについて意見交換し、ある程度の合意をつくっておくように努力しているという。

日本の裁判でも、これは、生かせる工夫ではないか。裁判員法は、裁判長は「評議において、裁判員に対して必要な法令に関する説明を丁寧に行うとともに、評議を裁判員に分かりやすいものとなるように整理し、裁判員が発言する機会を十分に設けるなど、裁判員がその職責を十分に果たすことができるように配慮しなければならない」（第六六条五項）としている。裁判長には、全員が自由に発言し、納得できる結論を導き出せる環境をつくる配慮義務があるということだ。裁判員がよく理解できないところは丁寧に説明し、積極的な発言を促して、評議の質を高めていく配慮が重要になる。

とかく裁判官は堅物のように思われているが、ここでは国民と十分なコミュニケーションをとれる能力が求められることになる。裁判員法には、スウェーデンの裁判長が話してくれた発言順、中間評議のことなどは書かれていないが、このような、ちょっとした心配りでも、評議の雰囲気、合議のまとまり具合は随分変わることだろう。最高裁判所は、日ごろ民事事件の和解などで国民との調整に慣れている民事の裁判官を刑事事件の審理に移す方策も考えている。コミュニケーション能力には天性のものもあり、それを磨いていくことはなかなか難しいが、人間性豊かな裁判官であれば、不安はないだろう。裁判官も大きく変身してほしい。

2．判決の在り方

判決文には評議の中身が反映される。裁判員が加わった評議では、裁判官だけの場合と同じような精密な議論は不可能だろう。事実認定は争点中心にならざるを得ないし、判断理由は必然的に簡略なものになるはずだ。その結果、判決文は現在のような長大なものにはならず、簡潔に合議体の判断を記すことになるだろう。

現在の判決文を読み慣れた人は、これでいいのか、と思うかもしれない。しかし、今のような判決文を書こうと思っても、裁判員が加わった評議を前提とする限り、細部まで微に入り、細をうがった認定はおそらくできないだろう。しかし、それだから粗雑な判決理由でいいと言うのではない。判決文の在り方そのものが変容を迫られると指摘しているだけだ。

では、裁判員制度の下で、望ましい判決文とはどういうものなのか。それは、争点について、きちんとした証拠の評価と判断が簡潔に記され、判決の実質的な理由が明確に示されているものだと考える。当事者が不満ならば、高等裁判所へ提出する書面に控訴理由をしっかりと書け、控訴審でも地裁判決の根拠をじっくりと点検できるだけの内容がなければならない。陪審制度の判決は有罪か無罪かの結論だけだが、裁判員制度の判決文は、控訴が認められている以上、主文だけを記したような簡単なものであってはならないと思う。

（五）捜査への影響

変わらなければならないのは公判手続きと実務家だけではない。その前段となる警察など捜査機関の捜査の在り方も、必然的に変革を迫られる。これまでのような警察官調書の取り方、証拠管理の仕方では、新しい準備手続き、公判審理には対応できない。密室での取り調べ、詳細な供述調書の作成など、これまでの捜査でまかり通っていたやり方が、大幅に見直されるのは確実だ。

今回、取り調べ過程を書面で記録化することが制度化された。容疑者の取り調べ状況を文書で記録化することは、被告の供述の信用性をめぐる無用な争いや、えん罪の防止に有効だ。これまでの捜査を考えたら、大幅な改善と評価できるが、それをもっと推し進め、取り調べ状況を録音テープに取ったり、ビデオに収録したりする「取り調べの可視化」を今後は真剣に検討していく必要がある。

英国などでは、取り調べを録音することが普通に行われている。隣の韓国でも二〇〇四年から試験的に録音を始めている。取り調べには、弁護士が立ち会わなければならない慣行もできている。日本の捜査も、自白を得る目的の密室捜査を見直す時期に来ていると思う。

（六）今後の運用

裁判員制度と新刑事訴訟手続きの評価は、法律専門家の間で微妙に割れている。既に述べたように、否定論は、被告人の方に裁判員制度を拒否する権利がなく、被告人の防御権を空洞化させること、社会の健全な常識を反映させると言うが厳罰化の傾向は必至なことなどを指摘する。これに対して賛成論は、裁判員制度は法律家による法的な決定の独占を初めて破るもので刑事司法の正当性に新しい理由付けをもたらすこと、刑事裁判・刑事司法を大きく改善する契機となることなどを指摘している。

多くの専門家は、これらの中間にあって、まだ具体的な評価を下すには慎重なようだ。その理由は、捜査官が作成した調書を重視する「調書裁判」が手付かずのまま残されていて、捜査の可視化も実現の見通しが立っていないことなど、従来の刑事司法の基本的な構造がそのまま残されたことにある。自白中心の捜査、調書重視の裁判などを前提として、裁判員制度や新刑事訴訟手続きが導入されても、ただちにプラスになるのか、マイナスになるのかを判断することは難しいという。

新しい刑事司法制度全体に対する評価が定まるにはまだまだ時間がかかる。新制度はまだ法律という骨組みができたばかりの段階で、具体的な細かな運用について定める刑事訴訟規則、最高裁規則は二〇〇五年夏以降の制定になる見通しだ。実際の評価は、規則などができ、今後の公判前整理手続きの進行、証拠開示の状況、公判の運用の仕方、裁判官と裁判員の評議の進め方、判決文の内容などが見えてこないと、簡単には下せない面がある。新制度の欠点とされる部分があるならばできるだけ克服し、評価を高めるような制度運用を期待したい。最高裁、法務省、日弁連は模擬裁判や研修などの成果を持ち寄り、それを規則作成などに生かして、具体的な手続きの在り方を肉付けしていかなければならない。

第四．国民の負担

(二) 参加しやすい条件づくり

裁判員制度にとってまだ不足しているのは、国民が参加しやすい条件づくりだ。裁判員法は、裁判員が休暇を取得したことなどを理由として解雇その他の不利益な取り扱いをしてはならないと定めているが、これだけでは国民が参加しやすくなるとは言えない。政府は経営者団体や各企業経営者に働き掛け、従業員らが裁判員などとして出廷することについての理解を深めてもらい、できれば就業規則などで労使の合意として「裁判所から呼び出しを受けたときには有給休暇を与える」などの取り決めを結ぶようにしてほしい。また、労働組合や労働団体などの労働側は会社側と交渉を持って、裁判員らを快く送り出せるような職場慣行をつくっていってほしい。町工場の経営者、商店主ら自営業者の状況も難しいだろうが、家族などの協力で乗り越えていってほしい。

国の財政が苦しいときに言いにくいことではあるが、裁判所への出廷で大きな経済的打撃を受ける人には、国は何らかの補償措置を講じる制度があってもよいのではないかと思う。公務員の就職禁止範囲が広く、民間人に負担がしわ寄せされかねない制度設計にした以上、そのリスクの軽減を図る責任もまた国にあるというべきだろう。制度を動かしていくソフト面での配慮をもっと厚みのあるものにしていかなければならない。

裁判所は夜間や休日の開廷も考慮してほしい。フランスなどのように、夜間になっても、その日のうちに判決言い渡しをしてしまう方が、別の日にまた出てくるよりもよいと思う人も多いことだろう。施設改善などハード面での注文もたくさんある。諸外国の例を参考に、日本でも考えてほしい条件づくりを述べてみよう。

米国カリフォルニア州の裁判所では、陪審員に必要な知識を盛り込んだ「ハンドブック」が作られていた。エチケットの項目には「陪審員席では新聞を読まない。飲食をしない」などと書いてあり、とても親近感がある。きっと、そのようなことをした人がいるのだろうと、読んでいて笑いだしそうになった。法廷に入って驚かされたのは、給水器が置かれていて、休憩時間には自由に水をくんで飲めたことだった。糖尿病など持病持ちの人には水が大事だからだという説明だ。また、少し高い裁判官席へ上りやすいように車椅子用のリフトや手すりが付けられていた。陪審員や傍聴人への細かな心配りが感じられた。日本でも給茶器などを置くことを考えてほしい。

スウェーデンでは参審員用のロッカールームがあった。雪国だから、参審員たちは家から着てきた厚いコートをここでロッカーにしまい、法廷へ向かっていた。日本でも、各地の地方裁判所にロッカールームや、若い主婦が子供を預けられる設備、じっくり資料を調べたい人が使える部屋などを用意することを考えてほしいと思った。これらの設備があるだけで、裁判所への感覚的な距離感が近くなる。

フランスでは、参審員の選考が終わった後、呼び出しを受けた参審員候補者全員に法廷で、実際の裁判手続きがどのように進行していくのかを説明するビデオが上映された。その後は刑務所見学も予定されていた。刑事司法全体のイメージを持ってから法廷に出てほしい、それでこそ良い裁判ができるという願いが伝わってくるようだった。

日本でも今後、これらの国々を参考に、裁判員に分かりやすいハンドブック、ビデオなどを作ってほしい。国民の間に裁判員制度を周知徹底させていく広報活動が、これまで以上に大切になることだろう。カリフォルニアの裁判所では、小学生の法廷見学を実施しており、裁判官が「将来、君たちが陪審員になって、刑事事件の裁判をするのだよ。刑事事件の被告人には無罪の推定があり、検察官は証拠に基づいて犯罪事実を厳格に証明しなければならない」などと、優しい言葉遣いで説明していた。このような小中学生、高校生らへの法教育を学校だけでなく、裁判所でも計画的に実施し、将来の司法を支えていく柱石となるような市民たちを育てていってほしい。学校や地方自治体の施設などへ裁判官、弁護士らが出向いて学生、生徒、地域住民らに〝出前授業〟を行うことも、もっと強化していかなければならない。

ある女性裁判官は、殺風景な法廷に花一輪を飾って裁判をしている。このような優しい心遣いをしてこそ、基本的人権を守り、庶民の力になってくれる裁判所というソフトなイメージが国民にわいてくるのではないか。政府は十分な予算措置を講じ、裁判員が参加しやすい社会的条件づくりをしてほしいと思う。

(二)　長期裁判への対応

難しいのはオウム真理教の裁判など長期化する裁判を裁判員制度で行うのかどうかだ。審理期間が二年を超えている事件は年に二百件ほどある。そういう裁判に当たったら、国民は相当の長期審理を覚悟しなければならないのだろうか。何年も付き合わなければならないのだろうか。

二〇〇五年十一月までに施行される改正刑事訴訟法では、難しい事件でも迅速・充実した審理ができるよう、訴訟手続きが変えられた。「公判前整理手続き」などの導入によって、かなりの事件は審理期間が短縮され、裁判員裁判対象事件の九九%は十日もかからないで終局するとみられている。しかし、それでもオウム真理教のような若干の大型事件は長期化せざるを得ないし、何年もかかるこれらの事件を裁判員が担当することは到底不可能だ。どうしたらいいのか、難問が浮き彫りになっている。

対応策として考えられるのは、オウム真理教のようにいくつもの大型事件が併合審理されているケースはそれぞれを分離して別の法廷で裁判し、判決が出そろったところで、あらためて裁判官だけで量刑の調整を行う案だ。確かに、これならば短期審理になるだろうが、別々の法廷を開くことは無駄が多い。別々に裁判を行うと量刑も全体的に重くなる傾向があると言われており、被告人の利益に反する事態も起きかねない。うまく量刑の調整ができるかも疑問である。

もう一つの案は、そもそも、このような事件は裁判員制度の対象事件から外してしまうことだ。それならば裁判官だけでの審理になり、長期化の影響は深刻さが和らぐ。個人的には、この方法が次善の策ではないかと考える。しかし、裁判所の都合で、この事件は裁判員を呼び、あの事件は呼ばないなどというのは恣意的な運用で許されないという批判も予想される。このような選択が、裁判員制度を導入した趣旨にかなうかどうかという疑問も出てくるだろう。

もともと地下鉄サリン事件などは一件だけでも超大型の裁判だ。それを、まとめて起訴した検察庁のやり方を考え直さなければならなくなっているのではないか。検察庁は、被害者の立場と公共の利益を考えれば、すべての事件について刑事責任を明らかにするのが当然だと主張するのだろうが、あらゆる社会資本には物的、人的な限度がある。無期限に裁判をしていていいわけがない。被害者の納得を得た上で、起訴する件数を絞る決断が必要だ。主要な事件は徹底的に立証するが、それで有罪判決が得られるならば、枝葉の事件は起訴を控えるような運用に切り替えていけば、裁判員制度の下でも、国民に過重な負担を課すことを避けられるのではないか。

長期裁判の解決は裁判所だけの努力でできるものではない。検察庁、弁護士会が協議して、適切な運用方法を見つけ出していってほしい。この制度の導入は、そのための良い機会になるはずだ。裁判員制度・刑事検討会で私は「裁判員の任期は原則二十日に限ったらどうか」と、いささか過激な意見を述べた。「日数を限ると、公正な裁判を受ける被告人の権利を損なう恐れがある」という批判は、承知の上での発言だ。長すぎる裁判に、多忙な国民はついていけない。日数を限る提案は、自分でもいささか極端と思うが、そのくらい本気で国民負担の限度を明確にしていかないと、刑事司法の改革は水泡に帰す恐れがあると考えたからだ。裁判員制度の成否の鍵は、充実した審理を行いながら、どれだけ審理期間が短縮できるかという、相反する要請をどこまで実現できるかにかかっているとさえ言ってもいい。

(三) 日当、旅費、宿泊料

裁判員は無給のボランティアなのか、という質問をよく受ける。裁判所に呼ばれた場合は日当、旅費、宿泊費が支払われることは裁判員法で決まり、無給でないことははっきりしている。しかし、その額がいくらになるかなどは宿題とされた。

最高裁判所などで検討しているが、あまり高ければ日当目当ての人ばかり集まるかもしれず、低すぎれば誰も来てくれないかもしれない。現在のところ、日当は検察審査員と同程度の八千六百円くらいか、裁判員の職責は検察審査員よりも重いので、やや上の一万円提度の金額が妥当ではないか、とみられている。このくらいの線であれば、国民は納得してくれるだろうと思う。旅費や宿泊費は実費で、裁判所へ行く途中、交通事故に遭った場合などの損害も補償されるのは当然だ。

第五．実施に向けて

(一) 参審制度の利点

裁判員は無作為抽出（くじ引き）で選ばれるが、どのような方法で選ばれるのか、裁判員法では決まっていない。フランスでは、陪審員（参審員）候補者が出席している法廷で、全員の名前を書いた札を箱の中に入れ、その中から裁判官が札を取り出すなどの方法が採られているし、米国などではコンピューターを使って当せん番号を打ち出す方式も使われている。ドイツでは公開の場所で参審員候補者の抽選を行うこととされていて、それぞれの歴史がうかがえ、興味深い。

くじに当たって裁判所から裁判員候補者としての呼び出しが来たら、基本的には裁判員、補充裁判員を引き受けるのが義務と考えてほしい。出頭拒否には過料の制裁があることが、法的義務の裏付けといえる。どうしても無理な人は、裁判所での質問手続きの際に辞退できるが、できるだけ辞退などしないようにしてほしい。裁判員、補充裁判員になることは、それが義務と考えるから引き受けるべきだというだけではない。これは司法の仕組みとその役割を知る貴重な機会であり、主権者としての権利の行使を体験できる場面でもあるから、むざむざ、そのチャンスを放棄しないでもらいたいと思う。

「専門家ではない人が、被告人は有罪かどうか、どんな刑が妥当か、などを判断することは無理ではないか」という人がいるかもしれない。「法律の専門家に任せておいた方が、裁かれる人も納得できる」という意見もあるだろう。確かに、有罪か無罪かを判断するのは難しく、どんな裁判でも、被告の運命を決定するのだから大変だ。しかし、それはプロの裁判官にとっても同じであり、むしろ一般の人も一緒に、多くの人の目で証拠を見て、誤った裁判をしないようにしていくことが大切だと思う。

裁判の中に一般の人たちの意見や感覚を広く採り入れて、より一層、裁判の信頼を高めていこうとするのが裁判員制度だ。量刑も、法律の規定や裁判の前例からすると、普通はどのくらいの刑になっているかを裁判官が説明し、それを踏まえて全員で討議する。素人だけで裁判をするのではないから、安心していてよい。分からないこと、疑問なことがあれば、遠慮なく裁判官に聞けばよい。それが、素人だけで有罪か無罪かを決める陪審制度とは違う、参審制度の利点でもあるのだから、大いに活用していきたい。

国民が裁判を経験すると、法律を守る意識が深まり、それが社会全体の利益にもつながっていく。裁かれる人はわれわれの社会の一員なのだから、その裁判は専門家任せにしない方が良いと思う。裁判員制度は、司法を国民のものにする大切な意味を持つことを、もっと多くの人達が理解してほしいと思う。

（二）模擬法廷

最高裁判所は二〇〇四年八月、裁判員裁判を想定した模擬法廷を初めて東京高裁内につくり、公開した。正面に、緩やかな弧を描いたアーク形の法壇（裁判官席）を造り、裁判官三人を中心に裁判員が三人ずつ左右に分かれて一列に並ぶようにしてある。後ろの席には、裁判員が急病などになったときに備えて待機する補充裁判員が、左右に二人ずつ分かれて座る。法壇は威圧感を減らすため、通常の刑事法廷よりも高さを十センチ下げ、三十五センチにしてある。最高裁は、各地の地裁の法廷の広さに応じて、裁判官と裁判員の席を二列にする形なども検討しており、全国では複数の形が使われる可能性もあるという。

法壇の構造は国によってさまざまだ。参審制の国々を見ると、スウェーデンはアーク形で、高さは弁護人らの席よりやや高い程度でしかなく、親しみやすい感じがした。ドイツは長方形、フランスは長方形やアーク型だった。米国は陪審制度だから、法廷はまた違う。正面に裁判官の席があり、陪審員席は横に設けられている。二列のひな壇が普通だ。個人的な好みでいえば、スウェーデンのようなアーク形が好ましく感じられる。三人の裁判官と六人の裁判員が、横を向けばお互いに全員の顔が見えるし、目線が低くなって、検察官や弁護人の話も聞きやすい。実際に座ってみると、日本の法廷との感触の違いは想像以上に大きかった。東京高裁の模擬法廷も現在の法廷よりはずっと親近感を持てるが、北欧の法廷ほどではない。

どのような法廷をつくるのかは、その国の法文化そのものだ。上から威圧する司法なのか。それとも目線の低い司法なのか。法廷の構造は、司法と国民との距離感をそのまま表しているようだ。私は最高裁判所の大法廷、小法廷は好きではない。裁判官席が異常に高く、検察官、弁護士、傍聴人らを高見から睥睨《へいげい》しているからだ。司法の権威は、こういう高いところから生まれると、素朴に考えられていた時代の遺産だというべきかもしれない。しかし、もう、そのような時代ではなく、国の主権者である国民が司法に参加する時代である。全国の法廷も、それにふさわしく変わっていく必要がある。法廷のイメージが国民に与える、司法に対する感覚をもっと大事にしなければならないと思う。

(三) 法廷内での服装

作家や学者ら外部委員で組織する日本弁護士連合会の「市民会議」が二〇〇五年四月、裁判員制度の実施準備に当たり、裁判員が偏見を持つことなく中立で公正な判断ができる環境を整備するため、被告人の法廷内での処遇に配慮するよう日弁連会長に求める意見書をほぼまとめた。現在、被告人は手錠と腰縄つきで出廷し、拘置所に拘束されている状態のまま体操服（いわゆるジャージー）とサンダル履きの姿で審理を受けている。その慣行を改め、①被告人が希望する服装や化粧品、染毛剤などの理美容で裁判を受けられるようにする②被告人と弁護人の十分なコミュニケーションを保障する観点から、法廷内での被告人の着席位置を弁護人の近くにするとともに、刑務官の配置も再考する――などという提案だ。委員の一人、テレビドラマにもなった漫画「家栽の人」の原作者で作家の毛利甚八さんが発案者だが、このような配慮は非常に重要なことだと思う。

被告人がジャージー姿で出廷しているのは、ネクタイや靴などが逃亡や自殺の道具に使われるおそれがあるためだとされている。しかし毛利さんに言わせると、このような姿の被告人が法服姿の裁判官、三つ揃いの背広を着た検察官、スーツ姿の弁護士という法曹三者に囲まれる風景は、市民の目から見ると犯人性の印象が強い。「推定無罪の原則」などの基本的人権が損なわれた状態であり、市民から選ばれた裁判員が刑事被告人に対して心証を形成する上で、大きな偏見を植えつける危険性をはらんでいるという。

被告人は有罪の判決が確定するまでは「無罪の推定」を受けるのが原則とされなければならない。廷吏に伴われて手錠と腰縄付きで入廷する姿などはやめるべきで、毛利さんの提案には共感を覚えた。普段は髪を黒く染めている人が白髪で出廷する姿も異様である。外見から受ける印象で裁判員らの心証がゆがめられないよう、細心の配慮が必要だ。

また、裁判官にしても、従来と同じ黒い法服を着るのか。裁判員も同じ黒服なのか。それとも裁判官、裁判員の全員が特別の法廷服を着るのか。裁判員だけは背広、スーツなどの平服でいいのか。欧米では陪審員、参審員は平服のところがほとんどだが、こうした一見、ささいに思われることも、裁判全体のイメージにかかわる重要な問題といえる。法廷内の服装は、その国の法文化を象徴している。たかが服装、履物のことだと考えず、きちんと決めておかなければならない。

（四）未解決の課題

1．未決勾留者の処遇

難しい事件では、公判前整理手続きで検察側と弁護側の争点整理、主張の明示が難航し、初公判までの準備期間が長期化することも予想される。その場合、被告人を拘置所などに収容しておく未決勾留の期間が長引き、被告人は不安定な立場に置かれ続けることになる。裁判員裁判で迅速審理が行われ、早く判決が出るようになるにしても、その準備に長期間が費やされるのでは被告人の不利益が大きすぎる。

あまり指摘されていないことだが、この間に未決勾留者をどのように処遇するべきか、が大きな問題として浮上してくる可能性がある。現在は起訴後、約二、三カ月で初公判が始まるので、未決勾留者の状況が問題視されることは少ないとはいえ、公判前整理手続きに一年も二年もかかるようなことがあれば、今のままではすまない。

法務省は判決確定後の服役者と未決勾留者を区別し、服役者には労役などの仕事をさせるが、未決勾留者には労役はさせないなどと一定の配慮をしている。しかし、初公判が始まるまでの未決勾留者の処遇については、今後、問題が起きないよう、法務省、日本弁護士連合会などの関係者で十分検討しておいてほしい。

2．法廷通訳人

最近は外国人の犯罪が急増している。二〇〇〇年に全国の地方裁判所で有罪判決を受けた外国人は七千四百五十四人おり、そのうち法廷通訳人がついたのは六千四百五十一人と十年前の四・四倍にもなっている。自ら犯行を認め、法廷では通訳人を頼まない外国人被告も多い。全国の高等裁判所には二〇〇四年四月現在、計五十言語の法廷通訳人計三千六百五十六人が登録されている。最も多いのは中国語（北京語、上海語、広東語、福建語、台湾語、雲南語、蘇州語、四川語など）千五百七十四人、続いて英語五百十人、韓国・朝鮮語三百六十九人、スペイン語二百六十一人、ポルトガル語百三十四人、タイ語百七人、フィリピノ語九十四人、ペルシャ語六十三人、ベトナム語五十二人、フランス語五十一人の順になっている。

これからは裁判員制度の下での裁判で、もっと多くの外国人被告事件が審理されることになるだろう。そうなると、審理は直接主義・口頭主義の原則に基づいて行われるから、被告人質問を通訳したり、証拠調べや証人尋問の内容などを被告に伝えたりする法廷通訳人の役割が重要になってくる。仮にも、誤った通訳が行われるような事態は避けなければならない。

現在、法廷通訳人には大学教授や日本への留学生ら外国語に堪能な人が委嘱されている。各裁判所は登録者の中から具体的事件の審理をするのにふさわしい人へ依頼する仕組みだ。しかし、国が語学能力をチェックする資格制度はない。最高裁は、法廷通訳人の経験が浅い人の能力向上を図るため各高裁単位に「法廷通訳セミナー」を実施。さらに二〇〇〇年からは法廷通訳研修を始め、二〇〇四年度からは研修終了者を対象にフォローアップセミナーを開催している。また各高裁単位に二〇〇〇年からは裁判所と通訳人が意見交換をする研究会も開かれている。通訳人向けに十八言語の「法廷通訳ハンドブック」と十五言語の「法廷通訳ハンドブック実践編」を刊行、外国人被告向けに日本の刑事裁判手続きを十六言語で説明するビデオ、二十言語で起訴状の書式などを説明する文書なども活用している。さまざまな対策が講じられてはいるが、それでも何らかの資格制度の導入を求める声が聞こえる。

米国では一九八七年、連邦議会が「連邦裁判所通訳人法」を制定した。同法によると、司法手続きの刑事被告人と証人は、英語の能力不足のため刑事手続きを理解するのが難しいと認められる場合、通訳人を付けてもらう権利を持つとされている。手続きを担当する裁判官が職権または当事者の請求を受けて選任する。裁判官は原則として法廷通訳人資格を認定された者の中から通訳人を選任するが、資格を持った通訳人が確保できない場合は、裁判所が適切な通訳能力を有すると認めた者を選任するとされている。連邦の裁判所通訳人資格試験はスペイン語、ナバホ語、ハイチ・クレオール語で行われているが、米国でも①認定された言語以外の少数言語の通訳については裁判官の裁量に任されている②少数言語については制度的に不充分で少数民族の権利が保障されていない③通訳人が地域によって確保できる所とできない所があり、権利保障にばらつきがある④通訳人がつくと審理期間が長期化し費用もかさむ⑤誤訳に対するチェックが難しい——などといった問題が指摘されている。法廷通訳人の資格制度には一長一短があるだろうが、日本でも導入に向けて検討をすべきではないか。

第六．検討会委員を務めて

（一）委員への就任

余談になるが、裁判員制度・刑事検討会と公的弁護制度検討会の委員を務めた感想を記しておきたい。よく質問を受けたのは、委員就任の経緯、非公開とされた当初の議事録の内容、委員であることのメリットという三点だった。それらにお答えするのは必ずしも適当ではなく、ほとんど回答はしなかったが、司法制度改革推進本部が解散したことでもあり、簡単に個人的な回想を述べておくことにする。

検討会の委員就任について打診があったのは二〇〇一年十二月十九日だった。司法制度改革推進本部が発足してから約半月後、法務省筋からの打診だった。「私などその任ではない」とお断りしたが、その後も各方面から「国民参加の制度づくりなので法律家でない人にも加わってほしい」「報道関係者も協力してほしい」などと説得された。政府の動きを監視する立場のジャーナリストとして、政府関係の委員に就任するのが妥当かどうか、悩みがあった。しかし、固持し続けると、御用納めの十二月二十八日までに委員を確定できず、検討会を年明けから始める計画にも影響することが分かり、十二月二十七日、推進本部へ承諾の返事をした。

全検討会を通じて現役記者の委員はたった一人である。なぜ私などが、このように極めて重要な検討会へ引っ張り出されたのか。その理由は実はよく分からない。しかし、事情通の関係者から耳にしたところでは、裁判員制度・刑事検討会と公的弁護制度検討会の両方とも、まず委員を十一人とする枠が決まり、その中の配分を刑事訴訟法学者四人、裁判官一人、検察官一人、弁護士一人、犯罪被害者保護団体関係者一人、警察庁一人、非法律家一人、報道関係者一人と割り振り、それぞれ委員の出身母体となる最高裁判所、法務省、日本弁護士連合会、犯罪被害者保護団体、警察庁などに推薦を求めたのだという。

報道関係の委員については、日本新聞協会などの職域団体に推薦依頼は来ていないので、「(事務当局に都合の良い人物の)一本釣りではないか」という見方が出され、一部の新聞はそのように書いた。しかし、関係者から聞いていた話では、報道関係の委員候補として最高裁判所、法務省、日本弁護士連合会から私の名前が一致して挙げられたのだという。その理由はよく分からないが、推測できることは、本書に収めた「市民の司法へ二十一世紀の設計図」が連載を終えたところだったので、司法改革に期待を寄せている私の姿勢が読み取りやすかったからではないかと思われる。

委員の経験は大変貴重なものだった。裁判員法のような重大法案の作成過程をつぶさに見ることができたことは得難い経験だったが、仕事の面では必ずしも得をしたとは言えない。委員限りで渡された資料は思ったほど多くはなく、制度設計の検討資料となる具体的な刑事事件の記録程度にとどまった。もちろん、検討会の前には事務局員から進行予定、配付資料などについて説明を受けたが、ここで事前に耳にした重要なことをすぐ記事に書いたのでは委員としての倫理に反することになる。なまじ聞かなければ特ダネにもなるのに、委員の立場で聞いてしまったら、書くわけにはいかない。正直に言えば、損な役回りだと思ったことも実際にはあった。

報道関係者が政府機関の委員をすると、政府の都合のいいように取り込まれたり、世論に配慮したというアリバイづくりに利用されたりするのが落ちだから、引き受けるべきではないという意見に、私もかつては共感を覚えていた。それが記者の矜持だとすら考えていた。これが裁判員制度と公的弁護制度にかかわる検討会でなかったら、決して委員など引き受けたりはしなかった。しかし、立法過程に記者が参画することは、場合によっては市民の利益につながり、報道側にとっても必要なことがある。例えば裁判員法を見ても、法案作成の過程に報道関係者が関与していなかったら、「偏見報道」の処罰規定などが簡単に法案に盛り込まれてしまったのではないかと思う。

（二）議事録の氏名公表

推進本部に置かれた検討会のうち、裁判員制度・刑事検討会と公的弁護制度検討会を含む五つの検討会は当初、議事録の発言者名を非公開と決めた。公開を求める訴訟が起こされるなどし、途中ですべての検討会が委員の氏名付きで公開に踏み切ったので、どのような発言が誰から行われたのかについては、重大な局面に入ってからは全部、明確にされている。私のように出身母体の支援チームなどを持たず、独力で発言しなければならない立場からすると、氏名が公表されることはかなり気持ちの負担が重かったが、実際に経験してみたところでは、公開されるかどうかは発言内容にほとんど関係がなかった。他の委員を見ても、氏名公表の前後で、発言の方向性が変わるようなことはなかったように感じる。

第一回の裁判員制度・刑事検討会では、氏名を公表するかどうかをめぐる討議が秘密会で行われたため、記録が残されていない。秘密会の内容を公表することはためらわれるが、私が述べた意見は記しておいても許されるのではないかと考える。

私は、討議の模様が市民に分かるように透明性を重視すべきことと、国民参加の制度がどのような論議を経て決まっていったのかを後世に残す記録性に配慮すべきことという二つの根拠を挙げて、発言者名も公開すべきだと述べた。各委員の意見は賛否両論があったが、公開論は少数であり、裁決はせずに、氏名は非公開と決まった。公的弁護制度検討会も裁判員制度・刑事検討会とメンバーは一人しか違わないので、同じ結論になった。

一般的に言えば、公開の論拠としては私の意見の他に、立法作業にかかわった者の社会的責任を明確化する必要性があること、国民参加を論ずる場で国民に名前を明かさない理由は見つけられないことなどが挙げられる。これに対して反対論の根拠は、自由な議論ができなくなること、検討会の論点は人の生命・財産・自由にかかわる国家刑罰権の行使であるから発言の文脈とは懸け離れた批判を受ける可能性があること、透明性は発言者名がなくても議事録の公表で確保できることなどが挙げられるだろう。

両検討会の論議の展開は厳しい対立が予想された。私は部外秘の社内文書「編集週報」（二〇〇二年四月十九日号）に次のように書いている。

「『裁判員制度』と『公的弁護制度』を導入することは、司法制度改革の大きな目玉といえる。実現を望む方向で記事を書いてきたものの、実はどちらも両刃の剣で、実際は〝怖い改革〟だ。『裁判員制度』は形だけの市民参加という最悪の結果になるかもしれないし、『公的弁護制度』は捜査段階の弁護活動を国家の監視の下に置くことになるかもしれない。論議の中身が明らかになるにつれ、検討会への風当たりも徐々に強まってくるだろう。論議の内容を市民に伝えることに努めたい。それが十分にできてこその司法改革と信じるからだ。委員を引き受けたとき、編集委員室長から『意に反する結果になるようなら、辞任することも考えておけよ』と助言を受けた。もとより、そのつもりだ。」

しかし両検討会を振り返ると、氏名の公開によって発言内容が豹変したり、以前と違うことを言い出して顰蹙を買ったりした委員は一人もいなかった。時には「残念ながら、私の意見はあなたとは全く違う」と厳しく批判し合うことも度々だったが、少なくとも両検討会に限っては、お互いの人間的な信頼感に立った討議ができていたのは幸いだった。

第七．刑事司法関連の改革

(一) 検察審査会

裁判員制度と直接の関連はないが、同じ国民参加の制度である検察審査会などの刑事司法関連制度も大きく変わることになったので、ここで言及しておきたい。検察審査会法が改正され、起訴を相当とする決議に拘束力を認めるのに、いわゆる二段階の慎重な構造が採用された。私は、起訴議決に当たっては弁護士の審査補助員が関与するなど慎重な手続きが採られるので、現行の一段階で足りるという意見を述べており、二段階はいささか煩雑だと考えている。これでは実際に起訴されるのは年に数件もないことになり、わざわざ検察審査会を置いた意義がなくなることが心配だ。しかし、起訴は慎重であるべきだという意味では、二段階構造に反対はしない。

残念なのは、審査員の罰則が強化されたことだ。審査員も裁判員と同様、評議の秘密と職務上知り得た秘密を外部に漏らすと、六月以下の懲役か五十万円以下の罰金になる。改正前の刑罰は一万円以下の罰金だったから、刑の上限は懲役刑を含む大幅な引き上げだ。これは裁判員とバランスを取る趣旨だと思うが、検察審査員の職務は公訴提起の当不当を判断することに限られるから、現実の裁判で被告人の有罪無罪を判断する裁判員より職務は軽い。それに、これまで半世紀にわたる運用でも、秘密漏示罪で起訴された例は、最高裁の把握する限りゼロなので、懲役刑へと引き上げるだけの立法事実もなかった。無用な刑の引き上げだったと思う。

(二) 公的付添人制度

少年法は、故意の犯罪行為によって被害者を死亡させた罪や死刑、無期または短期二年以上の懲役・禁固の罪に相当する事件の少年審判に検察官が立ち会うことを、家庭裁判所が決定できるとしている。そして、検察官が立ち会う場合、家裁は少年にも弁護士の付添人を付けなければならないことになった。これが「国選付添人」であり、国から日当、旅費、宿泊費、報酬が支給される。成人の被告人に裁判所が国費でつける国選弁護人と同じ趣旨の制度だ。

しかし、国選付添人がつけられるケースは凶悪事件に限定され、成人の場合ほど広くはない。二〇〇一年四月に始まってから三年ほどの間に、国選付添人が選ばれたのは約二十件しかない。大半の事件は少年側が私費で付添人を頼むしかなく、制度上、成人とのバランスを欠くのではないかという問題があった。公的弁護制度検討会で、国選付添人制度をもっと拡大する「公的付添人」制度の導入が論議になったが、少年事件の場合にも成人同様、デュープロセス（適正手続き）を保障する必要があるなどとして、弁護士の公的付添人を国がつけるべきだとする意見が多数を占めた。私もその意見だった。

ところが、少年事件を手掛けている弁護士の数は、一般の刑事事件の国選弁護を担当する弁護士よりも圧倒的に数が少なく、成人の公的弁護制度と同じように公的付添人制度をつくっても、弁護士不足で動かないことが明らかだった。そこで今回、直ちに公的付添人制度を導入することは見送り、弁護士の数が増えるなどして実施できる条件が整ってくれば、考えようということになった。ここでも、法曹人口の少なさが新制度づくりの障害になっている。法曹人口の拡充が、その意味でも待たれている。

第三章　日本司法支援センター

第一．理想のセンター

（一）評価と課題

「日本司法支援センター」は弁護士過疎の状況を改善し、司法の利用を促進するとともに、刑事事件の公的弁護制度を運用するなど、司法の機能拡充に大きな役割を果たす。総合法律支援法では「国の責務」「地方自治体の責務」も明確にされており、国や地方自治体の施策と相まって、今後の司法制度の中で積極的な意義を持つことになる新制度だと評価できる。ただ、業務の一つとされる民事法律扶助を見ても、これまで財団法人「法律扶助協会」が行ってきた扶助事業を引き継ぐだけで、その対象事件や対象者は拡充されていないなど、現段階ではまだ多くの課題を残している。

総合法律支援法ではセンターの骨組みが決まっただけで、全国に置かれる支部の規模、契約弁護士の報酬水準、刑事事件の弁護の独立性に関する法律事務取扱規定の内容など、これから作られなければならない重要項目を多数抱えている。特に、具体的な諸規定の内容、運用の在り方が極めて重要だ。実際にセンターが期待された役割を果たしていけるかどうかは、今後の制度づくりにかかっている。

理想的な将来像を述べてみたい。このセンターは独立行政法人型となったが、国民の税金を使う以上、それが最も無理がないと思える。ただし独立行政法人は高級官僚の天下り先になりやすく、国に寄り掛かって、業務がずさんになりがちなことなどが指摘されている。これらの弊害を避けながら、その役割を十分に果たすには、人事・予算・施設面での独立性、組織運営の透明性、業務の公正・中立性、他の団体などの活動を補う補完性という四点が重要だと考える。この点を重視しながら、センターの課題を考えてみたい。

(二)　人材の確保

政府からの独立性を考えると、理事長、理事、監事ら役員は民間人であることが最低限の条件だ。幸い、国会で「裁判官若しくは検察官又は任命前二年間にこれらであった者は除く」(第二四条) との法案修正が行われ、現職の裁判官、検察官はもとより、退官後二年以内の裁判官、検察官も除かれることになった。この結果、例えば一般の検察官は定年が六十三歳だから、六十五歳を超えなければ役員にはなれないことになり、いささか高齢で事実上、就任が不可能になる。こうした天下り防止の措置が有効に働くように運用してほしい。

組織を動かすのは人であり、人材の確保が大きな課題だ。特に、法律事務取扱規定を定めるなどする審査委員会の九人の委員、組織を動かす支部長の人選は重要だと考える。法曹界以外から広く適任者を集めてほしい。

現実に業務を担当する常勤弁護士（スタッフ弁護士）の採用、契約弁護士の確保には特に意を用いなければならない。一つの想定だが、常勤弁護士は将来、裁判員制度が始まれば、裁判所から国選弁護人に指名されて弁護を引き受けることが多くなるだろう。大都市はともかく、弁護士が少ない地方の都市では、連日的開廷に堪えられる法律事務所は数が少なく、国選弁護人を引き受ける契約をセンターと結び、裁判所の依頼があればいつでも推薦を受けられる状態をつくっておける契約弁護士の数は、残念ながら十分ではない。そうすると、その穴は常勤弁護士が埋めることになり、常勤弁護士は今後、裁判員制度を支える大きな柱の一つになる可能性がある。将来は若手の判事補クラスの裁判官、任官七年前後の検察官が派遣されてくることも多くなると予想している。

しかし、派遣とはいえ、つい少し前までは検察官で、また検察庁に戻ることになっている人に弁護活動を担当させるようでは、「刑事弁護の売り渡し」だという批判が聞こえてくる気がする。検察官の派遣には少し首をかしげるところもあるが、そのような疑惑を持たれないようにうまく運用していけば、必ずしも悪いことではないかもしれない。現在の裁判官、検察官は弁護活動をした経験がないから、弁護士の活動に対する理解が薄い。若い裁判官、検察官が実際の弁護経験を積むことは、被告人の立場に対する理解を深め、刑事司法全体を厚みのあるものにしていく利点がある。

そのような心配をする前に、全国の弁護士には、できるだけ積極的に常勤弁護士を引き受けていってほしい。そうすれば、今述べたような懸念が生まれる余地はないからだ。弁護士が引き受けないから、裁判官と検察官の派遣も必要になる。まだ独立開業はできない若い弁護士にとって、常勤弁護士となることは有益なはずである。給料は安いだろうが、多様な経験を積み、法律家としての力量を蓄えることができる。仕事ぶりが認められれば、その地で法律事務所を開業することも可能になるだろう。

ここで重要になるのは、常勤弁護士を送り出し、任期が終わったら、戻ってくるのを受け入れることができるようにする弁護士会側の態勢づくりだ。日弁連は、協力してくれる法律事務所を募る運動を展開しているが、それをさらに前向きに進めていってほしい。また、日弁連が司法過疎解消のために積み立てている「ひまわり基金」を活用し、各地の「公設事務所」や法律相談所が常勤弁護士の養成、受け入れの機能を果たせるように強化することが重要だ。

職員も相当の数が必要になる。主要業務の件数など、現状のデータを把握し、それに各地の需要も加味して、適正な職員数を確保してほしい。突飛な意見かもしれないが、全国に開校した法科大学院の修了生で、法曹資格を得られなかった人を職員として受け入れることも考えたらどうだろうか。法科大学院生の中には、地域に奉仕する弁護士を目指して勉学に努めてきた人達も多い。そのような人材が、司法の世界で活躍できる余地をセンターが残しておいてほしいと思う。

(三) 予算の充実

予算の充実が必要なことを強調しておきたい。センターの業務は、最高裁が扱っている国選弁護人制度や法律扶助協会の民事法律扶助などを引き継ぐのだから、予算として二〇〇四年度の国選弁護関係約七十億円と法律扶助協会への補助金約四十億円が継承されるのは当然だが、さらに司法修習生の給費制を貸与制に切り替えることによって関係予算約七十億円も財源に充てる道ができた。それを回せば、合計百八十億円程度は手当てできることになる。

しかし、これを単に流用するだけでは司法改革とはいえない。各地で必要な業務を効果的に展開できるように、十分な予算措置を講じ、将来の発展性豊かなセンターづくりをしてほしい。

(四) 審査委員会の役割

審査委員会は、法律事務取扱規定を定めたり、センターの仕事をした契約弁護士について利用者から苦情があったときに取るべき措置を決め、契約弁護士との契約解除などについてその適否を議決したりする、いわばセンターの心臓部に当たる。センターの業務のうち、被疑者・被告人の国選弁護では、弁護活動の自主性・独立性を確保するという重要な課題がある。しかし、検察庁を指揮する立場にある法務大臣がセンターの中期目標作りなどに関与する仕組みは、法務省のチェックを招くのではないかと懸念する声もある。それを防ぐ意味で重要なのが、中立的な「審査委員会」で、期待通りの機能を果たせば、不安要素の多くはなくなることだろう。

総合法律支援法では、「契約に違反した場合の措置」「法律事務の取り扱いの基準」は、法務省令で定めるなどとされている。これらの基準は今後、法曹三者などが検討して決められるが、この基準は重要な意味を持つ。仮に、弁護士の契約違反行為があったとしたら、これらの規定に基づいて、どのような措置が取られるのだろうか。その場合に考えておいてほしいのは、具体的事件の弁護は担当弁護士に任せるのが基本で、弁護方針が妥当だったかどうかを外部の者が速断することは禁物ということだ。処分にまで踏み込むのは、審査委員会の仕事というよりも、各弁護士会などが自主的に行う綱紀・懲戒の問題と考えるべきだろう。弁護士自身による解決を優先する配慮が欲しい。

(五) 繁華街のオフィス

センターの事務所をどこに置くかは大事な選択だ。東京に本部、道府県庁の所在地に事務所（支部）が置かれるのは当然として、その他の地方裁判所支部、簡易裁判所がある拠点都市には置く必要があるという意見が出されている。例えば静岡県の浜松市などだ。地元の要望の強さをはじめ、業務内容となる民事法律扶助の件数、公的弁護の受任予想件数などのデータを踏まえ、効果的な配置となるようにしていってほしい。

センターの事務所として、裁判所などの公的施設を借りる案も検討されているようだ。しかし、経費はかかるが、思い切って繁華街にオフィスを借りたらどうだろう。「こういう便利なものができたのか」と、まず市民に知ってもらうことが大切で、誰でも気軽に立ち寄ろうという気持ちにならなければ、司法アクセスは改善されない。センターは、利用者が足を一回運べば問題解決の目途が立つワン・ストップ・サービスに努めることを優先させ、運営していかなければならない。職員の勤務条件などの問題はあるだろうが、できれば土曜日、日曜日にも事務所を開いて、サラリーマンなどが仕事を休まないでも相談に来ることができるようであってほしい。

センターの仕事は多様なものになるはずだ。犯罪被害者の支援ひとつを取り上げてみても、家庭内暴力、ストーカー、児童虐待など、さまざまな原因が想定できる。支援の形としては法的手段をとることが必ずしも妥当ではないものもあるに違いない。ケースワーカー、介護福祉士、保健士ら法律関係以外の分野の人々に協力を求めなければならない場面も多くなることだろう。事案の内容、各地の実情に即し、具体的な業務内容を弾力的に決めていくべきだ。

その際、日本弁護士連合会の公設事務所、各団体が運営する「裁判外紛争解決手続き（ＡＤＲ）」機関、地元自治体の法律相談窓口などとの連絡・調整を密にすることが大事だが、センターがあまりに前面に出過ぎて、それらの組織の自主的な活動を阻害することのないように配慮する必要もある。センターの業務は、あくまでＡＤＲ機関などの手が及ばないところ、できないところを補完することにあるのを忘れてはならない。また逆に、地方自治体などは、センターができたことを口実として、これまでやってきた法律相談窓口などを閉ざすことがないようにしてほしい。地方自治体などの実績があるところはセンターの業務展開を控えるなど、重複しないような調整が肝要だ。

第二　公的弁護制度

（一）人権保障の歯止め

日本司法支援センターは、新しく導入された、刑事事件の被疑者と被告人に国選弁護人をつける「公的弁護制度」の業務を行うとされているので、この制度への注文を述べておきたい。総合法律支援法は第三〇条で「国の委託に基づく国選弁護人の選任」に関する二つの業務をセンターの仕事としている。一つは、裁判所の求めに応じて、支援センターと国選弁護人の事務取扱契約をしている「国選弁護人契約弁護士」の中から、国選弁護人の候補者を指名し、裁判所側に通知することだ。もう一つは、この通知に基づいて裁判所から国選弁護人に指名された弁護士に、その事務を執り扱わせることである。手っ取り早く言えば、今まで国選弁護人の関係事務を扱っていた最高裁判所の業務をすべてセンターへと移すことになる。

改正前の国選弁護人制度は、被疑者が検察官から起訴された後、裁判所が被告人の資力などを調べて、「貧困その他の事情により弁護人を選任することができない」（刑事訴訟法三六条）と判断したときに選任する制度だった。つまり、被疑者が逮捕されて警察で取り調べを受ける四十八時間と、さらに検察庁に身柄を送られて起訴されるまでの通例二十日間、私選弁護人をつけられない容疑者は弁護人なしの状態に置かれる。法的な問題についての助言者がそばにいないため、やってもいない事件を自白したり、無理な取り調べが行われたりする弊害があると指摘されてきた。

米国では連邦最高裁の判決で、弁護人なしでの取り調べは違法とする「ミランダ・ルール」が慣行として定着している。早い段階で弁護人がつけば、懸念されているような問題はなくなる。国選弁護人選任の時期を被疑者段階へと前倒しすることで、事件の争点は早く明確化され、裁判の充実・迅速化も実現できる。「裁判員制度」では、裁判が始まる前の「公判前整理手続き」が重要になるが、被告人に弁護人がいないときには行うことはできず、「裁判長は職権で弁護人を付さなければならない」（刑事訴訟法第三一六条の四）と定められた。被告人に不利益をもたらさないようにする人権保障の歯止めといえる。

一方、今回は、警察の留置場（代用監獄）の存在を前提とした制度設計になった。法務省は、明治時代に作られ、継ぎはぎだらけの手直しをしてきた監獄法を抜本的に改正することを検討しているが、行刑改革上の施策に結論を預けた形になっている。留置場の存続前提でいいのかという問題は別に残っており、引き続き、検討が必要だ。

（二）当番弁護士

捜査段階で弁護人がつけられることは、警察などの捜査に与える影響も大きい。法定合議事件では、警察官は容疑者に①貧しくて弁護人を頼めないなら裁判官に国選弁護人の選任を請求できること②その請求をするときには「資力申告書」を提出しなければならないこと③資力が政令で定められた基準以上の時には弁護士会に弁護士選任を申し出なければならないこと——を教えなければならない。逮捕直後は取り調べや諸手続きに忙しいときだが、従来のような、弁護士抜きでの取り調べは、重要事件ではもうできないことを警察部内に徹底しておかなければならない。

被疑者段階から被告段階まで一貫した公的弁護制度をつくることは刑事司法の大きな課題だった。それが今回、不十分ながらも実現された意味は大きい。これまでは、警察の捜査段階では国選弁護人をつけられなかったから、各地の弁護士会が、会員から特別に会費を徴収して自らの負担で弁護士を警察に派遣する「当番弁護士」の制度を動かしてきた。一九九〇年に大分県弁護士会が始め、それが全国に波及した。当番弁護士が果たしてきた役割は非常に大きく、これまでの努力に深く敬意を表したい。

公的弁護制度の発足に伴って、当番弁護士制度は役割を終え、中止されると聞く。しかし公的弁護制度でカバーされる範囲は、裁判所で勾留を認める段階からとされており、それ以前の逮捕直後などは除かれている。弁護士の援助が最も必要なのは逮捕直後のこの時期だといわれていることからすると、当番弁護士の出番は重要な局面でまだ残されている。それに、国選弁護の対象事件は当面、法定合議事件の年間八千件程度、拡大されても必要的弁護事件の年間十万件程度の枠内でしかなく、それより軽微な事件でも弁護士の応援を必要としている人は多い。各地の弁護士会に、引き続き自分達の負担で当番弁護士を続けろとは言いにくいが、残された逮捕直後の空白をどうするか、今後も議論を続けてほしい。

国選弁護人をつけられるのが逮捕直後からではない制度になったのは、個人的には残念だ。被疑者の資力を調査し、資料を基に判断する必要があることなどから、実務的には裁判所が判断できる資料が整う勾留段階以降でないと無理だとされたが、被疑者の人権を守るためには、勾留段階から始まるのでは中途半端だと言わざるを得ない。それに、実務的理由でここまでしかできないというのは、本当は話が逆である。将来的には身柄拘束直後からの国選弁護を可能にするように変えていくべきだと思う。

資力のある人は逮捕直後に弁護士を頼めるのに、資力のない者はできないというように、被疑者・被告人がその経済力によって不平等な扱いを受けることは本来あってはならないことだ。できるだけ早く、すべての身柄拘束者へと広げられることを願っている。

(三)　将来の公的弁護・公的付添人制度

二〇〇四年版の弁護士白書によると、弁護士は全国に二〇〇三年現在で二万二百六十三人いるが、刑事事件の引き受け手となると、ずっと少なくなる。全国の裁判所と各地の弁護士会との協議で国選弁護人登録名簿に登録されている弁護士は、そのうち一万二千二百九十八人と、全体の六一%にとどまっている。刑事事件の弁護は、被疑者・被告人に会いに留置場、拘置所へ行かなければならないなど負担が大きいが、その割に報酬は少ないことが影響している。このように弁護士自体が不足な上、弁護士会の支援態勢も十分に整っていない現段階では、大きな制度をつくろうと思ってもつくれはしない。弁護士法第一条で「基本的人権を擁護し、社会正義を実現することを使命」に掲げる弁護士が、このような状況にあるのは、寂しい気がする。弁護士不足を解消するために、早く法科大学院を軌道に乗せたい。

少年事件でもどうやら公的付添人制度を導入することになりそうだ。法務省は近く、一定の重大事件で家庭裁判所から観護措置決定が出され、少年鑑別所に収容された少年には、家裁が職権で公的付添人をつける制度を創設する方向で検討している。これが実現すれば、資力がなくて弁護士を頼めない家庭の少年でも、公的付添人が少年審判に立ち会ったり、環境調整をしたりすることが可能になり、少年の処遇の決定や更生に役立つ。歓迎すべき方向で、ぜひ早い時期に導入してほしい。法案は二〇〇六年の通常国会に出される見通しだ。法案成立後の公的付添人制度の運営は、現在、少年付添人の選任を手助けしている実績があるのは法律扶助協会だけだから、それを継承する日本司法支援センターが担うことになるのが自然だろう。

第二．法律扶助

（一）増加する援助件数

センターの重要業務は、民事法律扶助法の指定法人として財団法人「法律扶助協会」が行ってきた民事事件の法律扶助を継承することだ。同協会は一九五二年（昭和二七年）、日本弁護士連合会に支えられて設立され、国が手を差し伸べない社会的弱者の援助に当たってきた。司法改革の流れができる中、二〇〇〇年十月に民事法律扶助法が施行され、国から補助金が支出されることになったが、これまでに果たしてきた役割は貴重だ。

民事法律扶助事業は、法律問題について、資力が乏しいために権利の保護が十分に受けられない国民と在留外国人を援助する制度で、①民事事件の裁判や和解に必要な代理人への報酬、事務処理の実費を立て替え払いする「代理援助」②裁判所への提出種類を作成する司法書士への報酬などを立て替える「書類作成援助」③法律相談（刑事事件を除く）——を行うとされている。

同協会のまとめによると、二〇〇四年度上半期の実績は、代理援助が二万三千五百十五件と前年同期比二三％もの伸びを示し、そのうち自己破産事件は全体の三分の二に当たる一万五千九百二十八件に達した。書類作成援助も千四百六十件と前年同期の三分の一も増えた。長引く経済不況の影響がのぞいているようだ。国からは約四十億円の補助金を受けているが、弁護士会などからの寄付によって、自主事業として、国選弁護の対象外となる刑事事件の被疑者弁護援助、少年保護事件の付添扶助、中国などの残留日本人の国籍取得、難民援助、犯罪被害者の法律援助などを実施してきた。

（二）法律扶助協会の継承

総合法律支援法は、民事法律扶助事業についてはは民事法律扶助法の規定をそのまま引き継いでいることから、事業内容にはほとんど変更はないとみられている。しかし単なる法律扶助協会の横滑りであるならば、新たにセンターを設立する意味はない。今までの法律扶助事業は、援助を求める市民の要求に、予算と人員の不足が影響して応えきれず、年度の途中で申請の受け付けを中止せざるを得なかった。地域に需要はあるのだから、その声に応えられるよう、政府は予算増など物的・人的な手当てをするべきだ。

法律扶助協会は自主事業も展開していた。これも打ち切るのではなく、センターの事業として継続できる方向を目指してほしい。

第四．犯罪被害者支援

現段階では内容がほとんど固まってはいないが、今後、焦点になりそうなのが犯罪被害者の支援だ。国際的な水準から見ると、日本の現状は大きく立ち遅れており、センターが中心となって支援活動を充実させていくことに、大きな期待を寄せたい。犯罪被害者への経済的支援制度の整備、民間支援組織が行っている活動への援助、犯罪被害者に対する弁護士支援制度の創設、捜査機関の教育・研修など、国が取るべき多くの対策がある。

自民、民主、公明の三党が提案した「犯罪被害者等基本法」が二〇〇四年十二月、国会で成立した。犯罪被害者の権利利益の保護が目的とされ、基本的施策として、被害者の相談に応じること、情報の提供と助言、弁護士など被害者援助に精通している人の紹介、損害賠償請求に関する援助、給付金制度の充実、保健医療・福祉サービスの提供などが定められた。これらの実施はセンターの業務になるとみられる。

しかし、犯罪被害者基本法の内容には心配な点もある。「刑事に関する手続きへの参加の機会を拡充するための制度の整備等」が盛り込まれたことである。ドイツでは一九八六年、刑事手続きに被害者を参加させる「被害者保護法」が成立し、刑事訴訟法が改正された。一定の重大な事件で、被害者は検察官の横に座って、自分で証拠を出すことも、被告人に質問することも、自分の意見を述べることもできるようになった。フランスでも、被害者への配慮は約二十年前から行われている。両国の法廷で実際に傍聴していると、被告の主張に被害者とその弁護人が反論したり、被害者が直接、被告に質問したりする場面が頻繁に出てくる。もともと、これらの国々では、刑事事件の容疑者の起訴は被害者によって行われてきた伝統があるが、日本にも同じような制度を導入しようとするのだろうか。

今後、内閣府に設置された犯罪被害者等施策推進会議が中心となって基本的施策を決めていくので、あまり先走った論議はしたくないが、もし導入するのであれば、判決の確定までは被告人は無罪と推定され、法の適正手続き（デュー・プロセス）が保障されているという近代刑事司法の原則に抵触しないよう、慎重に検討する必要がある。特に裁判員裁判が始まると、法廷での被害者の存在、発言などが心証形成に影響を与え、量刑の判断も厳しくなりかねない心配がある。

この制度が外国にあるといっても、例えばフランスでは「予審」といって、裁判官（予審判事）が警察などを指揮して証拠を集め、起訴すべきだと判断したときに起訴される手続きが置かれており、裁判官の目を通した証拠などの判断がいったん行われてから、国民を呼んで参審裁判が始まっている。ところが日本には、事前の裁判官によるスクリーニングが何もないから、いきなり、感情むき出しの裁判員裁判が始まってしまうおそれがある。それでは、かえって被告人の不利益が大きすぎ、基本的人権を侵害してしまうのではないか、というのが心配の中身だ。これまで犯罪被害者は、不当に権利保護の機会を奪われてきたと思う。それを正常な姿に戻す作業は続けなければならないが、そのために被告人はどうなってもいいとは言えない。犯罪被害者の権利の実現、支援策の確立を進めながら、刑事裁判全体のバランスを取っていく必要がある。

第五．センターの将来性

(一) 総合法律支援準備室

日本司法支援センターの開設に向けて法務省に総合法律支援準備室ができ、法務省は二〇〇四年十二月十六日、支部開設を目指す全国各地の地方準備会委員長を集め、「日本司法支援センター地方準備会全国委員長会議」を開いた。予定ではセンターは二〇〇六年四、五月ごろに設立され、同年十月ごろから業務を始める。この日は、それを前にした初めての全国会議であり、これを機会に職員採用など本格的な準備が始まった。今後は、この準備室をキーステーションとして、全国の地方準備会が連絡を取りながら、センターを立ち上げていくことになる。

しかし現状はまだ法的な骨組みが決まっただけだ。期待通り、市民に身近で役に立つサービスを迅速に提供できるかどうかは、最高裁、法務省、日本弁護士連合会、司法書士ら隣接法律関係職種団体、地方自治体、市民団体などの協力にかかっている。ぜひ連携を強め、市民の求める司法サービスを提供できるよう、協力して諸課題の克服に取り組んでいってほしい。

（二）専門弁護士の育成

センターで働く常勤弁護士らが専門家としての力量を伸ばし、キャリアアップにつながっていくならば、センターの未来には多くの可能性が広がることだろう。志望者が集まり、弁護士の大都市集中も解消されていくに違いない。ぜひ発展性のある魅力的な組織づくりをし、志のある多くの法曹が地方で仕事をできるようであってほしい。

米国で公的弁護制度を担っているパブリック・ディフェンダー（公設弁護人）の事務所を訪れたとき、若い弁護士が「刑事事件をたくさん手掛け、刑事専門の弁護士になりたい」と話したことを思い出す。日本でも、センターが同じような役割を果たせるのではないかと思う。センターは、法的サービスの提供だけでなく、専門性をもった法曹を育てていく場になってほしい。

ドイツでは、弁護士会が認定する「刑事専門弁護士」などの資格がある。同じように、センターの公的弁護の仕事が足場となって、現在は数少ない刑事専門の裁判官、弁護士が育っていくことを願っている。専門弁護士の資格については詳しく後述したい。

（三）反発への懸念

全国に「司法ネット」を張り巡らすことは、司法の基盤を拡充するだけにとどまらず、市民の法的な意識を高め、生活の質も向上させて、しっかりとした民主的な社会を築いていく上で大きな意味を持つ。

しかし、センターの運用次第では、大きな波紋を引き起こすこともあり得る。刑事事件で弁護活動の独立性が阻害されたり、やたらに処分を求める措置が連発されたりすれば、各地の弁護士会の反発を招きかねない。また司法書士など隣接法律関係職種の法律事務の扱いなどは、微妙に弁護士資格の在り方とも関係してくる。運用の決め方は慎重な上にも慎重に、法曹関係者だけでなく、各方面と協議をしながら固めていってほしい。

第四章　法曹養成制度

第一．法科大学院

（一）乱立への懸念

約六年前、裁判官出身の、ある著名な元最高裁判事をインタビューしていて衝撃を受けた。「これまでの法曹界は必ずしも優れた人材を集めてはこなかった。優秀な人材は官界に流れてしまった。司法の世界に身を投じたのは、私も含め、次のレベルの人達だ。法曹界はもっと優秀な人材を集めなければならない」。この言葉には本当に驚かされた。周辺からはエリート司法官僚中のエリートと見られていた元最高裁判事だけに、きっと、司法の現状も肯定するのだろうと思い込んでいたが、そうではなかった。日本の司法は現状に安住するのではなく、優秀な法曹を養成する制度からつくり直さなければならないと言うのだ。

新しい法曹養成制度の中核として、二〇〇四年四月に誕生したのが法科大学院だ。二〇〇五年四月には七十四校、総学生定員約六千人を数えるが、法科大学院が、発足当時の期待に沿うだけの内容を備え、優秀な人材を獲得するルートになっているかどうかとなると、いささか心もとない。

心配なのは、教員、設備などが不十分な法科大学院の乱立だ。文部科学省は、新規参入の規制はしないという方針からだろうが、所定の設置基準さえ満たせば、新設を次々に認めている。しかし、ある憲法学者は「法科大学院で憲法訴訟を講じられる学者は、全国を見渡しても三十人程度しかいませんよ。半分以上の法科大学院では、学生たちは質の低い指導に甘んじなければならない」と指摘する。実務家教員として採用された弁護士の教員は専任教員と非常勤講師を含めて約六百人に上るが、その質についても、ある裁判官出身の法科大学院教授は「必ずしも満足はできない」と、辛い見方だ。

(二) 適正規模

高度な専門教育ができる教官の数から考えると、法科大学院の適正な数は、現状では、多く見てもせいぜい三十校程度ではないか。設立認可を与え続けている文部科学省はいささか無責任というしかない。一方で六千人もの法科大学院生の定員を認めておいて、もう一方では、新しい司法試験に受験回数制限いっぱいの三回の受験をしても、その三分の一も合格できないような制度にしてしまうのは、根本的に間違っている。

法科大学院の立ち上げに当たっては、かなり高いハードルを設け、多くても現状の半分程度の数からスタートするべきだっただろう。これは新規参入の規制と呼ぶようなものではない。一定のレベルを供えさえすれば新設は認められるのだから、申請者の条件は皆同じである。教育などの質を確保するためには、ぜひとも実施してほしい選択だった。

法曹人口の増加目標が、年間の司法試験合格者三千人という設定であれば、発足当時は法科大学院生をその程度の人数に絞り込んでおき、その後、徐々に見直していく方が合理的だったのではないか。学生にしても、入学段階で撥ねられるのはあきらめがつくだろうが、修了してから駄目ですよと言われたのでは、将来の生活設計ができない。また現状では、法科大学院の卒業生を迎え入れる企業や社会の体制が何もできていない。修了生が就職浪人になるようでは、社会が大きな不安定要因を抱え込むだけでなく、前途有為な人材を遊ばせ、国家的な利益も損なうことになる。これは、学生から見れば回復不能な損害であって、このような不運が相当程度の確立で予想されるのでは、期待されたほど、法曹界に人材は集まってこないだろう。それでは、従来の大学法学部四年の上に、ただ単に二年または三年の新司法試験受験期間を置いただけになってしまう。屋上屋を架すとは、まさにこのことだ。何のための法科大学院かということになる。

(三) 政治の責任

一方、法科大学院の側からは「修了生の七〇%から八〇%は新司法試験に合格させろ」という主張も聞かれる。そうでなければ、社会人としての仕事を捨てるなどして、せっかく来てくれた学生たちが気の毒だというのだ。確かに、法科大学院を開校した経営者や教授陣など大学人の責任は、学生に転嫁させてはならない。そのためにできるだけの手立ては講じなければならないが、開校だけは次々にしておいて、だからほぼ全員を合格させろと言うのは少し虫がよすぎるのではないか。冷たいようだが、新司法試験に合格できるだけの力量を身に着けさせることができない法科大学院ならば、退場を迫られる時期がきても仕方がない。大学側はそれだけの覚悟を持つべきで、安易に合格者率の確保など主張すべきではない。

このような文部科学省や大学人の態度を見ていると、このままでは、法科大学院を中核に据えた当初の法曹養成理念は崩壊するのではないかと危ぶまれる。二十代後半の貴重な人材を大量浪人、大量失業させかねない運用にしてしまう責任は一体、誰が取るのだろうか。予想される事態を回避するのは、この制度をつくった政治の責任にほかならないが、幸いにして、そのような不幸な事態にならないようにする時間はまだ多少残されている。その間に、対応策を講じたい。

では、どのような施策が考えられるのか。六十八校もの法科大学院が既に開校し、また、さらに二〇〇四年四月に六校が開設される異常事態は、既定の事実であり、動かしようがない。文部科学省などは「後は自然淘汰に待つ」と傍観を決め込むのかもしれない。生き残るか、消滅するかは、法科大学院自体の自己責任であって、政府の関係したことではないという考え方だ。このような冷ややかな対応は、確かに一つの選択肢ではあるが、これは無責任そのものというしかない。

法科大学院の乱立が既成事実であり、しかも、その修了生のうち三分の二は法曹資格が取れないという異常事態も動かせないとするならば、あとは、大量の修了生を吸収する施策を考えるほかないことになる。企業の法務部門、中央官庁・地方自治体への吸収、隣接法律関係職種への進出、国際公務員への転出などが考えられる。これが第二の選択肢だ。しかし、大手企業の法務部門が毎年必要としている大学法学部卒業者の人数は約二千人といわれている。企業法務関係者の話を聞くと、高年齢・高学歴の法科大学院修了者を採用するよりは、大学卒の新入社員のうちから優秀な人を法務専門家に育てた方が、支払う給与は安くてすむし、年齢からくる人事配置の難しさもなくなって望ましいと言う。法科大学院修了生が真の実力を身に着けた人材揃いと認識されれば、このような事情もなくなるのだろうが、そうではないとみなされたならば、既成の法律関係の仕事に法科大学院修了者を吸収することには一定の限度が伴わざるを得ない。第二の選択肢も大量の〝高学歴就職浪人〟問題を解決する決め手になるとは思えない。そうなると新たな吸収先の開発が必要になるのではないか。

まだ実現していないので、具体的には言いにくいのだが、想定される第三の選択肢もある。それは、近く創設される「日本司法支援センター」の職員や、新たに生まれる裁判外紛争解決手続き（ＡＤＲ）機関の職員などとして雇用することだ。日本司法支援センターには、かなりの法的専門知識を持った職員が必要になる。その人材供給源として法科大学院を想定することは、その本来の趣旨ではないにしても、考えられる選択だと思う。

はっきりしているのは、早急に手を打つ必要があることだ。政府や地方自治体、企業などに、速やかに適切な施策を講じるよう、強く求めたい。

(四) 全国的な適正配置

法科大学院は多数誕生したが、心配されていた事態も現実化した。やはり大都市への集中が顕著に見られることだ。これも全国的な適正配置など眼中になかった政治の責任といっていいだろう。また少子化による学生数の激減、国立大学法人化などによる大学間の競争激化が進む状況では、法科大学院も、経営上の生き残り策として利用されることを避け難い。乱立と都会への集中は大学側の厳しい経営事情の反映でもある。そこをうまく調整できなかったのは残念としか言いようがない。

法科大学院は本来、法曹の大都市集中と弁護士ゼロ・ワン地域を解消する手段としても構想されていた。地方に骨を埋める志を持った弁護士、地域に奉仕する弁護士をここで育てようという構想は、ぜひとも実現してほしい。それでこそ「法の支配」を全国に根付かせることができ、成熟した社会をつくっていける。全国的な適正配置にもっと目を向けてほしい。

無計画に法科大学院の配置が決まってしまったことは残念だが、覆しようがないというのならば、「地域の弁護士」の養成を掲げて頑張っている法科大学院を応援する施策を考えたい。それには地方の法科大学院に政府が手厚く財政面などでの支援をすることが一策だろう。大学側が経営上の損得で動くならば、それを刺激する策が有効だ。

(五) 多様な出身層の学生

動きだした法科大学院はどこも予想以上に、社会人からの転身者、他大学の出身者、法学部以外の大学学部出身者を集めているようだ。多様な出身背景を持つ学生をたくさん集めることは、法曹全体の質を、多様な社会現象に対応できる分厚いものへと改造していく契機となる。従来のような法学部出身者ではない多様な層から法曹資格を得る人が多数生まれていくことは、法科大学院の将来を決定付ける重要な要素となる。もし、これらの層の法曹資格獲得率が極めて低くなり、法曹への転身に関心を持つ人々が目を背ければ、法科大学院の将来も、そして多様な層による法曹世界の構築を目指す司法改革の理想も頓挫することになるだろう。

そのような事態を招かないためには、どうしたらいいのだろうか。それぞれの法科大学院が社会人らの入学比率を高めることだけでは対応できない。入学者の目標は新司法試験に合格して法曹資格を手にすることにあり、その希望を実現できてこそ、法科大学院の存在意義があるということになるだろう。それならば、新司法試験の内容を、社会人や他学部出身者らに取り組みやすく変えていく必要がある。

これらの人々を優遇するように易しくしろと言うのではない。例えば現在は医学、理学、工学、化学などの技術系分野に強い法曹が決定的に不足しているが、その即戦力を獲得するという政策的な目標を掲げるとするならば、それにふさわしい試験科目を選択できるようにしたりするなどの配慮をしてもいいのではないか。もっと過激な主張をするとすれば、医師、薬剤師など技術系の国家資格を既に持っている法科大学院卒業生には、新司法試験を別枠で実施し、法律家として一定レベルに達していると判断できれば合格させるという政策的な選択もあり得るだろう。

法曹養成制度をどうつくるかは、国家的な政策の選択にほかならない。自然淘汰に任せるような無責任さではなく、強力な指導性を政府が発揮することこそ、いま求められているのではないか。

(六)　さまざまなスタイル

残念なことがもう一つある。司法制度改革審議会の意見書は、いわゆる全日制の法科大学院のほかに、夜間制など多様なスタイルの法科大学院の設置を提言していた。しかし実際には、全日制以外のタイプはほとんど現実化しなかった。構想では夜間制のほかに、通信制、単位制なども上がっていたが、経営的に難しかったのだろうか。

しかし社会人ら多様な層の出身者を獲得する理想からすれば、例えば、東京の都心に夜間制の法科大学院を開校し、企業から委託を受けて社員の教育を行うことなどが可能なのではないか。そうなれば社会人は終業後に通学することができ、会社を退職して法科大学院へ進まなければならないリスクを回避できる。共稼ぎの女性、子育てを終えた主婦らにも通いやすくなるだろう。通信制、単位制なども同様の存在意義があると思う。

法科大学院のことを考えるとき、米国のカリフォルニア大学とゴールデンゲート大学のロースクールを思い出す。米国屈指の名門校、カリフォルニア大学では法曹界のトップエリートたちが恵まれた教授陣、生活環境の中で充実した教育を受けていることがうらやましく感じられた。しかし、それ以上に感銘深かったのは、ゴールデンゲート大学ロースクールで夜、仕事を終えた社会人らが授業を受けている光景だった。昼間、法律事務所を訪れたとき、説明をしてくれたロークラークが机に向かっていた。昼は事務職員の仕事をし、夜は弁護士を目指して勉強する。そういう人達の夢を実現させるシステムが日本にも生まれてほしいと思った。

いつも米国の制度を標準にして考えることは、決して望ましいことではない。米国のように弁護士が多い、訴訟社会にして良いとも考えてはいない。しかし市民生活を応援するのが法曹の役目であるならば、未来の法曹養成制度は、夜間型など多様なロースクールがある米国型にしていくことをもっと真剣に考えなければならない。

今回の制度設計で評価できる点は、法科大学院の運営主体が、例えば大宮法科大学院は第二東京弁護士会が協力してつくられたことなどに見られるように、大学以外に広がったことだ。大学の法学部に基礎を置かない独立法科大学院が生まれた。大都市ではなく、地域で働く法曹の養成を掲げた法科大学院もある。独自性を持った法科大学院が成功することを強く期待したい。

（七）第三者評価機関

国会で成立した関連法では、法科大学院の質を確保する目的で、第三者評価を導入した。この評価を行う機関を、充実した信頼性の高いものにしていくことが、これからは重要になる。企業評価の分野で実績がある格付け会社のように、多くの人が納得するだけの実績を積み上げていってほしい。それができなければ、不適格な法科大学院の横行を許し、法科大学院全体の社会的信用を失墜させ、学生らが受ける被害も大きくなる。第三者評価機関は、その意味で、法科大学院の生命線ともいえるだろう。

現在のところ第三者評価機関は、既に文部科学省から認可を受けた財団法人「日弁連法務研究財団」など、将来的には三団体になる見通しだ。遠慮なく、厳しい評価をして、適切な教授陣などを備えた法科大学院だけが存続していけるようにしなければならない。

（八）大学の法学部

法科大学院の大多数は、法学部を持つ大学が設立した。その中には、過去の司法試験で合格者を毎年数人しか出していないところ、ほとんどゼロのところも数多くある。しかし過去の実績はあまり関係がない。要は、しっかりした教育ができさえすればいい。

今後の影響が大きいのは大学法学部の存在意味が薄れることだ。米国では法学部はなく、ロースクールで初めて、他の専門科目を修めた大学卒業生が三年間、みっちりと法律の勉強をする。ロースクールと同じ位置付けが日本の法科大学院だから、米国流に考えれば、法学部を置いておく必然性はないということになる。ところが、法学部を廃止すると、既存の大学は教員、職員らの処遇に困り、そこで法学部は存置する方向になったようだ。

しかし法科大学院が成功すれば、日本でもいずれ法学部は、法曹を育てるという存在意義を失うことになるだろう。日本で法学部がこれほど隆盛になったのは、明治以降の国家が西欧の国々に少しでも早く追いつこうと、国家組織づくりを優先させたためである。国立の帝国大学は高級官僚の養成が主な使命となった。その結果、法学部出身者の官僚、法曹、企業経営者らが輩出し、各分野のリーダーとして分厚い層をつくることになった。

戦後も、この状態は続いている。しかし、このような国家組織づくりのため官僚を養成するという法学部の役割はもう既に終わっている。世界各国の指導者を見ると、米国のクリントン前大統領、英国のブレア首相、韓国の盧武鉉大統領ら多くの人が弁護士出身で、その下で働くスタッフにも法曹資格を持った人々がかなりいる。国際的には、日本の大学法学部出身というだけでは、キャリア的に見劣りするのが実情だ。恐らく今後、日本でも、官僚の世界は法科大学院出身者ら法曹有資格者が中枢を占める状況が生まれるに違いない。

このような状況を前にして、法学部が生き残ろうとするならば、今の状況から変身していく道を選ばざるを得ないだろう。法学部の存在意義をどこに求めるか。その道は三つしかないように思われる。一つは法科大学院へ法学既習者を送り出す道だ。これは、言葉は悪いが、法科大学院の予備校のようなものになるだろう。次は、準法曹的な隣接法律関係職種の養成に特化する道だ。これならば、従来の特性を維持できるだろうが、おそらく新設の法科大学院との競合関係は避けられない。最後は、専門性の薄い一般教養的な学部になる道だ。法曹や法律関係職種にはならなくてもいいから、法的思考の素養を身に着けて社会に出たいという人向きになるだろう。

それにしても、法科大学院の誕生によって、日本の法曹養成は、世界にも類例がないほど長期間の制度になった。法学部で四年間、法科大学院で法学既習ならば二年間、さらに司法研修所で一年間、合わせて最短でも七年間かかることになる。これほどの長期間が本当に必要なのか、個人的には大いに疑問を感じている。お隣の韓国では、日本と同じようにロースクールをつくることにしたが、同時に、大学法学部は廃止にしてしまった。大胆な決断だが、法科大学院を設けるならば、韓国のように専門家としての法曹養成はそちらに任せてしまい、中途半端な法学部は廃止した方が、よほどすっきりすると思う。

（九）法科大学院生の生活

法科大学院への進学者を悩ませているのは学費の高さだ。授業料は私立で年間約八十万円から二百万円程度、国立は年間八十万四千円で、三年間通うと生活費を含め最大一千万円近く必要になるケースもあるとみられている。これだけの生活負担を何とか軽くする施策を重層的に講じていく必要がある。そうでないと、資力の乏しい家庭の学生は、とてもではないが、法科大学院への進学などできはしない。そして、もし経済的な理由で法科大学院生の大半が豊かな家庭の出身者になってしまうようならば、それは社会的弱者の切り捨てにほかならず、広く国民的な基盤を築こうとする司法改革の理念には反する結果となるだろう。

個人的な思いを言うならば、私のように、父の病気で生活保護を受けていた家庭から高校、大学へ通い、アルバイトをしながら授業料免除と奨学金を受けて卒業したような者が、さらにこれだけの負担を背負い込むことは不可能だ。しかも、三年間勉強しても新司法試験に合格する可能性はせいぜい三分の一程度しかない法科大学院など、進学対象に考えること自体できなくなる。多くの学生に夢を与えるのが政治であり、教育であるはずなのに、現状では、法曹への夢は、多くの学生、社会人にとってまだまだ遠いと言わざるを得ない。

二〇〇四年度予算を見ると、私学助成の金額は約二十五億円、学生個人に対する経済支援が最大月額二十万円まで可能となる約六十八億二千万円だった。法科大学院の支援としては国立、公立、私立を問わず十五億五千万円が計上された。しかし、それでも国立との学費の差はかなり大きい。十分な予算をつけ、学生の学費負担は極力減らしてあげたい。

奨学金制度も、法科大学院生向けに新しい奨学金がつくられるなどしている。うれしい応援ではあるが、まだまだ数が足りないようで、もっと増やせたら望ましい。返済義務があるのも学生にとっては負担であり、できれば返済の免除、減額などの対象者を増やしたい。奨学金支給団体を応援する政府支出はもっと増やしてもいいのではないか。私学助成といい、奨学金といい、財政負担を伴う難しさがあるが、それは日本の未来社会を担う人材への投資だ。将来、大きな財産となって返ってくるはずである。

第二　新しい司法試験

（一）資格試験への転換

法曹資格を得るための司法試験は合格率二％程度の競争試験だ。その司法試験をどのように変革するか。二〇〇六年に初めて法科大学院から法学既習コースの修了生が送り出されるのを前にして、これが大きな問題になってきた。新しい司法試験は二〇〇六年から実施される予定だが、合格者数を何人にするか、そのうち法科大学院修了生は何人と決めるかなどが、法務省の司法試験委員会では論議の焦点となっている。

現行の司法試験は二〇一〇年まで新司法試験と並行して運営されるが、その後は廃止になる。それまでの間、現行試験と新試験で合格者数を割り振る案が出されているが、それもやむをえないのかもしれない。個人的にはあまり賛成ではないが、違う仕組みの試験を受けるのだから、別々に合格者の数を決める理由は一応ある。

司法試験委員会は二〇〇五年二月、二〇〇六年度の合格者数について新試験は九百人から千百人、現行試験は五百人から六百人とする指針を決めた。二〇〇六年度に新試験を受験することになる法科大学院の法学既習者コース（二年）には最初の二〇〇四年度に約二千三百五十人が入学したが、二〇〇四年度の現行試験でそのうち百人弱の在学生が現行試験に合格したことが確認されている。委員会は、在学中に現行試験に受かる学生は相当数いるとみて、二〇〇五年度末に修了時期を迎える学生は二千人程度と仮定、実際の修了者はその八〇％から九〇％の千六百人から千八百人程度と想定しており、この場合の合格率は五〇％から六〇％余になる。

法学部出身以外の法科大学院修了者が新試験を受け始める二〇〇七年度については、合格者数を法科大学院初年度の二倍程度、現行試験は三百人程度を目安とし、現行試験は二〇〇四年度の約千五百人をピークとして大幅に減少させるという。委員会は、試験結果によっては実際の合格者数は変動することがあるとし、「一応の目安を示した。（法科大学院学生にとって）そう厳しい数字ではないだろう」と説明している。

法科大学院生の合格率については、二〇〇四年秋、初年度を三割程度とする法務省の試算が明らかになり、教員、学生から拡大を求める声が上がっていた。そのことを考えると、委員会の指針は学生にとって、まだ不満は残るにしろ、改善であることは間違いない。司法制度改革審議会の意見書は、新司法試験の合格者数を「法科大学院修了者の相当程度、例えば七、八割」としたが、法科大学院が当初の予想を大幅に上回る数の開校になったのでは、七、八割の合格率はとても無理だと言うしかない。仮に合格者の数だけ増やして、その質を落とす結果になったのでは、かえって利用者である市民が迷惑する。

私は、司法試験の合格者数は従来のような固定的な人数枠のようにするのではなく、ある程度、政策的に決めてもいいのではないかと考えている。法学部の出身者がほとんどという法曹社会を変えていかなければ、国際的にも、国内的にも多様な専門領域の法的問題に対処していけない。国や地方自治体の行政実務はもとより、身近な市民生活から国際的な企業活動に至るまで、法律家の手助けが必要な分野は広がってきており、今、適切な手を打たなければ、法曹社会に未来はない。政府は法曹人口を二〇一八年には現在の二倍を超える約五万人規模にまで増員する計画を打ち出し、政策的に法曹を増やそうと決定したのだから、その増やし方も政策的判断で決めていいはずだと思う。

当面は、法科大学院の修了生が一定のレベルに達しているかどうかを確認する意味で、目安的な人数枠を決めておくことは必要かもしれない。しかし現行試験の廃止後は、一定のレベルに達している法科大学院修了生を基本的に合格させる資格試験のようなものにするのが望ましい。合格判定を甘くしろというのではなく、水準は現在と同レベル程度に保ちながらも、人数枠は定めるなということだ。受験者のレベルが高い年は多数の合格者、レベルが低ければ少数の合格者というように、合格者数に多少の変動があってもいいではないか。

法曹養成制度の改革理念は、高度な専門知識と豊かな人間性を備えた法曹を多数生み出すため、現在のような一発試験による「点」での選抜をやめ、法科大学院教育での教育という「プロセス」を重視した選抜へと切り替えることにあった。この理念に照らすと、人数枠を定めておくことは発想が逆転している。医師の国家試験と同じように、所定の実力を備えた者は合格させる資格試験へと速やかに転じるべきだ。深い専門知識を持った、人間性豊かな法曹を多数確保するのが、新司法試験の目的のはずである。競争試験では、いつまでたっても、他人を蹴落としてでも自分だけは資格を取ろうとする貧しい発想の法曹しか得られはしないだろう。それでは現行試験とどこが異なるというのだろうか。それくらいならば、三年も余分に時間がかかる法科大学院修了などを受験資格として要求しない現行の一発試験方式の方が、まだましではないか。

法曹制度の中核と位置付けて導入した法科大学院を意味のない存在にしてはならない。そのためには新司法試験の設計に神経を配り、どのようにしたら適正な数の法曹の適任者を獲得できるかに専心しなければならない。

(二) 二つの制約

新司法試験は法科大学院の教育を踏まえた内容に変更される。解答選択式の短答式試験と筆記式の論文式試験が行われ、論文式試験は公法系科目（憲法、行政法など）、民事系科目（民法、商法、民事訴訟法など）、刑事系科目（刑法、刑事訴訟法など）のほかに選択科目となる。従来のような法律知識の詰め込みでは解答できない課題を出し、法的分析力、思考力、問題解決能力など総合的な力量をみる。

政府は二〇一〇年には合格者数を毎年約三千人に増やす計画だが、これまでは、増員には二つの制約があった。

その一つは、司法修習生が全国各地の裁判所、検察庁、弁護士会で、法曹三者それぞれの立場から、実際の事件を教材として実践的な教育を受ける実務修習をめぐる収容力の問題だ。集合修習を行う司法研修所の収容能力、教官数などの限界を指摘する声もあるが、今回の司法改革で、修習年限を現在の一年半から一年へと短縮し、研修所での集合研修も短くすることなどが決まり、大量修習にも対応できるようになった。埼玉県和光市にある司法研修所で常に全員を研修させるのではなく、いくつかのグループに分けて、グループごとに多人数が集まって講義を聴く集合研修と、各地の裁判所、検察庁、弁護士事務所に散って実務を学ぶ実務研修の時期をずらすなどして、研修プログラムをうまく組み合わせていけば司法研修所の収容人員の何倍かの修習生を抱えることができる。

もう一つは、生活の不安なしに修習できるよう国が修習生一人当たり年間三百万円程度の給与を支給していることからくる予算的な制約だった。最高裁には、年間約千二百人の司法修習生が二期分修習している現状に対して七十億円程度の予算が認められている。しかし国の財政難から修習予算の増額、つまり人員増は難しかった。ところが先の国会で裁判所法が改正され、給費制は二〇一〇年に廃止し、基本的に返済義務のある貸与制へ切り替えることになった。これによって、予算上の制約は少なくなったといえる。従来のように、司法修習とりわけ実務修習の収容能力を理由とした合格者枠の設定は根拠が薄れてきており、具体的な社会のニーズを正確に把握し、それに応じた規模の法曹養成を考えるべき時期に来ている。

(三) 予備試験

法科大学院を修了していなくても新司法試験の受験資格を与える「予備試験」は、二〇一一年から実施される。制度設計の当初は、法科大学院修了者だけに受験資格を絞ってしまうと、法科大学院へ通える資力のない者が法曹になる道を閉ざしてしまう結果になることから、それらの人々を救済する目的で予備試験が構想された。ところが、法案作りの過程で、法科大学院そのものに反対する人達や、現行の一発試験の方が誰でも受験できて公平だとする意見の人達などが加わって、予備試験を一切条件なしの制度とする合意ができ上がった。改正司法試験法では、予備試験の目的は法科大学院修了者と「同等の学識およびその能力並びに法律に関する実務の基礎的素養を有するかどうかを判定すること」（第五条）とされているだけだ。

この結果、どういう事態が生まれるだろうか。心配されるのは、新司法試験の受験生で自信のある者は、まず予備試験を受けて受験資格を取得し、そのまま新司法試験にも合格する〝特急コース〟ができてしまうことだ。もし不合格でも、新司法試験は三回まで受験できるから、法科大学院に進めばいい。この結果、最優秀グループは予備試験ルートの最短コースで合格、法科大学院経由コースはその次のグループということになりかねない奇妙な制度ができてしまった。

もし、この懸念が現実化したら、法科大学院は有名無実になってしまうだろう。大学法学部に在籍しているうちに新司法試験の受験予備校へ通い、司法試験に合格するという現状の「ダブルスクール」が、新制度でも幅をきかせることになりかねない。法曹界は、法曹資格を取得した年次が物を言う世界だから、若いうちに新司法試験に合格しておくことが将来、非常に有利な立場に立つことを保証してくれる。この慣行自体、改めなければならないはずだが、それが現実であれば、ダブルスクールであれ、予備試験であれ、使えるものは使おうという心理になってもおかしくはない。放置しておけば、法曹界のトップエリートは予備試験ルートで形成されるという異常な事態が本当に生まれてしまうと思う。

法科大学院関連三法では、法科大学院こそが「法曹養成のための中核的な教育機関」であるという位置付けと、予備試験は法科大学院修了と「同等」レベルで行われるという二点が明記された。法科大学院で学ばなければパスできないほどの高いレベルが「一定の歯止め」になって、予備試験ルートが太いものになることは阻まれたと受け止める向きもあるが、それほど楽観できるのかどうか。

予備試験が新しい司法試験制度の中でどれほどの地位を占めることになるのかは、これからの運用にかかっている。法科大学院といっても、前述の通り、その教育レベルには違いがあるから、修了と同等のレベルがどの程度の水準を意味するのかが極めて重要になる。ハードルをあまりに下げてしまえば大量の若い合格者が生まれ、これが本流のようになってしまうことだろう。逆にハードルを高くすれば、ほとんど合格者はいなくなり、予備試験を設けた意味はなくなる。おそらく、法科大学院へ通えない者を例外的に救済することなどは不可能に近くなるだろう。予備試験が本来の例外的な役割を果たせるようにしていかなければならない。

予備試験について、このような難しい問題が生じている原因は、大学法学部の存続にある。法学部での四年間の勉学があれば、最優秀の学生が法科大学院生並みの実力をつけても不思議はない。できる学生は本当に良くできる。この人たちが、飛び級のように予備試験を通過し、新司法試験に合格していくのは、むしろ当然すぎるくらい当然だ。しかし、大胆に言ってしまうと、法学部がなくなれば、予備試験が特急コースになる心配も解消することだろう。法学部の教育を受けていない人達が、法科大学院へも通わずに、独学で法科大学院修了生と同等程度の実力を身に着けることは不可能に近いからだ。それはきっと、法科大学院自体の存在意義を認識させ、その地位を高めることにもつながるはずである。

第二　司法研修所

新しくできた日本の法曹養成制度は、ずいぶん歪んだものになってしまった。入り口に法学部があり、中間に法科大学院が置かれていて、最後には司法研修所が控えている。既存のものはすべて残し、新しく法科大学院を挿入した構図は、各方面の妥協の産物で、充実しているといえば充実しているが、スクラップ・アンド・ビルドができていないといえば、できてはいない。入り口に当たる法学部は、少なくとも抜本的な体質改善を迫られることになるだろう。では、出口に当たる最高裁の司法研修所はどうか。

司法研修所は司法修習生への実務教育を行っている。これまで、法律家の水準あるいは法律実務の水準を向上させる面で非常に大きな役割を果たしてきており、この機能を失わせるべきではないという法曹関係者は多い。法科大学院や大学法学部の教授連も、法科大学院では同じことはとてもできないと話す。法曹関係者の大半は、修習生が裁判官、検察官、弁護士と別れていく前に全員を統一修習でみっちり鍛えることを大変有意義だと評価しているようだ。

実際、法科大学院では訴状、弁論書面、判決文の作成、法廷での弁論技術の取得といった実務的な教育は十分にはできず、どこかで、それを補う必要がある。司法研修所がそれを引き受けることは、市民に対し、安心して紛争の解決を任せられる法曹を提供できるようにする意味がある。司法修習生が裁判官、検察官としての適性を持っているかなど、資質の見極めもできる。その限りでは、国費を投じて運用するだけの積極的な理由が認められ、司法研修所が存続することは一応、よしとしよう。

だが、どこか違和感があるのも事実だ。国が裁判官、検察官という公益を担う公務員を育てるために財政支出をするのは当然だが、民間人で営利事業にも携わる弁護士を国費で一年以上の長期にわたり育てていく根拠はどこにあるのだろうか。そもそも個人が使う資格の取得は、国の負担によってではなく、自らの負担で行うべきではないのか。後継者の養成は国任せにするのではなく、その職種団体などが自分たちの責任で行うべきではないのか。法曹の仕事は特別の重要性があるにしても、隣接法律関係職種の司法書士らに同じような国の養成制度がないことと比べて、バランスが取れるのか、など、さまざまな疑問がわいてくる。

諸外国では、裁判官と検察官の養成は国が行うが、弁護士は弁護士団体が行うこととしている国がある。また裁判官と検察官を国が養成するにしても、一緒ではなく別々に実施している国もある。日本のように国が法曹の卵全員を一カ所に集める統一養成制度が最善かどうかは、今後も検討していくべき課題だ。

第五章　市民サービスの向上

第一．労働審判制度

（一）企業内解決能力の低下

ここまで述べてきた裁判員制度、日本司法支援センター、法科大学院の三つの大型プロジェクトは、日本の司法の将来を決める制度的な大変革と考える。それとは少し趣は異にするが、今回の司法改革では、市民サービスの向上につながる新制度がいくつも生まれた。実際に動きだすのは、まだ先のことなので、どの程度の評価をしたらいいのか、流動的な要素が大きいが、市民の目から見れば極めて重要な制度的変革と考えられる新制度を、ここでまとめて取り上げておきたい。

まず画期的と評してもいいのは、解雇などの個別労働紛争の解決を目指す「労働審判制度」だ。労働審判法の成立によって、不況を背景に増大している解雇、賃金、パート労働、アルバイト労働などをめぐるトラブルを労使双方の専門家の尽力で迅速に解決できる道が開けた意義は大きい。私のところにも、社会保険労務士から新制度の内容について質問が来たほどだ。

労働審判制度は、今回の司法改革の柱の一つとされる国民の司法参加を民事裁判手続きの中で実現するもので、日本独特の司法制度といえる。実現したのは、労働側が求めていた、労使の代表が裁判官と同等の権限を持って一緒に労働関係訴訟事件の裁判を行う「労働参審制度」そのものではないが、刑事事件の裁判員制度と同じように、国民が民事司法の分野で参加が認められたことを高く評価すべきだ。雇用関係をめぐる情勢は、政治・経済事情を直ちに反映して、変転極まりない。現場の知識・経験、雇用関係をめぐる情勢が司法の場に反映される道が開かれたことは、問題の迅速・適正な解決に大いに役立つと考える。

司法制度改革審議会の意見書は「雇用・労使関係に関する専門的な知識経験を有する者の関与する裁判制度の導入の当否」、つまり「労働参審制度」を導入すべきかどうかについて「早急に検討を開始すべきである」としたが、導入する方向性すら示していなかった。司法制度改革推進本部の労働検討会では、導入を強く主張する労働側委員の主張と、現状の労働裁判を変える必要はないとする経営側委員の主張が対立して膠着状態に陥り、暗礁に乗り上げた形になっていた。傍聴していると、やはり労働参審制度の実現は難しいと感じざるを得なかったが、最終段階になって労働法学者の委員から労働審判制度の提案があり、その実現へと状況が急転、二〇〇三年十二月十六日の労働検討会で決定された。

なぜ、このような状況の急転が生じたのだろうか。その背景を考えると、いくつかの原因に思い当たる。一つは、長引く不況の影響で、解雇などの個別労働紛争が急増したことが挙げられる。企業のリストラが進む一方、日本型雇用形態の大きな特徴だった終身雇用、年功序列賃金の制度が崩れ、パートやアルバイトなどが雇用の大きな部分を占めるようになった。その構造的な変化が、大きな影を落としているといえるだろう。そこから生まれる個別労働紛争は今後も減少することはないと見られ、その解決は労使の双方にとって急務になってきている。二つ目の理由は、企業内の紛争解決能力の低下だ。これは日本型雇用形態の崩壊と一脈通じるところがあるが、これまで企業内で有効に機能してきた労使の自治、慣行による解決がうまく機能しなくなり、企業内部で解決されていた多くの問題が表面化している。こうした構造的な問題が、弱い立場の労働者にしわ寄せされ、一気に噴出してきているのが労働現場の実態のように思われる。

労働審判制度がどのように運用されていくのか、それも他の諸制度と同じように、今後の制度の肉付け具合にかかっている。どの程度、市民に利用されるのか、現在では未知数で、評価は難しい面があるが、発展性を秘めた、大いに期待できる新制度だと考えている。

（二）労使審判員の養成

労働審判制度は二〇〇六年までに実施される。それまでに、中立公平な労使の労働審判員をどのようにして確保するのかが重大な問題だ。労働検討会の委員が中心になり、労使の代表、労働事件関係訴訟に精通した裁判官、労働法学者らによる討議を経て、中立公平な選出、任命の仕方などを最高裁規則で定めることになっている。

実施時の労働審判員は、この制度の申し立て件数を年間千五百件と想定し、全国で労使双方からそれぞれ五百人が予定されている。しかし適任者はまだ少ないのが難点だ。労働検討会で労働参審制度について議論している時、労働側委員は「企業内組合の専従職員らを集めれば千人以上確保できる」と述べたが、経営側委員は「裁判官に伍して議論できるのは七、八十人くらいにとどまるのではないか」と控えめな数字を挙げたことがある。これは労働参審員の数的見通しであって、労働審判員の数ではないが、実態としてはかなり似たところがあり、公布後二年以内の実施準備期間内に、どれだけの労働審判員を揃えることができるか、やや心もとない。

労働審判員となるべき候補者への研修は日本労使関係研究協会が引き受け、労使共同の研修事業として二〇〇五年春にスタート、労働法の基礎、紛争解決の制度と技術、事例研究などが行われる。経営側の審判員を出す各経済団体、労働側の審判員を出す各労働団体などは、最高裁や日本弁護士連合会とも協力して、審判員の養成を急がなければならない。質の高い労働審判員を数多く揃えることが、この制度を成功させるための不可欠の条件だ。

(三) 準訴訟的な手続き

労働審判は原則的に三回以内の期日で結論が出される。集中的に手続きを進め、決着させるには、第一回期日から本人、弁護士らが出頭し、実質的な審理が行われるのでなければならない。民事訴訟法が改正されて、民事訴訟でも一定の要件の下で計画審理が義務付けられた。その精神を生かし、労働審判制度でも集中的な計画審理をする必要がある。手続きの細部について、さらに入念な検討が必要だ。

この制度は訴訟手続きではないが、訴訟へのリンクがあるなど、単なる司法型ＡＤＲの域を超え、準訴訟的な手続きになっている。労働審判法には労働審判員に「評議の秘密を漏らす罪」、「人の秘密を漏らす罪」が設けられており、それぞれ刑事罰が定められている。人の秘密を漏らす罪は、刑事事件の裁判員と同じ「一年以下の懲役と五十万円以下の罰金」であり、この点を見ても、裁判に近い構造であることが理解できるだろう。

しかし、労働事件に対応できる弁護士の数は少ない。労働審判制度は本人でも申し立てできる制度としてつくられているが、少なくとも新制度が軌道に乗るまでは、弁護士の関与が必要になると予想される。スタート時は、労使の労働審判員はまだ不慣れだし、労働審判委員会の解決能力も十分ではないのに加えて、使用者側には弁護士が代理人としてつくことが予想されるから、労働者の相談・助言にあずかる弁護士側の態勢づくり、人的な充実が欠かせない。

労働審判制度は、適法な異議の申し立てがあれば訴訟へ自動的に移行することを手続き的に組み込んでいることが特徴であり、訴訟になった場合の弁護士の受任体制も大きな意味を持ってくる。各地の弁護士会は、弁護士報酬をどう決めるか、訴訟に移行する場合の対応はどうするか、などについて論議を深め、しっかりした受けの体制をつくっておかなければならない。

労使の労働審判員だけでなく、労働関係事件に詳しい裁判官の確保も一つの課題になる。年間申立件数についての最高裁の見込みは、これまでの統計から推定した年間一千件から二千件という数字だが、この制度が広く活用されるようになった時には、労働審判官となる裁判官に不足が生じることも考えておかなければならない。そのような場合、今回の司法改革で新しく誕生した民事調停官、家事調停官という非常勤裁判官にならって、労働事件の経験が豊かな弁護士を非常勤で労働審判官のような職に任ずる仕組みの導入も検討すべきだろうと思う。

(四) アクセスの改善

この制度は、存在が知られれば利用度が高くなると予想される。各地の弁護士会、裁判所、労働団体などの関係者は広く市民、労働組合員らに広報していってもらいたい。地方自治体、弁護士会、近く発足する日本司法支援センター、ＡＤＲ機関などとの連携を深め、パンフレット、ビデオをつくるなどして新制度の普及に努めてほしい。これまでは、個別労働紛争の有効な解決手段が十分ではなく、泣き寝入りしていた労働者も多いと推測される。この制度が広く知られ、労働者が権利回復のために立ち上がるようになっていってほしい。

利用度を高めるには、弁護士や司法書士らの手助けを受けなくても、本人が地方裁判所の窓口で簡単に申し立てができるよう、アクセスの改善が図られなければならない。申し立ては訴訟の場合の訴状よりも簡単で、申し立ての「趣旨および理由」を記せばよいとされているので、事件の類型別に「簡易定型申立書」といった雛型を裁判所や法律相談の窓口などに用意しておく必要がある。現在、簡易裁判所へ行けば金銭貸借などの定型書類が備え付けられているが、同じように、地方裁判所などでも労働審判の定型申立書や手引書などを置き、職員が相談者を指導できるような態勢を整えてほしい。

(五) 労働組合法改正

労働組合法の改正についても若干の感想を述べておきたい。集団的労働紛争が長期化している理由は、第一部で述べたように労働委員会の審査体制のぜい弱性に大きな原因があったが、それだけとも言い切れない労使紛争特有の事情も見て取れる。労働委員会から裁判所へと続いていく長い手続きの過程で、お互いが交わすやりとりを通じて、労働法制が求めている労使の正しい在り方を認識し、こじれた労使関係を正常化できる場合もある。迅速化だけでは真の解決とは呼べない。

しかし、審査が長期化していては、早期解決を求める当事者は労働委員会を利用せず、最初から裁判所に地位保全の仮処分などを申し立てる道を選ぶことだろう。それでは労働委員会の存在意義がなくなり、行政サービスの在り方としては問題を残すことになる。むしろ労働委員会が当事者に、不当労働行為に当たるかどうかの判断を速やかに示すことが、当事者に解決を促す契機になる。労働委員会の結論が見えてきて、どちらかが負けそうだとなれば、そのまま紛争を続けて泥沼化させるよりも、まず事態の改善を優先させることだろう。労働委員会の命令も裁判所の判決も最終的な手段であって、当事者間の自主的解決こそが最も妥当である場合が多い。

ただ、現実の都道府県労働委員会が、このような紛争の実効的解決の期待に応えられるような審査体制になったかどうかとなると、やや疑問がある。集団的労働紛争の事件数は、都道府県によってかなりの違いがあり、中には数年間も救済申し立てがないところもある。これでは、公益委員の一部常勤化、部会制導入といっても、地域によっては現実性がない。審査能力の強化も望めないことになるだろう。審査機能を高めるには、都道府県の枠を超えて、ある程度の範囲を管轄する審査機関を想定するのが妥当ではないか。地方分権だからといって、単純に都道府県単位で割っていくのではなく、道州制的な発想の制度づくりを今後に期待したい。

司法制度改革推進本部の労働検討会では、「五審制」を解消するため、取り消し訴訟を審理する裁判所側の仕組みを三審制から二審制にして高裁段階を省略し、地裁判決からいきなり最高裁への上告を認める「審級省略」のアイデアも出されたが、今回は見送られた。その意味では、今回の労働訴訟の改善は、集団的労働紛争に関する限り、現在の制度的枠組みを残したままに終わったという評価が、一方では残るかもしれない。

より根本的に言えば、労働委員会段階で不当労働行為事件について救済命令などが出されても、当事者の取り消し訴訟によって地方裁判所が事件を最初から洗い出す現在の方式が基本的に変わらないならば、都道府県労働委員会と中央労働委員会の命令などが大きな意味を持たなくなることだろう。当事者としては裁判の方で勝つことに専念するに違いないからだが、それでは労働委員会の存在意義がなくなってしまう。労働委員会は労使紛争の早期・妥当な解決を目指して設けられた行政委員会であることを思い起こさなければならない。裁判所が労働委員会の結論を尊重し、その存在意義を高める仕組みをどうつくっていくか。それが今後の大きな課題になる。

第二　行政訴訟

(一) 救済範囲の拡大

行政訴訟の見直しは中央省庁の抵抗が大きく、最も悲観的に見ていたテーマだった。司法制度改革審議会の意見書も「司法の行政に対するチェック機能を強化する方向で行政訴訟制度を見直すことは不可欠」と述べながらも、「政府において本格的な検討を早急に開始すべきである」とするにとどまり、具体的に実現すべき内容は全く示さなかった。そして実際に、行政訴訟検討会の論議にもはかばかしい進展はなかったが、自民党若手議員や行政法学者、弁護士らが結成した「国民と行政の関係を考える若手の会」の活動などが影響し、途中から合意づくりに向けた動きが活発化した。その結果、なんとか行政事件訴訟法の改正に漕ぎ着け、これも市民の視点からは一定の評価に値する成果に結びついた。

成果の一つは、行政訴訟を起こせる「原告適格」が広がったことである。行政事件訴訟法は、原告適格を定めた第九条で、行政庁が行った「当該処分又は裁決の取り消しを求めるにつき法律上の利益を有する者」に限って提訴する資格を与えていた。裁判所は「法律上の利益」を厳格に解釈する傾向があり、行政処分によって直接権利関係が左右されるのではないものの波及効果を受けるような周辺の人々からの訴えは、なかなか取り上げてくれなかった。前述した通り、統計的な数字を見ても、行政訴訟の入り口は極めて狭く、裁判を起こしても判決では原告適格がないとして却下されることが多く、実質的な判断を得ることだけでも至難の業だった。

今回の改正では、第九条に第二項を追加し、法律上の利益の有無を判断するに当たっては「当該処分又は裁決の根拠となる法令の規定の文言のみによることなく」という文言を盛り込み、形式的な判断はしないようにくぎを刺した。そして、被害の実態を見る上では「害されることになる利益の内容及び性質並びにこれが害される態様及び程度をも勘案する」と、一般的な広がりのある表現で明記した。具体的な行政の対応、住民の被害を総合的に判断して、原告適格を決めるべきだという趣旨であり、これまでに比べれば、原告適格は飛躍的に拡大されることだろう。従来の判決には、時として、法律の条文上の仕組みにもっぱら着目することにより原告適格を否定するような傾向も見られたが、そのような解釈の仕方は改められるに違いない。今後、最高裁の判例で変更されるものもあるだろうし、実務上の影響は大きいと見られる。

被告適格の改正も市民のアクセスの改善に大きな役割を果たすことだろう。被告とすべき行政庁が明らかでなくても、国または公共団体を端的に被告とすることが許され、これまでのように被告がどこかの調査に長時間かかり、その選定に悩まされるようなことは少なくなるだろう。市民の側の負担は大幅に改善される。また少し技術的な話になるが、民事訴訟などの被告が国または公共団体とされていたこととの関係で、行政訴訟とこれらの訴訟との間での訴えの変更にかかわる困難も解消されることになった。

管轄裁判所の拡大もアクセス面での大きな改善だ。民事裁判では提訴先は「被告の普通裁判籍の所在地を管轄する裁判所」（民事訴訟法四条）を原則としているが、この原則には個別法の例外も多い。行政訴訟の提訴先も、この原則に必ずしもこだわることはない。理想を言えば、原告居住地の裁判所に提訴する余地を認めてもいいのではないかと考えるが、国側の応訴態勢、行政訴訟に精通した裁判官の数などを考慮すると、現段階では今回の改正は現実的というべきだろう。

義務付け訴訟、差し止め訴訟が法律で定められたことも、市民の救済手段が広がることを意味している。行政側の抵抗が大きい現状では、このような二つの類型の訴訟が新設されたことだけでも高く評価されてしかるべきだろう。例えばこれまでは、行政側の不作為の違法が行政訴訟で確認されても、その行為を行政が自主的に行うならともかく、嫌がって実施しなければ、住民側はまた改めて提訴しなければならない二重の手間を強いられた。義務付け訴訟が動きだせば、一回の提訴によって、求める行為を行政側に行わせることができる。義務付け訴訟はこれまでも解釈論のレベルでは許容されていたが、実際に機能させるには難しい問題があることから、裁判に持ち込まれた例は数少ない。今回、この類型の訴訟が導入されたことは、行政庁の第一次判断権の尊重と取り消し訴訟中心に傾いていた、これまでの行政訴訟の在り方を根本から変える意味を持っているといえる。差し止め訴訟も同様の意義を持つ新類型の行政訴訟だ。訴訟要件などが第三七条の四で定められた意義は大きい。従来の判決では、行政処分を差し止めることができる要件をかなり厳格に絞り込み、その結果、訴えを不適法として却下する例が多かったが、今回の改正で定められた「重大な損害を生じるおそれ」という第三七条の四の要件は、実質的に、これまでの要件を緩和したと見てよいのではないかと思われる。義務付け訴訟も、差し止め訴訟も、今後は広く活用されることだろう。誤った行政処分などの是正に効果を発揮し、救済範囲が拡大されるに違いない。仮の義務付け・仮の差し止めの制度が創設されたのも同じような意味合いがある。義務付け訴訟が提起された場合の仮の義務付けと、差し止め訴訟が提起された場合の仮の差し止めは、ともに市民の権利と利益の救済を実効的にするために欠かせない。これら「仮の救済」を適切に運用していくことが今後、裁判所に求められることになる。

今回の行政訴訟改革を一言で言えば、市民が行政の違法行為を正す法的な〝武器〟の種類が増えたことになる。特定の権利関係の存在または不存在を主張して、その存否の確認を求める「確認訴訟（確認の訴え）」が、きちんと条文化された意義も大きい。まず法律関係に関する確認をすることから解決の糸がほぐれてくることは多い。その意味で、確認訴訟の法定は紛争解決に役立つはずであり、市民の側が前向きに活用していってほしい。ただ、新たに差し止め訴訟が設けられたため、具体的な被害の発生を食い止める行政訴訟として活用する際には、確認訴訟と差し止め訴訟の使い分けが難しくなることがあるかもしれない。そういうとき、訴えを受けた裁判所は、この紛争はこの類型の訴訟でなければならない、というような硬直化した判断をしてはならないと思う。今回の行政事件訴訟法の改正でこれらの類型の訴訟を用意したのは、どの型の訴訟を選んだかによる訴訟上のリスクを市民の側に負わせるのが趣旨ではなく、適切な類型の訴訟を選択することによって紛争解決の道も妥当で多様なものにしていくことに狙いがある。それを考えると、提訴を受けた裁判所は、市民の主張を的確に把握し、事案の状況に応じた適切な解決を探って、実効ある救済の道を開いていくようにすべきだろう。

(二) 団体訴訟

しかし、行政訴訟検討会で論点に挙げられるなどしながらも、現段階では法案化が見送られたテーマは数多い。多数の人に共通する利益が侵害された場合、それらの人々が結成する団体が代表して被害の救済を求めて提訴する「団体訴訟」は、司法制度改革審議会意見書で「団体訴権の導入、導入する場合の適格団体の決め方等については、法分野ごとに、個別の実体法において、その法律の目的やその法律が保護しようとしている権利、利益等を考慮して検討されるべきである」と述べられているが、行政訴訟検討会ではなく、政府の国民生活審議会を主な論議の場として、導入の方向で検討が進められている。

米国には、多数の被害者の損害賠償請求を一括して行う「クラス・アクション」の制度がある。ドイツにも不正競争防止法などによって、被害者らの利益保護を目的とする団体に違法行為の差し止め請求訴訟を起こす固有の資格を与える「団体訴権」が認められている。日本でも団体訴訟を可能にする法改正が早く行われることを望みたい。

今回、法案化が見送られた課題には、取り消し訴訟の行政指導などへの拡大、行政裁量に対する審査、弁護士報酬の片面的敗訴者負担制度の導入などがある。いずれも大きなテーマだが、とりわけ片面的敗訴者負担制度の導入は、実現させてもよかったように思う。これは米国などで行われており、行政訴訟で行政側が敗訴した場合に限り、提訴した住民側の弁護士報酬は行政側が負担し、住民側には迷惑を掛けないという制度だ。この制度の根拠は、住民の提訴によって、誤った行政が是正されるのだから、その利益は行政側にもあるためだとされている。今回の司法改革論議では、行政訴訟への片面的敗訴者負担制度の導入などは議論されただけにとどまったが、将来は、これらも実現する方向に向け、関係者は論議を続けていってほしい。

第三　裁判外紛争解決手続き（ＡＤＲ）法

（一）ＡＤＲの活性化

広く裁判外紛争解決手続き（ＡＤＲ）と呼ばれるものには、仲裁、調停、あっせんなど、さまざまな形がある。今回の司法改革では、民事司法の分野で、これら全体に共通する統一した新しいルールが定められた。「裁判外紛争解決手続きの利用の促進に関する法律」（ＡＤＲ法）と「仲裁法」だ。　仲裁法は国際的な模範法に基づいた内容だから、早期にできるのが当然で、ことさら注文すべきこともない。しかし、ＡＤＲ法については、市民生活と密接な関係があり、広く市民が知っておく必要があると思う。

第三部の連載記事などで述べたように、ＡＤＲには裁判所が行う「司法型」、政府や地方自治体などの行政機関が行う「行政型」、民間のＡＤＲ機関が行う「民間型」など、いろいろなものがある。その中には、既に述べた労働審判制度のような準裁判的な機能を持ったものもあれば、単なる相談程度の役割しか果たせないものまである。司法型のように法的強制力を背景に持たなければ紛争解決がうまくいかないケースがあるのは事実だが、それほどの重装備でなくても妥当な解決が図れるケースはたくさんある。ＡＤＲが活性化することは、法的な紛争がすべて裁判所に持ち込まれることを防ぎ、裁判所の負担過重を避けるとともに、より身近なところで、当事者が希望する妥当な解決を図れる利点がある。

ＡＤＲ検討会では、当事者自治による紛争解決手段というＡＤＲの本質からすると、国による認証制度の導入は望ましくないという意見が強く出された。認証を受けるには諸手続きや財政面の負担などもあるが、ＡＤＲ法で新しく設けられた認証制度が、市民がＡＤＲ機関を選ぶ際の選択の手掛かりになることも事実だろう。賢く利用していってほしい。ＡＤＲ法は施行の五年後に見直すこととされており、認証制度が民間ＡＤＲの促進に及ぼす影響をしっかりと点検していきたい。

またＡＤＲ法は国内の事件だけでなく、国際事件にも適用されることに注意しておきたい。国際的な商事紛争の解決手段として調停が重視されてきている時期であり、ＡＤＲ法が国際的にどのように受け止められるか、今後の反響を注視していく必要もある。

(二) 専門家の活用

ＡＤＲ機関の質は、そこに関与する専門家の質によって決まってくる。司法書士、弁理士、税理士、社会保険労務士、土地家屋調査士など隣接法律関係職種にも一定の法律事務の扱いを認める弁護士法改正が行われたが、ADR機関に弁護士のほか、どのような隣接法律関係職種の人々が関与するかは、利用する市民にとって影響の大きい問題だ。弁護士の少ない地域では司法書士などの「士業」が関与する度合いが強まるだろうし、地域によって、分野によって、一律には決めにくい事情があることだろう。適切な専門家の活用ができるよう、さらに関係者で論議を続けてほしい。

ADR法案作りと国会審議の過程を通じ、隣接法律関係職種のADR代理権などをめぐる問題は日弁連、隣接法律関係職種団体などの間で意見の隔たりが大きく、調整が難航した。しかし、二〇〇四年十一月、司法制度改革推進本部は解散直前にガイドラインを関係者に示している。その内容を紹介しておこう。

登記や供託などを行ってきた司法書士については、法務省が実施する能力認定考査に合格すると簡易裁判所での民事訴訟代理権などの業務ができるようになり、二〇〇三年七月に二千九百八十二人の司法書士が法務大臣から簡裁民事訴訟代理権業務の認定を受けた。二〇〇四年三月までに、全国で約一万八千人いる司法書士のうち計六千三百六十六人が認定を受けたが、これらの認定司法書士については、百四十万円以下の民事紛争についてADR代理権が認められる。

商標権など知的財産権を扱う弁理士については、ADR代理の対象に著作権に関する紛争を追加し、経済産業大臣の指定するADR機関を拡大するとともに、ADRでの調停代理権があることを明確化する。

企業の需要に応えて適切な労務管理などのほか労働社会保険に関する指導を行う社会保険労務士については、所定の研修を修了するなどして厚生労働大臣から能力担保措置を受けた社会保険労務士の場合は①個別労働関係紛争について都道府県労働局が行うあっせん代理業務②個別労働関係紛争について地方労働委員会が行うあっせんの代理（和解手続を含む）③男女雇用機会均等法に基づき都道府県労働局が行う調停代理④厚生労働大臣が指定する民間ＡＤＲ機関が行う個別労働関係紛争の代理（訴額が少額訴訟の上限六十万円を超える場合は弁護士が同一の依頼者から受任している場合に限る）――という代理業務を行うことができる。

土地境界紛争などを扱う土地家屋調査士については、法務大臣から研修終了などを条件として能力担保措置を受けた土地家屋調査士の場合、法務大臣が指定する民間ＡＤＲ機関が行う、土地の境界が明らかでないことを原因とする民事に関する紛争について、弁護士が同一の依頼者から受任している場合に限り、代理権を付与する。

税理士、不動産鑑定士、行政書士については、ＡＤＲ法の施行後に手続き実施者としての実績等を見極めたうえで、将来の検討課題とする――とされている。

司法書士や土地家屋調査士を所管する法務省、社会保険労務士を所管する厚生労働省などは各士業法の改正準備に入っており、近く国会に改正法案が上程される見通しだ。

第六章　法曹制度の変革

第一．弁護士制度

(一) 痛みを伴う改革

司法改革のテーマをめぐり、日本弁護士連合会の総会では激しい討論が何度も重ねられた。それを傍聴していて、最近は日弁連も随分と変わったと感じる。以前のように、高いところから独善的に方針を論じるようなところが影を潜め、弁護士の社会的使命である「基本的人権の擁護と社会正義の実現」を社会の現状の中で、どう貫き、どう実現させていくのが市民の利益に奉仕することになるかという、市民の立場に立った、目線の低い議論が聞かれるようになった。市民の利益と期待にかなうものならば、あえて痛みを伴う改革でも引き受けようとする姿勢が生まれてきたことには、率直に言って、強く共感と敬意を覚える。

日弁連が二〇〇三年十二月に設置した、市民による諮問機関「市民会議」の委員を引き受けたのは、そのような執行部の姿勢を、微力ながらも応援しようと考えたからだった。しかし、日弁連の内部を見渡してみると、執行部の提案する方針には、いつも会員総数の三分の一近くが反対か、疑問を投げ掛ける態度を取っているように感じられる。会内運営も難しさを増すと思うが、今後も改革への志向性を鈍らせることなく、司法改革の推進力となっていってほしいと思う。

(二) 弁護士資格付与の特例

司法改革をめぐる総会で大きな論議となったテーマの一つが、弁護士資格を付与する場合の特例の拡大だった。新しく成立した法律では、司法試験に合格しているものの司法修習は未修了の国会議員、公務員、企業法務関係者のほか、司法試験も司法修習も経ていない特任検事にも、弁護士資格が与えられることになった。いずれも、日本弁護士連合会が行う百八十八時間の研修をすませることが資格取得の条件になる。

このような特例の拡大は、司法試験の合格と司法修習の修了を基本とする現行の法曹資格制度の基本的な枠組みを揺るがすものであって、その存在意義を弱める動きである。法曹増員を求める流れに便乗して、国会議員、公務員、企業法務関係者らが法曹資格を別ルートで手に入れられるようにしたと批判されても仕方がないだろう。もし、十分な実務能力を備えていない弁護士が、このルートで多数誕生するようならば、国民にとっては迷惑極まりない事態だ。

理屈から言っても、司法修習を行う司法研修所は残す結果になったのだから、そこを通過しない法曹資格付与の特例を拡大するのは、政策の選択として一貫せず、矛盾している。今回の法改正はいささか時期尚早の感があり、もっと慎重にすべきだったと思う。

法曹制度検討会では、司法試験を経ずに任命されている簡易裁判所判事と副検事にも法曹資格を付与すべきかどうかが論議された。多くの委員は、簡易裁判所だけに限定した「準弁護士」の資格を認めることにも難色を示し、最終的には「法曹人口、司法ネット、司法書士への簡易裁判所での訴訟代理権付与の効果などを見定めた上で考えるべきだ」とされ、この問題は見送られた。妥当な結論だっただろう。

(三) 弁護士資格の方向性

法曹資格の付与について軽々に論じることは差し控えたいが、個人的に感じている将来の方向性を少し述べておきたい。これまでの経緯をたどっていくと、この問題は、法曹人口が異常に少ない状況から生まれていることが分かる。法曹人口の拡大に日弁連が反対し続けてきたことなどが原因で、法曹内部の合意ができなかったために、急増する法的サービスの需要に応える施策として、各省庁が独自に認定する司法書士、弁理士、税理士などの隣接法律関係職種が生まれた。さらに、最高裁が任用する簡易裁判所判事、法務省が任命する特任検事、副検事らも現場に配置されることになった。外国では、これらの職種には、限定免許のような形で法曹資格を与えているところが多く、日本の制度は極めていびつだと言わざるを得ない。

猛烈な批判を受けることを覚悟して言えば、将来の法曹資格は、法律事務なら何でも扱える〝フル規格〟の弁護士だけではなく、ちょうど自動車の運転免許証に一種免許、二種免許、オートマティック車の限定免許などがあるように、その業務に特有の内容、必要な法的知識の範囲と深さ、求められる実務的能力の高さなどに応じて、何種類かの法曹資格を準備すべきだと思う。日本のこれまでの法曹資格は、道路が高速化されようと、自動車の性能、種類が多様化しようと、そんなことには無頓着に、ただ一種類の運転免許証しか発行してこなかったようなものだ。それでは時代の要求に応えられるわけがない。

これから国際化がさらに進むと、諸外国と法曹資格のレベルをそろえる必要性も高まる。日本の資格は、学位を見ても博士号が少ないように、一般的に諸外国よりも厳しい。法曹資格も同様で、日本では弁理士、税理士などが行っている仕事を弁護士の仕事としている国は多い。外国と交渉するときに、実力的には同レベルでありながら、資格が低いために相手にされない状態は回避することが必要だ。

現代の社会は、急速に複雑化し高性能化していく。それに対して、いつも重装備の〝フル規格〟の技術者が乗り出していく必要性はないし、いくら〝フル規格〟であっても、何でもこなせるほど現状は簡単ではない。技術が絡む知的財産訴訟がよい例で、弁護士なら誰でも扱っていけるような簡単な代物ではない。医者をみれば一目瞭然だが、外科でも、内科でも、産婦人科でも、精神科でも、何でもできる医者などはどこにもいない。将来、弁護士も同じように、得意な専門分野をつくって、分野ごとに分化して行かざるを得ないだろう。それならば資格も専門化していくべきで、その方向を推し進めていけば、結局は法曹資格自体の分化が避けられないのではないか。

隣接法律関係職種に、一定の条件で限定的な弁護士資格を認めることは時代のすう勢だと考える。外国の制度と比較した場合、少なくとも弁理士は「特許弁護士」と、また税理士は「税務弁護士」と呼んでもおかしくはない。こう言うと、多くの弁護士などからは批判が浴びせられると予想されるが、市民の利益を損なわないような慎重な配慮を加えた上でならば、将来はそこまで踏み切ってもいいのではないかと考える。

それは弁護士と「準弁護士」という資格の上下関係をつくれというのとは少し違う。上下関係というよりは、医者のような、横の〝住み分け〟関係といった方がいい。法曹資格の中にも、活動できる範囲を限定した資格がいくつか誕生してもいいのではないか。

(四) 法曹一元

これまで日弁連は司法改革について二つのスローガンを掲げてきた。弁護士から裁判官を採用すべきだという「法曹一元」と刑事裁判への「陪審制度」の導入だ。この二つが目指す価値観と底流で共通するものは、今回の司法改革で一定程度、実現された。法曹一元は弁護士任官制度や非常勤裁判官制度に、陪審制度は裁判員制度にと、形を変えて結実している。

日弁連は今後も、これら二つのスローガンをうたい続けるのかどうか。私の感覚では「法曹一元」という言葉は、歴史の重みがある言葉だが、一般の人には何を言っているのか分かりにくいように思われる。その意味する価値観を現代的にアピールできないと、これから説得力を維持していくことは難しい気がする。

陪審制度も、その導入を今後も訴え続けてほしいが、やっと国民参加の裁判員制度が始まるのだから、ともかく当面は裁判員制度が定着することに全力を傾けてほしいと願っている。これが、うまく動かないようでは、陪審制度などは夢物語と言われてしまうだろう。

(五) 七つの課題

いま弁護士は、大きく言えば、七つの課題を抱えていると感じられる。

最も重要なことは、来るべき「法曹人口五万人時代」を想定した弁護士社会のビジョンを日弁連が一刻も早く樹立することだ。小さな特権社会を守ろうとするのではなく、毎年三千人の新司法試験合格者が生まれていく状況を踏まえた弁護士社会の新たなビジョンが構築されなければならない。現在打つべき手が何なのかは、すべて、そこから導き出されてくるはずだ。

これからは弁護士も、例えて言えば、少人数の〝貴族制社会〟から多人数の大衆社会を迎える。弁護士資格のところで述べたように、従来型の発想をしていたのでは社会の動きから取り残される。私は法曹人口が米国のように肥大化することは決して望んではいないが、法曹の質的レベルを落とさずに、取りあえず速やかに現在の二倍程度まではもっていくべきだと考えている。そのことによって、今回の司法改革でつくられた新制度のいくつかは初めて、目指す目的を達成できるからだ。

では、「弁護士五万人時代のビジョン」はどのようなものであるべきか。基本的に崩してはならないことは、弁護士会が自ら会員の登録、懲戒を行う権限を持つ「弁護士自治」の仕組みである。戦前、弁護士や弁護士会を指導・監督する権限は司法省が握っていたが、戦後定められた弁護士法は、弁護士活動を国家統制の下に置いたことへの反省などから、弁護士の登録、懲戒など行政に関する権限を日弁連に与えた経緯がある。このような国家権力からの独立性を保ちながら、しかも会員数の急増にも適切に対応できる組織へと変えていくことが、いま求められている第一の課題だ。

弁護士の業務は、従来のような訴訟中心から政策立案、行政、企業、ＡＤＲへの関与などへと多角化していき、公認会計士、司法書士、弁理士ら他の専門職種との協業化が進んでいくだろう。弁護士事務所も合併や共同化が進み、仕事の内容の分化、弁護士間の所得の分化も進行していくに違いない。これまでのように均質化した弁護士像を前提として、日弁連が全国一律の活動をしていたのでは、対応を誤りかねない。強制加入制度を取り、高額な会費を集めながら、会員へのサービス提供を怠ると、強い不満が噴き出すことも予想される。会員へのどのようなリターンを行うかは、極めて重要な意味がある。

弁護士という職にある者だけで構成される職能団体として、日弁連はすべての弁護士に共通する最大公約数的な活動にまず集中するべきだろう。具体的に言えば①弁護士倫理の研修②裁判員法、倒産法、会社法など新しい法律についての普及・研究活動③弁護技能向上を目指す研究会の開催――などが挙げられる。個別の弁護士には入手不可能な情報、技術の提供に専念し、全体のスキルアップを図ってほしい。

人数が増えれば、ルール違反をする不心得者も増える道理だ。苦情や懲戒の申し立ても増えると予想され、今回改革されたとはいえ、現状の制度でどこまで対応できるか、不安もある。行政団体としての在り方を根本から再検討しなければならない。会長（任期二年）、副会長（任期一年）ら執行部と事務局の態勢は、今のようなボランティア的な組織のままでやっていけるのか。毎年のように数千件の会員の異動が生じるが、現在のように数万人もの会員名簿を毎年整備するなどして、適切な会員情報の提供を続けていけるのか。急増する綱紀・懲戒に今のような審理ペースで堪えられるか、多くの疑問がわいてくる。これまでと同じようなことを漫然と繰り返していては機能不全に陥ることが見えている。日弁連は事務局を強化するなど、組織体制の整備を図るべきではないか。

第二は、専門性の強化だ。弁護士は、伝統的に培われてきた、国家権力と対峙する在野精神を大切にしながら、それに現代的な高い専門性、自律性、市民性を備えていってほしい。ドイツなどを参考に、医療、知的財産権、税務、労働、刑事、企業買収・合併（M＆A）、渉外、倒産などの分野ごとに「専門弁護士制度」を創設したらどうだろうか。これは国の制度ではなく、日弁連が希望者からの申請を基本的に尊重しながら、独自に行う認定がいい。仲間から見て、十分な実績があると認められる弁護士を〝保証書〟付きで送り出してくれれば、利用者は誰に頼んだらいいのか、迷うことも少なくなる。日弁連の内部に審査を担当する委員会を設けて、一定の基準に基づいて申請をチェックし、認定を与える仕組みができればいいと思う。

専門性という意味では、法律事務所、弁護士法人はもっと専門分野に特化しても良い。あの事務所へ行けば、この問題は解決できるという認識が社会に広まることは、司法アクセスの改善にもなる。もっとも、これは、現在の多くの弁護士が行っている、さまざまな事件をこなすホームローヤー的な仕事ぶりを否定する趣旨ではない。市民の近くですぐに相談に応じてくれる弁護士が必要なことは、医者の場合に専門医ばかりでなく、開業医が欠かせないのと同じだ。ただ、今はあまりに弁護士が均質すぎているので、もっと特定の専門分野に強い弁護士が多く生まれてほしいということにすぎない。

専門性をもった新時代の弁護士をどう育てていくのか。後継者養成のビジョンも必要だ。司法ネットとの関連で述べたが、日弁連が大都市圏で設置を進めている「都市型公設事務所」に、その機能を持たせられないだろうか。都市部に生まれる貧困者らの救済を主目的としながらも、そこで仕事をしていく中で、専門性を鍛えていくことは、労働などの分野によっては可能ではないか。

最近の大手企業、中央省庁は、社員を日常業務から外し、数年間の期限付きで海外、大学院などで研修させる制度を取っている。そうしなければ、新しい戦力が確保できないからだ。弁護士も同様で、新知識、新技能を組織的に身に着けさせる仕組みを早くつくるべきだと思う。

第三は、シンクタンク機能の強化だ。日弁連は、わが国有数の専門家を傘下に抱える巨大な頭脳集団だが、今は、その認識に乏しいように感じられる。潜在的な能力を活かし、政策づくりの専門家集団へと脱皮してほしい。社会に生起する諸問題を法律家の目で分析し、市民生活をリードするような専門家ならではの具体的な提言を積極的に出していってほしい。これまでは、折に触れて日弁連が公表する各種の意見書などでその役割が果たされてきたが、これからはさらに一歩を踏み出す決断ができたら望ましい。内部に新しい機関ができれば理想的だが、コストのかかることでもある。幸い、今回の司法改革で、諸外国の法制度などを調べたりする司法改革調査室が設けられ、各検討会のヒアリング、弁護士委員の意見表明などにその成果が生かされた。これを、さらに強化し、恒常的に司法の在り方についての提言を発信していける組織にできないか。大学、研究機関に協力を求め、若手研究者を派遣してもらうのもいい。

第四は、公共的な分野への積極的な進出だ。今回の司法改革では、政府の司法制度改革推進本部に数人の弁護士が派遣され、各中央省庁から来た職員らとともに、総合法律支援法案などの法案作りに参加した。労働検討会、行政訴訟検討会など検討会によっては、弁護士が中心となって政府案を作成したところもある。法案成立など実際の成果にも結び付き、成功だったと考えるが、これまでのような、内閣が行う立法の常識では考えられないことだった。これからも弁護士には、立法段階からの政策形成に参加してほしい。外部から批判するだけではなく、市民生活に身近な法律づくりに積極的に加わって、意見を反映させていくことが重要になる。

これは中央官庁だけの話ではなく、都道府県や市町村の条例作りなどにも共通する問題だ。地方にあまりノウハウがないテーマでは、日弁連が、詳しい弁護士を地方自治体へ派遣することをシステム化してもいいのではないか。弁護士の公務就任は、仕事の内容によっては、決して弁護士の在野精神に矛盾しないと考える。

第五は、市民サービス向上への尽力だ。市民性の強化と言ってもいいだろう。日弁連をはじめ各地の弁護士会は既に刑事事件の再審など人権擁護活動に本格的に取り組んでいるが、さらに日本司法支援センターの業務へ常勤弁護士、契約弁護士として参加することを強力に推し進めてほしい。センターの業務は今後の展開によっては、急速に拡大する可能性を秘めている。市民の人権を守るための相談活動、法律扶助はもとより、犯罪被害者支援などこれまで軽視されてきた分野での弁護士の役割に期待が寄せられている。常勤弁護士、契約弁護士として多数の弁護士がセンターと契約を結び、市民サービスの担い手になってほしいと切に願う。

また、全国に広がっている、弁護士が皆無か一人しかいない「ゼロ・ワン地域」の解消を急いでほしい。島根県浜田市や沖縄県・石垣島などに日弁連が「ひまわり基金」でつくった公設事務所を見に行ったが、法律相談や事件の依頼に訪れる人は多く、地域には法的サービスの需要が眠っていると痛感した。司法過疎地への公設事務所の設置のほか、都市型公設事務所の設置も推進してほしい。都市型公設事務所は裁判官・検察官が弁護士経験を積む際の受け皿になるし、弁護士から裁判官へ任官する人の準備と任官を終えた人の受け入れ先としても機能する。弁護士任官の推進を叫ぶだけではなく、現実的な不安なしに転身していける環境整備をすることも、弁護士会の役目といえる。特に、若い弁護士は地方の実情をよく見ることが勉強にもつながるので、率先して赴任してほしい。

第六は、国際性の強化だ。日本の法律は国内の状況だけを見て作られているのではない。組織犯罪処罰法などのように、国連などの国際機関によって作られた多国間条約へ加入するための国内的な条件整備として作られるものが急増している。条約作りの段階から審議状況をフォローしていかないと、法案の是非の判断すらできない状況にある。日本の弁護士が国際機関の審議状況を傍聴することはこれまでにもあったが、日弁連が政府を通じて国際機関に弁護士を派遣するなどして、もっと深く関与してもいいのではないか。そうしてこそ、新しい法案の改めるべき点などを的確に指摘できるようになるはずだ。

発展途上国の法制度整備に協力することも大切だ。カンボジアの法律作りなど成功例はあるが、さらに取り組みを深め、特にアジア・アフリカ諸国に協力する組織的な態勢を整えてほしい。法制度づくりは地味ではあるが、これが浸透すれば、法のルールに則った平和な社会が実現され、最も有効な国際協力の在り方になると思う。そのための人材養成にも努めてほしい。

第七は、絶えざる改革態勢の構築だ。今回の司法改革が社会に定着していくには、かなりの年月を要する。日弁連は引き続きリーダーシップを発揮して、新制度がより良いものになるように、その運用などについて発言を続けていってほしい。それとともに、今回は棚上げされた諸問題についても、それらを将来どう扱っていくか、検討に力を注いでほしい。

(六)　報酬と倫理

今回行われた改革の内容について若干の注文がある。弁護士報酬規定が会則から削除されたのは、公正取引委員会から独占禁止法違反の疑いが強く示唆されるなどしたため、やむを得ない措置だったが、弁護士にいくら払わなければならないのか、その値段の「目安」がないのは、かえってアクセスの障害になり、市民の利益も害する。個人的な意見を言えば、弁護士の報酬規定は公益確保のために作られ、運用されてきており、なんら独禁法に違反するものではないと考える。しかし、それでも価格カルテルに似て独禁法違反の疑いがぬぐえないというのならば、医師の診療報酬が外部機関の答申を基に決められているように、弁護士報酬についても、中立的な第三者機関をつくって基準の提示を求める方法があり得るかもしれない。報酬の在り方は、日弁連が今後も引き続き検討していくべき重要事項といえよう。

弁護士報酬の問題は、根っこのところで、弁護士自治とも関係してくるだろう。自らの得るべき報酬を自ら決めることは、自治の根幹をなす事柄だからだ。日弁連は報酬規定に代わるものとして、全弁護士に報酬感覚を尋ねるアンケートを実施し、そのデータを一般利用者に提示する方法を選択した。報酬問題は弁護士自らの手で決定する決意を明らかにした意味がある。日弁連は二〇〇五年春にも、二回目のアンケート結果をまとめるが、この試みは定期的に続けてほしい。毎年でなく、一年置きにでも、離婚、交通事故、金銭消費貸借などの報酬相場が分かれば、市民に大いに役立つ。信頼に値する報酬相場を提示できるよう、できるだけ多数の弁護士がアンケートに協力し、回収率を高めるようにしてほしいと願っている。

弁護士がその倫理に反するような行為をしたときの綱紀・懲戒制度が変わり、透明性が強化された。市民から苦情があれば、それが活かされる状態になったといえるだろう。弁護士にとっては、何もそこまでしなくてもいいではないか、という気持ちはあるだろうが、自主的な規律を確保するシステムの存在は、社会的な影響力の大きい組織ほど、強く求められるのではないだろうか。弁護士会の綱紀委員会は十五人の委員のうち八人は弁護士で、残りの七人が有識者ら弁護士以外の委員とされている。綱紀・懲戒という弁護士資格の有無にかかわる重大事項を決することは弁護士自治の根幹をなすという考え方から、委員の過半数を弁護士が占める構成になった。それはそれで理由のあることだが、ルール違反の判断を外部に委ねても、直ちに弁護士自治の侵害にはならないのではないか、と考える。綱紀委員会を、中立的な立場にある法曹関係者以外のメンバーによる組織に改め、その判断に従う新たな道を真剣に検討していってほしいと思う。

日弁連は二〇〇四年十一月の臨時総会で、弁護士の職務に関する倫理と職務上の行為規範を定める「弁護士職務基本規定」を会規として制定することを議決した。弁護士は経済的利益、事案の難易、時間と労力などの事情に照らして、適正で妥当な報酬額を依頼者に提示しなければならないことや、事件を引き受けるに当たり、報酬に関する事項を含む「委任契約書」を作成しなければならないことが決まった。これまでは契約書を渡さなくても済ませられる仕事だったというのは、市民感覚からすると、驚くべきことではないか。これでは、事件が決着した後、報酬をめぐってトラブルが起きても不思議はない。この基本規定ができたことで、弁護士報酬は透明性を増し、依頼者の納得を得やすい仕組みに変わったといえる。

総会の会場では、弁護士倫理は個々の弁護士が自主的に判断するものであって会規として強制するのは「弁護士自治」を侵害するという反対論が主張された。しかし、日弁連が外部からの干渉をはねのけ、何よりも大切な「弁護士自治」を貫いて行くには、自浄能力を高め、自律性を貫く努力を重ね、世間の信頼を得るしかない。この程度の基本規定で弁護士自治が失われるようでは寂しいではないか。

（七）広報活動

裁判員制度の実施、日本司法支援センターの立ち上げなどに向けて、新しい制度を市民に知ってもらう広報活動の重要性が高まっている。政府だけでなく、日弁連も、裁判員向けの映画、ビデオ、ガイドブックを作るなどして、普及に努めてほしい。

市民の多くは、まだ、これからどのような制度が動きだすのか、よく分からないでいる。例えば、裁判員制度については最高裁、法務省と一緒に公開の模擬裁判をするなどし、疑問に答える機会をたくさん設けるべきだと思う。小、中学校、高校、大学などでの法教育にもさらに力を注いでほしい。子供のころから、市民社会を支える法的な意識を高めていってこそ、本当の意味で、裁判員制度などの国民参加の精神が社会に定着するからだ。

第二　裁判官制度

（一）下級裁判所裁判官指名諮問委員会

裁判官についても、当初は考えられなかったほどの、新しい制度が誕生した。主要な点だけに絞って、今後の課題を見ていきたい。

判事、判事補の任用の適否について最高裁は「下級裁判所裁判官指命諮問委員会」に答申を求め、それに基づいて最高裁裁判官会議で各判事、判事補の能力、適性を判断することになった。思想・信条や特定の団体への加入を理由とする再任拒否があるのではないかという疑惑が一部で指摘されていたが、判断基準にかかわる評価項目が明確にされ、その疑念は払しょくされた。この委員会には外部の委員が参加する。陣容から見ても、手続き面からも、任用をめぐる透明性は格段に高まった。これによって裁判官が人事の心配に左右されることなく、本来の裁判へと専念できる環境が整えられた点が、高く評価できる。

地方でも高等裁判所所在地に地域委員会が設けられ、ここでも外部の委員を加えて、個々の裁判官の能力、適性に関する情報を集め、中央委員会に判断資料を提供することになった。このシステムによって任用過程の透明化は格段に進んだ。地方でなければ分からない事情などが中央にくみ上げられる結果になり、地域委員会の重要性も高まっているようだ。

ただ、初めて裁判官に採用される「新任」については事実上、最高裁判所の司法研修所が提供する資料のほかには判断材料が乏しい。最高裁が把握する内部資料の比重が圧倒的に高くなるのは、仕方がない面がある。しかし、三十年、二十年、十年と現場での実績がある判事、判事補の「再任」については、裁判所の内部に情報の蓄積が既にあり、少し事情が違う。再任の場合、指命諮問委員会は、問題を含む対象者について重点的に裁判所内外の情報を集めており、十分な判断材料があるといえるだろう。

難しいのは、裁判官への任官申請をした弁護士の場合だ。裁判官としての実績が皆無であるだけでなく、弁護士としての活動実績の情報もうまく指命諮問委員会に集まってはいないようだ。弁護士任官を進めていくためには、任官志望者について、まず十分な判断情報を集めることができなければならず、中央の委員会と地域委員会との連携をうまく取って、参考資料を収集していく工夫が必要になる。

地域委員会の位置付けが混乱している面がないか、少し気になる。地域委員会を独自の審査機関のようにとらえている法曹関係者もいるが、例えば、特定の判決をめぐる地域での反発といった一部の関係者情報が決め手とされて裁判官の地位が奪われることになったのでは、憲法上保障された「裁判官の独立」を脅かしかねない。それでは、裁判官が自らの「良心」だけに従って判決をできない状況が生まれかねず、本末転倒の事態となる。どのような裁判であっても、訴えた方と訴えられた方の両方が満足する結果はほとんどない。どちらかに不満が残るからといって、その情報を基に、判決をした裁判官を不適格と決め付けることは慎むべきだろう。関係者らの意見も踏まえながら、再任までの十年という長期間に、その裁判官が示した能力、適性について慎重に結論を出していく運用が望ましい。

現在のところ、最高裁も指命諮問委員会の答申に従って任用の可否を決めている。二〇〇三年から答申が始まったが、この年は六人の再任が不適格とされ、翌二〇〇四年は四人が不適格と答申されて、最高裁の裁判官会議でもその通りに決まった。新制度は円滑に動き始めているようだ。

(二)　弁護士任官

気掛かりでならないのは、弁護士から裁判官へ任官する人が、期待されたほど増えていないことだ。最高裁と日弁連は二〇〇一年十二月、「弁護士任官ルールの明確化」をまとめるなどし、互いに協力して弁護士からの任官を進めることとしている。日弁連は二〇〇二年十月、「弁護士任官等推進センター」を設置したが、二〇〇一年度は六人、二〇〇二年度は五人、二〇〇三年度は十人と、毎年度二人から十人の間で推移し、まだ十分とはいえない状態だ。任官者も東京、大阪、名古屋の弁護士会所属が多く、最近は、その他の地域から任官する弁護士が増える傾向にあるとはいえ、地域的に偏っている傾向も否定できない。

裁判所法は、判事の供給源として、判事補だけではなく、弁護士、検察官、法学者ら多様な出身者を想定している。その多元性こそが、裁判の内容や裁判官の世界をより豊饒なものにし、判事の大幅増員にも結び付くはずだという考え方に立っている。弁護士任官の拡大は、その多元性を実現させていく上で非常に重大な影響力を持つ制度的な要であり、引き続き各弁護士会が強力に推進していくべき最も重要なテーマの一つだ。日弁連は、適任者を積極的に最高裁へ推薦していく努力をさらに強めてほしい。

任官の障害となっている主な事情は、三つほど挙げられるようだ。一つは、裁判官としてふさわしいと周囲が認める人物は、弁護士としても成功していることが多く、それまでに築き上げてきた会社との顧問契約、依頼者などとの信頼関係を断ち切ることが難しいことだ。二つ目は、法律事務所を閉めることになると、担当していた事件の引き継ぎ、雇っていた職員の解雇といった面倒な問題が起きてくることだ。このため事務所所在地での定住指向が極めて強い。三つ目は、裁判官としての十年の任期が終わった後、弁護士に戻ろうとしても、その時には、以前の法律事務所はないし、顧問会社や顧客なども失われてしまっていて、弁護士業務を再開できる基盤がなくなっていることだ。戻ろうにも戻れないのでは、リスクが大きすぎるといえるだろう。

これらの事情を解決できる条件を整え、任官に対する不安を除く具体的方策を講じていくなど、環境整備の努力を強めていかなければならない。弁護士任官が現状のようでは、裁判所法が想定するような理想的な裁判官制度は構築できようはずがない。日弁連が掲げる、弁護士からの判事採用という「法曹一元」のスローガンも、掛け声倒れに終わってしまうだろう。

弁護士任官を進めるには、誰もが適任と認める有能な弁護士達から手が上がってくるのを待っているだけでは駄目だ。障害となっている要因を除去する有効な施策を実施しなければならない。これは、とても難しい問題だが、いくつかの処方せんが考えられないわけでもない。

一つは、法律事務所の経営規模を、個人商店的な小さなものから、より大きな共同法律事務所、弁護士法人などに変えて、担当事件の引き継ぎ、任官終了後の受け入れなどをしやすくすることだ。もう一つは、日弁連が進めている、ひまわり基金の「公設事務所」に任官希望者の送り出しと受け入れの受け皿の機能を持たせることで、これは前述した通りだ。三つ目は、裁判官の地位を高め、その仕事をより魅力あるものにしていって、任官希望者は増えるし、任官修了後の弁護士としての評価、送り出した法律事務所の社会的評価も上がるようなシステムをつくることだ。例えば、知的財産権を専門的に扱っている国際的な渉外事務所から、知的財産担当の裁判官を積極的に採用し、東京、大阪両地裁の知的財産専門部に配属していくことなどが考えられる。これは裁判所にとっても、法律事務所にとっても、メリットがある仕組みではないか。

最もドラスティックと考える処方せんを提示すると、裁判官を法曹経験十年以上の判事だけにし、判事の給与も数種類かに限定してしまう代わりに、今よりも高給を保障して、優秀な人材を集めることである。判事には法曹界の中で最も優秀で経験豊かな、人望のある人物が就任するべきだが、このくらいのことをしなければ、法律事務所の代表者クラスの弁護士は、いつまでたっても、任官の手を挙げてはこないだろう。

(三) 非常勤裁判官

非常勤裁判官として民事調停官、家事調停官の制度が新設され、裁判官の任用を根本から変えていく可能性が芽ばえた。弁護士がその資格を持ったまま、調停手続きを主催できるようになったことは、裁判官と一緒に調書の決済などをすることを通じ、相互の仕事について理解を深めることにつながる。毎週一日の勤務なので、「パートタイム裁判官」と呼ばれることもあるが、仕事は決して、パートと呼ぶような軽いものではない。民事調停官、家事調停官となった弁護士達が裁判所での実績を評価され、本当に常勤の裁判官として多数、任官していくことを期待したい。

日弁連によると、二〇〇五年一月現在、全国で計五十七人の非常勤裁判官が採用されており、〇五年十月にも約三十人の採用が予定されている。将来的には全国で百二十人程度の規模に育てたいという。

非常勤裁判官は、日弁連が訴え続けてきた「法曹一元」の理念とは違うが、弁護士の経験を持ち、市井の庶民の暮らしを十分に理解した者が裁判官になるという趣旨には、根本のところで共通するものもある。しっかり定着すれば、いずれは弁護士任官の拡大へとつながる可能性を大いに秘めた新制度だと、高く評価できると思う。多くの優秀な弁護士達が非常勤裁判官をステップとして常勤の裁判官に任官し、司法の中枢を担っていくようになってほしい。

(四) 人事評価制度

裁判官の人事評価制度について、これまでのような裁判所の内部評価だけではなく、外部の利用者からの情報も反映させる新しいシステムが導入された意義は大きい。評価される裁判官と地方裁判所の所長ら評価権者が面談し、その意見を聴く制度が設けられ、透明性が高まった。本人には人事評価書の開示が行われるほか、不服申し立て制度も導入され、その記録も取られることになった。これは下級裁判官指命諮問委員会の判断資料ともなり、外部から点検を受けることになるので、適正な評価が行われる保障もできたといえるだろう。

公職にある人の評価に外部の情報を反映させる制度は、わが国で初めての画期的な意義がある。評価権限は地方裁判所や家庭裁判所の各所長に与えられ、評価に不服があるときは評価権者に不服を申し立てることができるとされ、管轄する高等裁判所の長官には調整・補充の権限が与えられている。この制度が始まった当初は、所長、長官の評価を受けることによる委縮効果が心配されたが、実際にはむしろ、外部からの評価を受ける機会の少ない裁判官にとって、自分の能力、実績などがどのように見えているかを知る良い機会となったようだ。評価内容を本人に開示する制度ができても、申し立てをためらって利用されないのではないか、と心配されていたが、現場の裁判官からは、むしろ積極的に自分の評価を知る手段として活用されているという。

（五）残された問題

裁判官関係で、他に残された重要な問題は、二つある。

一つは最高裁裁判官の選任方法だ。司法制度改革審議会の意見書は最高裁裁判官について「選任過程について透明性、客観性を確保するための適切な措置を検討すべき」だとしていた。法曹制度検討会では外国の最高裁判所について研究などは行ったが、委員からは、この問題は検討会の手には余るという趣旨の意見などが述べられ、それ以上の検討は行われなかった。確かに、最高裁の在り方に絡む大きな問題であって、国会の憲法調査会などによって憲法問題として論じられるのが適当だろうが、日弁連が最高裁裁判官任命諮問委員会の設置案を打ち出すなどしており、今後も国会などで論議が続けられることを期待したい。

二つ目は、特例判事補の問題だ。特例判事補の制度を段階的に解消することは司法制度改革審議会意見書で指摘されていたテーマだったが、これも見送りになった。今回の司法改革では、裁判官を十年間にわたり毎年五十人ずつ計五百人増員することが決まり、特例判事補を置く大きな理由とされた判事不足への不安感が薄れたことが関係している。

しかし、全国の裁判所が新たに受け付けた事件数は、この十五年間に民事事件が二・二倍、刑事事件が一・五倍に上るのに、裁判官の定員は二〇〇四年度で三千九百十一人と一・一倍にとどまっている。裁判官を五百人増員しても、まだ少なくとも二千三百人が不足するというのが日弁連の試算だ。そうなると、なかなか特例判事補を廃止することはしにくいのではないかと思える。

判事は、法曹になってから十年以上のキャリアと人生経験を積み、関係者の信望も厚い法曹の中から選ばれるべきだ。まだ一人前でない判事補に、優秀だとはいえ特例として単独裁判ができる特別な権限を与えることは、決して望ましいことではない。改革審意見書の通り、特例判事補は解消するべきだと思う。

第三．検察官制度

今回の司法改革では、検察官制度の在り方は、弁護士制度、裁判官制度ほど大議論にはならなかった。特任検事への法曹資格付与については前述した通りだが、現行の司法試験、司法修習を前提とした法曹資格付与という原則に照らすと、個々の特任検事に実力があるかどうかは別の話として、特例の拡大はあまり望ましいことではない。このような法曹資格獲得の別ルートが新設されたとなると、法務省が行う特任検事の採用試験は、これまで以上に厳格に行うことが求められる。従来のように刑事事件に重点を置くだけでなく、民事事件への目配りもした試験へと変え、より幅の広い実務能力を備えた法曹を生み出していけるよう、しっかりした運用を期待したい。副検事への「準弁護士資格」の付与問題が見送られたのも、現状では仕方がない。

弁護士制度の課題として述べたことと重なってくるが、同じような課題は、検察官にもある。例えば、国連の各種人権委員会をはじめとする国際機関への派遣をもっと強化しなければならない。このようなソフト面での国際貢献は極めて重要だ。

フランスやスウェーデンなど欧米の検察官の話を聴くと強く感じることだが、これらの国々の検察官は、警察のような捜査官ではなく、公益の追求という公的責任が強く意識されていて、日本の検察官制度とは似て非なところが多い。日本の検察官は捜査の方にのめり込みすぎているきらいがある。これからの検察官は、幅広い国際性を備え、刑事司法全体を大局的に見詰めていく在り方へと、変化していかざるを得ないような予感がする。

第七章　裁判所の変革

第一．知的財産高等裁判所

(一) ＣＡＦＣ並みの陣容

知的財産訴訟の改革は、司法制度改革推進本部の立法作業に加え、政府の知的財産戦略本部や自民党の委員会が、独立した「知的財産裁判所」新設について検討を始めたほか、日本弁理士会も「知財弁護士」「技術裁判官」の新設を求めるなど複雑な展開を見せた。最終的には、最高裁判所が主張した東京高等裁判所内に知的財産専門の高等裁判所を設ける案でまとまったが、舞台裏での綱引きは極めて激しいものだった。

東京高等裁判所の中に知的財産高等裁判所（知財高裁）が独立の組織として置かれるというと、一見して奇異な感じがするかもしれない。しかし海外の裁判所では、これは珍しいことではない。例えば、米国のパテント重視政策を象徴する連邦巡回控訴裁判所（ＣＡＦＣ、The United States Court of Appeals for the Federal Circuit）は、全国の特許などの争いが集められるため、日本では知財専門裁判所と見られているようだが、決して専門の特許裁判所ではない。ＣＡＦＣは連邦政府職員の労働関係紛争などさまざまな特殊事件を扱う控訴裁判所であり、知財訴訟の占める割合は事件全体の約三〇％にすぎない。知財専門の裁判所を設けると、担当裁判官の視野が狭くなり、特定の利益団体から影響を受けやすくなるなどの懸念から、見送られたとされている。

新しく生まれた知財高裁をＣＡＦＣと比べてみると、裁判官の数は十六人で四人多く、知財事件の受理件数は二〇〇三年（平成一四年）で七百五十四件と約二百件近く多い。裁判官数、処理件数とも、ＣＡＦＣに匹敵する内容といえ、期待が高まっている。

(二) 技術系裁判官

しかし、ＣＡＦＣには、科学系の修士号を持つ判事など、技術的な知識を持った判事が多い。また裁判官を補助する技術系のテクニカルアドバイザーなども豊富だ。

日本の知財高裁も見習っていくべきだが、法科大学院に入学した理工系の出身者が法曹資格を取ることになる五、六年後以降は「技術系裁判官」が増えると期待されている。二〇〇四年現在、理科系出身の裁判官は医学系、工学系とも数人程度しかいない状況ではあるが、もうしばらく待てば、法律と技術に通じた判事が知的財産訴訟の専門家として審理に当たる時代がくるだろう。そうなれば、真の意味で内外のユーザーのニーズに応えられる知的財産高裁ができることになる。非常勤で裁判官を補佐する「専門委員」を充実させ、裁判所調査官も養成していく必要がある。

改革の中で、専門的な技術者を裁判官にする構想も論議された。しかし、特許権などは純粋に技術面だけから判断するのではなく、法的な権利関係の帰属、利益の程度などに関してバランスの取れた判断をする必要があり、それには、特別な知財専門の〝技術裁判官〟を置くのではなく、裁判官の中から技術に強い人を選び、法律家の目で総合的な判断を下すのが妥当と考えられた。司法全体の在り方を考えると、この方向に賛成したいが、理想を言うならば、さまざまな分野の技術的背景を持った理科系学部出身者が多数、法科大学院で学び、法曹資格を取ってほしいと願っている。

(三) 大合議法廷

知財高裁には四つの専門部が置かれ、特許権など技術型訴訟について東京、大阪両地裁の専門部が行った判決の控訴審と、東京高裁管内の各地裁が行った商標権など非技術型訴訟の控訴審をそれぞれ分担して担当する。大きな特色は、通常の合議が裁判官三人で行われるのに対し、知財高裁では裁判官五人の「大合議法廷」ができることだ。同一争点の事件が各専門部に分散しているような場合、各専門部からそれぞれ裁判長クラスの裁判官を出して、事件担当の裁判官とともに五人で審理することが可能になった。これによって、同一争点の事件などについて各部がばらばらの判決をすることが避けられ、高裁レベルの早い段階で、判断の統一を図ることができる。この結果、知財裁判の充実・迅速化という産業界の強い要請に応えられる態勢が整った。

当事者は知財高裁の判決に不服ならば最高裁へ上告することができるが、最高裁が取り上げるのは憲法判断、判例変更などが必要なときに限られているため、大半の事件では知財高裁の判決が事実上、その事件についての最終判断になると予想されている。その意味でも知財高裁の比重は極めて重いといえるだろう。

第二　下級裁判所

(一) 家庭裁判所

人事訴訟が家庭裁判所に一本化され、家族関係をめぐるトラブルの審理が家庭裁判所だけで解決できることになった。市民の負担が軽減され、利用しやすくなった。人事訴訟で家庭裁判所調査官が調査を行う新制度は、親権者の指定などについて審査を充実させる効果がある。

注目したいのは、人事訴訟に「参与員」が参加して意見を述べる制度ができたことで、これは、人事訴訟に市民感覚を反映させる一種の国民参加制度といえる。大いに期待したい。これまでも参与員は選任されていたが、あまり活用されてはいなかった。最高裁判所は、新しい「参与員」を従来とは違った選考基準で選任しており、今後、果たす役割も重要になっていくはずだ。

その半面、従来は地方裁判所が扱ってきた事件を扱うことで、家庭裁判所の負担は重くなっている。家庭裁判所判事、家庭裁判所調査官が以前の陣容のままではこなしきれない。特に調査官の増員は今後も不可欠だと思う。

(二) 簡易裁判所

簡易裁判所が扱う民事事件の上限が請求額百四十万円に引き上げられたが、これは予想以上のラインだった。これまでに地方裁判所との間で行われてきた係属件数の割り振りの見直しは、民事訴訟の総提訴件数の三分の一程度が簡易裁判所へくるように、上限額が定められてきた。簡易裁判所の扱う件数が増えて、負担が重くなりすぎないようにしなければならないという配慮からだ。簡易で迅速な解決をするのが簡易裁判所であり、米国では簡裁は「庶民裁判所」と呼ばれているくらいだ。

従来の考え方でいけば、上限額は百二十万円程度が適当ではないかと思う。それを超えると、不動産取引や金銭消費貸借など法律関係が複雑な事件も簡易裁判所に持ち込まれて、簡裁が過重な負担にあえぐおそれがあり、ややや重い制度になってしまう心配があった。権利義務関係の重要な判断は、簡易裁判所の裁量で地方裁判所へ移管できる仕組みが取られているので、それを積極的に活用し、簡易裁判所が特有の機能を十分果たせるような運用をしてほしい。

簡易裁判所は司法過疎地（弁護士のゼロワン地域）にも置かれている。日本司法支援センターが発足することでもあり、ゼロ・ワン地域での利用率をもっと引き上げたい。ここでは司法書士の任務が重要になる。司法書士と日本司法支援センターとの連携も密にして、かゆいところに手が届く庶民裁判所にしていってほしい。

第八章　司法改革の推進体制

第一．政府の推進体制

(一) 司法制度改革推進室

二〇〇一年十二月に発足した司法制度改革推進本部は、司法制度改革推進法によって定められた三年間の設置期限を終え、二〇〇四年十一月三十日に解散した。国民に身近で信頼される司法の構築を目的とした法整備は二〇〇四年十二月三日ですべて終了した。これから、いよいよ、裁判員制度、司法ネットなど新制度の実現に向けた取り組みが始まる。二〇〇五年は司法改革の「実行元年」であり、少なくとも裁判員制度が実施される二〇〇九年までの約五年間と、その実施から三年を経た後の見直しまでの約十年間は、まだ改革期にあるととらえ、今回の司法改革で導入された新制度の普及、定着と改善に邁進しなければならない。われわれの将来を実りあるものとするために、そして司法の未来を希望あるものにするために、この十年を豊かな前進の十年にしていく必要がある。

政府は二〇〇四年十二月一日、内閣官房に「司法制度改革推進室」を設置し、政府の施策の統一を図るのに必要な総合調整の事務を始めた。推進室の主な業務は、裁判員制度の実施に向けた広報と環境整備、日本司法支援センターと各相談窓口との連携の確保と強化、法令外国語訳の基盤整備、ＡＤＲの拡充・活性化に向けた関係省庁の作業のフォローアップなどとされている。裁判所と裁判官に関する業務はなく、そちらの措置は最高裁判所に任されることになる。

この推進室を中核として、法務省には事務次官が議長となる「司法制度改革実施推進会議」が設けられた。この会議には八人の参与が置かれ、推進会議は参与会の意見を聴いて施策を進める。参与には法学者、弁護士ら司法関係者のほか、日本労働組合総連合会、報道などの外部関係者が委嘱された。

このほかに、最高裁判所事務総長、法務省事務次官、日本弁護士連合会事務総長の法曹三者で構成される「司法制度改革に関する協議会」が既に動き始めている。今後は、この三つの組織を通じて、新制度に関する規則の制定など、運用面の実施措置が講じられていく。

国会でも、二〇〇四年十二月二日、超党派の「司法改革推進議員連盟」が立ち上げられた。政治の場からも政府、最高裁判所の実施措置にチェックと支援が行われる。

（二）法令の外国語訳

司法制度改革推進本部の国際化検討会で途中から始まった「法令の外国語訳」の検討は、内閣に引き継がれることになった。司法制度改革推進室が担当する。今後、翻訳の基本ルール作り、指導的翻訳辞書の作成などの作業を進め、各界のニーズが高い法令を対象に、当面は英訳から始めることにしている。

海外では、多くの国々が自国法の外国語訳を組織的に実施している。例えば、二十五カ国が構成する欧州連合（ＥＵ）では、各国の法令は英語、フランス語、ドイツ語、スペイン語など二十の公用語に翻訳され、千二百人の専門スタッフがその作業に当たっている。日本でも常時、最新の翻訳を継続的に提供できるよう、大学、企業の関係者らが協力しやすい条件づくりを求めたい。

日本法令の外国語訳は、外国人にとって便利なだけではなく、日本の企業や市民団体などが外国で日本の状況を説明する場合にも広く活用できる。日本が外国人の留学生、労働者らを受け入れ、真の意味での国際社会の一員となるには、日本の法制度をしっかりと理解してもらわなければならない。そのためにも外国語訳を急ぎたい。とりあえず英語訳から始めるのは妥当だが、将来は需要の多い外国語訳にも早い時期に手を付けてもらいたい。

第二・三つの要望

政府の司法制度改革審議会による司法改革の動きに対しては、かつて「政治的・経済的支配層の統治戦略に基づく思想と論理によって貫かれており、人権保障、憲法保障の強化に向け司法の活性化と民主化とを要求している一般市民の要求とは全く異質な、むしろこれと矛盾、対立するものだ」（小田中聡樹「司法改革の思想と論理」、信山社）などと鋭い批判が浴びせられた。実際、司法改革の初期に目についたのが「支配層の統治戦略に基づく思想と論理」だったことは間違いない。

しかし、その後、司法制度改革審議会の意見書が出され、内閣官房に司法制度改革推進本部ができて、各検討会を中心に制度づくりが進んでいくと、政府も、司法の活性化・民主化を要求する市民の声を取り入れざるを得ず、その結果、当初は予測できなかった新しい諸制度がいくつも結実していったと、私には思える。裁判員制度、司法ネット、労働審判制度などはそのほんの一例にすぎない。

現時点までの司法改革を振り返って感じるのは、事態をここまで動かしてきた法曹関係者、市民団体などの熱意である。その熱意が、推進本部の解散によって冷めないよう、願わずにはいられない。そのことを強調し、三つのことを要望しておきたい。

一つは、長期的な司法改革ビジョンの論議を終わらせてしまうのではなく、今後もさらに活発に続けてほしいこと。

二つ目は、司法の豊かな未来を築くために、市民の司法参加をさらに広げていってほしいこと。

三つ目は、一般市民が司法に関する情報を取得・活用することが容易になるよう、司法の透明化と情報公開をより一層進めてほしいこと。

司法改革を現実化し、肉付けしていくのは、これからである。今後、決められていく諸規則の制定、具体的な運用方法の決定などが、今回の司法改革がどの程度のものであったのか、その評価を決定付けることになるだろう。せっかくの新制度も、運用によっては、所期の効果を発揮できなくなる。かえって改悪だったと評価されることもあるかもしれない。市民のために、より良い制度にしていくには、むしろ、これからが正念場だと思う。次の司法改革は何十年先になるか分からない。悔いを残さないよう、いま全力を尽くしてほしい。

終わりに

司法改革が大きなヤマを越えた。思い起こすと「よく、ここまでたどりついたものだ」と感慨を覚える。できあがった新制度は、各方面の妥協の産物でもあり、完全なものではない。不満を覚える人も多いだろう。しかし、そこで立ち止まってしまうのではなく、今後もしっかりと点検、改善を続けていくことが大切なのだと思う。

本書に収録した「市民の司法へ」の連載を続けているとき、うれしい出来事がいくつかあった。「新立法の道程」で「人事訴訟の家庭裁判所への一本化」を取り上げた時のこと、首都圏の家裁で家事調停委員をしている共同通信社の先輩から「君の署名記事が家裁の掲示板に張られているよ」と電話を受けた。重大な法改正であるだけではなく、家裁の話だけで一ページを使った記事は極めて異例だったからだろう。最近は新聞、テレビなどの各メディアで少年事件の報道をするケースが多くなったが、司法記者をしていても、家裁の取材をする経験はあまりなく、その仕組みや活動は活字になりにくかった面もある。思い掛けない反響だった。次に簡易裁判所を取り上げたところ、東京の簡裁関係者から「あまり知られていない簡裁の機能を理解してもらえます」と、うれしい反応が寄せられた。家裁と同じように、なかなか新聞が書かないテーマだからだが、市民生活にとって家裁、簡裁の役割は非常に重要だ。

ある東京大学名誉教授からは、教えている私立大学で「ゼミの教材に使いたいので、これまでの記事のコピーを全部くれませんか」という依頼が飛び込んだ。参院法務委員会委員の国会議員からは「共同通信の毎月の企画が一番勉強になる」と、過分な激励の言葉もいただいた。記事が少しは役に立っている実感が持て、励みになった。

独りで取材、執筆をし、時には自分で撮った写真も使い、図解・グラフ類の下書きも自分でして、自由に一ページを作らせてもらった。この間、併用写真の半分くらいを専門のカメラマンと同僚記者が撮影し、図表などイラスト全部をグラフィックス部が清書してくれたが、そのほかは、すべてを独りで担当した。できるだけ新鮮な素材を読者に届けたいと思い、送信予定日の前日はホテルに泊まり込むこともあった。

これまで、たくさんの皆様にご協力をいただいた。特に、毎回、多忙な中、時間を取ってインタビューに応じてくださった方々には深く御礼申し上げたい。「市民の司法へ」に掲載したインタビューと談話の取材だけで、延べ五十人を超え、録音テープは計百時間近くになっている。記事はすべて本人の手直しや了解をいただいた後に掲載しているが、皆さんが丁寧に修訂正などをしてくださったことには感謝の言葉もない。司法改革のキーパーソンの中には、インタビューを申し入れても立場上、個人的見解の表明は差し控えたいことなどを理由として固辞された方も多い。ご登場いただけなかったのは心残りだ。

「市民の司法へ」のシリーズを一部でも掲載していただいた加盟紙は以下の計三十一紙になる（括弧内は本社所在地）。ジャパンタイムズは共同通信社の海外部が翻訳した英文記事を載せてくれた。記してお礼申し上げたい。

東奥日報（青森）、岩手日報（盛岡）、河北新報（仙台）、山形新聞（山形）、茨城新聞（水戸）、千葉日報（千葉）、新潟日報（新潟）、山梨日日新聞（甲府）、信濃毎日新聞（長野）、静岡新聞（静岡）、岐阜新聞（岐阜）、伊勢新聞（津）、北日本新聞（富山）、福井新聞（福井）、京都新聞（京都）、神戸新聞（神戸）、奈良新聞（奈良）、大阪日日新聞（大阪）、神戸新聞（神戸）、山陽新聞（岡山）、中国新聞（広島）、山口新聞（下関）、四国新聞（高松）、徳島新聞（徳島）、高知新聞（高知）、佐賀新聞（佐賀）、大分合同新聞（大分）、熊本日日新聞（熊本）、南日本新聞（鹿児島）、沖縄タイムズ（那覇）、ジャパンタイムズ（東京）。

この約五年余りの間、ほぼ毎月、司法改革特集を書き続けたことになる。論説委員室のデスク業務をするかたわら、自分が担当する分野の論説・コラムの執筆と司法改革の取材をし、「市民の司法へ」の配信を続けてきた。そうした状況で、裁判員制度刑事検討会と公的弁護制度検討会の委員もこなすことは、かなりの負担ではあった。一介のジャーナリストが、裁判員制度などの法案作りに関与するのは無謀であり、力量不足だと実感しながら、それでも、国民参加の実現のために微力を尽くしてきたつもりだ。

本書の第四部に述べた新制度の評価、課題などは、すべて筆者個人の見解である。法律家の目から見れば、記述に正確さを欠くところ、事実認識や評価の誤りなどがあるかもしれない。そのような点があれば、ご叱正いただければ幸いだ。本書執筆に当たり貴重な助言をいただいた方々をはじめ、多くの司法関係者からいただいたご厚情、ご協力に心から感謝するとともに、本書の出版を引き受けてくださった花伝社の平田勝社長に厚くお礼申し上げる。

【主な参考文献】

▽第一部

ジュリスト一二〇八号特集「司法審意見書」（二〇〇一年）

佐藤幸治・竹下守夫・井上正仁「司法制度改革」（有斐閣、二〇〇二年）

▽第二部

東京大学社会科学研究所戦後改革研究会「戦後改革　4司法改革」（東京大学出版会、一九七五年）

臨時司法制度調査会「臨時司法制度調査会意見書」（一九六四年）

大内兵衛、我妻栄「日本の裁判制度」（岩波新書、一九六五年）

日本弁護士連合会「臨時司法制度調査会意見書批判」（一九六七年）

宮本康昭「危機に立つ司法」（汐文社、一九七八年）

最高裁事務総局刑事局監修「検察審査会五〇年史」（法曹会、一九九八年）

日弁連創立五〇周年記念行事実行委員会「日弁連五十年史」（一九九九年）

▽第四部

鈴木良男「日本の司法　ここが問題」（東洋経済新報社、一九九五年）

鯰越溢弘「陪審制度を巡る諸問題」（現代人文社、一九九七年）

司法制度懇話会「21世紀司法への提言」（日本評論社、一九九八年）

米沢進「日本の司法はどこへ行く」（花伝社、一九九八年）

兼子一・竹下守夫「裁判法　第四版」（有斐閣、一九九九年）
日本裁判官ネットワーク「裁判官は訴える！」（講談社、一九九九年）
日本弁護士連合会編「市民に身近な裁判所へ」（日本評論社、一九九九年）
田中成明「転換期の日本法」（岩波書店、二〇〇〇年）
陪審裁判を復活する会編著「陪審制の復興」（信山社、二〇〇〇年）
小田中聰樹「司法改革の思想と論理」（信山社、二〇〇一年）
三谷太三郎「政治制度としての陪審制」（東京大学出版会、二〇〇一年）
斎藤哲「市民裁判官の研究」（信山社、二〇〇一年）
秋山賢三「裁判官はなぜ誤るのか」（岩波新書、二〇〇二年）
五十嵐二葉「刑事司法改革はじめの一歩」（現代人文社、二〇〇二年）
須網隆夫「グローバル社会の法律家論」（現代人文社、二〇〇二年）
司法制度懇話会「司法改革の最前線」（日本評論社、二〇〇二年）
最高裁事務総局刑事局「陪審・参審制度　米国編Ⅰ、Ⅱ、Ⅲ」（司法協会、一九九二年など）
最高裁事務総局刑事局「陪審・参審制度　英国編」（司法協会、一九九九年）
最高裁事務総局刑事局監修「陪審・参審制度　ドイツ編」（司法協会、二〇〇〇年）
最高裁事務総局刑事局監修「陪審・参審制度　フランス編」（司法協会、二〇〇一年）
最高裁事務総局刑事局「陪審・参審制度　スウェーデン編」（司法協会、二〇〇一年）
後藤昭・四宮哲・西村健・工藤美香「実務家のための裁判員法入門」（現代人文社、二〇〇四年）
拙稿「裁判員制度と報道の自由―４番目のメディア規制法案としないために」（新聞協会「新聞研究」

二〇〇二年十一月号）
拙稿「裁判員制度と報道の在り方」（現代人文社「刑事司法への市民参加」所収、二〇〇四年）

【司法制度改革関係者名簿（敬称略）】

A）司法制度改革推進本部の本部長、副本部長、本部員は小泉内閣（平成一三年四月二六日成立）、小泉第一次改造内閣（平成一四年九月三〇日改造）、小泉第二次改造内閣（平成一五年九月二二日改造）、第二次小泉内閣（平成一五年一一月一九日成立）、第二次小泉改造内閣（平成一六年九月二七日改造）の各閣僚なので、全員の掲載は省略し、司法改革最後の第二次小泉改造内閣の名簿を掲げた。

B）この間の法務大臣は森山眞弓、野沢太三、南野知恵子の三氏。

C）司法制度改革推進本部の検討会委員は最終段階の名簿で、肩書はその時点のものとした。最終段階の前に交代した委員は省略した。

【司法制度改革審議会】（委員十三人）

会長　近畿大学法学部教授・京都大学名誉教授　佐藤幸治▽会長代理　一橋大学名誉教授・駿河台大学長　竹下守夫▽委員　石井鐵工所代表取締役社長　石井宏治、東京大学法学部教授　井上正仁、中央大学商学部長　北村敬子、作家　曽野綾子、日本労働組合総連合会副会長　高木剛、慶應義塾大学学事顧問（前慶應義塾長）　鳥居泰彦、弁護士（元日本弁護士連合会会長）　中坊公平、弁護士（元広島高等裁判所長官）　藤田耕三、弁護士（元名古屋高等検察庁検事長）　水原敏博、東京電力取締役副社長　山本勝、主婦連合会事務局長　吉岡初子、事務局長　樋渡利秋

【司法制度改革推進本部】

本部長　小泉純一郎　内閣総理大臣

副本部長　細田博之　内閣官房長官・内閣府特命担当大臣（男女共同参画）

南野知恵子　法務大臣・内閣府特命担当大臣（青少年育成及び少子化対策）

本部員　麻生太郎（総務大臣）、町村信孝（外務大臣）、谷垣禎一（財務大臣）、中山成彬（文部科学大臣）、尾辻秀久（厚生労働大臣）、島村宜伸（農林水産大臣）、中川昭一（経済産業大臣）、北側一雄（国土交通大臣）、小池百合子（環境大臣・内閣府特命担当大臣）、村田吉隆（国家公安委員会委員長・内閣府特命担当大臣）、大野功統（防衛庁長官）、伊藤達也（内閣府特命担当大臣）、竹中平蔵（内閣府特命担当大臣）、村上誠一郎（内閣府特命担当大臣）、棚橋泰文（内閣府特命担当大臣）

〈顧問会議〉（顧問八人）

座長　京都大学名誉教授・近畿大学法科大学院長　佐藤幸治▽顧問　日本経済団体連合会名誉会長　今井敬、評論家　大宅映子、早稲田大学学事顧問　奥島孝康、日本経済新聞社論説特別顧問・日本経済研究センター会長　小島明、東京大学総長　佐々木毅、日本労働組合総連合会会長　笹森清、津田塾大学学長　志村尚子

〈検討会〉（委員各十一人）

▽労働検討会

座長・菅野和夫（東京大学教授）、石嵜信憲（弁護士）、鵜飼良昭（弁護士）、熊谷毅（厚生労働省労政担当参事官）、春日偉知郎（慶應義塾大学教授）、後藤博（法務省民事局民事第二課長）、高木剛（UIゼンセン同盟会長）、村中孝史（京都大学教授）、矢野弘典（日本経済団体連合会専務理事）、山川隆一（慶應義塾大学教授）、山口幸雄（福岡地方裁判所判事）

▽司法アクセス検討会

座長・高橋宏志（東京大学教授）、亀井時子（弁護士）、始関正光（法務省民事局民事法制管理官）、竹内佐和子（投資工学センター代表者代表取締役）、西川元啓（新日本製鐵常任顧問）、長谷川逸子（建築家）、長谷部由起子（学習院大学教授）、飛田恵理子（東京都地域婦人団体連盟生活環境部副部長）、藤原まり子（博報堂生活総合研究所

客員研究員)、三輪和雄（東京地方裁判所判事)、山本克己（京都大学教授)

▽ＡＤＲ検討会

座長・青山善充（明治大学法科大学院教授)、安藤敬一（松崎代表取締役社長)、佐成実（東京ガス株式会社総務部法務室主席)、高木佳子（弁護士)、龍井葉二（日本労働組合総連合会総合政策局長)、原早苗（埼玉大学非常勤講師)、平山善吉(日本文理大学教授)、廣田尚久(大東文化大学教授・弁護士)、三木浩一(慶応義塾大学教授)、山本和彦（一橋大学教授)、綿引万里子（東京地方裁判所判事)、

▽仲裁検討会メンバー

座長・青山善充（成蹊大学教授)、秋吉仁美（東京地方裁判所判事)、加藤久喜（国土交通省中央建設工事紛争審査会事務局紛争調整官)、日下部聡（経済産業省経済産業政策局産業組織課長)、谷口園恵（法務省民事局参事官)、中野俊一郎（神戸大学教授)、中村達也（国士舘大学助教授、日本商事仲裁協会国際仲裁部長)、松元俊夫（日本海運集会所常務理事)、三木浩一（慶応義塾大学教授)、山本和彦（一橋大学教授)、吉岡桂輔（弁護士）

▽行政訴訟検討会

座長・塩野宏（東亜大学教授)、市村陽典（東京地方裁判所判事)、小早川光郎（東京大学教授)、芝池義一（京都大学教授)、芝原靖典（三菱総合研究所取締役)、成川秀明（日本労働組合総連合会参与)、萩原清子（東京都立大学教授)、福井秀夫（政策研究大学院大学教授)、藤井昭夫（総務省政策統括官)、水野武夫（弁護士)、深山卓也（法務省大臣官房審議官）

▽裁判員制度・刑事検討会

座長・井上正仁(東京大学教授)、池田修(前橋地方裁判所長)、大出良知(九州大学教授)、清原慶子(三鷹市長)、酒巻匡（京都大学教授)、四宮啓（弁護士)、高井康行（弁護士)、土屋美明（共同通信社論説委員)、樋口建史（警

察庁刑事局刑事企画課長）、平良木登規男（慶応義塾大学教授）、本田守弘（宮崎地方検察庁検事正）

▽公的弁護制度検討会

座長・井上正仁（東京大学教授）、池田修（前橋地方裁判所長）、浦功（弁護士）、大出良知（九州大学教授）、清原慶子（三鷹市長）、酒巻匡（京都大学教授）、高井康行（弁護士）、土屋美明（共同通信社論説委員）、樋口建史（警察庁刑事局刑事企画課長）、平良木登規男（慶応義塾大学教授）、本田守弘（宮崎地方検察庁検事正）

▽国際化検討会

座長・柏木昇（中央大学教授）、ヴィッキー・バイヤー（モルガンスタンレー証券会社法務部）、加藤宣直（根本特殊化学取締役副社長）、久保利英明（弁護士）、下川真樹太（外務省経済局国際経済第一課長）、下條正浩（弁護士）、道垣内正人（弁護士）、乗越秀夫（外国法事務弁護士）、孝橋宏（法務省大臣官房訟務企画課長）、玉井克哉（東京大学教授）、波江野弘（元小松製作所コンプライアンス室長）、

▽法曹養成検討会

座長・田中成明（京都大学副学長）、井上正仁（東京大学教授）、今田幸子（日本労働政策研究・研修機構統括研究員）、加藤新太郎（司法研修所教官・判事）、川野辺充子（秋田地方検察庁検事正）、川端和治（弁護士）、木村孟（元東京工業大学学長、大学評価・学位授与機構長）、ダニエル・フット（東京大学教授）、永井和之（中央大学教授）、牧野和夫（国士舘大学教授）、諸石光熙（住友化学工業㈱専務取締役）

▽法曹制度検討会

座長・伊藤眞（東京大学教授）、太田茂（大阪地方検察庁次席検事）、岡田ヒロミ（消費生活専門相談員）、奥野正寛（東京大学教授）、釜田泰介（同志社大学教授）、木村利人（早稲田大学教授）、佐々木茂美（大阪地方裁判所判事）、田中成明（京都大学副学長）、中川英彦（住商リース顧問）、平山正剛（弁護士）、松尾龍彦（評論家）、

▽知的財産訴訟検討会

座長・伊藤眞（東京大学教授）、阿部一正（新日本製鐵株式会社参与知的財産部長）、荒井寿光（内閣官房知的財産戦略推進事務局長）、飯村敏明（東京地方裁判所判事）、小野瀬厚（法務省民事局参事官）、加藤恒（三菱電機株式会社知的財産渉外部次長）、小林昭寛（特許庁審判部審判企画室長）、櫻井敬子（学習院大学教授）、沢山博史（旭化成総務センター法務室室長）、末吉亙（弁護士）、中山信弘（東京大学教授）

〈事務局〉（二〇〇二年四月一日現在）

事務局長　山崎潮（前法務省民事局長、裁判官）

事務局次長　大野恒太郎（前東京地検総務部長、検察官）、古口章（弁護士）、松川忠晴（財務省）

参事官　植村稔、落合義和、片岡弘、小林徹、小林久起、近藤昌昭、斎藤友嘉、辻裕教、松永邦男

企画官　上冨敏伸、小山太士、川原隆司、木下信行、後藤健

参事官補佐　安東章、伊藤栄二、牛尾則文、内堀宏達、恵美忠敏、笠井之彦、川畑正文、菊池浩、木村憲彦、黒田修、諏訪和則、染谷武宜、瀧澤一弘、谷口哲一、田野尻猛、西野吾一、彦坂浩一、平瀬知明、本田能久、前田洋、村田斉志、山上淳一、山崎速人

主査　秋山敏男、大月光康、岡本憲一、片岡智美、小西繁則、早川太、平中隆司、矢野正枝、矢吹伴宜、山岸正典、吉岡智男、吉越清人、吉田雅洋

主査付　宇津木克美、森川武

【司法改革の歩み】

年	月	日	事項
一九六四	八	二八	政府の臨時司法制度調査会が意見書提出
一九六五	五	二九	日弁連が総会で法曹一元実現を宣言
一九七〇	五	一三	衆院法務委員会が今後の司法制度の改正に法曹三者の意見の一致を必要とする付帯決議
一九七一	三	三一	最高裁判所が宮本康昭裁判官の再任拒否、「司法の危機」が叫ばれる
	五	二九	日弁連が総会で「司法の独立」を守る宣言
一九九〇	五	二五	日弁連が定期総会で第一回「司法改革に関する宣言」採択
一九九二	一	一七	日弁連が「司法改革推進本部」の設置を決定
一九九四	六	三〇	経済同友会が「現代日本社会の病理と処方」を公表、司法改革推進審議会（仮称）の設置求める
一九九六	六	一	日弁連が「司法改革推進センター」を設置
一九九七	一	二二	経済同友会が司法改革を訴える「グローバル化に対応する企業法制の整備を目指して」公表
	三	二七	経済同友会が構造改革を求める「こうして日本を変える」を公表
	三	二八	閣議が規制緩和推進計画を改定、法曹人口の増員などの検討に着手
	六	一二	自由民主党が政務調査会内に「司法制度特別調査会」を設置

	一二	三	政府の行政改革会議が規制行政見直し見直しなどを求める最終報告
一九九八	四	三〇	日弁連が司法への国民参加などを求める「司法制度特別調査会の検討事項について」の意見書
	五	一九	経済団体連合会が司法のインフラ整備を求める「司法制度改革についての意見」を発表
	六	一六	自民党司法制度特別調査会報告「21世紀の司法の確かな指針」公表
	九	二二	政府の行政改革推進本部規制緩和委員会が「規制緩和に関する論点公開」を公表
	一一	二〇	日弁連が官僚司法から市民の司法へと訴える「司法改革ビジョン」発表
	一一	二五	自民党政務調査会司法制度調査会が司法制度審議会創設を求める「司法改革に関する決議」
一九九九	四	一	日弁連が「司法改革実現本部」を設置
	六	二	司法制度改革審議会設置法が成立
	一一	一九	日弁連が「司法改革実現に向けての基本的提言」を発表
	一一	七	政府が司法制度改革審議会を内閣に設置
	一一	二六	経済同友会が裁判の迅速化などを求める「司法制度改革審議会に望む」を公表
二〇〇〇	五	二六	日弁連が定期総会で陪審制度導入など司法改革に関する宣言
	五	一八	自民党司法制度調査会が「21世紀の司法の確かな一歩」を発表
	六	九	米国が規制緩和を求める「司法制度改革審議会に対する米国政府の意見表明」
	九	六	日本経営者団体連盟が個別労働紛争への対処に関する意見（中間報告）を発表

	一一	一	日弁連が臨時総会で法曹人口・法曹養成制度並びに審議会への要望に関する決議
	一一	一六	公明党が「司法制度改革に向けての提言」公表
二〇〇一	五	一〇	自民党司法制度調査会が「21世紀の司法の確かなビジョン」を発表
	五	一七	民主党が国民の司法参加などを求める「司法制度改革への意見」を公表
	六	一二	司法制度改革審議会が意見書を首相に提出
	一〇	三一	日弁連が臨時総会で弁護士法人制度に関する会則などを承認
	一一	六	司法制度改革推進法が成立
	一二	一	司法制度改革推進本部が発足
	一二	七	最高裁と日弁連が弁護士任官に関する協議を取りまとめ
二〇〇二	一	一八	司法制度改革推進本部の第一回顧問会議
	二	二八	日弁連が綱紀・懲戒制度の改革に関する基本方針を承認
	三	一九	司法制度改革推進計画を閣議決定
	三	一九	日弁連が推進計画を発表
	三	二〇	最高裁が推進計画を発表
	四	一	弁護士法人制度を施行
	四	一一	弁理士法一部改正が成立
	四	二四	司法書士法と土地家屋調査士法の一部改正が成立
	七	三一	最高裁一般規則制定諮問委員会が第一回会合。裁判官の任命に関し協議始まる
	一一	二九	法科大学院基本法、改正司法試験法など法科大学院創設関連の各法成立

二〇〇三	二	一二	最高裁裁判官会議で裁判官指名諮問委員会の規則を制定
	四	一	司法書士に簡易裁判所での民事訴訟代理権を与える改正法施行
	四	二	地方裁判所、家庭裁判所の運営に国民の意見を反映させる委員会に関する最高裁規則公布
	六	九	裁判官指名諮問委員会の第一回会合
	七	九	裁判迅速化法、民事訴訟法一部改正、人事訴訟法一部改正が成立
	七	一八	法曹資格拡大などを盛り込んだ弁護士法一部改正、改正民事調停法・改正家事審判法が成立
	七	二五	仲裁法成立。裁判員制度推進議員連盟設立。
	九	一〇	日本新聞協会編集委員会が「『裁判員制度の取材・報道指針』について」を公表
	一〇	三	最高裁が非常勤裁判官三〇人を採用
	一一	一二	日弁連が臨時総会で綱紀・懲戒制度に関する会則会規などを改正
	一二	四	民主党が「裁判官一人に裁判員一〇人」とする「考え方」を公表
	一二	一一	公明党が「裁判官二人に裁判員七人」の党議決定
	一二	一二	自民党の長勢プロジェクトチームが「裁判官三人に裁判員四人」で取りまとめ
	一二	二二	日弁連が第一回市民会議を開催
二〇〇四	一	七	裁判官の人事評価に関する最高裁規則制定
	一	二六	裁判員制度について与党合意が成立 原則：裁判官三人に裁判員六人。被告人が罪を認めた場合、裁判官一人に裁判官四人も

		可。
二	二	顧問会議が与党合意を踏まえた裁判員制度の骨格案を了承
二	二六	日弁連が総会で弁護士報酬規定を制定し、報酬情報開示の努力義務を定めた
三	三一	大学教授らへの弁護士資格付与を見直す弁護士法一部改正が成立
四	一	法科大学院が全国で六八校開校、五七六七人入学 簡易裁判所が扱う民事訴訟の上限を一四〇万円に引き上げるなどの改正裁判所法など施行
四	二八	労働審判法成立
五	二一	裁判員法成立、刑事訴訟法等一部改正法成立
五	二六	総合法律支援法成立
六	二	行政事件訴訟法の一部改正法成立
六	一一	知的財産高等裁判所設置法、知財事件の審理強化を目指す裁判所法等一部改正、判事補・検事の弁護士職務経験法が成立
一一	一〇	日弁連が臨時総会で、弁護士倫理規定を強化する弁護士職務基本規定を承認
一一	一二	司法制度改革推進本部のワーキンググループが法令外国語訳の推進を取りまとめ
一一	一九	裁判外紛争解決手続き（ＡＤＲ）法成立
一一	三〇	司法制度改革推進本部が解散
一二	一	内閣官房に「司法制度改革推進室」設置
一二	三	臨時国会閉幕。司法修習生の給費制を廃止する裁判所法一部改正が成立。

			弁護士報酬敗訴者負担制度を盛り込んだ民事訴訟費用法改正案は廃案。
	一二	一六	法務省で日本司法支援センター地方準備会全国委員長会議
二〇〇六			新司法試験実施（現行の司法試験と二〇一〇年まで並行実施）
二〇一〇			司法修習生への給費制を廃止し、貸与制に切り替え
二〇一一			新司法試験の予備試験実施、現行司法試験廃止

土屋美明（つちや・よしあき）

東京大学法学部卒。1972年、共同通信社入社。本社社会部で司法記者会、宮内庁、外務省などを担当。社会部次長、山形支局長などを経て1998年から論説委員と編集委員を兼務。司法制度改革推進本部の裁判員制度・刑事検討会、公的弁護制度検討会の各委員を務めた。現在は論説副委員長兼編集委員。日本弁護士連合会弁護士制度改革推進本部の「市民会議」委員、法務省「司法制度改革実施推進会議」参与。国際人権法学会会員。法と経済学会会員。

市民の司法は実現したか——司法改革の全体像——

2005年6月1日　初版第1刷発行

著者 ——土屋美明
発行者 —平田　勝
発行 ——花伝社
発売 ——共栄書房
〒101-0065　東京都千代田区西神田2-7-6 川合ビル
電話　03-3263-3813
FAX　03-3239-8272
E-mail　kadensha@muf.biglobe.ne.jp
URL　http：//www1.biz.biglobe.ne.jp/~kadensha
振替 ——00140-6-59661
装幀 ——澤井洋紀
印刷・製本 —モリモト印刷株式会社

ISBN4-7634-0442-3 C0032

花伝社の本

もしも裁判員に選ばれたら
—裁判員ハンドブック—

四宮啓・西村健・工藤美香
定価（本体 800 円＋税）

●あなたが裁判員！
裁判員制度ってなんですか？裁判に国民が参加できる画期的な制度が 2009 年までに発足します。裁判員は抽選で選ばれ、選挙権をもつすべての国民が選ばれる可能性をもっています。裁判員制度のやさしい解説。不安や疑問に応えます。

情報公開法ナビゲーター
—消費者市民のための情報公開利用の手引き—

日本弁護士連合会・消費者問題対策委員会
定価（本体 1700 円＋税）

●情報公開を楽しもう！
これは便利だ。情報への「案内人」。どこで、どんな情報が取れるか？生活情報 Q&A。便利な情報公開マップを収録。日本における本格的な情報公開時代に。

日本の司法はどこへ行く

米沢 進
定価（本体 1800 円＋税）

●日本の司法は病んでいる！
厳しく問われている日本の司法——市民の目でとらえた司法の全体像。永年にわたって司法の現場を見続けた元共同通信論説副委員長の司法ウォッチング。**序文　中坊公平**

まちづくり権
—大分県・日田市の国への挑戦—

寺井一弘
定価（本体 1500 円＋税）

●まちづくりへの感動的ドキュメント
まちづくりにギャンブルはいらない——市が国を訴え、競輪の場外車券売場「サテライト日田」を阻止した、日田市の戦いの記録。「まちづくり権」を初めて提唱した画期的行政訴訟。法律を現場から学ぶ。　**推薦　筑紫哲也**

モノカキ日弁連副会長の日刊メルマガ
—激動する司法のなかで—

永尾廣久
定価（本体 2000 円＋税）

●司法改革でバトル進行中！　素顔の日弁連・奥の院レポート
日弁連執行部は、なにを論議し、どのような活動をしているか。超多忙な活動の日々のなかで続けた、ある日弁連副会長の渾身の日刊メルマガ。
年間 750 冊にものぼる驚くべき読書記録。

死刑廃止論

死刑廃止を推進する議員連盟会長
亀井静香
定価（本体 800 円＋税）

●国民的論議のよびかけ
先進国で死刑制度を残しているのは、アメリカと日本のみ。死刑はなぜ廃止すべきか。なぜ、ヨーロッパを中心に死刑制度は廃止の方向にあるか。死刑廃止に関する世界の流れと豊富な資料を収録。**［資料提供］アムネスティ・インターナショナル日本**

民衆から見た罪と罰
—民間学としての刑事法学の試み—

村井敏邦
定価（本体 2400 円＋税）

●犯罪と刑罰の根底にある民衆の法意識の探求。古今東西の民衆に流布され、広く読まれた説話・芸能・文学などのなかに、それぞれの時代と地域の民衆の犯罪観、刑罰観をさぐり、人権としての「罪と罰」の在り方を論じたユニークな試み。